"十三五"江苏省高等学校重点教材(新编)(编号:2020-2-189)
高等教育创新应用型通用教材

音乐课堂教学与实践

（小学篇）

黄琼瑶　董　平　编著

东南大学出版社
SOUTHEAST UNIVERSITY PRESS
·南京·

图书在版编目(CIP)数据

音乐课堂教学与实践：小学篇 / 黄琼瑶，董平编著
. —南京：东南大学出版社，2021.11
 ISBN 978-7-5641-9788-9

Ⅰ. ①音… Ⅱ. ①黄…②董… Ⅲ. ①音乐课—教学研究—小学 Ⅳ. ①G623.712

中国版本图书馆 CIP 数据核字(2021)第 231329 号

责任编辑：张丽萍　责任校对：张万莹　封面设计：王　玥　责任印制：周荣虎

音乐课堂教学与实践(小学篇)
Yinyue Ketang Jiaoxue Yu Shijian(Xiaoxuepian)

编　　著	黄琼瑶　董　平
出版发行	东南大学出版社
社　　址	南京四牌楼 2 号　邮编：210096　电话：025 - 83793330
网　　址	http://www.seupress.com
电子邮件	press@seupress.com
经　　销	全国各地新华书店
印　　刷	南京玉河印刷厂
开　　本	787mm×1 092mm　1/16
印　　张	19.5
字　　数	486 千字
版　　次	2021 年 11 月第 1 版
印　　次	2021 年 11 月第 1 次印刷
书　　号	ISBN 978-7-5641-9788-9
定　　价	68.00 元

本社图书若有印装质量问题，请直接与营销部联系。电话(传真)：025-83791830。

前　言

随着普通高等学校师范类专业认证工作的相继展开,这不仅为我国教师教育的改革提供了前所未有的机遇,也为基础教育和职业教育的发展提供了强有力的政策保障。教育部《卓越教师培养计划2.0》的全面实施、OBE(Outcome-Based Education,即成果导向教育)教育理念下的卓越人才培养等均已成为各级各类高校教育与管理工作者研究的热门课题。以OBE教育理念为指导开展的高校各专业人才培养模式及课程教学改革研究亦成为目前我国高校教育研究的重要内容之一。这种基于"学生中心、产出导向、持续改进"的基本理念,以培养卓越音乐教育人才学习成效为导向的普通高等学校师范类专业认证工作,不仅对提升音乐师范教育人才培养质量具有积极的促进作用,更对检验和评价卓越音乐教师的培养过程具有积极的指导意义。

从《中共中央、国务院关于全面深化新时代教师队伍建设改革的意见》《教育部等五部门关于印发〈教师教育振兴行动计划(2018—2022年)〉的通知》(教师〔2018〕2号)的精神与工作要求来看,全面贯彻落实《教育部关于加快建设高水平本科教育、全面提高人才培养能力的意见》和《卓越教师培养计划2.0》精神等都充分说明,进一步完善卓越中小学音乐教师的培养机制已迫在眉睫。同时,对卓越中小学音乐教师及其教学能力的发展进行研究、探索与实践,已成为培育卓越教师的重要途径,受到越来越广泛的关注。

如何以OBE的理念为引领进行卓越音乐教育人才的培养与实践,如何在人才培养的过程中促进师范生教学能力的有序提高,如何培养适合新课改要求并符合中小学一线教学对卓越音乐教育人才需求的师范生,以及什么样的人才培养模式与课程教学能更加有效地促进师范生在未来的教学实践中做到可持续发展等问题,均给高师院校的人才培养和教学提出了可供学习、研究与探索的空间和要求。本教材正是在顺应这一教育教学发展的趋势下而设计、写作与成稿,对音乐教师的培养与成长以及教学能力的促进与提高等方面具有重要的指导意义与参考价值。

尽管大部分音乐类师范院校均在人才培养方案中开设了不同学分、不同学时和不同教学形式的音乐教育学和教材教法类课程,但从不同方面反馈的信息来看,部分学校在此类课程的开设上既缺少教材教法类的实践课程,也缺少与之密切相关的、针对实践教学设计的、具有指导意义和可操作价值的指导用书。尤其在已经出版的相关教材与书目上,大部分作者将目光集中在中学教师的指导与培训上,鲜有将目标定位在小学教学与实践上的指导用书。少数相关已出版的书目中,在教学设计、教学实施以及教学实践的操作上也相对缺少具有实际意义的相关引领与实训,有些在教学方法的使用与训练上未能做到针对性的指导与示范。将本教材定位在"小学音乐课堂教学与实践"是基于音乐教学理论与教材教法类课程教学的基础上,重在使师范生通过学习、研究与尝试,能够在掌握系统的音乐教学理论知识和相关的教育教学实践方法基础上,依据教材提供的方法、手段和案例等,在实操的学习与训练中学习、掌握相关的教学知识,提高进行音乐教学设计和教学实施的实际能力。这就决定了这本教材的逻辑结构和编写体系。它从音乐课程标准,到音乐课堂教学,再从音乐教学设计、教学实施、教学评价,到音乐教学实践中的音乐教师等,既有理论提炼,又有实操指导,还在相关部分配合了有针对性的教学案例、课后习题与思考等内容。针对实践教学的需要,本教材还在结合网络教学的优势上进行了开发与利用,将说课、模拟授课、片段教学以及常规课的教学视频和相应章节的练习在文中加以渗透与示范。

通常,音乐教学过程的基本要素是由教师、学生、教学内容所构成。而教材则是教师教学内容的重要依据,是学生学习和掌握所学知识的主要来源和学习指导。本教材作为音乐教育实习和教学实训的指导用书,可以在音乐教学实践课上对不同的课型、不同的主题以及不同的教学手段和方法等进行有针对性的教学研究和学习,也可在结合教育见习、实践活动和自学讨论等过程中为音乐师范生提供教学设计、教学实施以及教学实践的实操和参考之用。

本教材力求从探究性、实用性和可操作性等方面引导师范生,从而体现它在教育教学上的基本特征:

第一,围绕中心,体现探究性。学生中心是强调从以"教"为中心的模式转变,遵循师范生成才与成长的规律,以师范生的学习效果和人才发展为中心有针对性地设计音乐教学活动,以体现音乐教学和人才培养所提倡的探究性。

第二,明确产出,加强实用性。产出导向是聚焦师范生接受教育后"学到了什么"和"能做什么",强调明确学习产出标准,对接社会需求,以师范生学习效果为导向,对照毕业生核心能力素质要求,反向设计课程体系与教学环节,配置优质的师资队伍和资源条件,使学生在进入一线学校体验并学习教学的过程中提高就业的竞争力。

第三,持续发展,力求可操作性。持续发展是强调聚焦师范生核心能力的素质要求,形成"评价—反馈—改进"闭环,建立持续改进质量保障机制和追求卓越质量文化,推动师范类专业人才培养能力和质量的不断提升①。

基于"围绕中心、明确产出、持续发展"的考量,我们深知离开实践经验学习音乐教育理论并不是一种合适的学习方式,希望通过本教材的学习能够引导、启发相关学生走出课本,走出课堂,实现理论与实践的有效融合。我们希望给未来教师提供追求教学艺术的精神营养和行动的具体指南,力求在探究性、实用性与可操作性上下功夫。

本教材的主要内容是在音乐教学导论与教材教法的基础上,对音乐教学实践和教育实习进行补充与完善。本教材的框架结构采用了教学设计的思维模式,从整装出发、走进课堂、体验教学、蓄力提升、踏上征程,直至案例赏析等,层层深入和展开,意在引导音乐教育学生以对音乐教育实习的了解为起点,对教育实习的性质、目的和任务进行全方位的观察与分析,对教

---

① 普通高等学校师范专业认证标准解读.

育实习的内容、要求与形式以及理念、计划与实施等进行了逐层的展开,从而带领音乐教育专业的学生通过系统的研究、思考与实践,做好参与音乐教学实践的思想准备及知识储备。

尽管在进入教材教法类课程学习以及在教师资格证备考之时,学生已经学习了2011年版《义务教育音乐课程标准》(简称"课标")各部分的内容与要点,然而,为使音乐教育的实习生能够顺利地进入一线学校参与一线音乐教学实践,本教材在起始篇(第一章和第二章)中首先为学生安排了课标内容的学习与回顾,目的是有针对性地重温与渗透课标的相关内容,力求使学生在整装出发之时,从理念、目标、内容、实施以及教学文本、教学手段和方法等方面做好全方位的准备。

展开篇(第三章)是针对学生初进课堂的阶段,从实习生的视角出发,带领实习生从认识课堂、熟悉课堂等方面开始走进课堂,对音乐课堂教学的基本形态和要素等进行渐进式的梳理。在走进课堂部分,本教材从观察课堂、初进课堂等对课堂教学的内容、手段等,以镜头推进的方式,向实习生介绍了音乐课堂教学中常用的手段和方法。诸如,镜头中依次出现了体态律动、聆听体验、手势练习、联觉培养、内心歌唱、音乐读写、合唱训练、指挥练习和即兴创作等,既能使音乐师范生回顾所学教学法知识,又能将音乐教学的课堂形式、教学手段以及不同形式的教学过程鲜活地展现在一个个准音乐教师的眼前。

深入篇是由第四章和第五章组成,意在引领学生在教学尝试和体验的真实环境中掌握音乐教学的不同类型和音乐教学的实施手段。其中,第四章音乐教学设计的内容是针对师范生在音乐教学法的学习,尤其在音乐教学设计的教学过程各环节的构建中常常出现的问题所安排的,目的是指导即将进入执教阶段的实习生有效地了解歌唱课、欣赏课、综合课的基本理念以及基本教学步骤;熟练运用音乐课堂中常见的教学工具、教学方法等有针对性地组织课堂教学;同时,给予实习中的学生进一步学习、体验和熟悉各种不同教学手段与教学方法的实训机会,从而有效掌握设计歌唱课、欣赏课以及综合课等不同结构、不同课型的教学思路与方法。希望通过本单元的学习,不仅能为处在实习阶段和将要进行教师资格证备考或入编面试的学生以及应试人员能够灵活地运用各种教学手段和方法进行音乐教学准备,更能为学生的课堂教学和学习设计出在教学理念、教学思维、教学手段和教学方法上都更加丰富、多彩且灵动的音乐课堂教学。

第五章音乐教学实施主要介绍的是音乐教学组织、音乐教学策略和音乐教学调控,第一节从导入、展开、深入、结束四个方面,介绍了教师如何进行有效的音乐教学组织;第二节介绍了教师究竟该如何选择教学策略,以及一些常用的音乐教学策略的分类与运用;第三节介绍的是音乐教学的生成、音乐教学突发事件以及音乐教学机智等,在案例分解与实践指导等方面进行了有针对性的引领。

延伸篇(第六章)从音乐教学评价与教学反思两个方面对音乐教学评价的目标、对象、内容和维度等进行了梳理与提炼,具体内容既包含了对教师的评价和对学生评价的不同方面,也涵盖了音乐教学评价与反思的内容及方式。本章还就音乐教学评价的不同形式和不同方法给予了相应的评价案例、模拟测试和方法介绍,以期帮助处在实习阶段、初次面临教学评价或参与教学评价的师范生在教学上既能有针对性地参与评价、运用评价案例进行操作，又能在真实的教学情境中对记录音乐教学评价与反思等问题进行相应的学习、研究与实践。

起航篇（第七章）从音乐教学实践中的音乐教师角色方面，面向即将走向音乐教师岗位的毕业生，围绕音乐教师肩负的使命与定位、音乐教师的角色与任务、音乐教师在教学与实践等方面的工作需要，以及音乐教师的前景与未来等一系列问题逐一展开，使即将走向教师岗位的毕业生通过亲身体验与感受，对音乐教师的岗位产生清晰的认识，从而树立正确的教师观与教学观，使他们不仅能够进一步明确未来的目标和方向，还能为将要从事的音乐教师工作做好更加充分的职业生涯规划与准备。

教研篇（第八章）呈现的案例集锦，选择了近年来江苏省内"教学新时空"中展示的部分优秀课例文本、音乐教育专业优秀毕业生和不同类型的师范生大赛的优秀课例文本等，其中有歌唱课、欣赏课、多声部教学课，以及综合课教学等二十余篇不同形式的教学设计案例。希望通过对这些具有典型意义的案例进行学习与研究，能够为实习生的教学实习和教学设计提供有效的借鉴与参考。

本教材各章之后均安排了"教学做合一""学习与思考"等栏目。在各部分标题和内容的叙述上，则尽可能从概念、定义等引入话题，以便给学习者提供清晰的内容框架、思维方式和问题梳理。希望通过对本教材的研修与学习，无论是正处在音乐教育实践中的实习生，还是工作在一线的音乐教师，都能够以此为契机，开启一扇通向音乐教师的大门。同时，以此为起点，树立为音乐教育和教学事业终身学习的愿望。只有不断汲取先进的教学理念，摒弃陈旧的教学习惯与思维，才是音乐教师保持不滞后于时代的最好方式。

全书由黄琼瑶教授负责组织执笔、拟定框架、撰写大纲，以及审稿定稿并统编成册。各部分内容的执笔人如下（按章节先后排序）：

绪论、起始篇的第一章和第二章由黄琼瑶（南京晓庄学院音乐学院）编写；展开篇的第三章由黄琼瑶、刘尧伟（南京市科睿小学）编写；深入篇的第四章由董平（南京市白云园小学）编写，第五章由张垚（南京师范大学附属小学仙鹤门分校）编写；延伸篇的第六章由黄瑾（南京市北京东路小学阳光分校）、周晨晖（南京财经大学附属小学）编写；起航篇的第七章由施雨（南京市琅琊路小学）编写；教研篇的第八章：教学设计案例集锦的作者包括钱启惠、张垚、沙真宇、沈润洁、张雪琪、孙妍、马园园、钱亚萍、刘尧伟、董平、桂晓庆和孙孟秋等优秀的音乐教师，以及南京晓庄学院音乐学院17级卓越班刘添誉、董思彤、周园钧、肖凯四位优秀的毕业生。由黄琼瑶和张垚完成最终的案例修改与统稿。

我们的教学宗旨是：走出课本，走出课堂，在做中学，在学中做，做到教学做的"合一"，做到理论与实践的"合一"。

黄琼瑶
2021.07 于南京

注：南京晓庄学院教改项目"'OBE模式'下卓越音乐教育人才毕业设计形式的多元化探索与实践"项目成果

目 录

前言 ·· 001

起始篇　整装出发

第一章　音乐教育实习 ··· 002
　第一节　音乐教育实践活动 ·· 002
　第二节　音乐教育实习的性质、目的与任务 ··· 005
　第三节　音乐教育实习的内容、要求与形式 ··· 007
　第四节　音乐教育实习的理论依据与组织实施 ·· 014

第二章　音乐教学准备与微格教学 ·· 024
　第一节　音乐教学准备 ·· 024
　第二节　规范教案文本写作 ·· 033
　第三节　微格教学体验训练 ·· 045

展开篇　走进课堂

第三章　音乐课堂教学 ··· 054
　第一节　认识音乐课堂教学 ·· 054
　第二节　走近音乐课堂 ·· 056

深入篇　体验教学

第四章　音乐教学类型 ··· 082
　第一节　单一课 ··· 082
　第二节　综合课 ··· 124

第五章 音乐教学实施	135
第一节 音乐教学组织	135
第二节 音乐教学策略	143
第三节 音乐教学调控	154

延伸篇 蓄力提升

第六章 音乐教学评价与教学反思	164
第一节 音乐教学评价	164
第二节 教学反思的特征与思路	189

起航篇 踏上征程

第七章 音乐教学实践中的音乐教师	202
第一节 音乐教师的使命与定位	202
第二节 音乐教师的角色与任务	204
第三节 音乐教师的教学与实践	207
第四节 音乐教师的前景与未来	218

教研篇 案例赏析

第八章 教学设计案例集锦	222
第一节 单一课	222
第二节 综合课	285

后记 304

起始篇　整装出发

教学情境

　　教学实践课上,老师告诉大家:还有两周就要开始实习了!实验班的同学兴奋不已,大家憧憬着、七嘴八舌地讨论着将要到来的实习生活。小凯说,"已经体验过几次观摩和见习了,实习应该差不多吧";小彤说,"实习和见习不一样吧,我好期待能够登上讲台,感受一下做老师的滋味";小均说,"我好担心,实习是不是非常紧张?我能行吗?我该怎么应对呢?"一时间,有的同学为未来的实习激动和兴奋;有的同学想象着自己进入课堂的样子和心情;更有的同学为将要到来的实习担心和紧张起来……

> 要想学生好学，必须先生好学。惟有学而不厌的先生才能教出学而不厌的学生。
>
> ——陶行知

第一章　音乐教育实习

 目标与要求

1. 理解音乐教育实习的概念、性质、目的和任务；
2. 了解音乐教育实习的理念与指导思想；
3. 熟悉音乐教育实习的内容、要求与形式。

 学习与思考

1. 如何引导师范生对音乐教育实习有一个积极的认识？
2. 如何以音乐教育实习为切入，帮助学生对教育实习的性质、目的和任务，对教育实习的内容、要求与形式以及对教育实习的理念、计划与实施等有全面的认识与了解？
3. 如何带领学生为全面参与音乐教育实习的各项活动做好充分的准备？

教育实习是教师教育培养工作中的重要组成部分，是贯彻党和国家的教育方针、巩固师范生专业思想、培养合格中小学师资的重要环节，是一门体现师范专业特色的具有综合性和实践性的必修课程。

依据教师教育学生的培养方案，教育实习是高等师范院校本科阶段大三、大四学生到中小学进行教育和教学专业训练的一种实践和实训形式，是学校对师范生的一种特殊的教育活动。它是师范教育贯彻理论联系实际原则、实现培养目标不可缺少的教学环节，是教学计划中的重要组成部分。通过教育实习，使学生将所学知识综合运用于教育和教学实践，以提高其从事教育教学和实际工作的能力，加深和巩固其从事教育工作的专业思想。

第一节　音乐教育实践活动

高师音乐教育的实践活动通常由教育见习和毕业实习以及不同类型的教学观摩、跟岗见习、跟师见习等形式组成。

一、教育见习

教育见习是高师音乐教育学生在学习和成长过程中要经历的重要的教学与实践环节。在教师指导下，师范生对一线中小学教育、教学、学校生活各方面工作及其设施进行观察和熟悉；在此阶段，师范生一般不参加实际教学工作，他们按照学校的分配，分散在各学年或学期中进行，有时会在实习前结合教学法的教学课程集中进行；有时是在学习中结合某一专题进行有针对性的见习；有时是在其所在省、市、区开展音乐教学研讨和教师教学展示活动时所安排的专项观摩活动进行的见习。其目的是为了丰富学生的感性认识，加深学生对理论知识的理解，启发学生热爱教师教育工作的思想感情，引导学生在真实的教学环境中发现教师教育工作的乐趣，为成为一名一线音乐教师确立坚定的信心和决心。

教育见习的组织形式和方法可采用分散见习和集中见习两种形式。分散见习是在进行教学法的单元教学中，分期、分批、分次以及用不同形式组织师范生到音乐教育较有特色的中小学去听课、观摩、走访和座谈，或者参与一线学校的不同级别、不同层次的教研活动和观摩等。集中见习是在实习前一阶段或在学校培养方案中按计划进行的有规律、有组织的与教育教学相关的见习活动。

通常，高师音乐教育学生的教育见习安排在教育实习第一周进行实地观察，随后一周进入正式的实习阶段。但随着我国对教师教育专业的改革不断深入，人才培养方案与培养模式等亦紧密结合中小学一线对音乐教师的需要，对教育见习和实习等方面进行了相应的调整与改革，形成了科学、优化的培养思路。有些学校已初步形成了师范生按照学期和学年的固定时间进入一线进行见习、跟岗见习和实习等制度，实现了人才培养的多样化和个性化，充分发挥了教师教育人才培养方面的优势，使师范生的培养形成了跟岗见习、合作培养、教学观摩、共建实习等多样化的人才培养模式。

从跟岗见习方面看，一般采用学校推荐与学生自荐相结合的形式，到用人单位进行周期性的顶岗见习或顶岗实习。高师和一线学校的共同参与管理、合作教育培养，使学生在教学实践的过程中逐渐熟悉一线学校的工作环境与用人需要。在跟岗见习的活动中，有的学生每周一次或两次，跟随指导教师进入课堂进行音乐教学的学习；有的学生根据见习学校的安排，跟随指导教师参加一周一次的课外活动或微课教学；有的学生则会在指导教师的安排下有目的地参与课堂教学的片段教学与实践。

跟岗见习的内容既包括音乐专业的基础知识与基本技能、教学理论与教学技能，也包括通用知识与教师技能等。在跟岗见习的过程中，一个好的指导教师会引导见习者在演唱、演奏、自弹自唱、两笔字、口语表达以及教学设计与教学实施等方面进行较为全面地观察、了解与尝试。通过这种形式，不仅能够让见习者对音乐教师的基本性质和任务形成逐步的认识，更在后续的学习中对见习者自身的专业学习与教学能力提升等方面产生积极的推动作用。

从合作培养方面看，高师和一线学校共同制订教学计划、课程设置、实训标准。其中，学生的基础理论课程通过高师在课堂上执教完成,教育教学课程(音乐教育学、音乐教学法、音乐教学实践以及音乐教材赏析等)由高校专业教师和一线导师合作执教。在对师范生的合作培养中,通常由高校教师负责制订音乐教育学和教材教法的课程学习与指导,在完成理论与方法学习的基础上由一线的教师负责制订音乐教学实践和中小学音乐教材分析的课程。

配合理论与实践课程的学习与实践,师范生的见习、实习、顶岗实习等在校内和校外指导教师的共同引领下在实习基地或学校完成,这形成了师范生培养与管理的有效合作机制。

从教学观摩方面看,为深入了解中小学音乐教学的基本规范与特征,充分利用中小学一线教研活动丰富、教学水平突出等特色,组织学生到合作学校或实习基地所属的市、区、片区等参加教研活动、教师赛课,或着进行听课、看课以及观摩和学习,并由一线教师安排学生参与实践或相关教学,为学生系统地掌握教育教学知识、提高对实际教学的认识、增强教师教育的专业意识,为学生形成牢固、稳定的职业意识奠定坚实的基础。

从共建实习基地方面看,高师各院校音乐教育专业均依据人才的培养目标、毕业要求以及课程设置等,在所属地区建立了不同层次和不同特点的实习基地,并本着"优势互补,互惠互利"的原则与一线实习基地共同合作。这些基地不仅成为师生接触中小学、了解中小学的重要平台,还可以利用基地的条件促进高师指导教师进一步了解一线教学对人才培养的需求状况,增加高师专业教师接触一线学校的机会,促进专业教师教学技能的提高。同时,在带领师范生与中小学师生深入接触和了解的过程中,达到开发创新精神,坚定从教意识,提高教师素养等目的,实现人才培养的"双赢"效果。

二、毕业实习

对于师范生而言,毕业实习也是教育实习,它是学生在毕业之前,即在完成人才培养方案规定的全部专业知识和课程学习之后到实习学校参与的实际教学工作。

教师教育类学生应通过综合运用所学专业知识及相关基础知识和基本技能,在一线指导教师与校内带队教师的指导下独立开展教育教学活动。毕业实习不仅是学校教学实践环节中的一项重要内容,还是与毕业设计(或毕业论文)紧密联系和相互渗透的一个具有准备性的教学环节。

在教育实习期间,实习生通常被分成若干小组,每组由带队教师组织,深入实习学校或各师范院校的实习基地。通过听课、评课、备课、上课以及参与一线学校的课外活动等方面,对教师教育专业的学生进行全面、综合的训练,使他们在直接参与音乐教学的过程中获得真实的学习感受与体验。

发达国家对教师教育专业毕业实习的管理和运行办法具有一定的共性特征。具体表现在以下方面[①]:

1. 重视教育实习,关注实际训练。事实证明,无论是怎样丰富的理论知识传授与专业技能的学习,都难以保证教师教育专业的学生必然能够成为合格的教师。要把师范生培养成

---

① 尹爱青.中学音乐教育实习行动策略[M].长春:东北师范大学出版社,2007:8.

合格的教师,必须通过严密组织的教育实习。在日本,未来的教师所具有的各种品质和能力,被认为是在教育实习、教学实践和同青少年学生直接接触的过程中形成的。因此,未来教师如果仅凭课堂上所学的相关知识与理论,毕业后立即投入到一线的教育实践场所中去,这对未来的人才培养具有极大的危险性和冒险性。对此,世界各地的师范院校或教师教育专业都对师范生参加教育实习的资格做出了明确的规定与具体的要求。

2. 组织形式灵活,围绕人才需求。在实习的组织形式方面,有集中实习、分散实习、分阶段实习、整学期实习等不同形式。无论何种形式无不从培养目标、毕业要求等方面,同时对用人单位的需要和人才培养的优化等方面予以缜密考量与设计。

3. 实习安排有效,凸显能力培养。在实习的时间安排上,大多数学校以两个月的时间最为常见。但目前,从卓越教师人才的培养需求出发,有些以教师教育为特色的学校已经逐渐将实习的时间延长到了整学期,有些学校还将实习的时间由一学期分段至两学期,这样不仅能够给实习生充足的时间了解、适应学校工作与生活,还能引导实习生通过第一阶段的实习,提高对教师教育的认识,加深对学校教育的了解以及对未来发展的思考。同时,使学生发现自己在专业知识和专业技能上的短板,以留有适当的时间予以反思、弥补不足和充实提高。

4. 强化制度规范,彰显职业特色。实习制度的规范和强化,不仅是教师教育专业的重要特色,更是教师教育专业的必要条件。进入大三、大四的高师音乐教育专业学生,均要求进入中小学进行教育见习与实习。通常,未经过或未完成教育实习的高师学生均无法正常获得毕业资格与准许。

可见,教育见习和毕业实习,不仅是教师教育专业学生通向一线教师岗位的必经之路,更是教师教育专业学习中的重要规范和制度,应在师范生培养和学习的过程中引起广泛的关注与高度的重视。

第二节 音乐教育实习的性质、目的与任务

音乐教育实习是按照人才培养方案对高师音乐教育专业学生进行的理论与实践相结合的教学环节,它具有集综合音乐学科知识和教学能力于一体的实践特征,更是音乐师范生从学生向教师转变的一个重要起点与关键步骤。

一、音乐教育实习的性质

本着高师教学应与一线教育思想与教学理念相渗透的教学理念,实习生应在各级领导与教师的关心、指导下,在深入一线课堂的"过程"中,了解音乐教学的前沿信息,感悟教学理念与教学方法,践行"师范"教学"为基础教育服务"的教学理念,从而凸显高师音乐教育学生培养中的"师范性""实用性"和"综合性"等性质。

就教育实习的师范性而言,进入实习阶段的每一位师范生,不仅应在实习中关注教师风范的培养和发展,还应在实施教学的过程中身体力行音乐教育的基本理念;同时,进入实习

学校的他们还应在自我身份、心理定位和行为举止等方面进行相应的转换与调整。在实习学校,他们既是师范院校进入一线的实习生,是音乐教学实践过程中的受教育者;也是在实习学校中参与和实施音乐教学的执教者,是一线中小学生心目中的音乐教师。因此,实习阶段的学生具有双重身份的性质与特征。

就教育实习的实用性而言,它不仅能够引导实习生在实践体验与理论思考的教学过程中,将所学的知识与技能学以致用,在理论与实践相结合的过程中获得课堂教学的感受与体验,还能在一线指导教师的精心指导和课堂教学的实际工作中收获教学能力的提高与进步。

就教育实习的综合性而言,它能帮助师范生在全面进行教学设计、教学实施与教学评价的展开与运用中,综合渗透专业基础知识、专业基本技能以及教育教学知识,使音乐教育专业的准教师们在综合运用所学知识进行独立备课、上课和评课的过程中,获得全方位的学习、成长与提高。

另外,教育实习还可以帮助师范生在组织教学、班级管理以及课外音乐活动等环节中,体验"教学做合一"带来的成功与快乐,更能在真实的教学环境中锻炼学生面对和处理各种教学情况和突发事件的能力。

二、音乐教育实习的目的

应该说,知之、思之,方能明了如何行之。音乐教育实习的目的便是引导学生在将"知、思、行"融为一体的过程中体验、学习与深入认识音乐教师的职业特征①。其具体目标如下三点。

1. 通过深入一线实习学校,引导高师学生在实践中进行调研与考察中小学音乐教育和教学的真实状况,进一步理解学校音乐教育的意义,激发师范生热爱音乐教育事业的真实情感。

2. 通过参与课堂教学与各项活动,实践多种音乐教学方法,培养和锻炼师范生进行独立设计音乐课堂教学的能力、音乐课堂的驾驭能力和教学能力,以及课外相关活动的指导能力与组织能力等。

3. 通过音乐教育实习的过程,强化融合教育教学理论知识,尝试运用多种教学手段,调动多种思维,培养学生的学习兴趣等综合能力,使高师音乐教育专业学生提早进入职业教师的角色。

三、音乐教育实习的任务

音乐教育实习的任务主要包括:第一,了解一线学校教育教学现状与发展,利用多种形式对中学音乐教育的情况进行有针对性的调研与考察;第二,运用与借鉴国内外先进的音乐教学理念、体系与方法等进行教学实践,逐步掌握中小学音乐课堂教学的教学方法与教学规律;第三,参与指导学生开展各种兴趣小组、音乐社团以及课外演出活动和相关学生比赛等,并在活动中锻炼教师教育学生的专业教学拓展能力和课外活动组织能力;第四,发挥音乐教育的功能与作用,积极配合班级、共青团或少先队开展生动活泼的教育活动;第五,检验音乐

---

① 尹爱青.中学音乐教育实习行动策略[M].长春:东北师范大学出版社,2007:11.

教师资格的培养质量、规格和全方位的教学能力。

第三节　音乐教育实习的内容、要求与形式

师范生的音乐教育实习通常从走进实习学校，熟悉实习环境，到进入音乐课堂教学，直至了解实习学校的方方面面开始。然后，在实习指导教师的逐渐引导下对实习内容、实习要求与实习形式等方面进行全方位地感受、体验与实践。

一、教育实习的内容

通常，教育实习的内容主要由音乐课堂教学、班主任工作，以及课外教学活动的组织与指导等部分组成。依据毕业设计和毕业论文的需要，有些学生还会在进行教育实习的同时开展一些教育调查和行动研究的任务与工作。目前，由于一些学校和学生的具体情况所限，音乐教育实习的内容常常包含课堂教育实习、课外音乐活动和见习班主任工作三个主要部分。

1. 课堂教学实习

音乐课堂教学实习的内容由主要教学环节和辅助教学活动两个方面的内容组成。参与课堂教学实习的学生应主要从这两个方面进行准备。

（1）主要教学环节

课堂教学实习的主要教学环节包含教材研究、教学准备（备课）、教案编写、说课练习、模拟授课（无生试讲）等内容。

首先是教材研究。教材是教师和学生据此进行教学活动的材料，是教学活动的主要媒介，其范围包括教科书、课程标准、教学讲义、讲授提纲、教学参考书等文字材料和多媒体课件、视频、音频以及相关的视听材料等。从教学的角度看，教材的选用，不仅直接影响着课程教学的展开与成效，甚至决定着一门课程学习的意义与价值，并且还会对学生学习经验的获得和知识内化的过程等产生促进作用。尽管教材是师生对话的"话题"、课堂交流的"引子"，以及教学研究的"案例"和"依据"，但在教学的过程中，教材只能作为教学的一条"主线"，而不可成为课程教学的全部内容。

进行教材分析，是指从教育的宗旨出发，从知识与科学性、思想品德与文化内涵、认知心理与教学规律、编制技巧与工艺水平等维度，对教材的教学目标、教学内容、教学方法、练习活动以及教材编制水平等方面的有效性、可靠性、可行性以及效益效率做出分析、评估与预设。

对教师而言，不断钻研教材是为了全面掌握教材，正确处理教材。这是备课的核心，也是搞好音乐课堂教学的根本。而钻研教材则分为熟悉教材与掌握教材两个阶段。其中，熟悉教材是指教师对相关音乐作品的反复聆听、对教学内容的研究分析、对作品形式的演唱演奏，以及对教学环节的推敲设计和教案写作等。对于教材中出现的歌曲、乐曲，音乐教师不仅要熟悉其背景和内容，理解教材中作品的审美要求、知识技能，还要对教学内容所涉及的思想、艺术和表现手段等具有全方位的理解与把握。

对于课时教学方案的设计而言，无论是歌唱课、欣赏课，还是综合课的教材分析均要从音乐作品的基本要素和常见结构或特征，以及相关的音乐历史与文化知识等方面进行有序的分析与研究。教材分析具体内容通常不仅包括音乐作品的调式调性、速度力度、节奏特征、旋律发展、和声走向等，还应包括曲式结构、体裁风格、演唱演奏技能，以及相关的背景知识与文化内涵等。

第二是教学准备（备课）。备课是音乐教学设计的逻辑起点，是上好课的先决条件。课堂教学能否达到预定的目标要求，能否收到预设的教学效果，在很大程度上取决于课前准备工作是否充分、是否切合实际。

教学准备既包括为课堂教学进行的教材选择、音乐版本选择，又包括为学生参与课堂教学所用的各种教具、课件、小乐器以及为保证课堂教学顺利进行而使用的各种辅助手段等。

第三是教案编写。教案即是教学方案，也称课时教学计划。它是教师实施音乐教学的行动指南和依据，是教学设计的重要成果，也是教师对教学设计进行的文本表达与书面总结。

在教案编写的过程中，教学过程通常是在教材分析、学情分析、教学目标及教学重难点等重要环节已经确定的基础上最为重要的一步，是课堂教学设计的核心，对教学任务、教学对象的分析，对教学目标、教学媒体的选择，以及对课堂教学结构类型的选择与组合等，都将在教学过程的设计中得到全面的体现。在音乐教学过程的设计中，应将音乐教学过程的各种因素，按照一定的程序组织起来，并形成文本，从而为音乐教学的实施与展开做好充分的准备。

第四是说课练习。说课练习通常在完成教案设计的基础上，面对一线的同行、音乐教育专业的学生、教育科学的研究人员等，对已经完成的教学设计进行讨论与交流的一种活动形式。目前，说课常被用作师范生教学训练、新教师入职竞聘以及青年教师专业技能竞赛中检验教学设计能力的一种重要形式。说课中，说者不仅应对教学程序的具体内容进行概括介绍，还应使听者能够听清"怎样教"和"为什么这样教"的整体思路与方法。说课的具体内容包括：说课题、说教材（教材分析、教学目标、教学重点与难点）、说教法和学法、说教学手段、说教学过程、说教学效果等。对于音乐教育的实习生而言，说课的基本思路应从以下几个方面有序展开。

① 说课题。在此环节应向指导老师和小组同学说清授课教师对于课的认识和理解，也是说课的起点。例如：应首先说明这堂课是音乐课中的哪一节，是新课还是复习课；是理论知识课还是练习实践课等。

② 说教材。应说明该课内容在单元或某一部分中的地位和教学目标、重点、难点以及主要依据等。

③ 说教法。应说明该课在教学过程中采取哪些教学方法与依据。例如：由于少数民族的民歌分布范围广泛，知识面涉及较广，歌曲的风格各不相同，为了能帮助学生了解民歌特点形式与其相关的地域和生活习惯，使他们能更好地掌握民歌的风格，（教学设计者）采用了视觉图像法和对比欣赏法等教学方法。

④ 说学法。在教学过程中，应针对所教内容的难易程度，结合学生的实际情况，告诉学生掌握知识及学习的过程与方法，或称学法指导。例如：根据教材的内容和学生年龄特点，

在学法的指导中紧紧围绕教学目标,通过"听"歌曲的旋律、节奏等要素,让学生感知音乐,从而分辨不同民族的民歌特点;通过直观图像了解少数民族的风土人情等。

⑤ 说教学手段。在教学中,可供教师选择的教学手段各种各样、丰富多彩。教师可根据不同的教学目的与教学内容将各种不同的乐器、多媒体手段及教师自制的实物与教具引进课堂,用以帮助增强学生的感性认识和提高学生的学习兴趣。但教师要考虑教学的实际需要,避免为使用多媒体等手段而使用多媒体等教学手段这种情况的出现。

⑥ 说教学过程。这是说课中最为重要的一个环节。这种情况的出现要求说课教师将组织实施这节课的具体方案向听课者作详细的介绍。例如,如何导入新课与结束整节课程等。应该说,这是一个最能够体现教师教学功底的部分,说课教师应紧密围绕教学的重点难点进行全面、精炼的陈述与介绍,切实处理好教学中的各个环节与关系。

第五是模拟授课(无生试讲)。也叫模拟课堂教学,又叫试讲,是在有限的时间内,教师通过口语、形体语言和各种教学技能与组织形式的展示而进行的一种教学形式。目的是对教师教学的综合能力进行全面地检测和了解。

对实习生的教学训练,除了进行说课、模拟授课练习外,还要进行片段课和常规课的模拟与训练。在教学实训的过程中,不仅要培养学生在教学内容和各教学环节的展开等方面的能力,还应指导学生对教学时间进行掌控。一般情况下,说课时长为 10 分钟,模拟授课的时长为 10~15 分钟,片段课为 15~20 分钟,常规课为 40 分钟。对于师范生而言,有针对性地运用和掌控不同形式的教学时长是专业教学成长过程中的一个重要技能。

(2) 辅助教学活动

辅助教学活动包含辅导、讲评、成绩考核、组织课外活动等。对于音乐类的实习生而言,参加课外辅导和课外音乐活动是较为常见的。实习生不仅要在实习学校积极配合学校和音乐教师参与课外活动,还应在课外的音乐兴趣小组、合唱、舞蹈和小器乐社团活动中锻炼自己的指导能力和组织协调能力。

2. 课外音乐活动

学生课外音乐活动是音乐课程资源的重要组成部分。推动、指导学校课外音乐活动是音乐教师的职责。课外音乐活动是学校整个音乐教育的组成部分,是学校精神文明建设的重要阵地。实习生必须参加课外音乐活动的实习工作,培养自己具有展开多项课外音乐活动的组织、排练以及艺术指导等方面的能力。

在学校课外音乐活动中,音乐教师要注意发现、培养学生中的音乐积极分子,充分发挥他们的骨干作用,使他们的音乐特长得到发展和提高,音乐活动才能得到施展。学校音乐课外活动包括多种多样的形式。例如,除全校群众性课外音乐活动(如音乐会、歌咏比赛、高雅艺术进校园等)之外,还应该组织各种形式的音乐社团和兴趣小组。下面这些形式的音乐课外活动可由实习生参与进行:

(1) 合唱团(合唱队)。包括:童声合唱团和混声合唱团,可以是校级、年级和班级范围的合唱团。

(2) 乐队(乐团)。应根据条件成立多种形式的乐队。如:民族乐团、管弦乐团、电声乐队、鼓号队、锣鼓队、竖笛队、口琴队和节奏乐队等。

（3）兴趣小组，可以有重唱或重奏小组、音乐（儿童歌舞）表演小组、音乐剧小组、独唱或独奏小组、戏曲或曲艺小组、指挥或教歌员培训小组、乐器制作小组、音乐墙报小组、舞蹈活动小组等。

3. 见习班主任工作

班主任工作是学校教育工作的重要组成部分，通过实习，使学生初步了解班主任工作的内容、特点和方法，培养从事思想政治、道德品质教育、理想前途教育和组织管理、学习方法指导的初步能力。班主任工作的实习包括见习班主任、课外活动辅导和跟班教师等不同的形式。

见习班主任工作是实习中音乐教育学生所应面临的一个环节。由于音乐教师在实际的教育实习中一般不承担班主任的工作任务，故大部分的实习学校仅会安排音乐教育的实习生承担一些相应的跟班工作，以帮助实习生全面了解一线的学校与学生情况。

作为见习班主任或跟班教师，实习生应在一线指导教师的带领下从以下几个方面开展与班主任相关的工作，如：

（1）了解学生的年龄、性别、生理、心理发展状况、进入变声期的情况。

（2）观察学生的个性心理特征、学生业余爱好与特长、智力发展程度、思想状况及一般的学习情况。

（3）了解学生对音乐课的兴趣和态度、学习目的和学习方法，以及各类学生大约占全班的比例情况和学生的音乐审美情趣、审美爱好状况。

（4）熟悉学生已掌握的音乐基础知识和基本技能的情况，尤其是原有知识与新知识的联系，以及学生对学习内容的认识与态度情况。

（5）摸清学生对教师的态度。学生喜欢什么样的教师，我是否具备相应的条件？我如何改变自己的教学行为才能更好地满足学生的学习需要？

（6）掌握学生参加课外音乐活动、家庭音乐活动和接触社会音乐活动的情况。

（7）调查班级的学习风气、组织纪律性、集体荣誉感的状况。

只有全方位参与观察、了解和熟悉学生的生理、心理和学习情况，才能通过实习真正掌握学生的兴趣、爱好与能力，从而做到从学生角度、从实际需求等出发进行教学与管理，为顺利进入一线音乐教学岗位做好知识与能力方面的储备。

二、教育实习的基本要求

为培养实习生实际教学能力，学校在实习期间一般应从以下方面对进入一线实习的学生提出要求：

1. 全面实习各种教学内容与多种课堂教学的类型。

2. 所有执课时教学方案须经一线指导教师审阅、签字，并在指导教师的带领下进行说课、模拟授课或试讲，凡未经指导教师审阅或试讲不合格者，不得进入课堂实施教学。

3. 实习生进入课堂后，每周执教课时一般不少于四节。

4. 实习结束前，应面向实习学校、实习小组以及本校派出的指导小组领导和教师开设至少一次的教学观摩课或公开课。

5. 实习结束时,所有实习生需呈交的书面作业有:听课记录 6~8 份,教案 6~8 份。师范生听课记录和实习教案可以参照下列表 1-1 和表 1-2 的要求规范书写。

表 1-1　师范生听课记录

听课学校	南京师范大学附属小学		年级	四年级	授课人	尹××
听课人姓名		学号		班级		
课题名称	《花之圆舞曲》		课程类型	欣赏课		
听课时间	2020 年 3 月 17 日　上(下)(第　四　周　星期二　第 3 节)					

教学内容	板书	教学方法
一、起始:激趣导入 　播放视频,配乐朗诵,情境导入,营造春天的氛围 二、展开:新课教学 　1. 师:能不能跟着音乐表现花儿开放和小鸟的样子?(播放音乐) 　2. 师引导全班一起做律动。提问有哪些重复动作,用图形板书表示 　3. 结合重音,再做一遍 　4. 演唱每小节第一个音 　5. 复听音乐感受重音 　6. 连贯的律动表达整段音乐 三、深入:拓展延伸 　1. 简介圆舞曲(一种三拍子的舞曲,经常采取男女对舞的形式) 　2. 简介柴可夫斯基和代表作(《天鹅湖》《睡美人》《胡桃夹子》),今天的作品就选自《胡桃夹子》,欣赏视频,说说看舞蹈家们是怎么表演的,做出了什么样的队形 　3. 再次律动(男女对舞) 　4. 复听旋律,画出旋律线,并提问旋律线出现的顺序 　5. 各部分音乐由什么乐器演奏?或者你对它声音的感觉是什么(圆润、明亮等),并再次播放音乐,出示旋律线 　6. 揭示答案,播放音乐会视频并简介每件乐器出现的时间(单簧管、圆号、长笛和弦乐器) 　7. 简介各个乐器的音色并思考用什么动作表现它,复听音乐并表现 四、结束 　1. 结合动作欣赏感知需要表现的音乐元素,请同学上台互动 　2. 全班一起两两搭档互动 　3. 戴上花环分组完整表现		体态律动 　欣赏 　游戏 　创作

听课学习体会
本节课生动、有趣,令人印象深刻。此课的教学说明,反复聆听并感知音乐是极为重要的教学手段。尹老师在游戏中带着学生反复聆听,引导参与,使学生能够在参与、体验和感受中学习作品、了解作品,体现了调动学生主动参与学习的重要性

表1-2　师范专业毕业实习教案

（注意：须于上课前三日送请指导教师审阅）

音乐学院　15　级　实习生　×××　指导教师　×××　2019年2月27日（星期×）第×节

实习学校	×××××	班级	15音乐师范班	科目	音乐
教学课题（注明所用教材的章、节）	《拔根芦柴花》				
教学目标	1. 通过听赏与演唱，感受扬州歌曲的民俗与风情以及歌曲欢快活泼的气氛 2. 通过模仿和参与，体会方言演唱以及歌曲的地方韵味 3. 通过对比与发现，了解扬州地区相关的音乐文化与知识；掌握装饰音演唱的基本方法；运用二声部演唱歌曲，增强学生间的合作能力				
教学重难点	教学重点：运用欢快、活泼的声音演唱歌曲；感受扬州歌曲的民俗与风情 教学难点：感受扬州民歌的风格特征；认识装饰音并掌握其演唱的基本方法				
课的类型及主要教学方法	类型：歌唱课 方法：聆听、歌唱、游戏、律动				
教学手段	听赏、律动、歌唱等				

教学内容（含教学过程及时间分配）

教学环节	教学内容	师生活动	设计意图
起始	走近扬州	情境导入 1. 师生交流——古诗 师：你们知道有哪些描写扬州的诗句？（"故人西辞黄鹤楼，烟花三月下扬州。孤帆远影碧空尽，唯见长江天际流。""青山隐隐水迢迢，秋尽江南草未凋。二十四桥明月夜，玉人何处教吹箫？"等） 2. 师生交流——风光 师：扬州确实有着令人神往的美景！让我们随着美妙的音乐，去游览扬州的美景吧。（播放《拔根芦柴花》的音乐，出示扬州风光图，让学生感受与欣赏扬州风光）	通过情境导入，创设轻松愉悦的音乐课堂氛围，增强学生学习兴趣
展开	新歌教学	一、寓教于乐 1. 感受歌曲 师：扬州不但山美水美，扬州的民歌更美呢。今天我们就来听一首江苏扬州的民歌《拔根芦柴花》 2. 整体体验 第一段：锄头松土 第二段：播撒种子 第三段：农活收尾 提问： （1）这首歌给你一种什么感觉？（轻松，活泼）	遵循音乐是听觉艺术的感知规律，引导学生循序渐进地聆听作品

(续表)

教学环节	教学内容	教学活动	设计意图
		(2) 再听：这首歌唱的什么？歌曲的名字与内容的关系？劳动人民下田干活的情景，你觉得几拍子比较合适？（了解歌词内容，歌名与内容的关系，体会几拍子） 3. 复听音乐：从歌词上看它更是与众不同，你发现了吗？（了解衬词的作用） 师：衬词无具体的意思，在歌曲中能不能去除？（聆听对比有无衬词，感受衬词的作用） 二、分层学习 　1. 学唱歌谱 　（1）聆听钢琴，内心默唱 　（2）钢琴伴奏，唱出声音 〔师：刚才我们都知道了这首歌曲是2拍子的，它的强弱规律是怎样的？（强弱）演唱时可要注意了。（老师范唱一句）下面，请同学们跟着老师的琴声，轻轻地唱谱〕 　2. 歌词学习 　（1）跟随节奏，默读歌词 　（2）跟随节奏，轻声朗读 　（歌词重点读清衬词，注意附点音符的节奏） 　3. 完整演唱 　（1）默唱（给初始音） 　（2）完整演唱 　4. 歌曲处理 　（1）引导学生练习，并渗透乐理知识，结合用读歌词的方法解决附点节奏难点 　（2）（唱出活泼与诙谐的感觉来）注意歌曲的强弱感觉、衬词的表达等	通过不同形式学习歌曲，进一步感受歌曲情绪
深入	教学拓展	创造表现 　请大家想一想，在演唱的过程中令你情绪高涨的地方在哪里？ 　师：这些衬词虽然不表达意思，却表现了当地人民在唱这首歌时的心情，都说扬州山美水美人美，而歌声更是水灵灵的美，那你觉得怎样才能唱出那种水灵灵的声音呢？（老师讲解高位置演唱的技巧与方法，结合歌词练习）	拓展音乐与相关文化，丰富情感体验
结束	完美结课	师：同学们唱得真好！今天我们不仅学会了演唱《拔根芦柴花》，还了解了与扬州地区相关的音乐文化与知识。课后同学们可以上网搜索更多扬州地区相关的音乐文化与知识，大家一定会有更多的收获！最后让我们再次合作演唱《拔根芦柴花》，并在美妙的歌声中结束我们今天的音乐课吧！	通过回顾与复习，加深学生对课堂内容的记忆
指导教师意见			

(略)

在全面了解音乐教育实习的性质、目的和任务,在能够运用音乐课程知识和教育理念的基础上,实习生还应认真研读并把握《义务教育音乐课程标准(2011年版)》的精神,能依据课程标准的理念、目标、内容和建议等,在实习的教学中以课标为指导开展教学设计与教学实施。

第四节　音乐教育实习的理论依据与组织实施

一、音乐教育实习的理论依据

通常,在进入实习阶段之前,师范生已经通过音乐教育理论和教材教法等课程的学习,以及教师资格证的考试指导等对《义务教育音乐课程标准》进行了初步的学习。在大四学生进入实习学校之前,还应对课标的具体部分进行针对性的学习与回顾,以使实习生在实习中不仅能够有效运用课标对课堂教学进行引领,能够促使师范生进一步强化对课标的学习、研究与内化。

(一)音乐课程的性质、理念和设计思路

1. 音乐课程的主要性质

《义务教育音乐课程标准》明确指出,音乐课程是九年义务教育阶段面向全体学生的一门必修课,音乐课程性质主要体现在人文性、审美性和实践性三个方面。

就人文性而言,音乐是文化的重要组成部分,是人类宝贵的精神文化遗产和智慧结晶。无论是从文化中的音乐,还是从音乐中的文化视角出发,音乐课程中的艺术作品和音乐活动,皆注入了不同文化身份的创作者、表演者、传播者和参与者的思想情感和文化主张,是不同国家、不同民族、不同时代文化发展脉络以及民族性格、民族情感和民族精神的展现,具有鲜明而深刻的人文性。

就审美性而言,"以美育人"的教育思想与我国的教育、文化传统一脉相承,是培养德智体美劳全面发展的社会主义建设者和接班人的教育方针的有机组成部分。通过音乐教育培养和提高学生感受美、表现美、鉴赏美、创造美的能力,陶冶情操,发展个性,启迪智慧,丰富和发展形象思维,激发创新意识和创造能力,全面提升学生的素质。

就实践性而言,音乐不具有语义的确定性和事物形态的具象性。音乐课程各领域的教学只有通过聆听、演唱、探究、综合性艺术表演和音乐编创等多种实践形式才能得以实施。学生在亲身参与这些实践活动过程中,获得对音乐的直接经验和丰富的情感体验,为掌握音乐相关知识和技能、领悟音乐内涵、提高音乐素养打下良好的基础。

2. 音乐课程的基本理念

(1)以音乐审美为核心,以兴趣爱好为动力

音乐审美指的是对音乐艺术美感的体验、感悟、沟通、交流以及对不同音乐文化语境和人文内涵的认知。这一理念立足于我国数千年优秀的音乐文化传统,与我国教育方针中的

"美育"相对应,彰显音乐课程在潜移默化中培育学生美好情操、健全人格和以美育人的功能。音乐的情感体验,应从多样化的文化语境出发,根据音乐艺术的表现特征,引导学生对音乐表现形式有整体把握,领会音乐要素在音乐表现中的作用,增进音乐素养。音乐基础知识和基本技能的学习,应与音乐艺术的审美体验及不同文化认知有机结合。

兴趣是音乐学习的根本动力和终身喜爱音乐的必要前提。在教学中,要根据学生身心发展规律,以丰富多彩的教学内容和生动活泼的教学形式,激发学生对音乐的兴趣,不断提高其音乐素养,丰富其精神生活。

(2) 强调音乐实践,鼓励音乐创造

音乐教学是音乐艺术的实践过程。因此,所有的音乐教学领域都应强调学生的艺术实践,积极引导学生参与演唱、演奏、聆听、综合性艺术表现和即兴编创等各项音乐活动,将其作为学生走近音乐、获得音乐审美体验的基本途径。通过音乐艺术实践,有效提高音乐素养,增强学生音乐表现的自信心,培养学生良好的合作意识和团队精神。

音乐是一门极富创造性的艺术。中小学音乐课程中的音乐创造,目的在于通过音乐丰富学生的形象思维,开发学生的创造性潜质。在教学过程中,应设定生动有趣的创造性活动内容、形式和情境,发展学生的想象力,增强学生的创造意识。

(3) 突出音乐特点,关注学科综合

音乐是听觉艺术,学生主要通过听觉活动感受与体验音乐。音乐随时间的流动而展现,不具有语义的确定性和事物形态的具象性,然而它又与人类的社会生活、各种文化艺术有着紧密的联系,这就为学生感受、表现音乐和想象力、创造力的发挥,提供了广阔而自由的空间。同时,也要关注音乐艺术的时间性、表演性和情感性特征,并在教学过程中加以强调和体现。

音乐教学的学科综合,包括音乐课程不同教学领域之间的综合,音乐与诗歌、舞蹈、戏剧、影视、美术等不同艺术门类的综合,以及音乐与艺术之外的其他学科的综合。在教学中,学科综合应突出音乐艺术的特点,通过具体的音乐材料构建起与其他艺术门类及其他学科的有机联系,在综合过程中对不同艺术门类表现形式进行比较,拓展学生艺术视野,深化学生对音乐艺术的理解。

(4) 弘扬民族音乐,理解音乐文化多样性

应将我国各民族优秀的传统音乐作为音乐教学的重要内容。通过学习,学生熟悉并热爱祖国的音乐文化,增强民族意识、培养爱国主义情操。随着时代的发展和社会生活的变迁,反映近现代和当代社会生活的优秀的中国音乐作品,也应纳入音乐课的教学内容。

世界的和平与发展有赖于对不同民族文化的尊重和理解,应以开阔的视野学习世界其他国家和民族的音乐文化,理解音乐文化的多样性,共享人类文明的一切优秀成果。

(5) 面向全体学生,注重个性发展

义务教育阶段的音乐课,应当面向全体学生,使每一个学生的音乐潜能得到开发并从中受益。音乐课的全部教学活动应以学生为主体,师生互动,将学生对音乐的感受和音乐活动的参与放在重要的位置。

尊重学生的个性,鼓励学生积极参与各种音乐活动,以自己的方式表达情智。教学中,应把全体学生的普遍参与和发展不同个性有机结合起来,创造生动活泼、灵活多样的教学形式,为学生发展音乐才能提供空间。

3. 音乐课程的设计思路

(1) 凸显音乐课程的美育功能,以音乐活动方式划分教学领域

在2001年以前,我国中小学音乐课堂教学内容包括唱歌(小学低年级加有"唱游")、欣赏、器乐和识谱四项。随着时代的进步和学科的发展,为了凸显音乐课程的美育功能,强调音乐课程的人文属性和对学生创造性潜能开发的课程价值,2011版《义务教育音乐课程标准》将原有音乐课程的教学内容整合为"感受与欣赏"和"表现"两个教学领域,并将原来隐含在教学中的音乐文化知识和分散的音乐编创活动加以集中,拓展为"创造"和"音乐与相关文化"两个领域。上述四个教学领域相互关联、相互渗透,组成一个有机的整体。新的教学领域的划分,既体现了本学科在21世纪的发展趋向及本课程性质和基本理念,有利于促进学生的发展,又在不增加课程实施难度的前提下,与传统的音乐课堂教学内容实现平稳对接。

(2) 设计丰富的音乐实践活动,引导学生主动参与

音乐艺术的审美体验和文化认知,是在生动、多样的音乐实践活动中,通过学生的亲身参与生成和实现的。为此,音乐课程对包含音乐聆听、音乐表现和音乐创作这三个具有很强实践性的教学领域,提出了相对明确而具体的课程内容,并从音乐学习的特点出发,设计生动活泼的教学形式,激发学生的学习兴趣,增进学生对音乐的喜爱,引导学生主动参与各项音乐实践活动,以获得对音乐的亲身体验。在不断实践的过程中,逐步培养和提高有利于学生终身发展的音乐能力。

(3) 正确处理音乐知识、技能的学习与审美体验和文化认知的关系

音乐的材料、创作过程和表演形式具有特殊性,这些艺术特征决定了音乐聆听、表现和创作教学,必然会有特定的知识和技能要求。音乐课程的设计,应正视这一客观的学科规律性,正确处理课程中音乐知识、技能的学习与发展审美体验和文化认知能力的关系。强调音乐知识、技能的学习和所应达到的标准,是发展学生审美体验、艺术表达和文化认知的基础,其本身就是学生音乐素养的组成部分。

(4) 根据学生不同年龄段的心理发展水平和音乐认知特点,分学段设计梯度渐进的课程学段目标及相应的课程内容

义务教育阶段,是儿童和青少年生理、心理的快速发展期,也是其人生接受音乐教育、增进音乐素养、促进身心健康发展的重要时期。为了使音乐课程与学生心理发展水平和音乐认知特点相适应,音乐课程将义务教育阶段的9学年分成3个学年段,即小学低年段(1~2年段)、小学中、高年段(3~6年段)和初中各年级(7~9年段)。在剖析不同学段学生生理、心理发展差异和音乐学习认知特点的基础上,在课程总目标统领下,明确各学段目标,以此作为不同学段、不同教学领域课程内容设计的基本依据。3个学段不同层次的课程内容,呈现前后衔接、逐段递进、完整有序的内在联系。

(5) 课程内容的设计,在明确的规定性和适度的弹性之间寻求平衡,给教师教学和地方

音乐课程资源开发留有创造和选择运用的空间

我国广大城乡不同区域经济、文化环境和发展水平的差异,客观上影响着学校音乐教育的实施状况和教学水平。基于这一现实,为使音乐课程具有广泛适应性和普遍实施的可能性,对课程内容和标准的设计,既要有明确的规定性,又要有适度的弹性和一定的可选择性,使不同区域、不同学校的音乐课程,在相同或相近的内容和水平要求上得以普遍实施,从而推动音乐教育的普及和均衡发展。

4. 音乐课程的目标组成

在《义务教育音乐课程标准》中,课程目标由两个部分所组成,一是总目标,二是学段目标。总目标的具体内容为:学生通过音乐课程学习和参与丰富多样的艺术实践活动,探究、发现、领略音乐的艺术魅力,培养学生对音乐的持久兴趣,涵养美感,和谐身心,陶冶情操,健全人格。学习并掌握必要的音乐基础知识和基本技能,拓展文化视野,发展音乐听觉与欣赏能力、表现能力和创造能力,形成基本的音乐素养。丰富情感体验,培养良好的审美情趣和积极乐观的生活态度,促进身心的健康发展。

总目标分别从情感·态度·价值观、过程与方法、知识与技能三个维度予以表述。其中,情感·态度·价值观有五个方面的内容:第一,丰富情感体验,培养对生活的积极乐观态度;第二,培养音乐兴趣,树立终身学习的愿望;第三,提高音乐审美能力,陶冶高尚情操;第四,培养爱国主义情感,增强集体主义精神;第五,尊重艺术,理解世界文化的多样性。过程与方法目标包含了音乐教学中的体验、模仿、探究、合作和综合五个方面的内容。知识与技能目标则包含了音乐基础知识、音乐基本技能以及音乐历史与相关文化知识等方面的内容。

5. 音乐课程的实施原则

为保证本音乐课程标准的顺利实施,教师不仅要深入领会课程基本理念,落实以音乐为本,以学生为本,全面实现课程价值和课程目标,还要在教学研究、教学设计以及教学实施的过程中关注下列几个问题。

(1) 遵循听觉艺术的感知规律,突出音乐学科的特点

音乐是听觉艺术,听觉体验是学习音乐的基础。发展学生的音乐听觉应贯穿于音乐教学的全部活动中。在音乐教学实践中教师不仅要用自己对音乐的感悟引领学生喜爱音乐,加深对音乐的理解;还要在教学中,运用自身的音乐技能与知识将音乐教育的理念渗透在各个不同的教学领域中。通过音乐感受与欣赏、表现、创造及音乐与相关文化的学习,培养学生的审美感知,丰富审美情感,发展审美想象,深化审美理解,从而有效提高学生的音乐审美能力。

(2) 重视教学目标的设计与整合

重视课堂教学目标的设计,并紧密围绕目标来展开音乐教学活动。教学形式的选择应服从于教学目标,无论采用何种教学方法与手段,都应具有明确的针对性和目的性。教师教学的目标设计不仅应体现三个维度的整合及有机联系,还应在情感·态度·价值观、过程与方法以及知识与技能的渗透与融合中使教学目标趋向达成。

(3) 注意音乐教学各领域之间的有机联系

课程标准设定的四个音乐教学领域是一个相互联系、相互渗透的整体。教师应全面理

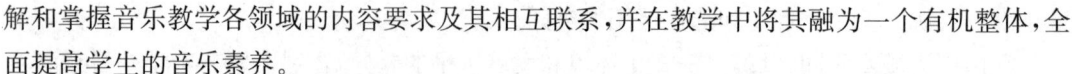

解和掌握音乐教学各领域的内容要求及其相互联系,并在教学中将其融为一个有机整体,全面提高学生的音乐素养。

(4) 正确处理教学中的各种关系

作为一名合格的音乐教师,有效处理教学中的关系,不仅能够保证教学设计有效实施,还能在教学中引领学生听赏、感悟音乐并理解音乐。因此,教师在教学中应努力把握几种关系,如:教学设计的预设功能与教学过程的生成意义、教案文本的价值取向与课堂环境的客观变化、教学过程的学生参与和专业知识的教师传授、过程学习中的探究式方法与接受性学习、倡导合作学习与个性发展中的特点发挥与优势等。

教师要遵循学生是教学活动的主体原则,充分发挥学生学习的主动性。作为教学的组织者和指导者,教师是沟通学生与音乐的桥梁。在教学过程中要建立民主、平等的师生关系,突出学生在教学中的主体地位和教师在教学中的主导作用,加强教学过程中的师生互动交流。

(5) 积极引导学生进行音乐实践活动

在教学中,要积极引导学生参与聆听、演唱、演奏、编创以及综合性艺术表演等实践活动,多听音乐,多唱歌,多演奏乐器,多接触乐谱,不断积累音乐实践经验;有效利用音乐教科书、音响音像资料及网络资源等,培养学生乐于思考、勤于实践的意识和习惯,有效提升学生的音乐实践能力。

(6) 合理运用现代教育技术手段

以信息技术为代表的现代教育技术扩展了音乐教学的容量,丰富了教学手段和教学资源,在音乐教育中有着广阔的应用前景。音乐教师应合理利用现代教育技术视听结合、声像一体、资源丰富等优点,为课堂教学服务;要加强对学生在影视、广播、在线学习音乐的指导;要善于利用现代化教学的音乐课程资源辅助教学,努力提高音乐教学质量。

(7) 因地制宜地实施课程标准

我国是幅员辽阔、人口众多的多民族国家,各地区、各民族和城乡之间存在差别。各学校和教师应结合本地、本民族和本校的具体情况,充分利用当地的课程资源,营造良好的校内外音乐环境,丰富具有区域文化和民族文化特色的教学内容,因地制宜地把握各教学领域课程内容的弹性尺度。

6. 音乐课程的评价内容与方法

音乐教学评价,是利用所有可行的评价技术,对音乐教学所预期的一切效果给予价值上的判断。它是以音乐教育的价值观为标准,以达到音乐教学目标的程度来评价,测量音乐教学成绩和效果,对音乐教学和音乐学习中的知、情、意各方面进行全面的考查,是音乐课程与教学中不可缺少的重要环节[①]。音乐课程评价应充分体现全面推进素质教育的精神,贯彻课标所阐述的课程理念,着眼于评价的诊断、激励与改善的功能。通过科学的课程评价,有利于学生了解自己的进步,增强学习的信心和动力,促进课程教学质量的不断提高。

---

① 尹爱青.学校音乐教育导论与教材教法[M].北京:人民音乐出版社,2013:9.

音乐课程的评价要在遵循导向性、科学性、整体性、可操作性等原则的基础上，从教师和学生等方面全面进行。

就课程评价内容看，对学生的评价是课程评价的主要方面，应以课标中各教学领域的课程内容为基本依据，全面考查课程内容所涉及的情感·态度·价值观、过程与方法、知识与技能方面的要求。

就课程评价的方式与方法看，应从情感·态度·价值观、过程与方法、知识与技能三个方面展开。课程评价的具体内容包括形成性评价与终结性评价相结合，定性述评与定量测评相结合，自评、互评及他评相结合三个主要方面。另外，"音乐成长记录册"和"班级音乐会"等也是既充分肯定学生的进步和成绩，又能相对找出学生在学习中遇到的问题和不足的重要手段和评价方法，有利于促进学生的综合发展。

二、音乐教育实习的组织实施

本科生的教育实习通常安排在第七或第八学期进行，一般时间周期为8~12周。不同的学校会有不同的具体计划与安排，此处仅用12周实习的案例予以说明。其具体的组织与指导方法如下：

实习周期：12周（大四上学期，第七学期，第1~12周）

实习学校：一般由学校组织的集中实习和自行联系的分散实习相结合（在此，仅以集中实习为例进行讨论）。

指导教师：校内、校外各一名。

具体安排：分三个阶段进行。

（一）第一阶段：实习准备阶段，第1周

实习准备阶段，时间为一周。在此阶段，学校会安排一次有针对性的实习动员。参加人员包括毕业实习生和校内指导教师等。随后，由校内指导教师指导实习生进行第一周的具体内容。

指导教师第一步要做的是，组织学生学习讨论实习手册、实习工作条例、带领小组学生制订实习计划，选择第一周教学内容进行有针对性地备课、试讲、修改教案。

主要内容：备课、说课、试讲、模拟授课或片段课等。

具体要求：

1. 备课

① 应以专业教学论课的理论为指导，通读教材，了解教材编写体系，熟悉各册教学内容和教学的重点、难点。

② 准确把握执教内容，做到吃透教材，明确重点、难点，划分课时，设计教学程序和教学方法。

③ 在研究教材的基础上编写教案。

由带队教师与实习学校指导教师共同商量分配实习生实教内容，一旦确定，不得随意更改，编写教案应根据各专业教学要求，由实习生独立进行；教案初稿应交指导教师审阅指导，

再行修改,提倡实习教案的互相交流,取长补短,各有特色,但严禁抄袭。

④ 备课应结合所在实习学校特点充分运用现代化教学手段。

2. 说课

① 说课按实习小组进行。

② 校内指导教师至少听每位实习生的一次说课,并组织好小组评议。

③ 说课评议应对教材处理、教法、学法、教学程序等方面严格要求,认真分析,指出优缺点。凡说课不合格的,必须重新说课,直到合格。

④ 实习阶段每位学生至少完成2次说课,每次15~20分钟。

3. 模拟授课

对于实习生而言,模拟授课是以教学内容与环境为展示的载体,既不可脱离教学环节,又要努力达到一定教学效果。这是对师范生进行教学培训中的一种最为常用、且最为有效的练习手段和方法,目的是挖掘实习生作为音乐教师的潜能,同时,让学生熟悉教材、演练各教学手段和教学环节,帮助即将进入学校执教的学生用有限的时间把自己最优秀的一面得以最大限度地展示。

模拟授课的练习方法和形式多种多样,实习生既可独自进行训练,也可在教师的组织下以小组的形式合作进行,有条件的学校还可以利用微格教室进行有针对性地练习和观摩。

4. 试讲

就一般情况而言,实习生应在校内指导教师的带领下,以小组为单位进行试讲。此时的试讲实际上是一种生生合作的模拟课堂,大多数情况下由小组同学一人执教,其他同学扮演中小学的学生角色。试讲后的教学点评由小组同学共同讨论与交流。通常,学校对实习小组和实习指导教师会有以下要求:①试讲按实习小组进行;②指导教师至少听每位实习生的一次试讲,组织好小组评议;③试讲评议应对教学内容、教材处理、教学方法的运用、板书、教学用语、教态、仪表、音量等方面严格要求,认真分析,指出优缺点。凡试讲不符合基本要求的,必须重新试讲,直到基本合格;④准备阶段的每位实习生至少完成2~3个学时的教案和试讲。

近年来,为了使实习生能够早日了解真实的音乐课堂,有些校内指导教师在与校外指导教师联系后,会将实习生直接带到实习学校,由校外指导教师和校内指导教师共同指导学生进行教学试讲。因此,实习生应提前在校内指导教师的带领下各自制定具体的实习计划。

5. 片段课

片段课教学,一般会有两种形式。第一,校内指导教师指导实习小组学生,进行生生配合,模拟课堂进行教学体验。第二,由校内外指导教师共同指导,并组织学生进入实习一线进行有针对性的片段课教学。

在此阶段,实习生在校内外两位教师的安排和指导下进行生生配合的模拟课堂练习。在达到一定的熟练程度后,小组同学可在分工合作的情况下进行一节课中不同部分、不同环节和不同教学手段的片段教学。这样既保证了一线学校学生的学习质量和学习效果,又使实习小组的同学们在相互合作与相互支撑的过程中达到完成教学、共同成长的目的。

(二) 第二阶段：课堂教学阶段，第2～11周

第二阶段的实习是第2～11周。本阶段为课堂教学(班主任工作)实习阶段。此阶段共10周，一般实习小组应根据实习生所在学校与实习学校统一安排时间进入实习学校。

此阶段的实习内容通常由见习与听课阶段、备课与研究阶段和体验与教学阶段三个部分所组成。

1. 见习与听课阶段：第2周

在此阶段，实习生首先应了解实习学校，认识实习指导教师、走进见习班级并跟随见习班主任与指导班主任见面，了解年级和班级的基本情况。

从实习生走入学校开始，实习生便不再是单纯的学生身份，此时的实习生对学生而言是音乐教师和见习班主任，对指导教师而言是学生和徒弟，具有一定意义的双重身份。此时，实习生要完成的主要任务有以下三点。

(1) 了解实习学校。实习生在进入学校前可以通过校内指导教师进行咨询，也可以通过校园网、图书馆以及各种不同的信息渠道，全面了解实习学校的人文历史、办学定位、教学理念、特色条件等。

(2) 认识实习指导教师。学校通常会为实习生安排教学出色、专业优秀、教学能力全面的教师担任实习生的指导教师。因此，实习生既要虚心拜师学习，更要观察、了解师傅的教学特点、工作特点、专业贡献、能力水平等，以便在实习的过程中更有针对性地向师傅请教与学习，从而使自己的教学能力、专业能力以及课堂教学的驾驭能力等均得到质的提高与进步。更为理想的是，在向师傅学习的过程中找准定位与方向，为后续的入编考试和专业发展奠定良好的基础。

(3) 走进见习班级。见习班主任是实习生实习的一个重要内容，由于大部分实习学校很难安排音乐实习生做见习班主任，有些学校仅会安排音乐专业的实习生做跟班教师。尽管如此，实习生仍要认真体验班主任工作的每一个环节，力争在实习阶段能够通过班主任工作的参与，深入了解学生、了解班主任工作的方方面面，更是全方位地提高和锻炼自己的组织能力、管理能力和人际交往能力。

2. 备课与研究阶段：第3周

在此阶段，小组同学可在指导老师的带领下进行教材研究、教学设计、教学准备、教学体验等。实习小组同学应在一起共同备课、分段执教，共同探讨和研究教学，还可依据所在学校要求，参与学校的排练与活动。

3. 体验与教学阶段：第4～11周

在此阶段，实习生要在实习指导教师的带领和引导下，从初上讲台的新手逐步过渡到具备独立执教、组织活动、指导排练等能力的音乐教师，并能在实习的过程中协助所在学校做好备课、上课、评课等与课堂教学相关的各项工作。

在体验与教学阶段，实习生应该按照实习前学校提出的要求逐一完成应有的听课记录、教案设计文本以及班主任工作和课外活动的指导等实习任务，还要在课堂教学的学习过程中有计划地独立实施和体验歌唱课、欣赏课、综合课等不同的课堂教学类型与形式。同时，

在学习与体验的过程中全面了解自我,为后续的职业定位与发展方向确立明确的目标,并为即将到来的入编考试、升学方向等做出适合个人发展的、有针对性的选择。

按照实习前学校提出的要求,实习生应做到以下几个方面:①根据实习小组的分工,进行教学工作和班主任工作的实习;②课堂教学量至少应相当于跟班主任教师一周的教学课时数;③实习生在跟班或见习的班级中应完成至少一次的主题班会主持工作、一次的跟班课外活动。总之,实习工作应视各个师范院校的情形而定,不可一味照搬或千篇一律。只有针对当地学校的教学和人才培养的双向需要,才能为音乐教学培养合格的音乐教育人才。

在第 11 周,实习生应在继续完成课堂教学的基础上,利用下半周的时间对课堂教学进行综合回顾与检查,并着手准备书面实习小结与初步的实习评价工作,为第 12 周的回校总结做好全面的准备与梳理。

(三) 第三阶段:实习总结阶段,第 12 周

在实习的最后一周,实习生全部返回学校,进行综合的实习总结。通常,教育实习的总结工作是由个人总结、小组评定、实习答辩等步骤所组成。学生实习的最终成绩评定是由校外指导教师、校内指导教师的综合评价以及实习汇报答辩等几个部分共同组成。

实践证明,音乐教育实习是全面检验师范生培养工作中从人才培养的方案设计,到人才培养的有效实施以及质量监控的全过程等方面的重要阶段,也是师范生从学生向教师成长途中的必经之路。音乐教育实习的展开与实施,应引起各级、各教学部门的高度重视,更应成为师范生教学不断探索与前行的原动力和努力方向。

教学做合一

1. 教育实习是教师教育培养工作中的重要组成部分,是贯彻党和国家的教育方针、巩固师范生专业思想、培养合格中小学师资的重要环节,是一门体现师范专业特色的具有_____和_____的专业必修课程。
   A. 综合性和实践性　　　　　　　B. 理论性和实践性
   C. 专业性和技能性　　　　　　　D. 综合性和全面性

2. 教育见习和毕业实习,是教师教育专业学生通向一线_____的必经之路,是教师教育专业的重要规范和制度。
   A. 工作岗位　　B. 教育人才　　C. 表演岗位　　D. 教师岗位

3. 《义务教育音乐课程标准》明确指出,音乐课程是九年义务教育阶段面向全体学生的一门必修课,音乐_____主要体现在人文性、审美性和实践性三个方面。
   A. 课程任务　　B. 课程性质　　C. 课程理念　　D. 课程目标

4. 依据《义务教育音乐课程标准》,音乐课程的基本理念包含了_____的主要内容。
   A. 七个方面　　B. 三个方面　　C. 四个方面　　D. 五个方面

5. 通常,教育实习的总结工作是由个人总结、小组评定、_____等步骤所组成。
   A. 教师评价　　B. 学生评价　　C. 实习答辩　　D. 综合评价

探究与交流

1. 音乐教育实习任务包含哪些主要方面?
2. 哪些课外音乐活动形式可由实习生参与进行?

参考答案

教学做合一:1. A;2. D;3. B;4. D;5. C

探究与交流:

1. 音乐教育实习的任务主要包括:第一,了解一线学校教育教学现状与发展,利用多种形式对中学音乐教育的情况进行有针对性地调研与考察;第二,运用与借鉴国内外先进的音乐教学理念、体系与方法进行教学实践,逐步掌握中小学音乐的教学规律;第三,指导学生积极开展各种演出活动,并在活动中锻炼课外活动的组织能力;第四,发挥音乐教育的功能与作用,积极配合班级、共青团或少先队开展生动活泼的教育活动;第五,检验音乐教师资格的培养质量、规格全方位的教学能力。

2. 由实习生参与的课外音乐活动通常包括:

(1) 合唱团(合唱队)。包括:童声合唱团和混声合唱团,可以是校级、年级和班级范围的合唱团。

(2) 乐队(乐团)。根据条件成立多种形式的乐队,如:民族乐团、管弦乐团、电声乐队、鼓号队、锣鼓队、竖笛队、口琴队和节奏乐队等。

(3) 兴趣小组,可以有重唱或重奏小组、歌曲表演小组、音乐课本剧小组、独唱或独奏小组、戏曲或曲艺小组、指挥或教歌员培训小组、乐器制作小组、音乐墙报小组、舞蹈活动小组等。

阅读与参考

[1] 尹爱青.中学音乐教育实习行动策略[M].长春:东北师范大学出版社,2007.
[2] 中华人民共和国教育部.义务教育课程标准2011版[M].北京:北京师范大学出版社,2011.
[3] 尹爱青.学校音乐教育导论与教材教法[M].北京:人民音乐出版社,2013.
[4] 杨丽苏.新课程音乐教学法[M].重庆:西南大学出版社,2013.

> 要学生做的事，教职员躬亲共做；要学生学的知识，教职员躬亲共学；要学生守的规则，教职员躬亲共守。
>
> ——陶行知

第二章　音乐教学准备与微格教学

目标与要求

1. 明确音乐教学目标的概念、特征与功能；
2. 掌握教材分析与学情分析的思路与方法；
3. 了解确定音乐教学目标的基本要素表述方式和语言规范；
4. 学会依据课标精神与要求，并在教材分析、学情分析的基础上提取课时教学目标以及教学重点与难点；
5. 了解微格教学及其相应的训练思路与方法。

学习与思考

1. 如何在实习准备时有效进行试讲练习？
2. 如何规范教学设计的文本书写与表达？
3. 如何在教学实训时有效参与各种练习，为进入实习学校的课堂教学做好思想和行动上的准备？

第一节　音乐教学准备

在师范生进入实习学校前，应对国际先进的教育理念进行有针对性地回顾、复习与梳理，将音乐教学的理论知识、思想理念以及音乐课程标准中的相关问题予以理清，为进入实习学校制订严谨的行动计划，同时，对教案的写作思路、教案文本写作模式等进行反复磨练。在此基础上，进行微格教学的训练与实践，为学生进入一线的见习、实习等做好充分的知识储备。

一、梳理教学理念

理念,通常被认为是哲学(philosophy)用语。而 philosophy 一词,常被解释为"理念"或"观念",也有学者把"观念"译为"理念"。在《现代汉语词典》中,把"理念"注解为"观念";《汉代大词典》中将"理念"直解为"理性概念";也有当代人将"理念"理解为"人们经过长期理性思考及实践所形成的思想理念、精神所向、理想追求和哲学信仰的抽象概括。或者,是人们对某一事物或现象的理性认识及其由此形成的观念体系,是以理念的形式存在于人们头脑中,以直接影响人的行为的行而上的主张、观点、评价标准为体系内容"①。

音乐教学领域中最具代表意义的教学理念有:瑞士的达尔克罗兹教学法、匈牙利的柯达伊教学法、德国的奥尔夫教学法、日本的铃木教学法、美国的综合素质教学法以及苏联的卡巴列夫斯基和他的新教学大纲中的教学理念等。在进入实习准备之时,应对各种音乐教学理念以及音乐课程标准中的教学理念进行梳理,既对将要展开的教学具有一定的引领作用,也对教育实习的展开具有积极的指导作用。

(一)达尔克罗兹的教学理念

20 世纪初出现的达尔克罗兹音乐教育体系的理论与实践,强调音乐教育的目的之一是发展音乐能力。达尔克罗兹认为,仅教授儿童用手指演奏乐器是不够的。首先必须启发儿童进入音乐的激情中去,把乐曲的情感化为具体的动作、节奏和声音。

达尔克罗兹的音乐教育观念体现为,音乐教育应唤醒人们天生的本能,培养对人体极为重要的节奏感,建立身心的和谐,使感情更臻细腻敏锐,使儿童更加活泼健康,激发想象力,促进各方面的学习。他一方面承认音乐教育过程是在儿童的主动参与和积极体验的前提下的感受、理解、表达的情感过程,另一方面强调音乐学习应以身体动作去体验音乐,并以动作表现个体独特的音乐体验为基础。

达尔克罗兹的贡献在于,第一次在理论和实践两个方面同时确立了身体运动反应在音乐教育中的地位,其教育观念已被当代学校音乐教育领域普遍接受和运用。

(二)柯达伊教学法及其教学理念

20 世纪 20 年代,匈牙利人柯达伊的音乐教育思想和实践立足于本国国情,成功地培养了大批有相当音乐修养的、热爱本民族音乐文化的音乐爱好者。柯达伊坚持音乐教育应立足于发扬本民族文化精神。他的"让音乐属于每一个人"的思想,在世界音乐教育发展中产生了巨大的影响。他主张的以歌唱教学为课程主要内容的思想,不仅成为匈牙利音乐教育的基础,而且也使他的教育体系成世界上最具影响的音乐教育体系之一。

柯达伊的音乐教育理念是,通过音乐教育培养合格的听众,培养熟悉和热爱本国文化的社会成员。柯达伊认为,"所有的健康儿童如果得到鼓励一般都能够即兴演唱"。他坚信,"音乐是世界人类知识中不可缺少的一部分,没有音乐就没有完整的人生"。他曾反复强调

---

① 尹爱青.学校音乐教育导论与教材教法[M].北京:人民音乐出版社,2013:3.

说,"音乐理论的唯一目的不是传授专业术语和概念,而首先是实践"。他提出,教师"必须帮助学生会唱、会读和会写他们所听到的音乐旋律"。柯达伊以歌唱教学为课程主要内容的教学思想,不仅成为匈牙利音乐教育的基础,而且也使柯达伊教学法成了举世瞩目的音乐教育体系之一。

柯达伊在音乐教育上的主要贡献是:立足本国国情与本国文化,为弘扬民族文化培养了大批有音乐修养和热爱民族音乐文化的音乐爱好者。

(三)奥尔夫教学法及其教学理念

在德国出现的奥尔夫音乐教育体系,在教学方式和内容上不同于达尔克罗兹教学体系。它采用的是以节奏为内容基础的创造性的儿童音乐学习方式,又称为元素性音乐教育。它不仅是音乐学科的基础教学方法,更重要的是对人们整个身心的一种基础教育。

奥尔夫教学法注重主动性、元素性、综合性、创造性,其教学手段以节奏为基础、器乐教学为特色,侧重于模拟与创造,采用多声结构与简单的和声体系,使用各种打击乐器,鼓励学生即兴演奏。这种元素性的教学方式不仅是音乐学科的基础教学方法,更重要的是对人们整个身心的一种基础教育。

奥尔夫力求利用自然原始的音乐素材,给儿童一个综合的、自然的音乐体验,使儿童在自由自在地参与音乐活动之时,感受音乐,欣赏音乐,创造音乐和学习音乐。他认为,音乐教育的目的是再现人类原始活动和精神,发展创造力。

奥尔夫在音乐教育上的主要贡献是,"他创造了一种理论和实践体系,使儿童能够从最自然的方式进入音乐世界的一切领域并从中获得最完整、最全面的音乐体验。他创造的体系可使儿童有机会获得更多的关于交流、分享和共同创造的愉快体验"。

(四)铃木教学法及其教学理念

铃木镇一是日本著名小提琴家、音乐教育家,曾任日本才能教育研究会会长。他的"才能教育"教学方法,经过多年探索与实践,在20世纪50年代取得了显著的成绩。20世纪60年代在日本,他用其教学法成功地教授了二十多万儿童,引起世界上音乐界人士的普遍关注,成为近现代儿童教育领域具有重要影响的音乐教育体系。

"用爱浇灌""用爱哺育""用爱学习"是对铃木"才能教学法"的高度概括和总结。它利用简单而实用的启蒙引导,正确而成功地向众多儿童开启了音乐之门。目前,铃木教学法已经不再仅仅局限在小提琴的启蒙教育,它已经被广泛地推广到整个音乐教育领域,尤其适合对儿童进行的早期音乐教育。

铃木镇一认为,爱是人类的基本感情之一。因此,将爱作为才能教育的前提来统摄自己的教育方法是铃木先生的伟大创举。他认为,作为孩子的父母和教师都要具有善良的人格,要对孩子进行"爱的教育"和生命价值的开发。

铃木教学法的基本观点由以下几个方面构成。

首先,才能不是与生俱来的。铃木先生这里涉及的才能并不是特指"天才",而是针对教育理论上所讨论的人的"行为",诸如走路、跑步、看书、写字等。他认为,人类唯一的天赋就是学习的本能。

第二，实施母语教育法。铃木认为，音乐与语言一样，都是人际沟通的手段。他认为，语言的学习如此复杂，但为什么所有的孩子都能讲一口流利的母语呢？因此，母语教学法应是最好的教育方法。他反复强调，让孩子先听音乐，无论旋律多么简单都要反复听录音。通过潜移默化地听，让孩子下意识地熟悉乐曲，再凭记忆在教师的指导下学习演奏，而不是先看谱、先学乐理。这样的过程，最接近于孩子学习母语的过程。

第三，音乐教育从零岁开始。他认为，音乐学习要尽早培养，由于幼儿阶段对人的影响极其深远，学习应该从孩子的出生之时开始，而不是等到开始上学的那一天。

第四，没有失败的教育。他认为，只有失败的教学或老师，没有失败的学生。

第五，能力滋养能力。铃木认为，新能力是由旧能力发展而来的。因此，在音乐学习的过程中，他要求学生反复训练，直至这种能力成为学生的第二天性。

铃木教学法在具体实施中具有以下特点：

第一，才能教育越早开始越好。铃木曾说过："当婴儿刚生下的那一天，我们就应该把唱片挂上唱机，让他聆听最美好、最高尚的音乐。"

第二，创造优良的音乐环境。提供好的音乐录音带给父母、家庭，让美好的音乐成为儿童生活的一部分。

第三，充分利用模仿、重复的方法，坚持不懈地大量练习。根据幼儿具有极强的模仿能力的特点，应通过对录音音乐和对教师的模仿、大量的重复练习，培养儿童对音乐的敏锐反应和高超的音乐记忆。

第四，用听觉引导儿童的学习。如同学习语言是由"听"开始的一样，学习音乐必须从倾听优秀音乐开始，而不是从辨认音乐符号、学习音乐概念开始。

第五，母亲直接参与儿童的学习活动。母亲的参与在铃木的教学活动中具有十分重要的作用。她或者先于儿童，或者和儿童一起学习，以自己对音乐的热爱和练习的认真努力，成为激励儿童的最直接的榜样。这是铃木体系在早期儿童技术才能教育中获得成功的保证之一。

第六，创造集体教学和观摩的机会。铃木认为，在集体的学习环境中，儿童之间可以接触更接近于自身水平的技术榜样和精神榜样。铃木建议在教学中适时安排集体教学（每周一次或每两周一次），以便让年幼的儿童有机会和比他们年长的、技术上较高的儿童一起学习。

第七，高质量的教材和高水平的教师。通过富于艺术感染力的优秀小品和世界名曲等主题、片断来发展初学儿童的音乐技能，目的是提高儿童的音乐趣味。教师必须具备对儿童的极大爱心和耐心。教师应该具备高尚的情操、渊博的知识、精湛的专业技能和严格认真的作风，才能成为高水平的指导者。

铃木实施才能教育中所坚持的原则是：要有更早的教育、更好的环境、更多的训练，更理想的指导方法以及更高水平的指导教师。铃木强调，在音乐教育中要以指导者良好的榜样、真诚的爱心和严格的要求为根本影响因素，这使得他的教育实验成果斐然。由此，铃木教学

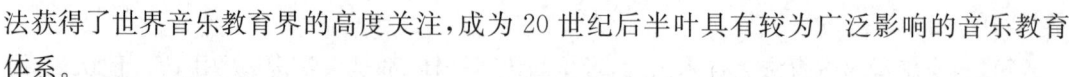

法获得了世界音乐教育界的高度关注,成为 20 世纪后半叶具有较为广泛影响的音乐教育体系。

铃木镇一在音乐教育上的主要贡献在于,通过幼儿小提琴的教学实践,发起了著名的才能教育运动,开发了"母语学习"和培养儿童音乐潜能的教学方式。他认为,人生的终极目标是拥有爱心、真理、优雅和美丽。他曾反复强调,学习音乐的目的不一定是要成为音乐家,而是通过音乐学习培养学生高尚的人格,使人类具有真正美好的心灵和感觉。

(五)美国综合素质教学法

综合音乐素质教学法(Comprehensive Musicianship,简称 CM),是以所有音乐学习的方式相互联系、整体合一为基础的音乐教学理念。它是在 1965 年由美国西北大学召开的音乐教育研讨会上提出的概念。CM 的基本原则和理念来源于当时的青年作曲家计划和当代音乐计划,二者都强调音乐教育的创造性。

综合音乐素质教育在具体教育内容上强调明晰学科结构、提倡螺旋式课程编制;在教学方法上以关注学生创造力的培养,引发学生主动发现和创造激情的启发式、探究性的音乐教法作为最主要的教学方法。这种音乐教学与学习的方法被美国心理学家、教育家布鲁纳(Jerome S. Bruner)称为发现法。

发现法,又称探索法或研究法,是以学生为主体的一种启发式和问题探讨式的教学方法,是布鲁纳在《教育过程》书中所提出的。这一方法要求学生在教师的引导和启发下,像科学家一样通过亲身体验,自觉、主动地去探索并从中找出事物的内在规律和联系,进而形成一定的概念与结论。这一开放性的探索和学习方法,不仅可以使学生获得"发现"知识的兴奋感和自信心,更能在学习的过程中激发学生学习知识和参与探究的内在动机。

综合音乐素质教育的教学步骤通常包含自由探索、引导探索、即兴创作、有计划的即兴创作和巩固概念五个基本教学环节。

第一,自由探索:在教学中教师要善于提出学生感兴趣的问题,引发学生的思考或引导学生主动去发现问题,并应用已学知识自觉地探索问题、解决问题。

第二,引导探索:这个环节就是从已学知识向未知领域扩展的过程,以获得更广、更深的音乐知识与技能。

第三,即兴创作:即兴创作的形式极为灵活自由,不受任何程式的限制。在实际音乐教学中要充分发挥学生们的自由创新能力,显现学生的思维灵活性和丰富的想象力。

第四,有计划的即兴创作:这一环节是在自由即兴创作的基础上进行逻辑的归纳和艺术的提高,使学生的创造力提高到更高的层次。

第五,巩固概念:在教学中教师要把学生的发现、创作、表演等过程随时做好记录并录音,及时给学生们听,组织学生进行分析、归纳和总结以增强学生的审美能力,并巩固概念。

综合素质教学法的基本理念是,作为一个完整的音乐人应具备一切特质以及综合而全面的素质。它在音乐教育上的贡献,不仅是由此引发了美国从音乐教育思想到教学实践的全方位的改革,还彻底改变了以传授知识、训练技能为主的传统的教学方法,更将培养和提高学生认识问题、分析问题和解决问题的能力,发展学生创造性思维和创造力作为了音乐教育的培养目标和努力方向。

（六）卡巴列夫斯基和他的新教学大纲

卡巴列夫斯基（Dmitry Kabalovsky，1904—1987），苏联著名作曲家、音乐教育家。他推崇苏联音乐教育家苏霍姆林斯基"音乐教育不是培养音乐家，首先是培养人"的教育观点并把它用作新音乐教学大纲的题词。他认为，对于音乐，道德内容是它的灵魂。教师应时刻牢记，中小学音乐教育的意义，远远超出了艺术的范畴，它是造就学生精神境界非常必要的、有力的手段。

卡巴列夫斯基以歌曲、舞曲和进行曲三种形式作为新课程教育的核心，并以此作为音乐学习的起点，不断加入新的教学内容。其教学的主要形式为分组教学、总结、保持学习的连续性等。新音乐教育大纲的教学步骤为：第一，使学生对音乐产生兴趣；第二，通过音乐课，唤醒学生对音乐的感知，并使之成为一种修养；第三，用音乐吸引学生，引导他们感受音乐与生活的联系；第四，运用游戏歌曲帮助教学；第五，课堂上分组教学，为多声部教学打下良好的基础。

新音乐教育大纲的教学理念不是为了使学生掌握某些音乐技能和技巧，而是从培养学生对音乐的兴趣和热情开始，引导学生形成对音乐学习的正确观念，提高学生的音乐修养。

在20世纪音乐教育的发展中，上述教学法都具有相当完善的教育内容、教育方法和教材系统。他们不仅探索了学习音乐知识、技能的可能性和方式，重要的是，他们更加注重音乐学习在人的能力和素质成长中所起的关键作用，同时，对科学思考音乐教学与实践以及对21世纪音乐教育的发展均奠定了重要的基础。

值得一提的是，被《新格罗夫音乐和音乐家词典》誉为"20世纪极具影响的"詹姆斯·默塞尔以他大量的音乐教育理论著作为现代音乐教育学的形成做出了不可忽视的贡献。他历时30年写出的《学校音乐教学心理学》，至今仍是音乐教育专业学生的必读书目。

此外，20年代美国科尔曼的儿童创造性音乐教学实验、60年代美国的曼哈顿维尔音乐课程计划以及卡拉博·科恩音乐教学法等都为20世纪的音乐教育发展做出了重要的贡献。

总之，20世纪的音乐教育不仅体现出了它的社会化、民主化、多样化的特点，并成为人们学习与人交流、学会生存发展、尝试探索创造的基本形式和重要手段，同时还包含着更重要的态度和个性的情感教育因素。

二、深化课标理解

作为音乐教育专业的学生，从音乐教材教法类课程的开始，便针对课程标准进行了不同形式的学习、研究与讨论。在本教材的第一章，音乐教育实习的理论依据中也对课标进行了全方位的梳理与回顾。为了进一步深化对课标内容的理解与把握，并在课标精神的引领下对音乐教学进行有针对性的准备与思考，对2011版《义务教育音乐课程标准》的第四部分中"关于教学内容的几点提示"[①]进行回顾与梳理，将会引导实习生以课标为准则，在教育实习

---

① 中华人民共和国教育部.义务教育课程标准2011版[M].北京:北京师范大学出版社,2011:29-30.

的过程中获得逐步的教学体验与提高。

（一）感受与欣赏

依据标准中的几点提示，"这一部分内容的教学应注意以音乐为本，从音响出发，以听赏为主"。因此，无论歌唱课还是欣赏课，教师在教学过程中均应做到讲解和提示力求简明、生动，做到既具有一定的启发性，又能引领学生积极探索与实践。教学中教师应"采用多种形式引导学生积极参与音乐体验"，使学生充分使用"联想和想象"。教学中，还要"尊重学生的独立感受与见解，鼓励学生勇于表述自己的审美体验，以利于激发学生听赏音乐的兴趣"，引领学生"逐步养成聆听音乐的良好习惯，积累感受与欣赏音乐的经验"。

（二）演唱

"提示"明确指出，"演唱歌曲是中小学音乐教学的基本内容，也是学生最易接受和乐于参与的表现形式"。在实施教学的过程中，教师不仅应"重视课程内容中对演唱姿势、呼吸方法、节奏和音准等方面的要求"，还应带领学生针对演唱技能、演唱方法等专业技能进行反复指导与练习，同时，还应结合音乐课及课外音乐活动等实践活动辅助练习。对于不同学段的学生，教师还应在组织教学、实施教学的环节中为学生"创设与歌曲表现内容相适应的教学情境，激发学生富有情感地演唱。注意变声期的噪音保护，避免喊唱"。

"要更加重视并着力加强合唱教学，使学生感受多声部音乐的丰富表现力，尽早积累与他人合作演唱的经验，培养集体意识及协调、合作能力"等是课标中对演唱教学提出的新要求。"合唱教学可从轮唱开始，逐步过渡到其他多声部合唱形式"是对合唱教学提出的基本提示与要求。

（三）演奏

"器乐演奏对于激发学生学习音乐的兴趣，提高对音乐的理解、表达和创造能力有着十分重要的作用。器乐教学应与唱歌、欣赏、创造等教学内容密切结合"是课标给出的明确提示。教学中教师既可用不同形式的乐器为演唱伴奏，又可引导学生选择与教学内容相适应的乐器演奏欣赏曲的主题音调等。在课堂教学中还可以"采用各种演奏形式，以学生普遍学习的乐器合奏为主，鼓励学生从实际条件和各自的兴趣爱好出发，在普遍参与中发展自己的特长"。

课堂乐器是指教学中常用的音条乐器、打击乐器以及竖笛、口琴和口风琴等各种小型、易学且便于携带的教学乐器。课标规定，"课堂乐器应使用易于学习、易于演奏、便于集体教学的乐器"。同时，课标还对课堂教学中使用的吹奏乐器做出了严格的规定，这些乐器"必须符合卫生标准，音质纯正，音高准确。应注意避免过大音量和噪音对学生听力和健康的损害"。因此，教学中应"因地制宜地选择学习本地区、本民族适宜中小学课堂教学的乐器，鼓励和引导学生自制乐器"。

（四）识读乐谱

"乐谱是记载音乐的符号，是学习音乐的基本工具"。课标的"提示"中要求，通过课堂教学的学习与参与，"学生具有一定的识谱能力，有利于参与音乐欣赏、音乐识谱和音乐创作等实践活动。识谱要和视唱、节奏、创造、欣赏等教学内容密切结合,要以音乐为载体,在学生感性积累和认知的基础上进行。可以通过学生熟悉的歌曲或乐曲识读乐谱,也可以借助乐器演奏来学习"。

由于"简谱和五线谱是我国现行的两种主要乐谱形式",在乐谱的选择上,课标也相应给予了指导性意见,并指出"各地、各校在教学中可根据实际情况自行选择。五线谱教学建议采用首调唱名法"。

(五)创造

基于"创造是发挥学生想象力和思维潜能的音乐学习领域,是学生进行音乐创作实践和发掘创造性思维能力的过程和手段"①,在教学实施的过程中,教师应有计划、有步骤地将学生创造力的培养贯穿于课程内容的感受与欣赏、表现、创造以及音乐与相关文化等不同的教学领域。就"创造而言",几点提示中强调"在音乐教学的各种实践活动,提供了开发学生创造性潜能的空间。不同的学生聆听同一首乐曲,可能会产生不同的理解,演唱同一首歌曲,可能会有多种处理方式,完成同一个练习,可能会有多种途径或不同答案"。因此,教师"应重视音乐实践中的创造过程",并在这一充满变化和丰富多彩的参与过程中充分挖掘和开发学生的"想象力"和"创造力",切不可使用"标准答案"或"统一模式"束缚学生。

在完成对国际先进的教育理念的回顾、复习与梳理,理清对音乐教学的理论知识、思想理念以及音乐课程标准中的相关问题后,学生将在教师的指导下着手为进入实习学校而制定严谨有序的实习行动计划,还应将教案的写作思路、教案文本写作模式等进行反复磨练,并进行微格教学的训练与实践,从而为学生进入一线的见习、实习等做好全方位的准备。

三、制订实习行动计划

对于音乐教育专业的学生,教育实习是走向工作岗位前的一个重要阶段。在此阶段,实习生不仅要结合个人的素质特点、职业定位以及未来的发展方向等为自己选择合适的实习学校、实习地点,甚至还要有针对性地选择实习指导教师。在此基础上,依据所要实习的方向有的放矢地为8~12周的实习制定一个合理可行的音乐教学行动计划。

一般情况下,实习生应依据所在实习学校、实习指导教师的要求以及个人的职业定位等具体情况,有针对性地制订个人实习行动计划,有时,学生还要依据学校的具体情况制定符合一线用人需求的计划。实习计划的制定既可使用学校统一、规范的表格,亦可按照学校的实习时间和周数,依据个人的实习需求,将实习的具体内容进行有序地安排与规划。

通常,学校统一使用的实习计划表会包含实习目标、实习计划以及职业定位等方面。具体内容可参见表2-1进行设计。

---

① 中华人民共和国教育部.义务教育课程标准 2011 版[M].北京:北京师范大学出版社,2011:21.

表 2-1　我的实习计划

姓名	所学专业	实习学校
实习目标		
实习计划		
职业定位		

依据学校的实习时间安排和三个基本阶段,实习生可依据个人的实习需求,将实习的具体内容按照下例的内容进行具体安排和计划:

教育实习计划

实习生姓名:＿＿＿＿＿＿＿＿＿＿＿＿＿＿＿

院系与班级:＿＿＿＿＿＿＿＿＿＿＿＿＿＿＿

实习周期:　第八学期第 1～12 周

实习学校:＿＿＿＿＿＿＿＿＿＿＿＿＿＿＿

校内指导教师:＿＿＿＿＿＿＿＿＿＿＿＿＿

校外指导教师:＿＿＿＿＿＿＿＿＿＿＿＿＿

具体安排:分三个阶段进行。

(一) 第一阶段:实习准备阶段,第 1 周。

1. 学习讨论实习手册、实习工作条例、制订实习计划,了解实习学校和实习指导教师;

2. 结合实习学校的教材和教学进度,选择第一周教学内容进行有针对性地制定教学计划和教学设计等全方位的教学准备;

3. 在校内外指导教师的指导下展开说课、模拟授课或适当的试讲,并依据指导教师和实习小组同学的意见,对教学设计予以研究、讨论和修改。

(二) 第二阶段:课堂教学阶段,第 2～11 周

1. 进入实习学校,初识实习指导教师,拜师;

2. 见习、听课、完成一周听课记录;

3. 跟随指导教师进入课堂教学;

4. 随指导教师尝试片段课1～2次;

5. 第3周开始常规课教学1～2节;

6. 依据实习学校教学进度尝试研究教材、设计教学、书写教案;

7. 按计划跟随指导教师进行课堂教学。

……

(三) 第三阶段:实习总结阶段,第12周

1. 回校总结;

2. 完成总结报告;

3. 参加实习答辩。

……

依据实习时间安排和计划,实习生不仅应在专业基本技能方面进行全方位地训练与准备,还要在专业教学技能等方面进行有效地准备与梳理。

至此,将要进入实习阶段的学生已经对国际先进的教育理念、课标的基本理念以及音乐教学相关知识等有了较为清楚的理解与认识,也为进入实习学校、参与一线音乐教学制定了较为细致的行动计划。然而,如何进行有效的教学设计,同时,为进校后的每一节课堂教学制定和书写规范的教学方案(教案),应是每一位实习生最为关注的问题。

第二节　规范教案文本写作

将要进入实习阶段的学生已经完成了《音乐教育导论与教材教法》的理论学习与初步的教学尝试,能够在教学设计的结构和框架上有序地完成教案写作与教学流程的设计与规划。同时,此阶段的学生也已基本完成和通过了教师资格证的笔试和面试。然而,如何针对教学进一步研究与分析教材,如何在教学设计中为课堂教学设定明确的教学目标,如何在教学目标的基础上为教学提取恰当的教学重点与难点,以及如何在教学文本的设计中为教学书写出既符合一线教学需要又具有丰富的教学内容,又在文本表达上更加符合教学规范的教案,还需实习生在进入实习学校之前予以进一步学习、研究、提高与规范。

一、音乐教学目标

在音乐课堂教学的设计与实施中,教学目标的设定既是教学活动的起点与终点,也是课堂教学活动的灵魂与方向。它是教师依据音乐课程标准在熟悉教学内容、了解学生实际情况和学习者需要的前提下,为音乐教学活动设定的将要达到的学习结果与期待,是评价课堂教学的重要依据。从教学的角度出发,全面了解教学目标的功能与特征、有效把握确立教学目标的前提与条件、探讨研究确定音乐教学目标的基本要素、准确使用音乐教学目标的表述方式与规范等,不仅会影响教师制定合理、恰当的教学目标,更会直接影响课堂教学的有序进行和效果达成。

（一）教学目标的功能与特征

1. 教学目标的功能

从音乐的课程角度来讲，教学目标具有明确音乐教育发展方向、提示音乐教育计划要点、提供音乐学习经验方法以及确定音乐教育评价基准等功能。

从课堂教学的设计来讲，教学目标是教学活动的出发点，也是课堂教学的最终归宿。它在教学实施的过程中承载着导向、调节、激励和评价等多方面的功能与作用。在制定教学目标时，教师应在全面了解总目标、明晰不同学段目标的前提下，掌握制定学期教学目标、单元教学目标以及课时教学目标的技能与方法。

从具体的目标功能来讲，导向功能是指教学目标对教学活动的方向性引领；调节功能是指为实现这一目标而进行的相应调节和变化；激励功能是指教学目标对师生双方的激励作用；评价功能是指教学目标对教学活动和教学效果进行判断和观测的依据和考量。

2. 教学目标的特征

《义务教育音乐课程标准》理念下的音乐教学目标，要突出和强调"以人为本"和三维目标的整合。主要体现在：第一，学生是课程的核心；课程目标的设计既要满足学生的现实需要，又要立足学生的未来生活和发展；第二，突出课程的多维整合。课程目标的设计应建立在对人的生命存在与发展的整体关怀上，而不仅仅是关注认知性目标。

（二）确立教学目标的前提与条件

教学目标的设计应以研究教学对象和教学内容为前提，即进行教材分析和学情分析。在分析学习者需要与学情的过程中教师应从三个方面了解和思考：首先，学生想学什么？什么样的知识和能力的获得对学生今后的发展有利？第二，学生的认知结构和能力如何？第三，如何使教学更有成效和更富有积极的意义？作为教师，尤其是即将进入学校的准教师应切记，教学目标的确定绝不可脱离学生的实际。因此，准确了解所教学段和年级学生的生理、心理特点和音乐学习的状况、基础与条件等，均是进行音乐教学目标设计的重要前提。

因此，教师应在了解学生整体学情的基础上，具体分析学生的学习基础和学科知识结构，以有利于设计合理、有效的音乐教学方案，使音乐教学达到较为理想的教学效果。

1. 教材分析

教材分析是在全面熟悉教材的基础上，从教育教学的宗旨出发，对教材涉及的内容进行全方位、多视角的分析与研究。通过对相关知识与内涵、认知规律与编者意图、内容结构与风格特点以及对教材思想内涵等因素的挖掘与剖析，从而对课堂教学的内容选择、教材组合、目标确定、程序设计以及教法学法的斟酌与思考等做出有效的预见、判断或评估。

在分析教材内容时，教师既要对教学内容有整体的把握，又要在理解的基础上有独到的见解和感受，还要对教学内容的特殊性做到有针对性地了解与驾驭，这是开展课堂教学的前提和保证。

音乐教学分析通常包括：对音乐作品的内容、形式、表现手法和创作背景以及作曲家进行介绍等;对音乐作品的人文内涵、情感意蕴、艺术特色和社会价值等相关内容的提炼。由于音乐教学内容涉及了大量的音响资料,在教学准备之时,教师还应注重对音乐作品的反复聆听与细致推敲,以便在听熟、听透并全面把握视听材料的基础上,分析、提取并选择教学材料与内容。只有这样才能为教学制定出恰当的、符合一线教学实际的教学目标。教材分析通常应从以下方面进行具体展开与把握。

(1) 分析音乐作品内容、表现手法和曲式结构

对音乐作品内容、表现手法和曲式结构等音乐本体的分析,是音乐教学之前最为常见的备课方式,它不仅能够促进执教者从音乐方面全面认识作品、了解作品、掌握作品,更能通过对作品的调式调性、句法结构、旋律特点等研究分析,使执教者有效把握教学内容的重难点,为学生的学习制定有效的教学目标做好充分的准备。

(2) 介绍音乐家及作品创作背景

对音乐家和作品创作背景的介绍,诸如:音乐家的音乐成就和影响;具有代表性的音乐作品;音乐家的简单生平;作品的产生时代;作品的相关背景与材料等。

(3) 关注音乐作品的创作价值和艺术特色

能够被选入音乐教材并成为音乐教材的音乐作品,一般都具有积极的社会价值和较高的艺术价值。因此,对作品内涵及与之相关的音乐文化知识进行针对性的挖掘与分析不仅能够促进教师在教学中有效拓展学生的知识视野,更能通过课堂教学提高学生的鉴赏能力与人文情怀。

例如:《拉库卡拉查》的教材分析

《拉库卡拉查》是一首具有墨西哥舞曲风格的民间歌曲,它起源于军队的"拉库卡拉查",在当地的语言中是"蟑螂"或"踩蟑螂"的意思,后被用作墨西哥民间舞蹈的名称。最初,歌曲未见固定的歌词,而是由不同的部队自行填词歌唱。久而久之传到民间,并在民间广泛流传。

歌曲为F大调,3/4拍,旋律进行波浪起伏,错落有致;节奏为连续的八分音符和二分音符相结合,疏密相间,性格鲜明。其结构为主题+副歌的形式。主题部分由重复的两个问答句构成,无论问句还是答句,上半句均采用分解和弦,下半句为级进旋律,节奏前紧后松。副歌部分的旋律采用弱起,增加了乐曲的推动感,渲染了舞蹈的热烈场景和气氛。

2. 学情分析

音乐教学对象是指音乐教学所针对的不同学段和年级的学生。准确了解所教学段和年级学生的生理、心理特点以及音乐学习状况和基础,是进行音乐教学设计的前提之一。音乐教师应在了解学生整体学情的基础上,具体分析学生在不同模块内容方面的学习基础,了解学生已有的音乐知识结构,以有利于制订符合学生情况的音乐学习计划,从而促进音乐教学效果的顺利达成。

从基本学情分析看,经过音乐学习,学生在音乐审美认知、音乐审美经验以及音乐表现力、创造力等方面有较大提高和发展,在音乐审美、音乐表现过程中更具有自己的个性和思

想。由于学生身心发展的特点,每个学生都有自己独特的学习和享受音乐的方式。例如,有些学生喜欢唱歌,有些学生喜欢听赏;有些学生喜欢演唱流行歌曲,有些学生喜欢演唱民歌名曲。另外,有些学生喜欢古典音乐,有些学生喜欢民族音乐;还有些学生喜欢参与戏曲演唱或舞蹈表演等。无论怎样,教师均应对学生的身心特点,学生的理解、分析和判断能力,学生的性格特征、个人喜好以及他们对音乐的兴趣爱好等进行有效地分析和了解。

此外,教师还应从不同学段的学情、不同年级的学情、不同类型的学情等方面对学生的具体情况进行尽可能详尽的了解和分析。通常,学情分析应从以下方面予以把握:第一,班级学生的年龄、性别、生理、心理发展状况,进入变声期的情况;第二,班级学生的个性心理特征,学生业余爱好与特长、智力发展程度、思想状况及一般的学习情况;第三,班级学生对音乐课的兴趣和态度、学习目的和学习方法,不同类别的学生约占全班同学的比例情况;第四,班级学生已掌握音乐基础知识和基本技能的情况,尤其是原有知识与新知识的联系,以及对学习内容的认识与态度情况;第五,班级学生对教师的要求和希望。学生对教师的喜好与要求,如何在教学中努力使教师的教学更能适应学生的需求并满足学生的学习需要?第六,班级学生参加课外音乐活动和各项音乐活动的情况,以及班级学生的整体状况等。

音乐教师要认真地对学生的情况进行了解分析,研究课程标准要求与所教授班级学生的实际水平,做到有针对性地选择教学手段与方法,只有对学生的情况做到全面了解与掌握,才能使教学设计的方方面面做到从学生角度出发、从学生的实际情况出发。

总之,在教学过程中教师不仅应建立"以学生为主体"的教学理念与教学意识,还应在教学中从学习者的需求出发,做到"面向全体学生、注重个性发展",对学生的具体问题进行具体分析,为学生选择多样的教学方法进行音乐教学,从而有效地处理好个别与整体的关系。教师应创造生动活泼、灵活多样的教学形式,为学生提供发展个性的可能和空间,使每个学生都能在学习的过程中获得有序的进步、发展和成长。

3. 确定音乐教学目标的基本要素

教学目标是由授课教师依据课标要求,在课堂教学设计时制定的绝大多数学生通过学习应该达到的基本要求,对特定的教学活动起着指导作用。在进行教学设计的过程中,教师应结合课程标准、学生情况、学习需要以及教学内容和教学条件等综合因素为课堂教学确立恰当的教学目标。依据《义务教育音乐课程标准》,教学目标应从情感·态度·价值观、过程与方法、知识与技能三个方面的维度来制定。

音乐教学目标的确定应注意从以下四个要素予以针对性地梳理与把握。

要素一:行为主体,学习者应是学生而不是教师。教师不能将自己的主观意志强加于学生,如果把教学目标表述为"通过学唱歌曲,培养学生的集体主义思想""通过学唱歌曲,培养学生的爱国主义情操""通过学唱歌曲,提高学生的识谱能力与歌唱能力"等,凡此种种,均是将目标的行为主体定位在教师而非学生的角度,表达的是教师的愿望和工作任务的完成。事实上,判断教学效果的直接依据应该是学生在课堂上是否真正获得了情感体验与切实的进步。

要素二：行为活动，表述上应是具体、明确、可测评的动词，而不是笼统、抽象、模棱两可的用词。如果让学生学唱了一首《我们是共产主义接班人》的歌，就把目标定位于"把学生培养成有理想、有道德的共产主义接班人"和"提高学生的歌唱能力"等方面，这不仅是主体定位的错误，也无法从这两方面对学生进行有效的测评。因此，对行为活动的表述应该尽可能避免空泛且无法在短时间内予以评价的表述。

要素三：行为条件，方式上应是灵活、多样、可实施、可操作，而不应单调、乏味、缺少情感和活力。教师的教学行为若不能从学生的角度出发，其行为方式往往会不合时宜，教师只有站在学生的角度去研究，洞悉他们的一切，才能制定出深受学生喜爱、符合学生年龄与心理特征、贴近学生实际生活与实际水平的行为方式。在此，应尽可能防止出现盲目的、没有教学效果的教学活动以及任何不切实际的行为方式。

要素四：行为标准，程度上必须是面向全体学生的最低要求，而不是面向具有音乐专长的学生所能达到的要求或标准。教师制定的教学目标应是相对基本的、普遍的、使所在班级的大多数学生都能达到的标准。因此，行为程度既要符合多数学生的实际程度，又要能让少数接受能力强的学生有继续发展的空间。例如："了解作品的主题""熟悉歌曲的旋律""感受作品愉悦诙谐的风格"，以及"体验编创活动带来的乐趣"等面向全体学生所应达到的标准和层面。

确立音乐教学目标是每一个教师授课前的自主行为，不应过于追求统一、千篇一律。从另一个角度来说，音乐教学本身就是一种艺术，应努力彰显个性，使其各具特色。在教学目标的设计上，不应以过分标准化、规范化的形式进行教案写作，使教师的教案写作形成一种不顾实效的表面化、模式化的表达。在真实的教学环境中，评价教学目标制定是否合理、有效，主要的依据还是《义务教育音乐课程标准》。值得注意的是，确定音乐教学目标应注意把握语言表述的主体意识，切不可使教学主体颠倒、错位或混淆。

4. 音乐教学目标的表述方式与规范

在教学目标的表述中，教师不仅要注意行为主体、行为活动、行为条件和行为标准的把握，还应在以下方面予以特别关注与加强。

（1）三维目标的提取

一般地，音乐教学目标和课程目标一样包括情感·态度·价值观、过程与方法、知识与技能三个维度。这种围绕课标要求的维度设计，对学习者来说，目标清晰、明确具体，突出强调学习过程和方法。在"三维目标"设计中，教师常以课标为依据把握三维目标的相互关系，将"基本知识"与"基本技能"作为音乐教学的基础平台，将"过程与方法"作为搭建这一平台的策略保证，在搭建基础平台的过程中，融入学生的情感体验、态度以及价值观的提升等。

（2）行为动词的表述

在新课程的理念下，课堂教学的主体是学生而不是教师，是从学习者的角度表述目标，切不可从教师的角度予以陈述。例如：通过教学，"使学生……""让学生……""培养学生……""引导学生……""带领学生……""促进学生……"等表述应避免使用。教学目标应从学习者出发,根据课程标准和教材来设计目标要求及目标水平等。教学目标使用的语言应是可观察、可测量并能够表达学生主体意识的、具有主动性的行为动词。如"感受……""体验……""参与……""认识……""理解……""掌握……"等表述方式。

(3) 具体内容的明晰

对于音乐教学的目标设计,教师应能够预测各环节将要达到的教学效果,它应体现由教师组织和引导下的音乐学习活动的具体行为,体现在具体性、阶段性和特色性几个方面。教学目标的表述不仅要做到具体、简洁、明晰,更应涵盖课堂教学的内容、方法、过程等所要达到的程度和水平。

下面两个案例的教学目标设计和表述,综合了音乐教学目标的基本要素、表述方式与规范把握等。

案例一:《春节序曲》(欣赏课)
选自江苏凤凰少年儿童出版社(以下简称"苏少版")五年级上册(五线谱版)第八单元
教学目标:
① 情感目标:通过听赏,感受作品热烈欢腾的节日气氛,以及新春时节的民俗风情;
② 过程目标:通过参与、体验听、唱、奏、动等不同的表现形式,加深对作品内涵的理解与把握;
③ 知识目标:通过对比,了解陕北秧歌的地域风格,掌握作品的速度、力度与结构特征。

案例二:《拉库卡拉查》(歌唱课)
选自苏少版六年级下册(五线谱版)第五单元
教学目标:
① 情感目标:通过歌唱,感受与表现墨西哥舞蹈音乐的热情与奔放;
② 过程目标:通过舞蹈、律动、手势以及字母谱等形式,学习、了解歌曲的句法并感受舞曲的意境与特征;
③ 知识目标:通过参与、体验与合作等,学习固定音型的伴唱形式,把握弱起节奏、八分音符(密集咬字)以及节奏重音的准确演唱。

可见,在教学目标的设定中,加强"学生主体"意识,对教学中行为主体、行为活动、行为条件和行为标准等要素进行有针对性的设计,无疑将会直接影响课堂教学过程的展开与实施,更会对教学效果的达成与实现产生重要的促进作用。

5. 音乐教学目标表述中的常见问题

在教学设计中,最为常见的教学目标设计主要存在以下几个方面的问题,在初次进行教学实习的过程中,应予以认真研究、缜密思考,并设法加以规避。

(1) 对教材内容(文字、乐谱和音响)缺乏认真的研究,对学生未能做到全面了解。在教学目标的设计上仅从教师的主观愿望出发,对教学意图仅在语言上做普遍性的表述与理想化的设计;

(2) 对《义务教育音乐课程标准》从性质、理念、目标、内容、要求等方面未进行全面的了解，或对课标各部分内容未能逐一研究与对应，在教学目标的提取上忽略了从三维目标的角度理顺、设计与文本表述；

（3）对课标要素缺乏全面的把握和理解，使得在目标设计中将行为主体、行为活动、行为条件和行为标准混为一谈，甚至仅从知识方面或情感方面设定几点相对雷同的教学目标；

（4）对学期教学目标、单元教学目标和课时教学目标未做具体区分，致使课时教学目标的设计教学目标过于庞大，或使所设目标无法在一节课时内有效达成；

（5）对音乐教学目标的表述方式和规范未做精心推敲与梳理，教学目标的语言表述缺乏规范性、严谨性等。

二、音乐教学重点与难点

重点和难点常常指向两个不同的维度，重点是就教学内容而言，难点是就学生对教学内容的掌握与目标达成的难易程度而言。一般说，教师从音乐课程标准和教材的内容分析中寻找相关的教学重点，从学生已经积累的知识经验等分析中确定课时教学的难点所在。具体地说，音乐教学的重点是在对弄清一堂课的知识要点的逻辑主次关系后进行的分层梳理，理清它们之间的逻辑关系后确定课堂教学中需要着力解决的基础知识，是为了达到教学目标而着重指导学生必须熟练掌握的内容。

（一）音乐教学重点

1. 音乐教学重点的确定

音乐教学重点的确定首先要考虑学生因素，学生是教学的对象，是教学的主体，新知识要在学生已有的学习经验和知识结构上建构。因此，要在全面了解学生知识和技能的实际情况下确定教学的重点。音乐教材是音乐教学的主要依据，音乐教学的重点则要以音乐教学内容为依据。以音乐教材为例，重点则是指最基本、最核心的内容。

音乐教学的重点主要取决于教材内容的内在逻辑联系。因此，深入钻研教材、弄清教材内容的内在逻辑联系，是确定教学重点的重要方法。教师应通过分析研究教学对象与教学内容，全面衡量、判定其价值，以教材本身的特点和学生接受知识的思维过程为依据，认真分析、精心筛选，为实施音乐教学提供真实可靠的依据。

2. 突出教学重点的方法

首先，在备课时找准重点，针对学生准备有效的突破和解决方法。特别是要重视启发和发现等教学方法的应用，引导学生在教学重点上进行思考、讨论和探索。

其次，在教学中做到有详有略，要把大部分时间放在所提取的教学重点上，通过引导学生充分聆听，积极参与实践，不断感受和体验，并在教师对重点内容的启发、分析和运用的过程中，力求使教学重点在学生头脑中留下深刻的印象。

（二）音乐教学难点

音乐教学难点是由音乐教材的特点和学生学习音乐的认知规律、学习经验和知识储备决定的。确定音乐教学难点要从学生学习的实际出发，重视对学生学习心理的分析，重视学生学习障碍的表现与成因。分析音乐教学难点时,不能只注意产生困难的知识点本身,还要看到准备知识的掌握情况。难点的形成与很多相关知识的准备不足有关。

1. 音乐教学难点的提取

对学情的了解与分析是音乐教师准确提取教学难点的首要因素,教师通过分析了解学生音乐学习的积累和知识技能的基本情况,研究学生学习音乐的心理特征和认知规律,能够结合教材提取难点。如歌唱教学中的难点,一般指学生较难掌握和表达的某些乐句、某个节奏、某个音等,首先要了解学生这方面的学习基础,然后才能确定教学难点。突破教学难点要有针对性,要根据上述形成难点的原因,分别采取不同的途径与方法。难点化解不开,无法完成教学任务,学生的音乐学业水平也不能有效提高。因此,如何突破难点,是音乐教学中必须解决的问题。

2. 突破和化解教学难点的手段和方法

首先,分散难点是解决教学疑难问题的有效途径。要做到难点分散,就必须分解教学要求。对于某些难点,不能期望一次达成,而要有一个逐步掌握、逐步深入的过程,这样会大大减少难点的形成并有利于难点的克服。对音乐教材难点的处理,一要有预设,在备课中发现可能出现的难点并进行必要的准备;二要在课堂教学动态生成中随时发现问题并进行解决。在音乐教学过程中,要从合适的角度切入,采用模仿、对比等方法,化繁为简,化难为易。

其次,可利用多媒体教学手段,突破教学难点。中小学生形象思维占主导地位,对抽象的音乐表现形式难以理解。因此,利用现代技术手段对图像处理的高超能力,对音乐内容进行分类讲解,对知识点进行分层推进,从而变抽象为具体、变静态为动态、化枯燥为生动,大大降低学习难度,进而使教学难点得到有效的突破和化解。

值得注意的是,教学目标中提到的不一定是教学重点,但教学重点所涉及的一定要包含在教学目标中的其中一点。教学难点是教材中比较抽象、且缺乏感性认识、理论性或技巧性较强、学生在学习中不易理解或较难掌握的知识和技能。应当指出,并非所有教案都要把教学重点和难点分别提取,在适当的教学情境中和特定的教学要求中可以将教学重点和教学难点予以合并,以使教学目标的达成和教学重难点的突破更加易于实现。

例如,教学目标中涉及的教学案例《春节序曲》,其重难点是由过程目标"体验听、唱、奏、动等不同表现形式"和知识目标中的"了解陕北秧歌的地域风格"与"结构特征"提取与凝练,形成了教学重点和难点合一的设计案例。

案例:《春节序曲》(欣赏课)

教学重难点:

在听、唱、动、奏以及模仿互动和对联游戏等教学活动中,了解作品的地域风格与结构特征。

可见,教学重难点与教学目标的关系应是点与面的关系、局部与整体的关系。教学重难点的设计应是在教学目标设计基础上进行的有针对性的提取与关注。

三、音乐教学过程设计与表达形式

教学过程的设计应是课堂教学设计的核心,对教学任务、教学对象的分析,对教学目标、教学媒体的选择,以及对课堂教学结构类型的选择与组合等,都将在教学过程的设计中得到全面的体现。在音乐教学过程的设计中,应将音乐教学过程的各种因素,按照一定的程序组织起来并形成文本,从而为音乐教学的实施与展开做好充分的准备。常见的教学过程设计有阶段式、环节式和步骤式等。

(一)阶段式音乐教学过程设计

阶段式的音乐教学过程设计,是依据上述因素与特征,将音乐教学的过程划分为起始、展开、形成和结束四个阶段。

1. 起始阶段

起始阶段的主要任务是组织教学、激发兴趣、导入新课。最常见的导入方式有:故事导入、问题导入、谜语导入、生活经验导入、电教手段导入、律动导入、游戏导入、情境导入、利用旧知识导入、利用生动实例导入、直观教具导入、绘画导入、动画导入等。

由于导入是课堂教学的起始阶段,选择与运用恰当的导入手法不仅直接影响学生对教学内容的学习兴趣,还将对教学目标和教学效果的达成起到积极的推动作用。

2. 展开阶段

"展开"意味着铺展、发展、开始、开放,这一阶段是课堂教学的主体过程。在重过程、轻结果的课程理念下,更显得尤为重要。展开阶段紧接在起始阶段之后,通常由创设情境、唤起注意、探究发现、参与活动等若干个教学活动组成,其特点应是由浅入深、由点到面,层层展开、环环相扣,将教学内容以不同的方式逐渐呈现给学生,为教学目标的达成和教学重点的突破与化解等做好充分的准备和积累。

3. 形成阶段

形成阶段是指学生经过发现探究等活动后,初步实现的教学结果,并通过某种交流方式,呈现结果的阶段。教师常组织学生以表现的形式将成果进行展示,目的是交流、互启、碰撞、激励,将教学过程推向高潮。由于此阶段多以探索创新为目标,并采用激发情感、互动交流、创造表现、感受体验、联想拓展、建构生成等形式进行教学,故教学效果常常新颖别致。这一阶段不仅是知识综合与拓展的重要阶段,更是学生较为喜爱和关注、课堂效果逐步推向高潮的阶段。对这一阶段的精心设计和安排往往会使课堂教学产生意想不到的教学效果。

4. 结束阶段

结束阶段是课堂教学的总结阶段,是音乐课堂教学的"点睛"之笔。它的完成不仅涉及音乐教学过程的完整和教学目标的达成,更能对课堂教学的知识点进行纲要性地提炼和回顾。尽管这种方式有时略显拘于形式,但如教师能够积极思考,理清思路,调动学生参与复习,不仅可以使课堂教学进一步达到情感交流、迁移创造、教学反馈等积极作用,还能引导学生对后续的学习产生强烈的探究欲望与学习兴趣。

（二）环节式和步骤式音乐教学过程设计

除了由起始、展开、形成和结束构成的阶段式教学设计外，音乐教学过程常见的还有环节式教学设计和步骤式教学设计两种不同的过程设计类型。

环节式音乐教学过程设计是指把构成音乐教学过程相互关联的若干因素进行并列式的组合，其包含以内容为环节和以方法为环节两种类型。

以内容为环节的教学过程设计，如:《春节序曲》的设计，其教学过程的呈现以"新春"为主题，围绕这一内容设计了走进新春、舞动新春、歌唱新春、体验新春以及感悟新春等教学环节。以方法为环节的教学过程设计，如欣赏教学《鳟鱼》的设计，其教学活动围绕音乐的主题展开，教学过程分别安排了探索与交流、感受与体验、表现与创造、归纳与总结四个教学环节。

步骤式音乐教学过程设计是将构成音乐教学的各种因素，采用层层推进、步步深入的方法，进行递进式的安排。如在江苏省中小学教研室"教学新时空"小学音乐中，由南京市芳草园小学武文红老师执教的《哈啰哈啰》的教学过程设计就安排了情感导入、情感唤起、情感深入、情感表达四个阶段的教学步骤，将学生的学习兴趣和课堂教学的气氛逐层逐级地推向了学习的高潮。

四、音乐教学设计的文本格式

音乐教学设计最终形成的文本呈现是教师的授课计划，亦称教学方案或教案。通常，教案的编写具有一定的格式要求，教师亦可在此基础上依据教学内容和学生群体的情况有针对性地予以发展和创新。教案设计既要说明教的程序，也要明确学的活动。教案的格式通常包含文字叙述式、图表式和流程图式三种类型，而这三种文本格式的区别主要在于教学过程的呈现形式上。

1. 文字叙述式

文字叙述的教案格式大多包含:授课年级，教学课题，课型，课时，教材分析，教学目标，教学重、难点，教学手段和方法，教学过程，教学后记等。这种设计通篇采用文字表达与分类的形式进行书写。如，南京师范大学附属小学仙鹤门分校张垚老师执教的《斑鸠调》详见第八章教学设计案例集锦的第二节综合课案例五，便是一份典型的文字叙述式教学方案。

2. 图表式

在教学过程的表达中，用图表的形式分列教师和学生教学活动各个阶段和各个教学环节的主要任务，是一种既层次清晰，又简单明了的文本表达方式。然而，这种将师生活动分列表述的表格，通常由经验丰富的教师所运用。在师范生进行教案学习之初，还可以将教师和学生的活动合而为一，用师生活动的形式呈现教学活动的各个阶段和环节。如，南京市鼓楼区特殊学校的钱启慧老师设计的教案《凤阳花鼓》的图表式教学过程，详见第八章教学设计案例集锦第一节歌唱课案例一。

3. 流程图式

用符号（或图形）将教学过程序列化的流程图式文本，或使用要点式的文字表达教学过程的思路与纲要也是常用的教案表达方式。此类教学设计的表达方式通常为经验丰富的教师所使用。尤其是纲要性的流程备课方式,在限时备课的师范生技能大赛、新教师入编面试和教师资格证的面试(模拟授课)等赛事和考试中使用得较为广泛。例如:由南京师范大学附属小学黄嘉莉老师执教,南京市玄武区音乐教研员张艳丽老师提供的南京市第十届优秀青年教师评选案例《梨园英秀》,便是一个值得参考的流程图式教学设计。

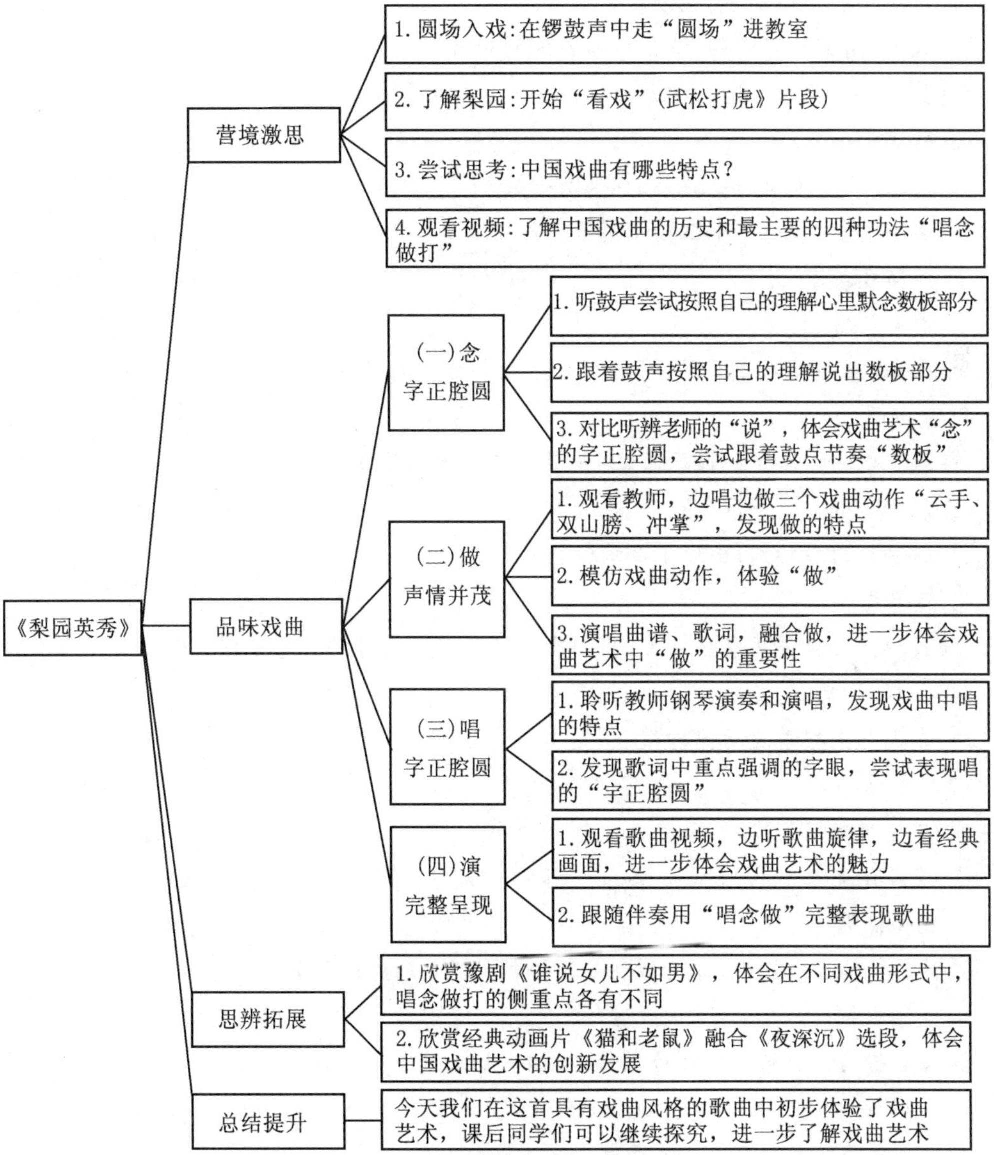

```
《梨园英秀》
├── 营境激思
│   ├── 1.圆场入戏:在锣鼓声中走"圆场"进教室
│   ├── 2.了解梨园:开始"看戏"(《武松打虎》片段)
│   ├── 3.尝试思考:中国戏曲有哪些特点?
│   └── 4.观看视频:了解中国戏曲的历史和最主要的四种功法"唱念做打"
├── 品味戏曲
│   ├── (一)念 字正腔圆
│   │   ├── 1.听鼓声尝试按照自己的理解心里默念数板部分
│   │   ├── 2.跟着鼓声按照自己的理解说出数板部分
│   │   └── 3.对比听辨老师的"说",体会戏曲艺术"念"的字正腔圆,尝试跟着鼓点节奏"数板"
│   ├── (二)做 声情并茂
│   │   ├── 1.观看教师,边唱边做三个戏曲动作"云手、双山膀、冲掌",发现做的特点
│   │   ├── 2.模仿戏曲动作,体验"做"
│   │   └── 3.演唱曲谱、歌词,融合做,进一步体会戏曲艺术中"做"的重要性
│   ├── (三)唱 字正腔圆
│   │   ├── 1.聆听教师钢琴演奏和演唱,发现戏曲中唱的特点
│   │   └── 2.发现歌词中重点强调的字眼,尝试表现唱的"字正腔圆"
│   └── (四)演 完整呈现
│       ├── 1.观看歌曲视频,边听歌曲旋律,边看经典画面,进一步体会戏曲艺术的魅力
│       └── 2.跟随伴奏用"唱念做"完整表现歌曲
├── 思辨拓展
│   ├── 1.欣赏豫剧《谁说女儿不如男》,体会在不同戏曲形式中,唱念做打的侧重点各有不同
│   └── 2.欣赏经典动画片《猫和老鼠》融合《夜深沉》选段,体会中国戏曲艺术的创新发展
└── 总结提升
    └── 今天我们在这首具有戏曲风格的歌曲中初步体验了戏曲艺术,课后同学们可以继续探究,进一步了解戏曲艺术
```

图 2-1 《梨园英秀》教学过程

选自苏少版五年级下册第三单元

下例是由南京师范大学附属小学仙鹤门分校张垚老师设计的一节为优质课赛课准备的纲要式的教学流程。

《铃铛舞》

选自苏少版三年级上册第三单元

一、视频导入

1. 视频欣赏

① 欣赏:观看《醉苗乡》视频。

② 设问:看完这段视频,给你印象最深的是什么?

③ 交流:鼓、舞蹈、演唱、呐喊、服饰……

2. 编创鼓点

① 尝试:我这也有一个鼓,谁想来敲一敲?

② 创编:能不能想一个三拍子的节奏?

二、新歌教学

1. 体验舞蹈

我们模仿表演者敲起了鼓,那我们来学几个他们的动作。

2. 感受歌曲

① 我在歌曲中藏了一件乐器,听一听藏在了什么位置?

② 歌曲能分成几个乐句?

③ 哪一乐句很特别,出现了两次铃铛声?

3. 视唱旋律

① 我把第3乐句写在黑板上,你们看铃铛落在哪些音符上?出谱。

② 手势、指唱 d、m、l、r、s。

③ 我们加上摆手的动作再试一试。

4. 接龙演唱

① 师生接龙唱旋律,生唱第3乐句+拍手。

② 现在请大家用 lv 哼唱旋律,第3乐句唱旋律。

5. 揭示课题

清脆的铃铛声真好听,你听谁跳起了铃铛舞呢?(老师范唱)

6. 朗读歌词

原来是苗族的小姑娘在跳铃铛舞,咱们一起来读一读歌词。

7. 学唱歌曲

师生合作演唱歌曲① 师12乐句,生34乐句。

② 师12乐句前半句,生12乐句后半句+34乐句。

③ 完整演唱歌曲+拍手,第三乐句摆手+拍手。

三、拓展延伸

1. 丰富歌曲

动听的歌声好像还缺了些气氛,让铃铛响起来。

2. 介绍苗族

有了铃铛声使歌曲更具苗族风味,那你们知道苗族主要分布在我国的什么位置吗?

四、教学小结

1. 综合表演

沸腾的鼓点,引来了苗寨的人们,大家聚集在一起欢呼呐喊,跳起了铃铛舞。

2. 课堂小结

这节音乐课我们一起学习了《铃铛舞》,回家后表演给自己的家人看吧!再见!

在教学设计和表达的过程中,无论教案设计的文本写作选择了何种格式,教案写作的思路一般都要包含以下步骤:研究音乐课程标准,分析、选择并组合音乐教材;调查、了解学生,并在对学习者进行分析的基础上,确定教学内容;查阅相关资料,创造性地组合教学材料;确定教学目标及其对应的课程标准;确定教学重点和难点,并针对其选择有效化解的手段和方法;进行教学任务分析、分类与规划;设计教学活动的组织形式;合理安排各环节的教学方法和步骤;设计有针对性的教具、教学媒体等;设计教学过程的结构、环节和步骤,并在此基础上进行板书设计。

五、教学过程表述中的问题与注意事项

第一,应避免问答式的表述。在进行音乐教学设计时,一些音乐教师习惯于运用师问生答的表述方式,这种以教师的主观思维和想象来代替学生客观学习行为的表述方式应在教学设计中尽量避免。在教学设计中,学生的学习语言和行为只是教师的一种预期或设想,因此不可能也不必要给予剧本式的描述或表达,以这种方式进行教案文本的记录,既限制了学生,也束缚了教师的教学思维与教学实施。

第二,应避免文学式的描写。有些教师喜欢在音乐教学的设计中将预期的效果用文学式的语言描写出来,这种方式也应尽量避免。一方面,教学设计应是一种预想的过程,而不是预想出来的效果;另一方面,提前把教学效果用文学式的语言描述出来,对音乐教学过程的实际操作并无意义,尤其对音乐教学的客观实践和教学效果并无任何有效的价值。

第三,应注意数字逻辑。表述教学过程的各个阶段、环节和步骤时,层次、层级之间的关系往往运用数字的形式,因此要特别注意安排好序号数字之间的逻辑关系,同一层次和层级之间要使用相同的数字,以避免逻辑顺序的混淆。在教学过程的表述中数字层级的使用和安排不宜过多过细,应以四级之内的一、(一)、1.、(1)层级标记为宜。

第三节 微格教学体验训练

一、微格教学的基本概述

微格教学(Microteaching)是"一种借助现代的视听工具,以若干小组的学生为对象,培

养某种教学技能的方法"，是一种简化的小型教学练习，又称微型教学、微观教学、小型教学等①。这种形式是自二十世纪六十年代在美国斯坦福大学进行实验后予以介绍，二十世纪八十年代由北京教育学院率先进行尝试的对教学进行研究、探讨和实践的一种行之有效、值得广泛推广的训练方法。对于它的运用，不仅能引起参与实训教师或学生的兴趣和自信，而且比传统上的常规训练更为直接与便捷。

随后，许多师范院校增设了微格教学课并建立了微格教学系统，从国家的层面也已将是否运用微格教学系统进行师范技能训练作为师范院校教学评估的一个重要指标。美国教育学博士、微格教学创始人之一爱伦说，微格教学是"一个缩小了的、可控制的教学环境，它使准备成为或已经是教师的人有可能集中掌握某一特定的教学技能和教学内容"。他认为，微格教学是一个有控制的实习系统，它使师范生有可能集中解决某种特定的教学行为，或在有控制的条件下进行学习。

目前，微格教学已成为师范生教育中普遍采用的一种教学技能培训方法，它以课堂开设形式培训学生的实际操作技能，特点是把复杂的课堂教学能力分为不同的单项教学技能并分别进行训练，以便于学生掌握，旨在训练师范生的教学技能和提高在职教师的基本教学技巧。为促进师范生提高职业素质、增强就业竞争力，采用微格教学对师范生进行教学训练与考核是学科教学论课程进行中、学生进入教育实习前等阶段最为有效的凸显教师教育特色的手段和方法。

就具体形式而言，微格教学是指以少数的学生为对象，在较短的时间内，尝试小型的课堂教学，把这种教学过程摄制成录像，课后再进行分析。这不仅是训练新教师和师范生的有效手段和方法，更是提高教学水平的一条重要途径。

就具体训练而言，微格教学应由音乐教材教法或音乐课堂教学实践与训练的专任教师负责，并为学生制定相关的训练大纲或训练进度。微格教学时间一般控制在5~10分钟，它要求教师或参与练习的师范生将平时40分钟的课堂内容能够在几分钟内完整呈现并使学生听懂并理解。微格教学要求，在前2分钟内将这次所要讲的重点内容提出，之后时间用于讲解与练习。

微格教学相对于传统的实习教学来说，是一种新型的教学方法，为了能够把它应用于教学实习与未来的教学实践，应在理论上了解它的基本程序、特点、方法与步骤以及它的主要练习环节。

二、微格教学的基本程序

微格教学的基本程序是：在专任教师的指导下进行现场观摩和实况录像；回放录像，观摩录像，开展讨论；理论总结，并把理论运用到教学实践中去检验和拓展。微格教研活动增强了教学科研的气氛，使教研活动更加丰富和深入。

---

① 郁正民.音乐微格教学法[M].上海：上海音乐出版社，2004：1-2.

三、微格教学的特征

微格教学的学习、运用和训练过程,具有实践性、集中性、简单性、反馈性和创新性五个方面的具体特征。

1. 实践性:理论与实践紧密结合。微格教学是一个有控制的实践系统,教育学、心理学与教学论为其提供了坚实的理论基础,微格教学中的一系列实践活动又使教育教学理论得到了具体的贯彻和体现。这种理论与实践紧密结合的教学方法提高了学生对教学法课程的学习兴趣。

2. 集中性:学习目的明确,重点突出。由于采用微型课堂的形式进行实践教学,所用时间短,学生人数少,只集中训练一两个教学技能,有利于使被培训者明确学习目的,便于把精力集中放在重点上。

3. 简单性:简单、方便、易操作。用这种方法对实习生进行初步训练,不仅给实习生提供了快捷、有效的练习方法,也为实习生走进课堂奠定了良好的基础。

4. 反馈性:信息反馈直观、形象、及时。现代化教学手段的运用为微格教学的实践提供了有利的条件,采用录像的方法对教师和学生的行为进行记录,能及时准确地获取反馈信息,可尽快达到教学目的。

5. 创新性:注意在教学中发挥学生的主体作用与创新能力。这种根据反馈与分析对教学进行修改的方法,体现了坚持以学生为主体,以指导教师为主导,以训练为主线的原则,有利于学生创造性思维的培养。

四、微格教学的实施与运用

微格教学实践的主要环节与实施步骤包括以下几个方面:先期学习和研究 →确定培训技能、编写教案→提供示范→微格教学实践;微型课堂、角色扮演、准确记录→反馈评价;重放录像、自我分析、讨论评价→修改教案→进行反复与循环→教学实习。

1. 先期学习和研究

微格教学是在现代教育理论和思想指导下的实践活动。因此,在进行微格教学训练前,进行教学理论的学习和研究是非常必要的。学习的内容有:教学设计、教学目标分层设计、教材内容的研究分析、教学技能的分别运用、课堂教学的观察方法、教学评价的方式方法以及对学习者的特点了解等。

2. 确定培训技能和编写教案

微格教学的目的是培训教师的教学技能,特点是把课堂教学分为不同的单项技能分别进行教学技能的多种多样训练,每次只集中培训一、两个教学技能,以便目标明确、容易掌握。

教学技能多种多样,例如,导入技能、语言技能、提问技能、示范技能、讲解技能、变化技能、强化技能、板书技能、结束技能、课堂组织技能以及综合驾驭技能等。根据培训计划确定培训技能后,参与者可选择恰当的教学内容,根据所设定的教学目标进行教学设计,并编写出要点清晰、层次明了的教学环节与教学步骤。

微格教学的教案具有不同于一般教案的特点,它要详细说明教师的教学行为和所运用的教学手段与方法以及学生的学习行为(包括教师预设的学生反应)。

微格教案的设计和修改过程应把握目的性原则、详尽性原则、灵活性原则和修正性原则。目的性原则是指在微格教案设计过程中,实训者必须明确微格教学的目的,以技能为中心设计教案。详尽性原则是指在微格教案设计过程中,实训者必须周全详细地设计教学的每一个环节并书写注明。灵活性原则是指在微格教案设计过程中,实训者必须考虑每个教学可能出现的各种情形,并做出灵活的处理设计。修正性原则是指在微格教案设计过程中,实训者应当综合各方意见和具体实践,对教案存在的问题,即时修正和更正。

3. 提供示范

在正式培训之前,为了使被培训的学生明确培训目的及要求,可以利用录像或实际角色扮演这种直观的方法对所要训练的技能进行示范,并加以讲解与说明。示范可以是正面典型,这样便于被培训者学习好的经验;也可以是反面例子,被培训者可从中吸取教训,少走弯路。

4. 微格教学实践与微型课堂

第一,由扮演教师、学生、教学评价等不同角色的学生和对录像设备进行操作的学生组成微型课堂实践小组。

第二,在微型课堂上,教师角色在10～15分钟的时间里,上一节课的教学内容,练习一至两种音乐教学技能与方法。课前,指导教师会对参与培训的学生做一个简短说明与指导,以便使其明确训练中应尝试的教学方法、教学内容、教学设计思路与意图。

第三,在课堂上进行角色扮演时,采用录像的方法对教学实施的过程进行记录,以便为教学评价与反馈提供及时、准确的信息,从而对教学训练中存在的问题与需要纠错的方面进行调整与改进。

5. 反馈评价

第一步,重放录像,使被培训者及时、准确地获得反馈信息,教师角色、学生角色、评价人员和指导教师一起观看,以进一步观察被培训者达到培训目标的程度。

第二步,看过录像后,教师角色要进行认真的自我分析,及时发现自己在教学中存在的问题。

第三步,作为学生角色,评价人员和指导教师要从各自不同的角度来评价实践过程,讨论所存在的问题,指出今后努力的方向。

6. 修改教案

练习者根据自我分析和讨论评价中所发现的问题,依据微格教案写作的原则修改教案,准备进行微格教学的再循环,或进入教学实习阶段。

对于微格教学的成绩评定,大部分师范院校会将微格教学的训练成绩作为音乐教材教法课程的一个部分。通常在微格训练的成绩中,教案设计即微格训练前的教学准备一般占微格训练成绩的30%,而微格训练的实操成绩占70%。微格训练的总成绩会以占比40%～50%的比例计入教材教法的课程成绩。

五、微格教学在教学实习准备阶段的运用

在教育实习阶段引入微格教学进行实习生的培训与实践,使之形成一套较完整的培训方案,是一种有益的教学尝试。微格教学打破了长期以来教学法课程在理论和实践上相互分离的被动状态,它充分调动学生学习的积极性和主动性。这种方法有理论、有实践,形象具体,可操作性强,是师范生进入课堂教学之前进行教学训练和能力提高的行之有效的方法。

记得英国微格教学专家布朗曾就微格教学发表评价与见解,中文大意是:微格教学将帮助教师加强、改进教学技能和方法,它使得教师能够通过训练尽可能减少失误,使得师范生通过训练能够尽快地建立站好讲台的信心。尽管它不能在一个晚上或一段时间彻底改变教师或高师学生的个人素质和教学习惯,它或许也不能解决教学中的所有问题,它甚至不一定能把一个普通教师变成一个天才的、完美无缺的教师,但通过训练,它至少可以把一个教师或将要走入教师队伍的准教师变成一名好一点的教师。

教学做合一

1. _____的音乐教育观念体现为,音乐教育应唤醒人们天生的本能,培养对_____极为重要的节奏感,建立身心的和谐,使感情更臻细腻敏锐,使儿童更加活泼健康,激发想象力,促进各方面的学习。
   A. 柯达伊,律动　　　　　　　　B. 达尔克罗兹,人体
   C. 奥尔夫,演奏　　　　　　　　D. 铃木,节奏

2. 柯达伊的音乐教育理念是,通过音乐教育培养合格的_____,培养熟悉和热爱本国文化的社会成员。他认为,"所有的健康儿童如果得到鼓励一般都能够_____"。
   A. 听众,即兴演唱　　B. 人才,演唱　　C. 公民,音乐表演　　D. 演员,即兴表演

3. 在教学目标的确定和表述中,应注意从行为主体、行为活动、_____和行为标准四个要素进行把握。
   A. 行为目标　　　B. 行为动作　　　C. 行为方向　　　D. 行为条件

4. 除了由起始、展开、_____和结束等构成的阶段式教学设计外,音乐教学过程还有_____教学设计和步骤式教学设计两种不同的过程设计类型。
   A. 拓展,循环式　　B. 形成,序列式　　C. 形成,环节式　　D. 转换,环节式

5. 微格教学的学习、运用和训练过程,具有_____、集中性、简单性、反馈性和创新性五个方面的具体特征。
   A. 实践性　　　B. 研究性　　　C. 探索性　　　D. 学习性

探究与交流

1. 何为发现法?作为音乐教师,教学中应怎样引导学生运用发现法参与课堂教学?
2. 微格教学的基本程序有哪些方面?
3. 案例与分析:

下例是一位实习生为歌唱课教学《拔根芦柴花》设计的教学目标,请在复习、研究"确定音乐教学目标的基本要素"等内容的基础上,针对"音乐教学目标表述中的常见问题"进行思考,并对此案例的教学目标进行分析与陈述。案例如下:

《拔根芦柴花》

歌唱课,本课选自江苏凤凰少年儿童出版社五年级下册(五线谱版)第四单元

教学目标

1. 通过学习江苏民歌《拔根芦柴花》,使学生能从中感受到浓郁的扬州民歌风格;
2. 用轻快、活泼的声音演唱《拔根芦柴花》,并尝试用扬州方言来演唱;
3. 讲授扬州相关文化,使学生增加对民歌的认识,并喜爱民族文化。

参考答案

教学做合一:1. B; 2. A; 3. D; 4. C; 5. A

探究与交流:

1. (1)发现法是以学生为主体,让其自觉、主动地去探索,找出事物的内在规律和联系,进而形成一定的概念与结论的开放性的教学方法。综合音乐素质教育的教学步骤包含五个基本环节。(2)略

2. 微格教学的基本程序是:

① 在理论指导下进行现场观摩和实况录像;

② 回放录像,观摩录像,开展讨论;

③ 理论总结,并把理论运用到教学实践中去检验和拓展。微格教研活动增强了教学科研的气氛,使教研活动更加丰富和深入。

3. 首先,本案例未能从"以学生为主体"的观念进行教学目标的表述与设计;其次,未能从三维目标的层次对教学目标进行有针对性的梳理;再次,情感目标与知识目标互相混淆;最后,音乐教学目标的基本要素不明确,即行为主体(教学对象)、行为活动(学生的行为)、行为条件和行为标准(程度)等阐述不清。针对学生案例的具体情况,本教学目标可作如下修改:

① 情感目标:通过歌唱,感受歌曲的轻松、活泼与欢快,体验扬州歌曲的民俗与风情;

② 过程目标:通过模仿和参与,体会方言演唱的特点以及歌曲演唱的地方特色;

③ 知识目标:通过对比与发现,了解与扬州相关的音乐文化知识,认识装饰音并掌握其演唱的基本方法。

阅读与参考

[1] 铃木镇一.铃木教学法:才能教育的最佳方法[M].李钊平,译.北京:电子工业出版社,2004.

[2] 李妲娜,修海林,尹爱青.奥尔夫音乐教育思想与实践[M].上海:上海教育出版社,2002.

[3] 芦康娥.中学音乐教材研究与教学设计[M].西安:陕西师范大学出版社,2011.

[4] 中华人民共和国教育部.义务教育课程标准 2011 版[M].北京:北京师范大学出版社,2011.

[5] 尹爱青.学校音乐教育导论与教材教法[M].北京:人民音乐出版社,2013.

[6] 杨丽梅.柯达伊音乐教育思想与匈牙利音乐教育[M].上海:上海教育出版社,2004.

[7] 尹爱青.中学音乐教育实习行动策略[M].长春:东北师范大学出版社,2007.

[8] 郁正民.音乐微格教学法[M].上海:上海音乐出版社,2004.

展开篇 走进课堂

教学情境

今天,是进入实习学校的第一天。小彤作为实习生走进了实习学校,开始和指导老师见面,了解学校环境,跟岗听课,接触学生……在实习学校有条不紊的安排中,正式开启了一段崭新、未知、又充满期待的实习生活……

在小彤的视野中,一切都是那么熟悉又陌生:终于要开始和学生们进行实际的交流和相处了。书本中学习的教学知识在这转变成了现场教学的实践;音乐课堂的教学内容、指导老师运用的教学手段看上去远比理论中的教学更丰富,更灵活。小彤不禁想到,现在看到的、接触到的音乐课堂和音乐教学似乎和想象中的不太一样,可能还有着不小的差距呢!

> 先生之最大的快乐,是创造出值得自己崇拜的学生。说得正确些,先生创造学生,学生也创造先生,学生先生合作,而创造出值得彼此崇拜之活人。
>
> ——陶行知

第三章　音乐课堂教学

学习目标

1. 认识音乐课堂教学;
2. 走近音乐课堂。

学习与思考

1. 何为课堂?何为课堂教学?音乐课堂教学的含义是什么?
2. 如何认识课堂、了解课堂?如何在音乐教育见习与跟岗见习的过程中进一步了解课堂、认识课堂?
3. 课堂教学中,教师们如何有效组织教学内容?如何在课堂教学中运用和把握相关的教学手段和教学方法?

第一节　认识音乐课堂教学

一、课堂

对于即将进入实习学校的实习生,了解课堂、认识课堂并在教学的研究和实践中逐步熟悉课堂、走进课堂,无疑具有重要的意义。

就最为基本的解释和界定而言,课堂是进行教学活动时的教室,是进行各种教学活动或学习的场所,是教师进行教书育人的主要渠道。

就课堂的本质而言,它是学生生命成长的原野。在这里,学生是学习的主体,是学习的主人,他们在活动的参与中感悟道理,体验情感,反思自己的所为,规范自己的行为。教师则运用自己的智慧和创造力,为学生挖掘蕴涵其中的无限生机和活力,把课堂营造成生动活泼的学习乐园,引导学生在愉快的情境中有序地学习、体验与实践,从而不断成长、成熟与成才。

就课堂的存在形式而言,"它是学校中最为平常、最为普通、最为细小的细胞,是学校教育的基本组织形式;它是现代教学的组织单元,是教师生命中难以舍弃的一个职业活动领域"。

课堂还是课程教学与教学活动的综合体,它渗透了课程实施、资源开发、教学活动、师生关系乃至教学环境等多种教育要素及其相互关系。因此,课堂是师生互动和心灵对话的舞台,是探求知识和寻求真理的地方,是生命相遇和心灵相约的场所,是精神享受和文化陶冶的空间。

另外,课堂还是一幅社会存在的缩影,是一个"微型的社会"。课堂上,不仅存在着师生间和同学间广泛的人际交往、丰富的情境刺激以及真实的交流沟通,还存在着全方位的、校内校外的以及线上线下友好的社会互动和热切的对话商讨。

二、课堂教学

课堂教学是教育教学中普遍使用的一种手段,是教师向学生传授知识和技能的基本过程。课堂教学的要素与功能,是一个既复杂又相互渗透与作用的网格体系,其纵横交错,经纬交织,是即将要进入实习阶段的师范生应认真学习、研究与探讨的重要方面。

从课堂纵向结构看,课堂构成的要素包括运行前的准备、运行中的展开以及运行后的总结。运行前的准备通常指教师的备课或教学设计,它涉及课堂的教学环节、课堂的教学行为规划与准备等。在教学准备中,教学目标的拟定、教学内容的选择以及教学手段的使用等都应力求准确、细致、合理与具体。运行中的展开阶段是指上课这一真实的、教学过程的全面实施,它涉及教学的起始、展开、深入和结束各个环节。运行后的总结阶段即教学反馈或效果分析。在完成教学后,师生对教学过程进行阶段性的结果分析,查明尚未解决的任务与问题,以便在教学过程的新周期中对具体问题进行有针对性地调整与修订,使课堂教学在良性循环的过程中不断前行。

从横向的构成来看,课堂教学的基本要素是由教师、学生和教学内容三个要素所组成。在三个要素的基础上,形成了教学活动的"七要素",即我国著名的教学论专家李秉德所指的学生、目的、课程、方法、环境、反馈和教师七个要素。在这七个要素中,教师、学生和课程是构成性要素,目的、方法以及环境为影响性要素。

三、音乐课堂教学

音乐课堂教学是教与学双方围绕一定的教学目标而进行的知识获取、信息传递和内容输出的一个流动过程。在这个过程中,音乐教学不仅在知识传递上具有独特的教学思维,更在信息传递和内容输出上有着别样的教学模式与教学方法。

从音乐课堂教学的思维和定位来看,它有着人文性、审美性和实践性三种不同的性质。

从音乐教学的模式来看,它不仅具有情感、行为与认知三种不同的教学模式,更在教学实践中从感知美、体验美、理解美、表现美等不同的目标中,将音乐教学模式细分为参与—体验模式、情景—陶冶模式;示范—模仿模式、行为—辅助模式;以及传递—接收模式和引导—发现模式等,使音乐课堂教学不仅呈现了灵动、多彩和丰富的特色,其教学方法也在不断地拓展与成熟。

从音乐教学的方法来看,音乐课堂教学既有体验性音乐教学的方法,也有实践性教学和语言性教学等不同的方法。在2011版《义务教育音乐课程标准》基本理念的影响下,音乐教学的手段和方法在融合达尔克罗兹教学法、柯达伊教学法以及奥尔夫教学法等先进的教学理念和方法基础上,将各国有效的教学手段和方法与我国的教学实践相结合,并将体态律动、聆听体验、手势练习、联觉培养,以及内心歌唱、音乐读写、合唱训练、指挥练习和即兴创作等与音乐课堂教学相融合,使得一线的音乐课堂教学日趋精彩纷呈、变化多样。

因此,音乐教育的学生进入一线最初的体验便是从走进课堂的听课、见习开始,然后逐步走上课堂开始人生最令人难忘的音乐教学之路。

第二节　走近音乐课堂

一、观察音乐课堂

音乐课堂立足于实践,面对执教者,指向学生。在经过了系统教学法的学习和各类音乐专业知识的积累后,师范生们对于音乐课堂的教学理念及教学技能已经准备就绪,再下一步就是面对教学实践的考验。而在实践之前,师范生一定要对音乐课堂有着具象化的了解。故而对于师范生来说,观察音乐课堂是在教学起步阶段、教学实践前期必须要经历的过程。了解与认识须从观察开始,从观察音乐课堂的角度来说,观察途径可以有很多种,比如:学习网络上大量的优秀示范课教学视频、实际课堂的聆听与感受、专家教师的指导和示范等。这些途径都可以帮助自己去进一步地了解音乐课堂,完善对于音乐教学的认知,为教学实践打下基础。

就观察音乐课堂来说,可以大致分为两个部分:音乐课堂的内容、音乐教学的手段。音乐课堂的内容指的是音乐课堂中教学步骤与过程,宏观上的教学程序或者说结构。音乐教学手段则更加详细、分类更清晰地将音乐教学之中所运用的具体教学方法、教学方式、采取的措施等一一罗列,细致地展示在音乐教学中可以运用哪些有效的手段来帮助教学,完成教学内容。

(一)音乐课堂内容

音乐课堂的内容都有些什么?

音乐课堂的内容分为内在与外在两个部分。内在的内容为音乐的教育教学理念、教学思想等,这些理论性的内容属于音乐课堂中的内在隐性因子。音乐课堂中,对于时间与空间的利用、角色关系之间的联系与融合也属于音乐课堂内容内在化的一部分。当然,在音乐课堂中最重要的显性因素,呈现出来最直观的还是指音乐教学的主体教学内容、主要的教学过程结构，也就是外化于形的课堂教学程序。

1. 从教育理念上来说，音乐课堂的内容里充满了音乐教育思想及执教者的教学理念。简单地来说，就是指在音乐课堂中，执教者想要达到什么样的教学目的，想要完成什么样的教学目标，想要为学生们带来怎么样的一节音乐课。所有的教育理念，都应当在教学设计与实践过程中融入课堂，内化于心，外化于形，深入浅出。在观察课堂之时，这些理念与思想会借助课堂中的显性因素外化呈现。

2. 从时间空间上来说，每一节音乐课堂的所有内容全都融合在短短的四十分钟，更集中在一间音乐教室里。从这个角度观察音乐课堂应当注意，在这个时间与空间内，音乐课是如何利用这四十分钟内的音乐教室的。比如，四十分钟内，音乐课的教学分成了哪些教学的程序步骤，什么时间段进行的是什么样的教学环节，两个环节之间是如何过渡连接的；在每个教学步骤中，教室内的空间是怎么样利用和把控的也是应当注意的地方。此外，还有学生在座位上的集中，到分散到教室的各个角落进行音乐游戏或活动，再或者队形的交错变化等。

3. 从角色关系来说，音乐课堂中的角色关系也是音乐课堂内容的一部分。音乐课堂中的"第一人称"的角色应当是教师，在音乐课堂之中，教师扮演着引导的角色，引导学生思考与逻辑的行进；"第二人称"则是站在课堂中心位置的学生。在音乐课堂中，教师应当时刻关注着学生的情况，对于教学及时作出反应与调整，这样才能在音乐课堂教学中平衡好师生间的关系，为学生带来最适合他们、最贴近他们需要的音乐体验。此外，音乐课堂中还存在着"第三人称"，这就是观察音乐课堂的听课老师们，从旁观者的角度来说，"第三人称"的听课老师也并不是置身事外，完全没有参与到课堂中来的。一方面，在听课学习的时候听课老师的思维肯定是跟着执教者与学生的思维模式与逻辑进行的；另一方面，听课就是在观察音乐课堂，听课老师是执教者、受教者在展示教学流程之时的见证者。

4. 音乐课堂除了时间空间的联系、角色关系的存在，最主要的当然还是教学内容以及教学的流程。音乐课堂的教学内容及流程是以教学载体——音乐作品为基础的。如果说音乐课堂的教学内容是一座摩天大厦，那么教学程序就是钢筋铁骨，教学手段及方法就是砖瓦。音乐的教学程序无外乎是根据教材中的音乐作品进行分步骤教学：先教什么，再教什么。一步一步地确定好方向后，执教者才能在一步步明确的教学步骤中，引领学生循序渐进地完成教学的目标。至于音乐的教学手段，针对不同的教学环节以及不同的音乐教学目标，方法多种多样。音乐教学手段是有针对性的，更是指向了学生的音乐学习目的，在观察音乐课堂之时，音乐教学步骤与音乐教学手段同样重要。因为只有在观察之后，初步认识了步骤与手段，并能够适当掌握，才能够为师范生接下来的实践探索铺平道路、指明方向。

（二）音乐教学手段

面对不同的教学内容，还有不同的学生，执教者应当"对症下药"，并能够"因材施教"。因此，在先进的教育理念和高效的教学方法所作用下的有效教学手段就变得特别重要了。随着音乐新课程改革的推行，以及国际几大先进音乐教学法的普及推广，有效的音乐教学手段及方法成为所有音乐学科执教者所需要掌握并能够灵活运用的存在。音乐教学手段本身是非常具有作用性及指向性的，比如，执教者要解决一个教学中存在的问题时，要能知道选用什么样的教学方法及手段,才能够在不破坏音乐课堂完整性的基础上,既能帮助学生轻松掌握音乐知识,还能有效地解决教学重难点。

音乐教学手段是为了教学设计服务的,可以帮助执教者达成教学目标,进一步实现教学理念。同时更能够带给学生高效的音乐学习,帮助他们获得良好的音乐感受,得到音乐体验的满足感,从而更加喜欢音乐,热爱音乐,成为有良好音乐品位及审美的人。

1. 聆听体验:通过聆听,帮助学生感受与体验音乐

音乐是听觉的艺术。学生主要通过听觉活动感受与体验音乐。聆听是本能的听觉感官在作用,在音乐课堂中,聆听是执教者带给学生的最基础也是最必要的体验音乐的方式。可以这么说,聆听是音乐学习的前提。一首音乐作品,在音乐课堂内作为教学内容,最直接的传递给学生的方式便是聆听。聆听音乐能够有助于学生更充分地感受音乐的魅力。音乐能够陶冶学生的情操,让智慧得到启迪,更能够培养学生高尚的审美情趣以及积极乐观的生活态度。而如何让学生在聆听之中不仅仅是单纯地听,且能够在聆听之中获得体验,感受到音乐传递的信息,这是教师在运用这一教学手段时需要思考的。

"聆听"有别于"听",相较于"听","聆听"的要求更高。聆听意味着要集中精力认真地听。音乐课堂之中,在起始阶段,一定要有聆听的过程。不仅因为需要让学生静下来用心感受音乐作品,重要的是要让聆听的过程变得有意义。音乐是抽象的,但是音乐凭借着旋律的起伏、速度的变化、音色的对比等音乐元素的组织,让音乐传递着多种多样的信息。比如,音乐可以传递情绪与感觉,可以传递地域的特征,亦可以传递不同的音乐流派或者是音乐家的风格特点。在音乐课堂教学里,老师要让学生带着思考或者带着任务去聆听,根据音乐的复杂程度,可以在单次乃至多次聆听中分配学生不同的任务去完成。

教学镜头一:《新疆之春》音乐欣赏

(教学内容:聆听《新疆之春》,感受乐器音色及情绪风格。)

师:同学们,今天我给大家带来了一段音乐,请大家在聆听的时候思考两个问题:

1. 这是什么乐器演奏的?
2. 你觉得这个音乐描绘的是哪一个季节?

完整聆听《新疆之春》第一主题。

生:小提琴,春天……

师:没错,这段音乐是小提琴独奏《新疆之春》。接下来,请大家随着小提琴的声音再次聆听,同时观察我做了什么动作。

再次聆听,师示范律动,生观察。

生:老师在音乐中拍了节拍,并且在一些时候会把手给伸出去。

(提醒学生仔细观察老师的动作,并在示范动作时尽可能清楚地展示动作。)

师:同学们有没有注意到老师是在出现什么样声音时把手伸出去的?

生:长音、保持音、延长音……

师:是的,你们听得真仔细,让我们一起在音乐中找到长音,"抓住长音"吧!

再次聆听,带动学生律动,提示学生注意聆听长音,用动作呈现。

【聆听体验】教学镜头一思考：

聆听对于学生来说不同于简单地听，聆听对于学生是有要求的：或是带着思考去聆听，或是在情境与发现中去聆听。学生的聆听一定要有所要求，有所收获。在音乐课堂中，学生拥有的最基本的能力就是"听"，这也是学生在音乐教学中获取信息和收获感受体验的基本途径。因此，为了让学生在听的过程中获得音乐作品信息，得到良好的音乐感受，聆听的要求就一定要明确、到位，贴近作品的音乐性，更能够让作品的特点被发现。

以《新疆之春》为例，这首音乐作品是一首小提琴独奏的新疆风格的乐曲。如何有效地组织学生欣赏这首音乐作品呢？安静地聆听，带着思考，是非常合适的教学手段。音乐是抽象以及感性的，感性的活动要有理性的指引。"这是什么乐器演奏的""描绘的是哪一个季节"这样的问题在聆听之前设下，不仅让学生在听作品时更加投入专注，还能够让学生在音乐的感觉中去自主发现音乐作品的音乐要素：音色、速度、情绪等。让学生一下就融入了音乐中。

欣赏作品的聆听非常重要，教唱作品也同样重要。不仅让学生在聆听中对音乐的要素有了初步的认识，同时人文性的内容也可以让学生在聆听中逐步有所接触，为完整的教学打下了坚实的基础。

2. 体态律动：用身体参与到音乐中，自主感受音乐

体态律动学(Dalcroze eurythmics)指的是瑞士作曲家、著名的音乐教育家达尔克罗兹先生所创造的音乐教育体系。在他的教育体系之中，他认为只是单纯地教儿童用手指弹奏乐器是不够的，一定要启发他们进入产生乐曲的情绪中，把乐曲的感情外化为具体的动作、节奏、和声。简单地教音乐、学音乐，不结合身体的运动，是孤立的、不全面的。为此他提出"体态律动学"音乐教育体系，主要特点为：

第一，以训练听音乐、感受音乐为主，以身体动作表现音乐，根据音乐的速度、节奏、力度、分句、感情等变化，有控制地作出各种幅度和力度的动作，表达听到的乐曲。既培养节奏感，又有助于对音乐的全面感受，加强表演的自信心。

第二，教学内容以接受音乐经验为主，听讲解少，听音乐多。让音乐刺激听觉，产生印象；以动作表现音乐，即从印象产生概念，通过音乐符号将概念化为理性知识。

第三，从教速度开始，学生按规定的速度走路或摇摆，当喜、怒、悲、惧等感情变化时，保持速度不变，探索紧张和放松的感觉。用身体表现声音的动作，须反映声音的断和连等典型特征，从而培养动作的乐感。

第四，采用游戏方式进行教学，要求学生在音乐进行中听到约定的信号，立即按约定信号(停止行进、转向或变换动作等)作出反应。体态律动的教学适用于音乐课堂教学中，学生要在聆听之时或者聆听过后进一步地感受音乐的乐句与乐段感、旋律的起伏、音乐情绪的对比、速度与力度的变化等多种音乐要素。

教学镜头二：《爱的祝愿》音乐律动

(教学内容：用体态律动体验并感受《爱的祝愿》音乐旋律。)

(聆听《爱的祝愿》,师在音乐中带动学生律动。)

A段:手臂律动,每乐句换一只手臂伸出,句尾处呼应三个保持音动作,相似乐句动作相同,不同乐句根据音乐变化改变。

B段:更加舒展,加入带动身体的动作律动,区别于第一段。

A′段:回到第一段动作,结束句时做延展性的律动,在音乐中结束。

师:这段音乐带给你怎么样的感受?

生:舒展的、舒缓的、温柔的、优雅的……

师:这段音乐里藏着老师对大家的祝福(拿出丝巾)

(师带动学生跟着音乐律动,加入丝巾的元素,在音乐的结尾处把丝巾传递出去。)

师:接下来,请同学们起立,以我为圆心围成一个圆,拿出凳子下面的丝巾。

师生在圆上进行律动,加入丝巾(道具),同时从坐着的形态转变为围成圆,脚步也加入律动。

【体态律动】教学镜头二思考:

律动是音乐教学中身体参与最直接也是非常高效的一种教学手段。在整体感受或者是初步聆听音乐的阶段,学生可以通过教师的示范、引导以及情境的营造主动参与到音乐的律动中,一方面开发身体在音乐中的参与度,能够帮助学生尽快地熟悉音乐,感知音乐;另一方面,律动可以让音乐视觉化呈现,帮助学生在对于音乐的感受感知中对音乐作品的乐句、乐段、旋律线条、强弱、对比等众多音乐要素有了较为清晰认识。

《爱的祝愿》是一首小提琴独奏曲,旋律非常具有歌唱性。音乐的乐段非常清晰,乐句也比较容易分辨。在教学过程中,体态律动能够非常好地抓住《爱的祝愿》的音乐特点,帮助学生更加投入,更加全面地体验这首音乐作品。在律动中,学生可以通过手臂方向的不同感受到乐句的变化,手臂单方面的律动与加入脚步的律动也会更有层次、清楚地展示乐段的对比。丝巾的加入不仅能够让音乐的体验更加丰富,还能够让律动更加具有丝巾的特质:轻柔,舒缓。这正好符合了音乐本身的旋律特性。

不管是在作品欣赏或是教唱歌曲中,体态律动都可以帮助学生尽快投入到音乐中来。体态律动可以用于对音乐作品的整体感受,律动的形式可以根据音乐的特点来改变:步伐对应节拍节奏的变化,身体的高低可以对应音乐旋律的起伏,身体动作的对称可以感受乐句的切换,身体律动力度与速度可以呈现音乐强弱及快慢,动作的重复以及改变对应情绪以及乐段的对比等。立足音乐作品,充分体验音乐,体态律动应用广泛。

3. 身体节奏:声势动作的加入,用身体参与融入音乐节奏

声势动作,是运用了拍手、拍腿、跺脚、捻指等可以发出声音的身体的动作,即是身体节奏的具象化呈现。在课堂教学之中,要求学生随着音乐用简单的且原始的身体动作发出各种有节奏的声音,根据音乐作品的不同,动作与节奏可有着不同的变化。这种声势教学法对于学生的节奏感、听辨能力、反应能力以及节奏感稳定性的培养都有着非常重大的意义。音乐课堂中的声势教学手段主要从模仿节奏、节奏接龙和节奏伴奏等方式予以展现。

教学镜头三:《凤阳花鼓》歌唱教学

(通过猜谜或者是介绍,引出"锣"和"鼓"的形象。)

师:请大家在身体上找出两个位置模仿锣和鼓的声音。

生:拍手,拍腿,拍肚子,跺脚……

(师提示大家统一方式:如,拍手是模仿锣,拍腿是模仿鼓)

师:鼓的声音是"咚咚咚",锣的声音是"呛呛呛",我想看看大家的反应如何,请听口令。

师:咚咚咚|呛呛呛。

(生用动作回应口令,进行声势节奏的训练)

师:咚呛呛|咚咚呛

(生循环声势节奏,师范唱或者钢琴弹奏《凤阳花鼓》,生用声势动作为音乐伴奏)

师:刚才你们听到的这首歌叫做《凤阳花鼓》,是一首安徽民歌。

"左手锣,右手鼓,手拿着锣鼓来唱歌"。

让我们一起来感受民间艺人手拿锣鼓边走边唱的样子吧!

(师弹琴,提示学生把声势动作融入脚步,边走边加入声势节奏,丰富音乐体验。)

【身体节奏】教学镜头三思考:

身体节奏即声势节奏,在音乐教学中,多用于节奏感的训练与节奏多声部的尝试。一方面,通过身体发出有规律的声音,并参与到音乐中本就是非常好的感受音乐的方式;另一方面,声势节奏可以深入开发学生的动觉感知,对于音乐做出动觉与听觉的联觉反应。还可以通过动觉的参与帮助学生提升协作能力,从而进一步提升学生的音乐审美水平。

身体节奏(声势)的运用和体态律动相同的地方在于,都是充分地调动了学生身体的参与积极性,让学生的动觉结合听觉,更好地参与到音乐,感知音乐的节奏与律动。而身体节奏区别于体态律动的地方在于:身体节奏更注重身体发出节奏的声音而非身体姿态。

《凤阳花鼓》中从"锣"与"鼓"的形象入手,把打击乐器转化为声势动作,不仅能够帮助学生全身心投入音乐中,更让学生在固定音型的伴奏中感受了二声部的合作。这让学生从音乐的节奏中获得了最大程度的音乐体验。这样的声势节奏在后续的教学环节中亦可以深入教学,逐步转化为带着音高的多声部歌唱教学,更加丰富学生的音乐体验。比如,"锣"和"鼓"的声势节奏稳定下来后,加上音高,可以歌唱声势二合一,从而可以更多维度地参与到音乐中去。更多的音乐作品中,身体节奏的运用可以更具想象力和创造性;亦可以正确引导学生在可控的范围内进行节奏的编创。

4. 手势练习:帮助歌唱稳定音高音准,方便转调控制

这里的手势练习特指柯达伊教学法中的"科尔文手势"(见图 3-1),这套手势是 19 世纪 70 年代由约翰·柯尔文(John Curwen,1816—1880)首创的,所以称之为"柯尔文手势"。其借助七种不同手势和在身体前方不同的高低位置来代表七个不同的唱名,在空间把所唱音的高低关系体现出来。它是教师和学生之间进行音高、音准的调整、交流的一个身体语言形式。在义务教育阶段的中小学音乐课程标准中就提出了运用手势辅助歌唱,同时帮助学生迅速熟悉转调。在实际运用之中,科尔文手势可以帮助歌唱教学有效地开展。

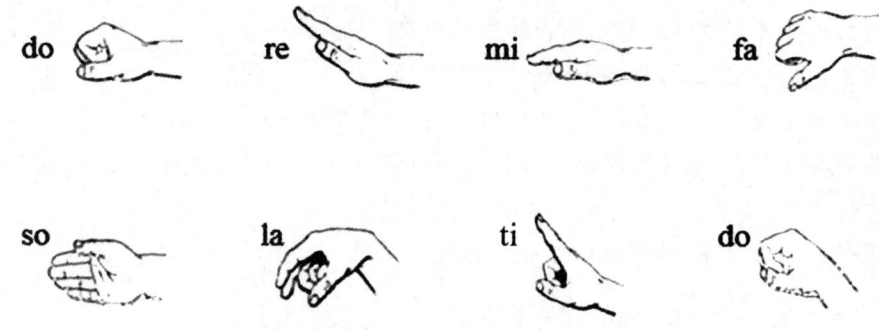

图 3-1　科尔文手势

教学镜头四:《闪烁的小星星》歌唱教学

(播放《闪烁的小星星》伴奏,跟着音乐律动,手呈闪烁状)

师:星星有什么特点?

生:一闪一闪的、明亮的……

(师带着手上的动作,引导学生发现位置的变化。)

生:位置不同,有高有低。

师:今天我给你们带来了几颗带着音符的小星星。

(板书出示星星,星星中间带着音高,按照音高的高低进行排列。)

师:请大家带着手势来唱一唱。

(指挥学生运用手势帮助歌唱音阶,先由低到高,再由高到低。)

师:星星带来的音符发生了什么变化?

(提示之后,引导学生带着手势唱旋律 do-sol-la-sol-fa-mi-re-do,多唱几遍直至稳定音高音准。)

师:星星除了位置不同,还有什么特点?(手做闪烁状)

生:一闪一闪的。

师:请大家看着我的手势提示,星星是怎么"闪"的。

提示学生把之前引导的旋律每个音重复,连成歌曲旋律(do-do-sol-sol-la-la-sol...)

【手势练习】教学镜头四思考:

作为音乐课堂中的教学手段,"科尔文手势"是一个非常好用的工具。在音乐教学中运用手势练习帮助教学,拥有着诸多的优势:手势的引入把音高的听觉具象为视觉的高低,非常直观地显示出了音符音高的位置;对于教师而言,手势的练习能够很好地帮助执教者进行有效地旋律教学的组织;对于学生而言,手势具有非常直接的提示作用,音高音准可以得到稳定地把控;多声部教学时,手势可以为两个或多个声部提示旋律的变化,保证多声部教学的顺利进行;在音乐的调性发生变化(音乐不再是C大调)时,手势可以准确无误,更加方便地转调。

《闪烁的小星星》是一首非常具有代表性、运用手势进行教学的音乐作品。教学对象是低年级的同学,在这一阶段,教学的内容会以很多具有音阶规律的音乐旋律为主。低年级的同学刚开始接触所有的音符,但是对于音高音准尚不能良好地把握。所以,手势的练习就很有必要。手势可以帮助学生进一步巩固音乐的音高,稳定音准,让声音更加平稳,和谐统一。在旋律教学时,可采用手势练习,指导学生在手势中唱出旋律的音高,由浅入深,从简单的一个两个音符连接成为整句的旋律。

另外,教师在手势的示范引领时,通过手势的控制,不仅可以提示音高,甚至可以在速度力度上做出相应的变化提示。这样,学生可以接收到强弱、速度等音乐表情的提示,从而更好、更完整地掌握教学内容的音乐性。

5. 音乐读写:识谱教学与听唱读写的综合训练

在柯达伊教学法中,明确地提出了要对学生进行音乐读写的训练。聆听、参与、歌唱只是音乐课堂生态的一个部分,只有让学生在会唱、会听、会参与后拥有音乐知识的技能才能算是完善的、完整的课堂教学。在柯达伊音乐教学法中,主要是以歌唱的方式进行教学,它将所有的音乐知识与常识,以及音乐上的听唱读写能力完全融入一般的教室活动,现举一些简单的例子说明如何训练听唱读写的能力。

"识谱"是我们音乐教学和学习中常常接触到的一个词汇。它是一个综合概念,包括了"记谱法"知识的学习和"唱谱"(即视唱)训练两个方面的内容。按照《义务教育音乐课程标准》所述,音乐基本技能的训练在教学中应与乐理基本知识紧密结合,培养学生的识谱能力,发展学生的音乐听觉能力与记忆能力,使学生获得音乐表现手段和有关音乐语言的基本知识、能力,从而更好地感受音乐、鉴赏音乐和表现音乐。根据中小学教材内容的编排特点,以识谱教学为主的读写教学便成了中小学音乐教师在课堂教学尤其是歌唱教学中的一个重要的教学内容。在教学中加入读写训练内容,目的在于提高学生识谱能力,加深学生对音乐的记忆。

教学镜头五:《音乐是好朋友》歌唱教学

师:请大家伸出手来跟着琴声勾画旋律线。

(师弹钢琴,提示学生跟着音乐旋律的起伏画旋律线,三个乐句的旋律线出示在黑板上。)

师:有没有相同的旋律?

生:第一句和第三句是一样的。

(师出示这一乐句的五线谱,请学生在提示下认谱,唱旋律。)

师:老师加入了第二句的旋律,请大家根据提示在手上找出音高,请部分同学来黑板五线谱上标记旋律。

(师带着手势哼唱第二乐句,引导学生把五根手指当作五线谱,在五线谱上找音高,同时在乐谱上练习标记。)

【音乐读写】教学镜头五思考:

除了听与动的能力,在音乐课的教学之中,应当再挖掘学生音乐"读"与"写"的能力。很多时候,学生拥有了很好的歌唱素养,也有了良好的动觉感知,可以积极地投入到音乐活动或者歌唱之中。但是他们可能还欠缺着对于音乐读写的技能。让他们读认一段曲谱,不能很好地认识,记写音符旋律,也不能很好地完成。这就好比在学习语言时,正常的沟通交流没有问题,但是却不可以阅读书籍或撰写书信。这样的音乐教学绝对是不完整的,不全面的。

读识与记写是音乐课堂教学中有效的教学手段,但是它们并不是独立的。因为从本质上来说,音乐的读和写是一体的。首先,对于音乐的乐谱,读识是第一步,如果不能认识乐谱,就不能把音乐旋律从静态的曲谱转化为动态的旋律,从而外化于声音。音乐的记写基于读识,在读识之上进行动笔的练习,可以进一步巩固、强化乐谱的认识,帮助学生完善音乐课堂的学习过程,对于课堂教学的内容进行梳理的同时还能增强教学内容的记忆。

在《音乐是好朋友》这一教学片段之中,重复出现的一三乐句可以作为音乐读写能力训练的切入点。这一阶段的学生对于五线谱有了初步的认识,让学生在五线谱上找到音高并自主在五线谱上标记是训练学生读写的体现。在很多音乐作品中,都可以引导学生在重复或是有规律的乐句中进行读写的练习。

6. 内心歌唱:默唱于心,建立内心音乐的感觉

在音乐课堂之中,不仅需要安静地聆听,更需要安静地歌唱。在教学过程中,通过内心的默唱而把外化的歌声内化于心,成为心中的音乐体验,这对于学生来说,是一个很好的熟悉教学内容的途径。

内心歌唱时亦须在内心唱出乐曲所需要的音色。例如:在强烈的节奏中,唱出雄壮、热情但不粗犷、刺耳;在缓慢的节奏里,唱出甜美或悲哀但不模糊;在中速的舞曲节奏里,唱出典雅的味道;在幽默的句子里,唱出活泼的情绪。还有,内心歌唱也要留意乐曲不同段落音色的变化,似弦乐、管乐或敲击乐等。动人的乐曲就像一幅包含不同色彩的绚丽图画,只等待你用不同的音色去展示出来。

无论什么歌曲,学生在张口开唱前建议一定要有这样内心音乐建构的过程。

教师在歌曲教学的过程中,对于歌曲的音乐要素已经铺垫完毕,这个时候,如果直接让学生开始唱,会让他们达不到歌曲的标准。学生应当在老师的提示下做好准备,先内心歌唱,整理好歌曲内容:音色,强弱,情绪等,最后再通过歌声表现出来。内心歌唱即是完整歌唱的铺垫与准备。

教学镜头六:《包子、剪子、锤》歌唱教学

(老师在导入部分创设口令和口诀,听口令"轻轻松松轻轻松松玩一玩"开始玩游戏,学生在整体感知音乐之后,带着声势动作完整地念唱《包子、剪子、锤》念白部分,并跟同伴玩游戏。)

师:我给大家带来了四个音符(边说边出示 mi-la-re-sol),请大家在心里默唱,我给你们提示再开始唱。

(第一遍用手势提示学生音符的音高,第二遍给起音,引导学生唱出来。)

师:这四个音符在这首歌里组合成了什么样的旋律呢?请大家关注我的提示,先默唱,在我邀请你们唱出某些音时,你们再加入。

(师一手指着曲谱提示节奏音高,另一只手随时准备邀请学生加入唱。)

(生先接唱句尾音,然后后半句,直到完全熟悉旋律,完整歌唱。)

【内心歌唱】教学镜头六思考:

内心歌唱其实就是指默唱,也就是要建立内心的歌唱感觉,建立音高概念,把音乐进行心里构建的过程。而这一个过程一定是要循序渐进的:完全不出声的默唱→每句唱一个音→前半句或后半句接龙→最后的完整歌唱。

首先,完全不出声的默唱,是在强化聆听的作用。在完全不出声地内心歌唱时,老师要在示范中引导学生关注示范的内容,比如音高音准、歌唱的情绪、乐句之间的对比、音色的稳定、强弱速度等。在示范的时候,学生在内心和老师的引导产生共鸣,从而能够更好地认识作品,表现作品。其次,在完全不出声默唱的基础上,可以尝试让学生在每个乐句的句头或句尾发声歌唱,进一步加强内心歌唱的音高概念,为整体歌唱做好准备。然后,师生或者生生可以进行接龙歌唱,没有轮到歌唱的同学依然在音乐中进行内心音乐的建构,直到对于整个音乐作品有了更成熟的把握后,可以引导同学们放开声音完整歌唱整个作品。

一定要明确的是:①内心歌唱要遵循延续性的原则。因为音乐是连续的,而不是割裂的,内心歌唱的目的在于让学生拥有一个完整的音乐作品体验的同时拥有稳定的心理音乐建设过程,所以在教学过程中就一定要让内心歌唱的感觉保持完整。②内心歌唱是有指向性和针对性的。内心歌唱一方面让学生更注意聆听和观察音乐内容;另一方面则指向教学内容中乐曲旋律的一些重难点,例如,音程的跳跃、节奏与音符的结合、一字多音等,这些重难点都可以在学生内心歌唱之前提出来,针对这些问题让学生给予关注,并积极引导他们一步步地解决。

7. 歌唱指挥:把控音乐的律动,多声部尝试,进一步的歌唱要求

在音乐教学中的指挥有别于专业合唱团与合唱训练的指挥,这里的指挥可以看作是音乐教师在对于音乐教学过程的提示与提醒,是对于音乐活动的引导。在学生歌唱时,正确的指挥应当是类似于合唱指挥的动作,要有完整的起拍、换气的气口、节拍节奏的提示、音乐速度与力度的提醒。当学生在进行音乐活动时,教师也应该有所指挥。如果是单纯的听口令,学生的注意力会较为分散,此时,教师的指挥动作更能够将学生的注意力集中。例如,在学生边动边唱时,教师用双手绕圈提示循环歌唱、用不同的手势提示队形变化。再例如,在学生朝着固定的方向走律动的步伐时,教师用手势指挥学生在音乐中变换方向等。

就音乐课堂中的指挥练习的作用来说,一方面,指挥有助于在音乐课堂中活动的有效组织,当学生在歌唱,参与音乐活动时,指挥动作可以提示学生找到一起开始与结束的点,同时要求学生对于教师指挥的动作足够关注,训练他们的专注度;另一方面,在歌唱、律动、声势动作时,必要的指挥动作根据歌曲的断句、强弱、节拍节奏、旋律起伏、速度等音乐要素的不同做出调整,给学生以适当的提醒,会让学生在音乐中逐渐掌握作品的音乐性,从而进一步提升学生的音乐素养及审美情趣。

教学镜头七：《来和我划船》歌唱教学

师：同学们,请大家聆听这首歌曲,注意两个问题:1.音乐的节拍,2.歌唱的形式。

(完整聆听《来和我划船》,师用三拍子的指挥动作予以提示节拍。)

生：三拍子的,卡农。

师：是的,接下来请大家跟着音乐来律动吧,注意我的动作提示。

(播放伴奏,师运用指挥动作提示三拍子韵律,生跟着音乐律动。)

……………

(生完整地歌唱旋律之后,师用指挥动作提示学生带着音乐感觉唱旋律,提示第二乐句与第一乐句的级进对比,同时在第三乐句时引导学生唱出有弹性的声音,提示每一乐句进入歌唱时的气口。)

师：加上歌词一起唱。(指挥动作提示音乐力度的对比:一三句稍轻,第二句稍强。)

(生跟着伴奏,师在生之后加入二声部轮唱,师生合作后转交给学生,男生女生或者是分组合作二声部轮唱,师再次用指挥动作提示每个声部依次加入。)

【歌唱指挥】教学镜头七思考：

歌唱教学的指挥练习不仅是一个有效的教学手段,能够帮助执教者在教学过程中提示各种音乐要素以及音乐性;更是一种专业素养,是执教者一定要拥有的基本音乐教学技能。在课堂教学中,指挥的练习既可以作为单独使用的教学手段,在歌唱教学中充分运用,亦可以同时结合多声部合唱教学,综合运用。

在音乐教学中,需要提示学生的其实很多,用语言表达的话往往不够清楚,或是太过累赘。运用指挥手势既符合音乐教学中强调的音乐性,又相对比较简洁明了,能够明确表达出执教者组织的目的和要求。《来和我划船》是一首具有代表性的二声部卡农式的轮唱歌曲。其实不仅仅是这首,几乎所有的教唱歌曲,甚至欣赏乐曲都可以运用指挥手势来引领组织教学。在这首《来和我划船》中,四个乐句包含了起承转合的特点:第一句作为开头要稳定;第二句承接第一句的特点,同时旋律的情绪起伏更大;第三句是变化的,三个音为一组,下行级进;最后一句重复第一句作为结尾。在学习歌唱这首歌时,要注意指挥动作的清晰与明确。首先要对于音乐的速度和节拍有整体的把握;然后再在每句不同的旋律以及情绪上有调动,强弱的处理,或者是乐句情绪的对比在指挥时都要能够让学生清楚地认识;最后在经过音乐处理后的歌唱中可以提示学生加入二声部的卡农式轮唱,丰富音乐表现形式。

8. 即兴创作：创造力的启发,充满灵感的创造

在音乐课堂之中,鼓励学生进行即兴创作,即兴创作强调"创造力"的培养,创造力是音乐课程中"实践性"的直观体现。一般来说,教师会从以下三个方面入手对学生进行即兴创作的开发与培养。

第一,歌词之创造

就音乐的教学内容而言,歌词可以说是最为具象化的体现。因为歌词的内容最直观,最能让学生理解音乐所表达的内容。对于各种不同的歌曲来说,歌词也是各具风格、内容丰富的。到了中高年级段,孩子们对于歌词的认知有了较为深刻的认识:歌词要朗朗上口,要与主题契合,跟旋律配合。所以从这些认识出发,我们可以给孩子们很多的空间去创造歌词。

比如,一首歌的衬词非常有特点,重复出现,那我们在教学的基础上不妨让孩子们自主创造,让他们在音乐中配上自己唱起来顺口的衬词。再比如,像《我爱我的家乡》这类歌曲,我们可以引导孩子们把歌词换成自己的家乡,让孩子们在正确的引导下享受创造带来的成就感。

第二,节奏之创造

节奏可谓是音乐的灵魂。节奏教学在奥尔夫教学法以及柯达伊教学法中被广泛提及并积极倡导。的确,从低年级开始,通过节奏的带动参与到音乐之中,可以拉近孩子们与音乐的距离。到了中高年级段,孩子们对于节奏的捕捉更加精准,节奏的动感也更加灵活与丰富了。所以,他们自己的创造会让音乐课变得更加灵动有趣,同时也能够充分调动学生的积极性,让他们更加投入到音乐活动中去。

让孩子们在节奏上的发挥一般要引导他们从声势动作中去启发自己。身体节奏的参与会打通学生的感官通道,让动觉帮助学生更好地体验音乐,在奥尔夫教学法中,声势动作的参与是重点,所以,在音乐或歌曲的体验之中,通过铺垫,让孩子们在节拍律动中自由地创造,可以得到意想不到的效果。

第三,旋律之创造

无论对于哪个阶段的孩子们来说,旋律的创造都是困难且具有挑战性的。

歌词就像是音乐的外表,节奏是音乐的灵魂,而旋律就像是音乐的血肉。旋律的创造在音乐教学之中可以作为一次完整体验后的音乐审美的提升。这就要求学生对于音乐的认知与把握要非常到位才行。这种创造的方式不管是低年级还是高年级,通过老师的正确引导与启发,只要能够发现音乐中的规律,并发挥想象力,就可以根据学生自身的创造水平,创造出适应音乐作品,更属于自己的音乐。

教学镜头八:《乃呦乃》编创教学

师:今天我想用音乐的方式跟大家问好,你们听。

(运用 sol-mi-do 三个音唱"大-家-好"和大家问好,带着科尔文手势提示。)

师:刚才我用了几个音和大家问好?

(一边提问,一边带着手势给予提示)生回答,三个音。

师:让我们来唱一唱这三个音吧!

(师给出一段节奏,请学生自主编创旋律:×× ×,请学生把三个音按照这个节奏创作,同时为自己编创的旋律加上相对应的声势动作。)

师:接下来我想和你们合作,我来唱旋律,不管我唱了什么旋律,你们用自己创造的旋律和声势接龙。

(师生接龙合作,师唱每乐句前面的部分,生唱最后自己创造的三个音,完整接龙后,示范唱整首歌曲,让学生发现整首歌曲旋律的规律:由 do-mi-sol 三个音组成。)

【即兴创作】教学镜头八思考：

《乃呦乃》可以说是自主编创的教学手段在音乐课堂教学应用中非常具有代表性的一个片段。这首歌曲全曲由"do""mi""sol"三个音符组成，孩子们发现规律后，可以用这三个音任意组合，每个人的旋律都不尽相同。当然，中高年级的要求随着孩子们的学习情况以及学习的内容会有所调整，比如，旋律里的音更加丰富，旋律的变化程度更大。一方面，这为孩子们想象力与创造力提供了很大的发挥空间，让他们天马行空地编创；另一方面，孩子们会在自我创造中实现音乐学习的价值，更自信，更积极地学习、聆听与创造，从而激发学生的学习兴趣，养成终身热爱音乐的兴趣。

实际上，在音乐课堂教学中鼓励学生积极地参与创造，不仅能够实现音乐学习的价值，激发学习的兴趣，更能够让课堂的参与度得到很大提升，同时让学生在课堂中处于中心的位置，从"被动"变为"主动"，其音乐审美情趣也得到了进一步地提高。

但是在引导学生创造音乐、自主编创时应当要遵循以下三个原则：其一，立足内容，实践跟从。一切的音乐创作都要立足于音乐内容本身。其二，指出方向，创造有方。尽可能地在规范与有序中进行创造，才能够让音乐创作在丰富多彩的同时也和谐严谨。其三，展示必要，肯定创造。音乐教学面向所有的学生，所以不管学生的创造如何，都要给予肯定并积极地引导，让每一位学生的思维创造都能够有所展现。

9. 乐器演奏：综合提升学生的音乐素养，丰富音乐的艺术表现

在音乐课堂之中，为了综合提升学生的音乐素养，更加丰富音乐的艺术表现，让学生在完整学习音乐后能进一步提升自身的音乐素养及审美水平，各种乐器的引入让音乐教学中唱、听、舞融入了奏的元素，更加丰富了学生的音乐体验。奥尔夫教学法中对于乐器的演奏有着明确的提倡及要求，认为乐器演奏让音乐课堂变得更生动，更完整。

就音乐课堂教学的分类来说，可以分为有固定音高的乐器和无固定音高的乐器。在奥尔夫的教学中一般不用钢琴、小提琴等乐器，而采用精制的打击乐器。奥尔夫乐器分为有固定音高能奏出旋律的乐器和无固定音高而起节奏作用的乐器两类。

(1) 无固定音高的乐器

在组合编制上并不是无章法的，一般以四大类为基础。

木质类：单、双响筒，木棒，木鱼、蛙盒等，声音清脆、明亮，无延绵音。

散响类：沙锤、串铃，声音特点是音量小、声音散，可持续奏长音。

皮革类：各种鼓类乐器。一般有共鸣声，声音低沉，音量较大。

金属类：三角铁、碰铃、碰钟等，最大特点是有延绵音，清脆。

除此之外，还有许多有特异音响的打击乐器，如蛙鸣筒，特别是每个国家敲击乐器中都有一些音色非常独特的乐器，比如中国的各式锣、钹，都可以在以上乐器组的基础上加进去增添特色。

(2) 有固定音高的乐器

音条琴，主要是木质的高、中、低音木琴和金属的高、中、低音铝板（或钢片等合成金属的)琴,还有声音更高更清脆的小钟琴。在奥尔夫乐器编制中也有少量的弦乐,主要指像大提琴那样的只有两板弦的低音弦乐器。

(3)自制乐器

在音乐教育中也强调动手参与的内容——自制乐器,通过亲自动手制作乐器,可以使孩子理性地开始理解乐器的发音原理、乐器构造的原理等。在各类乐器中,最容易做的就是打击乐器了,比如易拉罐、纸杯中放沙子当散响,也可将酒盖并串起来当串铃;哪怕一双筷子都能作为木质乐器;可以发出声的纸箱、水桶都可以当鼓类乐器。当孩子们使用自己制作的打击乐器奏出一个自己设计的打击乐合奏时,他们的体验、愉悦的心情和兴趣一点不亚于用真的乐器。自制乐器的创造发明也正好培养了孩子们的动手能力和创造力。

(4)课堂乐器

陶笛、口琴、口风琴、竖笛(即直笛)等都是有固定音高的教学乐器,是音乐课堂的常用乐器。课堂乐器因为拥有着音域广、吹奏难度系数适中、音色统一、便携性高、易于普及性等诸多优点在我国的音乐课堂教学中逐渐普及。课堂乐器的教学是音乐实践活动的重要途径之一。

教学镜头九:《数蛤蟆》乐器拓展

(学生在此之前已经完成了歌曲教学的全过程,接下来是运用乐器为音乐进行拓展。)

师:你们美妙的歌声让我想到了一幅画面,这是蛤蟆生活的场景。

(出示图片,图片中一片荷塘景象,为接下来的乐器拓展作出铺垫。)

师:你们看到了图片里都有些什么?

生:波光粼粼的水面,萤火虫,小蝌蚪……

师:你们听,这是什么的声音?

(一边说一边拿出一架钟琴,钟琴刮奏,模拟水声,交给一个学生。)

师:四声水声之后,小蛤蟆开始歌唱了(拿出蛙鸣筒,边刮奏边提示学生带着节奏唱"一只蛤蟆一张嘴……")

师:又是四声水声,吸引来了第二只蛤蟆,还有什么?

(音块演奏:x-/x-,固定音高:re-mi-sol,交给几个同学,剩下的同学模仿萤火虫律动唱。)

师:池塘里越来越热闹了,第三只蛤蟆带来了什么?

(蝌蚪——高音木琴,交给一位同学,剩下的同学拍腿声势唱。)

(最后形成数蛤蟆"回旋曲":水声—一只蛤蟆—水声—两只蛤蟆、萤火虫—水声—三只蛤蟆、萤火虫和小蝌蚪—水声结束。)

【乐器演奏】教学镜头九思考:

无论什么音乐作品,在教学过程中或者是教学过程后,都可以根据作品适当地加入乐器演奏的教学。在教学过程中,无音高的散响乐器可以帮助学生进一步感受感知音乐的节拍节奏,也可以提升音乐的氛围与渲染情绪;有音高的乐器则指向音高音准的把控,帮助学生在歌唱时稳定音高音准的同时也可以在二声部的固定音型及旋律中加入音乐,丰富音乐体验。

《数蛤蟆》是一节民歌风格的歌唱教学课,但是在完整歌唱之后,运用蛙鸣筒、音块、木琴、钟琴等乐器,让整首作品在情绪上与音乐情境感上得到了很大程度上的提升。蛙鸣筒可以帮助学生在形象的"蛤蟆"叫声中玩"一只、两只、三只"的数蛤蟆游戏;钟琴、木琴、音块则穿插其中,运用形象化的音乐感觉引导学生在音乐情境中体验音乐的画面感。钟琴刮奏像是水声,木琴轮奏像是小蝌蚪的活泼跳跃,音块的强弱敲奏就像是萤火虫光芒忽闪忽闪一般。然而这些内容歌曲里是没有表述的,而是执教者通过情境的创设与引导,让学生感受到的。所以,在乐器演奏的教学设计时应立足于教学内容,激发灵感方能有所创造。

乐器的演奏似画龙点睛之笔,音乐课堂之中的乐器演奏并不是指专业的乐器演奏,而是指使用课堂实用性的乐器。乐器的演奏为课堂增色,为音乐添彩,更帮助学生学习音乐,体验音乐增趣。

10. 综合体验:唱动奏舞,更加全面且丰富的音乐体验

综合体验是建立在通感体验理念下的多样性课堂教学手段,是基于以上多种教学手段共同作用的课堂教学方式。试图多角度、全方位地调动学生的音乐感知,从而在通感体验作用下获得"联觉",让学生充分地享受音乐,参与音乐并对音乐产生浓厚的兴趣,获得最丰富的音乐体验。

联觉,就是把不同感官的感觉沟通起来,借联想或者参与引起感觉转移,即"以感觉传递感觉"。听觉、动觉、视觉、嗅觉乃至味觉,是可以有机结合、多角度感受的。通感体验指的就是在"通感"理念作用下带来的体验、感觉或者感受,其核心内涵就是"通":打通感官的通道,联结各个感觉方能获得通感体验。

对于音乐而言,最基础的感觉当然是听觉。然而在音乐教学中,听觉带来的信息、感觉往往是较为片面且不够丰富完善的。此时,如果能够通过听觉,得到其他的感觉,会让信息与知识的获取不断扩大。通感体验能够唤醒学生各方面的情感,打通各个感官的通道,形成联觉。通过各个感官通道的作用,不断地让学生的情感世界变得丰富,从而激发学生的听觉感受,对于音乐的学习产生兴趣,树立起自主学习、终生学习的目标,并从中感受到音乐艺术美的真谛。

音乐教学中的综合体验以感觉为起点,想象为桥梁,情感为动力,审美领悟为归宿。

教学镜头十:《瑶族舞曲》音乐欣赏

节奏模拟:长鼓演奏与身体乐器的模拟运用

师:同学们,我敲了长鼓的哪几个部位?(生答:中、下、上)

师:请同学们把自己的身体当成长鼓跟着我来拍一拍,试一试。

腰 腿腿 | 腰 肩肩

师:现在,我想请一位同学带领大家一起来敲击节奏。

(把长鼓交给一位同学,老师播放伴奏或者用乐器演奏《瑶族舞曲》a段第一主题,学生固定声势动作,在稳定的节奏声中加入音乐,大家一起用身体节奏为音乐伴奏。)

音高模拟:加入音高声势的二声部体验

师:刚才在你们整齐的节奏中听到的这段音乐是《瑶族舞曲》中的第一主题。

音乐响起了,长鼓也要歌唱了。

(师示范声势动作的同时为三个位置加上音高,用"beng"的声音示范,mi-la-mi 三个音高,学生随后模仿体验。)

在学生的声势及歌唱音型中,师弹奏钢琴,左手合学生唱,右手第一主题。

全体同学随身体乐器的动作,边唱边动。

师:在长鼓的节奏和你们的歌声中,瑶族的人们乘着歌声踏着舞步就聚到了一起,接下来请大家跟随我一起加入他们舞蹈的队列吧!

(完整播放民族管弦乐《瑶族舞曲》第一主题。)

律动方案:高胡领奏,教师示范声势律动

弦乐:学生集体模仿声势律动

弦乐+竹笛:学生唱固定音型并围着圆圈边走边击鼓,用声势,律动为歌声伴奏。

【综合体验】教学镜头十思考:

在教学过程中,一般会综合好几种教学的手段或方式,从而帮助学生在音乐中获得更为丰富、立体、全面的音乐体验。多种感官的感觉通过训练融合吸收,最终转化为学生内心的音乐感受,让学生在更加积极投入地参加音乐活动时,喜爱音乐作品,热爱音乐。

《瑶族舞曲》是单乐章复三段体结构(A→B→A)。从一个引子(行板、d小调、2/4拍)开始,以低音乐器(中阮、大阮、大胡、低胡)拨奏出舞蹈性节奏,犹如姑娘们敲起了心爱的长鼓,歌舞即将开始。片段中所呈现的是第一主题的教学片段。在这样的一首音乐作品的教学过程中,一定要创设情境,激发学生的兴趣,通过多方面的教学方法与手段让学生多元化感受音乐的风格特点,并能够在音乐活动中抓住"长鼓"的音乐形象特点,积极主动地参与到音乐的欣赏体验中去。

从长鼓节奏的动觉到音乐旋律伴奏的听觉,从音高音准的听觉再到身体位置声势动作的视觉,多声部的"长鼓"旋律参与,让整个片段的欣赏教学达到了"听""视""动""奏"的多感官联觉,学生的感官通道被循序渐进的教学过程一一打通并联系到一起。通感体验的教学运用在这节课里体现得淋漓尽致。学生在欣赏之余收获了最大程度上的音乐学习的满足感。

二、跟岗见习:见习目的与任务

步入见习阶段,师范生对于教师岗位应当有着更进一步的了解与认知,所以,跟岗见习是非常有必要的。在跟岗见习之前,对于教育教学的真实情况,师范生似乎还只是停留在"盲人摸象"的阶段。毕竟,书本上的理论与实践之间还是相差甚远。所以,跟岗见习的目的便是:①把教育理论与理念具象为实践;②感受与体验真实的教学环境、课堂环境;③学习一线教师在教学与工作中的状态与控制力;④与学生进一步接触,初次体验作为教师的真实样态;⑤调整好状态,为下一步步入教学岗位做好充分的准备。

跟岗见习的目的明确后,任务也必定要认识清楚。首先,要能够对于教学实践环境有着充分的认知,为后面的课堂教学打下良好的心理基础。其次,深入地了解真实的课堂教学样态如何,并尝试自主操作,以第一视角主动参与到音乐课堂教学中来。最后,通过听课以及评课的形式感知教学的步骤与设计,从而内化为内心的教学经验,这样不仅可以为以后的进一步实习实践打下基础,更能够开拓视野,帮助师范生对音乐课堂教学有更深入的了解。

1. 听课

听课,在跟岗见习阶段是最有效也是最实际的学习方式。通过聆听学习有经验的一线教师在实际课堂中的控堂能力、组织教学、教学设计、应变,观察学生的反应和师生之间的交流。不仅要对课堂教学的流程与环节有着初步且清晰的认知,更要能够在每次听课后形成听课笔记,内化为自己内心的教学经验。

2. 评课

听课之后,师范生要尝试对于听的课有所评价。评价的内容是:①听的这节课结构清晰与否,是否能够把结构逻辑清晰地呈现出来;②课中教学重难点的把握是否到位,运用了什么样的教学手段或者教学方法来解决整节课中的教学重难点;③学生的真实反应如何,思考如何能够设计出更加贴近学生真实学习情况,更加适应学生学习水平的教学设计;④整节课中是否存在遗憾,如某个教学目标没有圆满达成,或者是整节课的环节中存在不通顺的问题,同时能够评价整节课中是否有着值得学习的活动设计、教学灵感等。

三、初进课堂:尝试教学

在经历了听课以及评课的课堂教学初探之后,师范生的当务之急是要尽快调整状态,适应教学环境,为初进课堂、尝试教学实践做好充分的准备。

教学实践的内容分为两项:片段课和常规课。片段课指的是一整节课的某一个小片段,是整节课浓缩的精华。常规课就是正常完整的一课。所有的过程都要有所呈现,并且一定要定好相应明确的教学目标。在整节课的教学设计中要把握好学生学习的逻辑,适应学生状况。

1. 片段课

片段课,顾名思义,是指在教学中尝试执教一整节课中的某个教学片段。片段课即片段教学。所谓片段(片断)教学,是相对于一节完整的课堂教学而言。这个教学片段一定是具有针对性与指向性的。比如,这个教学片断是整节课中的重难点,或者是整节课中最富有灵感与设计感的,再或者这个教学的片段对于执教者或是师范生来说都是具有训练意义的。一般情况下来说,在完整的一节课里截取部分的教学内容,让执教者进行教学,在时间上是有限制的,一般也就是十来分钟。也就是说,片段课的教学只能是完整教学实施过程中的一个段落,执教者通过完成指定的教学片段的任务,来表现自己的教学思想、教学能力和教学基本功。

对于师范生来说,片段课一定是最初的尝试。所以训练师范生的课感,锻炼师范生与课堂教学内容的贴合能力,让师范生尽快调整至执教者的角色,是在片段课的尝试中所需要达到的目的。师范生通过系统的专业学习,对教学法的认知,对教学内容有了一定的了解之后,逐步进入备课阶段。完整的一节课对于师范生起步阶段来说,略有些复杂冗长。所以片段的截取就显得非常有必要了。片段课的特点是:因材施教,针对某个教学内容的环节,兼顾教学设计与重难点。

片段教学与常规课的课堂教学有所不同,片段课相对来说是局部的、有指向性的,功能与作用是教研、评价或是教学训练。课堂的参与者是学生,听课者可以是领导、同行甚至专家评委;而常规课则是实际的、完整的整体,作用是"传道、授业、解惑",课堂的主体当然还是学生。片段教学不同于教学片段,前者是根据指定的"片段"进行教学,教学设计和实施过程都是独立的;而后者只是课后从完整的课堂教学过程中截取某一部分记录罢了。片段教学更不同于"说课",前者是实施(或模拟)课堂教学,而后者只是谈论课堂教学。片段教学具有很强的独立性,但与说课联系比较密切,不少的教研活动和教学水平的考核,往往先让教师进行说课,然后再要求在说课基础上进行片段教学,把教学设想及其理论依据跟教学实施有机地联系起来,以克服教学理论脱离实际的弊端。

2. 常规课

经过片段课的锻炼后,常规课是每个师范生必须经历的完整教学模式。

常规课指的是一节完整的、四十分钟的课堂教学课,其中包括了完整的教学内容,要在完成所有的教学目标的同时也在教学过程之中解决教学内容中的重难点。对于初涉教学领域的师范生来说,完整的一节常规课需要考虑或者提前准备得更多。因为这对于执教者的业务水平还有驾驭课堂的能力,都是一个较大的挑战。在步入常规课的教学之前,师范生必须明确常规课的结构框架,针对教学的内容,分清主次条理,明确逻辑性,更要清楚地认识受教对象,即学生的学情与学习能力,从而力求完善教学的水平。常规课的特点是:

(1) 要有"起承转合"的教学步骤

"起",即开始,开启。整节课的开始,也就是导入部分,在设计之初就要能够针对学生的特点,创造情境,启发学生的学习兴趣,把学生的注意力和感知感觉引导到学习的内容上去。其目的就是要为教学内容打下扎实的基础,为后面的教学环节作出铺垫。"承"是在导入部分以后的承接环节,一般来说,"承"是整节课的主体教学环节,对于教学内容而言,音乐作品的基本教学,如聆听、感受体验、唱念、音乐活动参与、或是重点难点的解决等都要在此一一呈现,点明主体教学内容,更能够在层层递进中逐渐完善教学过程。"转"指的是主体教学环节后,深入的探究与处理,挖掘教学内容中可以更加细致处理的部分,在情感与学习能力都得到了提升的同时做拓展与丰富的补充。主体教学环节中没有教学扎实的地方,在此可以得到巩固与完善。"合"当然是最后,在完整教学之后情感的深化,主旨的升华,总结全课,让学生在总结中回顾整节课的内容,并内化为内心的体验。

当然,对于不同的教学内容和不同的学生,常规课的教学步骤应当相应地作出调整与改变。但是,"起承转合"的逻辑与顺序是非常具有参考意义的,对于一整节课来说,可以非常完整地展示教学内容的结构,并尽可能地解决内容中存在的问题或是重难点。

(2) 指向教学内容的完整性

完整的常规课要有完整的教学目标及教学重难点。这也是常规课区别于片段课的地方。片段课出自常规课,片段课的教学点更小,常规课的教学点要更宏观,更丰富完整。在准备常规课时,一定要形成完整的常规课教案,并形成完整体系的教学逻辑。

常规课的完整性还体现在以下几个方面:第一,更注重操作性和实践性。常规课最终面向的一定是真实的课堂与真实的学生。第二,常规课还要在片段课的基础上更加拓宽视野,打通完整的感觉通道,让学生的感知体验最大的完整化。第三,教学内容不再是一个环节或者是一个小重难点,而是完整的一首作品。比如欣赏作品《瑶族舞曲》,片段课可以是导入展开或者是拓展的任意一个环节,不用面对整个作品。而常规课既要对于整个教学内容有着完整的呈现,又要能够把控好教学时间、空间与节奏,更要进一步了解学生的学情,可以说常规课的完整给师范生的尝试与实践带来了锻炼的机会,更是迈入职业生涯前的挑战。

片段课教学案例《蒲公英》

【教材分析】

《蒲公英》是"苏教版"小学二年级上册第六单元《愉快的梦》中一首短小优美的歌曲。乐曲旋律轻松舒展,富有歌唱性。全曲为一段体,G大调,三四拍,可分为四个乐句。三拍子弱起的节奏使得歌曲的乐句变得生动有趣,赋予了舞蹈的律动性,每一乐句的节奏型是相同的,且乐曲的旋律由 sol, -la, -do-re-mi 五个音符组成。

【教学目标】

1. 能用自然、柔和的声音表现出《蒲公英》中轻松舒展的歌曲情绪,体会三拍子的韵律感并能够加入声势与律动完整地表演歌曲。

2. 通过律动与声势帮助学生在音乐中熟悉对于音乐旋律与节奏的体验,并能与他人合作,学会用打击乐器、声势动作和人声伴唱等多种音乐形式来表现歌曲。

3. 感受音乐作品《蒲公英》的风格特色,掌握弱起节奏的音乐特征,并能够尝试二声部合唱。

【学情分析】

二年级的学生已初步掌握了音高概念,可以运用柯尔文手势来帮助简单的视唱。学生具备简单的音乐知识,能够认识字母谱与五线谱的基础音符,并能简单地用打击乐为歌曲伴奏。在教学方法的选择上应主要采用音乐游戏的形式,让学生在玩中体验,玩中创造。

【教学重点】

1. 感受音乐作品《蒲公英》的风格特色。

2. 能用自然、柔和的声音演唱《蒲公英》。

3. 学会与他人合作,用多种音乐形式来表现歌曲。

【教学难点】

1. 在教学中需要解决本曲弱起节奏型的音乐特性,以及大附点的节奏特点。

2. 尝试二声部的合作,选择合适的打击乐器、声势动作和人声伴唱等形式表现歌曲。

【教学准备】

钢琴、磁铁、磁贴、PPT 课件等。

【教学过程】

1. 起始

（播放肖邦《a 小调圆舞曲》，跟着音乐带着学生律动进教室，到了座位上以后继续律动直至音乐结束。）

师：这么美妙的音乐，让大家都非常陶醉，今天老师想要送给大家一件礼物，你们看看是什么呢？（出示蒲公英的图片）

生：蒲公英！

师：拿到一株蒲公英，你最想做什么？

生：吹一吹！

2. 展开

师：嗯，下面老师就邀请大家来吹一吹蒲公英。请大家双脚分开，面带微笑，眼睛睁开，我们来吹一吹。（老师指挥学生做吹蒲公英的气息训练）

师：让我们带着吹蒲公英的感觉，一起来哼出"hu"的声音。（发声训练，《蒲公英》第一句旋律）

师：你们的声音可真美妙！看看蒲公英被你们吹成了什么样？

（课件出示五个蒲公英的图案，由低到高依次排列，上面带着字母谱）

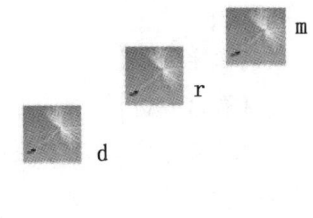

生：蒲公英，带着音符的字母谱。

师：能不能来唱一唱蒲公英上带着的音符呢？

（指挥学生按照顺序唱出五个音符的音高，带着手势。注意音的长短。）

师：唱得真棒！音符的顺序有些变化，注意哦！

（指挥学生唱出一句完整的旋律，出示在黑板上。）

（通过指挥引出其他三句不同的旋律。）

师：细心的同学们一定发现了，这段旋律是几拍子的？

生：三拍子。

师：同学们发现了吗？这段旋律的开头和结尾两个小节都是不完整的，上次我们介绍过这样的节拍叫做什么？

生：弱起。

师：记忆力真棒！注意第二拍才是强拍，带着这样的感觉，我们一起用轻松美妙的声音来唱一唱这段旋律吧！（提示学生们用律动来带着歌唱）

师：唱得真好！蒲公英带的旋律肯定要吹一吹啦，让我们用"呼"的感觉来唱一唱吧！伸出手来，边唱边画一画蒲公英的旋律线哦！

（用"呼"完整地哼唱出旋律，同时伸出右手食指画一画旋律线。）

师：你们吹得真好听！蒲公英被你们吹得四处飞舞。接下来，我要把你们"变成"一颗大蒲公英，跟着老师吹的音乐的旋律，把你们吹成一个圆圈，记住，跟着节奏边走边唱哦！

（老师吹竖笛，学生跟着笛声用"呼"哼唱旋律同时轻轻地走成一个圆。）

踏雪寻梅

南京市科睿小学　刘尧伟

【教学内容】苏少版　四年级上册　第八单元/湘艺版　五年级上册　第十课

【教材分析】

《踏雪寻梅》为带再现的二段体，是一首短小精炼、意境高雅的艺术歌曲，表现了主人骑驴赏花、怡然自得的情绪。四次"响叮当"用断音来表现，生动地描绘了驴儿颈上的小铃声。整首歌曲风格统一，旋律与歌词的配合恰到好处，唱起来十分流畅、亲切。歌曲中运用了强与弱、连音与断音、附点与非附点等多种对比表现手法，使学生在美的熏陶中，深刻地领悟歌曲的意境。

【教学目标】

1. 情感目标：通过演唱，体验歌曲中所表达的冬季诗情画意之景和文人的闲适雅趣。

2. 过程目标：通过律动、聆听、模唱等方法学习歌曲，并体验其旋律变化，表现雪天出游的愉快浪漫场景。

3. 知识目标：尝试多声部合作演唱，感受声部的和谐，掌握歌曲中弱起和跳音的演唱。

【教学重难点】

1. 重点：能够运用自然活泼的声音演唱歌曲《踏雪寻梅》，体验冬季诗情画意之景和文人闲适雅趣。

2. 难点：①掌握歌曲中弱起和跳音的演唱；②唱准大跳音程和一字多音。

【教学过程】

教学环节	教学内容	师生活动	设计意图
起始	情境导入	一、聆听音乐 1. 播放《踏雪寻梅》伴奏，模仿骑驴律动：双手前伸握拳交叠，上下轻颠手腕 2. 弹舌模仿驴蹄声 二、出示铃声 1. 歌曲中听到了什么声音？ 2. 带来了能发出不同音高的铃铛 使用 d、r、m、s、d′ 五音碰钟演奏铃铛部分旋律： 3. 声势感受音高 声势方案： d：踩脚 r：拍腿 m：胸前拍手 s：拍肩 d′：高位拍手 三、生唱铃声 1. 加上音高边律动边唱铃铛旋律 师：声音像铃铛一样，更加清脆跳跃一点，注意跳音和休止 2. 填词，完整演唱铃铛旋律 四、完整聆听 学生保持铃铛旋律作为二声部，师完整演唱歌曲《踏雪寻梅》 五、出示课题 再次聆听，提问：歌曲中的坐骑是什么？	自觉主动地参与打开了学生的多感官通道，帮助学生更好地感受、演唱歌曲 生作为二声部演唱，初次感受音乐，同时感受双声部配合的和谐，体会音乐的魅力
展开	律动感受	一、律动体验 骑上自己的小毛驴出门赏景 律动方案： ① 学生围圆，双手前伸握拳交叠，上下轻颠手腕； ② 前四乐句每句句末做挥鞭动作，同时喊"驾"； ③ 在铃铛旋律处原地做声势动作，同时歌唱； ④ 最后长乐句双手叉腰，学生两两面对面顺时针跑跳 二、人文感受 师：今天给大家带来的是由我国作曲家黄自大约在一百年前根据刘雪庵的词所创作的一首学堂乐歌，描绘了旧时文人雪天出游赏梅看雪的浪漫情境	通过动作自主感受歌曲的速度和乐句的组成。对歌曲的整体结构与旋律的走向、情感的表现有了初步感受

(续表)

教学环节	教学内容	师生活动	设计意图
展开	完整演唱	三、歌词学习 1. 按节奏朗读歌词 引导学生用跳跃的声音,有节奏地读词 2. "好"字前吸气,闻花香 感受到花的芬芳后感叹说出"好"。花儿采回后,放在瓶中养,发自内心感受,所以加强力度 四、填词演唱 注意强弱、情感,完整演唱歌曲	分析旋律,感受作者写作意图,为更好地表达歌曲提供了更明确的方向
深入	丰富表现	一、伴奏学习 1. 骑驴赏景时,耳旁会有什么声音? 驴蹄声、铃铛声、风声 2. 学习风声旋律 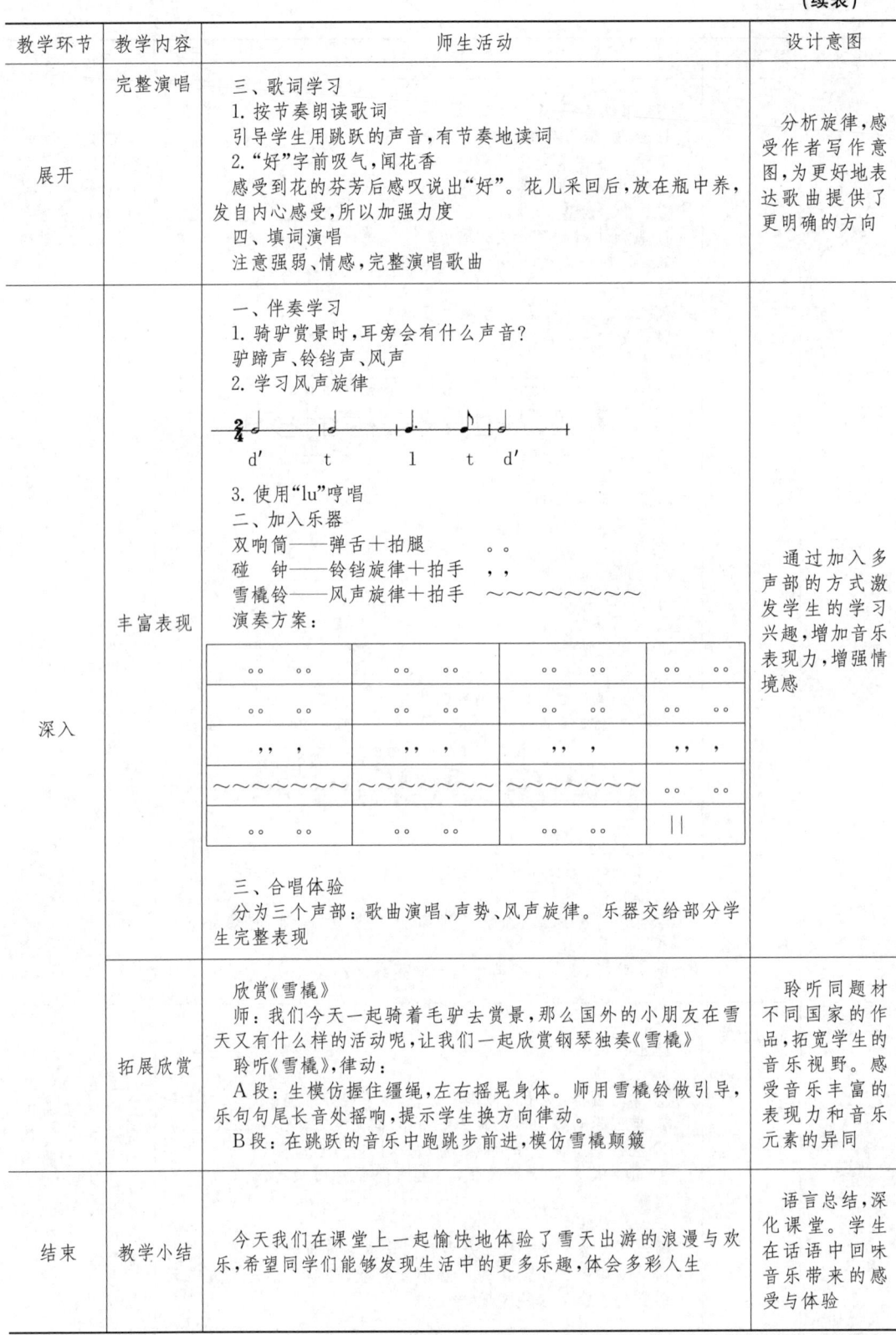 3. 使用"lu"哼唱 二、加入乐器 双响筒——弹舌+拍腿　　○○ 碰　钟——铃铛旋律+拍手　,,, 雪橇铃——风声旋律+拍手　～～～～ 演奏方案: 三、合唱体验 　分为三个声部:歌曲演唱、声势、风声旋律。乐器交给部分学生完整表现	通过加入多声部的方式激发学生的学习兴趣,增加音乐表现力,增强情境感
	拓展欣赏	欣赏《雪橇》 师:我们今天一起骑着毛驴去赏景,那么国外的小朋友在雪天又有什么样的活动呢,让我们一起欣赏钢琴独奏《雪橇》 聆听《雪橇》,律动: A段:生模仿握住缰绳,左右摇晃身体。师用雪橇铃做引导,乐句句尾长音处摇响,提示学生换方向摇动。 B段:在跳跃的音乐中跑跳步前进,模仿雪橇颠簸	聆听同题材不同国家的作品,拓宽学生的音乐视野。感受音乐丰富的表现力和音乐元素的异同
结束	教学小结	今天我们在课堂上一起愉快地体验了雪天出游的浪漫与欢乐,希望同学们能够发现生活中的更多乐趣,体会多彩人生	语言总结,深化课堂。学生在话语中回味音乐带来的感受与体验

教学做合一(多选)

1. 在完整教学设计中,应该要有哪些教学环节?(　　)
   A. 起始　　　　　B. 展开　　　　　C. 深入　　　　　D. 结束
2. 音乐教学的模式有(　　)。
   A. 参与—体验模式　　　　　　　B. 情景—陶冶模式
   C. 示范—模仿模式　　　　　　　D. 行为—辅助模式
3. 跟岗见习的主要目的有(　　)。
   A. 把教育理论与理念具象为实践
   B. 感受与体验真实的教学环境、课堂环境
   C. 进一步提升专业水平,深化艺术修养
   D. 与学生进一步接触,初次体验作为教师的真实样态
4. 从音乐课堂教学手段的功能与作用来说,(　　)是主要的分类。
   A. 感受音乐旋律,体验节奏律动
   B. 深化知识层面,拓宽音乐视野
   C. 提高音乐知识技能
   D. 在教学过程中进行有效的教学组织
5. 提高音乐知识技能的教学手段有(　　)。
   A. 即兴创作　　　B. 手势练习　　　C. 音乐读写　　　D. 内心歌唱

探究与交流

1. 音乐课堂中的声势教学手段主要从哪些方式予以展现?请简单地阐述。
2. 请简单地介绍片段课与常规课的区别。

参考答案

教学做合一:1. A、B、C、D; 2. A、B、C、D; 3. A、B、D; 4. A、B、C、D; 5. B、C、D

探究与交流:略

阅读与参考

[1] 李勇.柯达伊教育理念在基础音乐教学中的具体运用[J].音乐探索,2006(A01):91-93.

[2] 隋晓红.柯达伊教学法对儿童早期音乐成长的影响[J].北方音乐,2015(9):33.

[3] 杨宁.幼儿音乐创造教学的探讨——由"奥尔夫音乐教学法"说起[J].音乐时空,2014(11):158-159.

[4] 张海银.浅析新课程背景下的音乐合唱教学[J].赤子,2017(30):223.

[5] 刘敏敏.浅谈柯尔文手势在小学音乐教学中的运用[J].音乐时空,2014(21):189.

[6] 李丽梅.柯达伊教学法手势在小学音乐课堂中的应用[J].文艺生活,2018(11):200-201.

深入篇　体验教学

教学情境

　　经过了课堂观摩与听课，小彤和实习小组的同学们要备课和上课了。然而，如何设计一节适合于课堂教学的音乐课？小彤有些困惑：诸如，真实课堂教学与课堂上学习的有何不同？歌唱课的教学可以使用哪些教学工具？音乐欣赏课的教学如何进行？教学中，教师说得太多，怕限制了学生的想象力；如若几十个学生按照同一个思路去感受、去欣赏，又怕同学们失去对作品的理解和或限制想象力的挖掘。如果尝试趣味的方法帮助学生听音乐，又担心学生只对活动或者故事感兴趣，忽略了对音乐本体的关注。还有，音乐综合课该如何综合，怎样平衡综合课中的不同教学内容、教学手段和教学方法……

　　总之，小彤好希望通过实习能使自己在通向优秀"教学设计师"的路上一帆风顺……

> 我们要活的书，不要死的书；要真的书，不要假的书；要动的书，不要静的书；要用的书，不要读的书。总起来说，我们要以生活为中心的教学做指导，不要以文字为中心的教科书。
>
> ——陶行知

第四章 音乐教学类型

学习目标

1. 了解歌唱课、欣赏课及综合课的基本理念以及基本教学步骤；
2. 能熟练运用音乐课堂教学工具、合适的教学方法组织课堂教学；
3. 能独立设计三种不同类型的音乐课。

学习与思考

1. 如何设计一节音乐课？
2. 何为单一课？何为综合课？
3. 歌唱课和欣赏课中常用的教学工具有哪些？

音乐教学的类型与结构是指课的组成部分及其进行的顺序和时间分配等。依据不同的教学内容、教学形式、教学过程的不同阶段及解决相关教学任务的不同阐述，音乐课的基本教学类型可分为单一课和综合课。

第一节 单一课

单一课是在一节课内完成一种教学任务的课型。从不同的任务角度看，通常有新授课、复习课、练习课等；从不同的教学领域看，有歌唱课、欣赏课、合唱课以及器乐演奏课等。单一课的内容相对集中、单纯、突出中心，能有效地解决某一方面的问题。

在小学课堂教学中，单一课可以依据教学内容、教学领域以及活动方式等不同，将课型分为歌唱课、欣赏课、器乐演奏课以及情景表演课等。

一、歌唱课

歌唱是人类最直接的表情工具,是人类最丰富和最易掌握的音乐情感表达与交流形式。因此,歌唱课是音乐教学中学习音乐的基础,它是音乐教学最重要的内容与形式,一切其他形式的音乐学习都应建立在这一教学形式的基础之上。

歌唱教学是从音乐和歌唱教学的元素入手,通过"歌唱"进行情感体验和音乐要素的学习,从而形成音乐经验的教学形式。歌唱课通常由单声部、双声部以及多声部歌曲教学等形式构成。

(一)歌唱教学的基本工具

在歌唱教学中,常采用柯达伊教学法中的柯尔文手势、字母唱名、节奏唱名和节奏简记等基本工具进行教学。这些工具可以促进音乐学习获得更为直觉、直感、直观的音乐体验,从而在积累音感经验的基础上掌握音乐语言的听、唱、读、写四项音乐能力。

1. 首调唱名法

"首调唱名法"是由英国女教师 S.A.格洛弗(Sarah Anna Glover,1785—1867)发明使用,这种渐变的识谱法很快在全世界迅速传播,为很多国家的社会音乐教育起到了推动作用。"首调唱名法"是以"移动着的 do"为基础,将 do 的位置和音高进行移动和变化,各音级之间均有着确定不变的唱名和全半音关系。例如,无论在任何大调中,它的第一级音都唱作 do,第二级都唱作 re,第三级都唱作 mi,以此类推。从一定意义上来说,"首调唱名法"适合初学者和非专业学习者学习使用。

"首调唱名法"与调式体系紧密联系,所以作曲家们在进行音乐创作时常使用首调思维进行构思。在使用钢琴进行即兴伴奏时,使用首调思维可以快速准确地进行键盘和声的布局。因此,无论在专业音乐实践还是非专业音乐活动中,首调思维都有其实际的运用价值。

概括地讲,"首调唱名法"把无论在什么高度上建立的大调统统归结为 do 作主音,小调则是 la 作主音,借鉴柯达伊教学法的相对关系唱名(移动 d)为基础,绝对音高(C、D、E、F、G、A、B音名)为发展的科学方法。柯达伊认为"首调唱名法使音阶调式中的每个声音都有了一个名字,在唱出唱名时也就确定了它在调式里的作用"。此方法为学生打开了通向音乐文化的大门。

首调唱名体系注重音级之间的相对关系,各音级的倾向明确、调式感觉清楚,使首调唱名与调式音级相统一、与调式运动相适应,它使调式中的音级相对固定。在该体系中,为避免第V级和第Ⅶ级使用相同的辅音字头,第Ⅶ级的发音为"ti"。首调音级的字母是 d、r、m、f、s、l、t,完全的写法是 do、re、mi、fa、sol、la、ti。利用首调唱名法可以使人们对首调形成一种典型、稳定的心理反应,它对发展音乐听觉、提高音乐记忆、建立音乐思维、进行音乐即兴活动、学习识谱等方面都有重要的作用。它是获得听力、通向清晰的音乐思维的好办法,其效果也是其他方法难以达到的。具体如表 4-1。

表 4-1　首调唱名体系表

音级	Ⅰ	Ⅱ	Ⅲ	Ⅳ	Ⅴ	Ⅵ	Ⅶ
名称	主音	上主音	中音	下属音	属音	下中音	导音
大调	do	re	mi	fa	sol	la	ti
唱名记法	d	r	m	f	s	l	t
小调	la	ti	do	re	mi	fa	sol
唱名记法	l,	t,	d	r	m	f	s

注：首调记谱的记谱上看，低八度音在字母的右下方加一撇，高八度音在字母的右上方加一撇。

除了基本音级，变化音级也有各自的发音，具体方法是保持基本音级的辅音字母（即开头字母），改变元音的发音，升半音发音为"i"，降半音发音则为"a"，具体如表 4-2。

表 4-2　首调唱名体系变化音表

音级	Ⅰ	Ⅱ	Ⅲ	Ⅳ	Ⅴ	Ⅵ	Ⅶ
#改为[i:]音	di	ri		fi	si	li	
b改为[a]或[e]音		ra (re)	ma (me)	sa (se)		lo (le)	ta (te)

2. 柯尔文手势

"柯尔文手势"是柯达伊教学法中的一个组成部分，这套手势是 19 世纪 70 年代由约翰·柯尔文（John Curwen, 1816—1880）首创，故称之为"柯尔文手势"。其借助七种不同手势和在身体前方不同的高低位置来代表七个不同的唱名，在空间把所唱音的高低关系体现出来。七种直观的手势能帮助学生对音高建立空间的感觉，同时将视觉转为听觉，对学生进行音准训练。它是教师和学生之间对音高、音准进行调整、交流的一个身体语言形式。在义务教育阶段的《义务教育音乐课程标准》中就提出了运用手势辅助歌唱，同时帮助学生迅速熟悉转调的要求。在实际运用中，柯尔文手势不仅可以帮助歌唱教学的顺利进行，还可以促进教学效果的有序达成。柯尔文手势及音符对照见谱例 4-1。

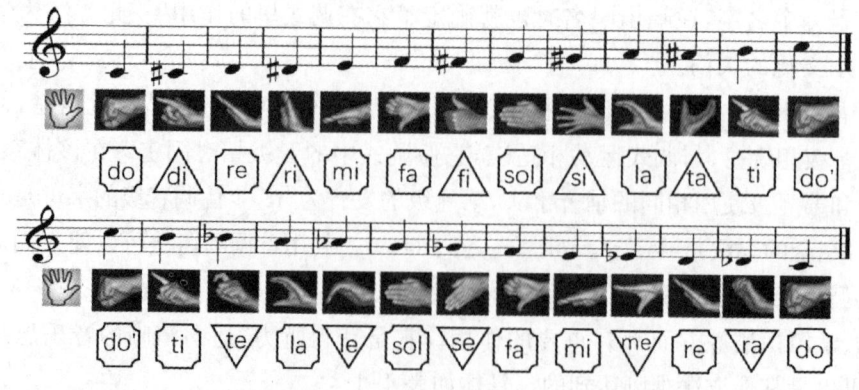

谱例 4-1　柯尔文手势及音符对照示意图

在音乐课堂的教学中,科尔文手势主要运用于识别音高、掌握变化音、提高内心听觉、训练多声部以及调式转换等音乐教学的重要方面。

(1) 利用手势训练音高

在课堂上,教师可以充分利用手势,给予学生直接的视觉和空间等感觉提示,帮助低年级学生和初学者形象地理解和识别音级关系,从而把握准确的音高来演唱与表达。教学中,教师指挥学生歌唱时,以用手势的"暗示"(在音级位置上细微地升高或降低)来帮助学生唱准从教师手势上引导和给出的每一个音符。

练一练:手势练习《月光下的凤尾竹》,见谱例4-2。

谱例4-2 《月光下的凤尾竹》

手势的使用是一种视觉的辅助,主要用于低年级学生初学阶段和教学重点中的片断练习。除了一些节奏简单、使用音级很少的歌曲,以及在儿童初学时可能伴随着歌唱慢速地使用手势外,不需要在平时歌唱的学习中全部用手势伴随。因为这会使学生分散注意力,分散了他们在歌曲演唱时体验和感受音乐的注意力。教学中,教师只需要把练习的重点、难点提取出来,使歌曲学习借助于手势在音高上加以练习与调整即可。

练一练:边做手势边歌唱《春天来了》,见谱例4-3。

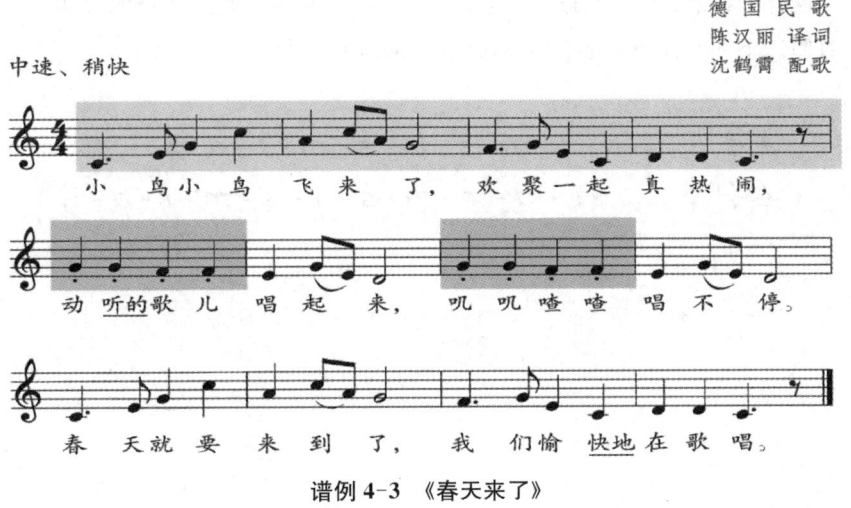

谱例4-3 《春天来了》

(2) 借助手势掌握变化音

在与自然音级的比较中,掌握变化音级的音准。例如学习"♯fa(唱作 fi)"变化音级时,根据其半音倾向的特点,选择"d′—t—d′"与之比较练习。练习的步骤可以是,先伴随手势唱"d′—t—d′"。接下来仍使用"d′—t—d′"的手势,此时不用唱名而用哼唱,目的是从听觉上记住这个音响。然后,在同样音高上,将手势改变为"s—fi(♯fa)—s"的音高表达,仍使用哼唱,目的是巩固对这个音响在音高上的印象,最后再使用变化音唱名进行旋律演唱。

(3) 运用手势训练内心听觉

音乐是一门听觉艺术,而内心听觉则是音乐听觉的核心部分。对低年级和初学音乐的学生进行内心听觉的启蒙与培养,是音乐教学的重要内容之一。在初步的训练中,教师可采用不出声歌唱,仅仅用手势表示出一个个短小的乐汇片段,例如:s l s m,l d′l m,m d′s l,等等,要求学生唱出它们的音高,做内心听觉的训练。此时,为引导学生的演唱,在练习时教师可选择哼唱歌曲片段开始音级的音高。

(4) 运用手势指导多声部练习

《义务教育音乐课程标准》明确指出,"要更加重视并着力加强合唱教学,使学生感受多声部音乐的丰富表现力,尽早积累与他人合作演唱的经验,培养集体意识及协调、合作能力"。针对合唱教学的要求,课标对此特别强调,"合唱教学可从轮唱开始",并在教学的过程中,"逐步过渡到其他多声部合唱形式"。因此,歌唱教学的多声部练习可在轮唱(卡农)的基础上逐层展开。

① 运用手势进行双声部卡农练习

双声部卡农意为一个声部以一小节或两小节的间隔,追逐或模仿另一个声部的旋律,使旋律形成一种此起彼伏、连绵不断的音乐效果。通常最先出现的为导句,而追逐其后的模仿句为答句。

在二声部的初步练习中,教师可以利用手势的配合,与学生做即兴的卡农练习。此时,教师可即兴地慢唱旋律并伴随着手势的运用,引导学生在教师歌唱两拍后模仿,使之形成二声部卡农。这样,既锻炼了学生的音乐记忆,又引领学生在与他人合作的过程中养成聆听不同旋律的习惯。下面是用五声音阶为基础进行的卡农练习。

左手 ⎡ l,-d-r-m-s-l- s-m-r-d-l,
右手 ⎣   l,-d-r-m-s-l-s-m-r-d-l,

练一练：用手势指挥《音乐是好朋友》，要求两个声部卡农(相差一个乐句)，见谱例4-4。

谱例4-4 《音乐是好朋友》

练一练：手势与歌唱的卡农练习，请大家唱《春晓》歌谱，手势卡农(相差一小节)，见谱例4-5。

谱例4-5 《春晓》

练一练： 手势与歌唱的卡农练习，请大家唱《小杜鹃》歌谱，手势卡农（相差一个乐句），见谱例 4-6。

谱例 4-6 《小杜鹃》

② 运用手势进行多声部练习

使用手势不仅可以进行音高、旋律的练习，还可以进行双声部、乃至多声部的歌唱练习。对于双声部的练习，教师使用两只手的手势分别表示不同声部音高和旋律，从而带领学生调整音准、训练听觉，使学生在双声部演唱的学习中，学会互相倾听与配合。或者，教师还可以选择二声部歌唱中学生感到较为困难的片断，运用手势进行有针对性的指导与训练。此时的练习，教师尽可能不看歌谱、不使用钢琴，尽可能带领学生按照教师手势给出的音高进行歌唱。具体方法可参见《闪烁的小星星》进行练习与尝试。

练一练： 用双手手势指挥《闪烁的小星星》两个声部唱唱名，见谱例 4-7。

谱例 4-7 《闪烁的小星星》

（5）运用手势辅助调式转换

调式转换是指歌曲进行中调或调式之间的转换形式，是歌曲教学中常见的手段。

对于首调唱名体系而言，较为困难的问题是转调后在另一个调性高度上音级之间的关系较难确立。教学中，通过教师的手势提示既可以帮助学生快速准确地找到转调后的音高，还可以使学生在演唱的过程中体验由调性转换带来的听觉体验。

以五声音阶转调为例的同主音调式转换练习，是熟悉音阶调式、在首调唱名中进行转调练习的有效方法。练习时，教师和学生一起伴随手势歌唱"l,-d-r-m-s-l"之后，教师在"l"的手势高度位置转换为"do'"的手势，带领学生歌唱"d'-l-s-m-r-d"之后，在"do"的手势高度位置转换为"re"的手势，继续歌唱，其余依此类推，进行同主音不同音阶调式的练习。具体的练习与操作方法如下。

第一步：定位 C 音作为 la 为低音的五声音阶上行旋律的起始音高；

第二步：用右手做手势指挥 la 五声上行音阶（l,-d-r-m-s-l）；

第三步：手势调整，左手平行于右手 l 音高，摆出 d′ 手势，同时语言提示"l 唱成 d′"；

第四步：用左手做手势指挥 do 五声下行音阶（d′-l-s-m-r-d）；

第五步：手势调整，右手平行于左手 d 音高，摆出 r 手势，并同时语言提示"d 唱成 r"；

第六步：用右手做手势指挥 re 五声上行音阶（r-m-s-l-d′-r′）。

以此类推分别唱出 mi 五声下行音阶，sol 五声上行音阶，la 五声下行音阶，完成转调练习的循环。

练一练：1. 以 C 为低音的五种调式音阶的转调手势。

练一练：2. 从 D 羽调式转入 E 羽调式的手势指挥练习《快乐的啰嗦》，见谱例 4-8。

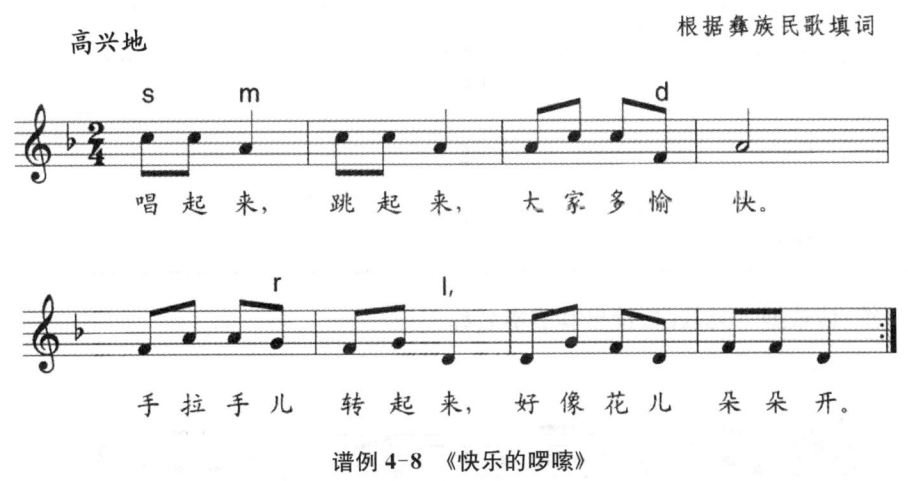

谱例 4-8 《快乐的啰嗦》

3. 节奏唱名

节奏唱名是柯达伊教学法中用以训练基础阶段学生音乐读写能力的重要工具。柯达伊依据法国视唱的唱名体系（French Solfège）并结合当地实际，把这个体系的节奏读法运用在音乐教学的实践中。这种节奏读法为每种节奏元素都取了一个固定的"小名"，使学生能把音符的时值与读法联系起来。在用节奏唱名学习时,既要赋予其音乐的表现力,还要以丰富的音色、音量、音区变化以及断、连等手法塑造不同的音乐形象。具体的节奏唱名对照可参见表4-3进行练习。

表4-3 节奏唱名表

节奏及节奏型	节奏记谱	节奏读法
二分音符	𝅗𝅥	ta-a
四分音符	♩	ta
八分音符	♫	ti-ti
十六分音符	♬♬	li-li-li-li
前十六节奏型	♬♪	li-li-ti
后十六节奏型	♪♬	ti-li-li
四分附点节奏型	♩. ♪	ta- m ti
八分附点节奏型	♪.♬	ti-m li
三连音节奏型	3连音	tri-ao-la
四分休止符	𝄽	su-ne
八分休止	𝄾	su

练一练: 请依据下列歌曲,读出其节奏名称。

谱例4-9 《两只小象》

练习二

巴·布林贝赫 词
吴应炬 曲

中速、稍快

谱例 4-10 《草原赞歌》

练习三

谱例 4-11 《义勇军进行曲》

4. 符干字母谱

符干字母谱是一种简洁的记谱方式,通常用于学生初学节奏记谱阶段,除了二分音符和全音符外,其他的音符都只用符干来记谱,不用记符头。详情见谱例 4-12《小雨沙沙》。

谱例 4-12 《小雨沙沙》

运用符干字母谱是学习音乐读与写的第一步,歌唱教学中读写练习的基础和前提是有足够量与质的听唱经验的积累,这样才是音乐本体的学习过程,从感觉、感知到乐理认知。

练一练:请将下面简谱歌曲《我的祖家是歌乡》用符干字母重新记谱。

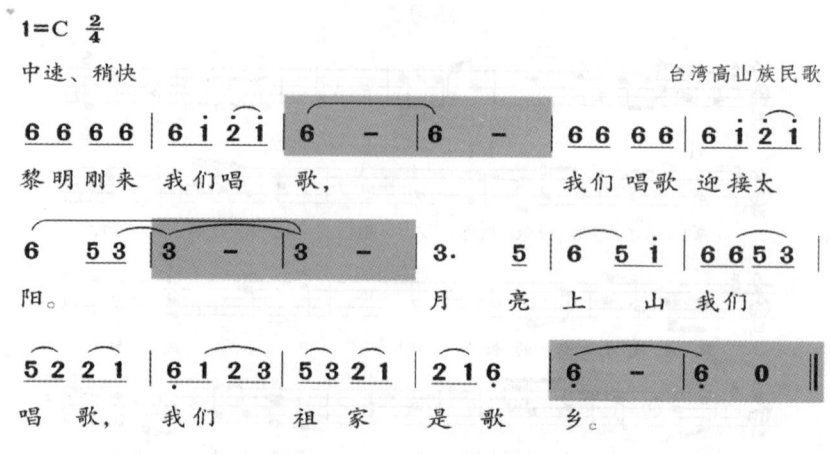

谱例 4-13 《我的祖家是歌乡》

(二) 歌唱课的基本教学步骤

歌唱课是音乐教学中最常见的教学课型。对于歌唱课的教学,有人喜欢用从整体到局部再回归整体的教学模式;也有人喜欢采用先局部再整体的教学模式。然而,教学中老师们最钟情的还是整体—局部—整体的教学方式,其教学步骤常包括创设情境,导入新课;整体体验,感知作品;要素入手,循序渐进;拓展延伸,情感升华等部分。

1. 创设情境,导入新课

《义务教育音乐课程标准》在课程实施建议中明确指出:教师应充分利用学生的生活经验,设计生动有趣、直观形象的音乐教学活动,激发学生的学习兴趣,让学生在生动具体的情境中理解和认识音乐知识。因此,教师在教学中应充分发挥自己的聪明才智,创设多种情境,调动学生积极性,激发学生学习音乐的兴趣,把学生的思维引入"最近发展区"。让学生自愿成为发现者、研究者、探索者,从而去感受音乐的真谛,体会音乐的魅力。在音乐课堂教学中常采用下列几点做法进行歌唱教学的情境创设与新课导入。

方法一:创设游戏情境,引导学生主动参与。

我国教育家陈鹤琴曾说:"小孩子是生来好动的,以游戏为生命的。"小孩子好玩、好动、好奇、好胜,因此游戏教学法,对他们来说,是一种符合他们年龄特征的好形式。小学生活泼好动,游戏是他们的重要生活内容,如能恰到好处地运用到课堂之中,定会激发学生的学习兴趣。孔子说:"知之者不如好之者,好之者不如乐之者。"如果学生对所学内容产生浓厚的兴趣,他就会积极主动地参与学习。根据这一教学规律,教师可利用教材创设游戏情境,让学生在游戏中不知不觉地进入音乐,领略音乐知识的乐趣和奥秘。

例如:在歌曲《抓妈荷》一课的教学中,从抓沙袋、抛沙袋的游戏入手,在音乐中学生不仅体验了游戏的快乐,同时还熟悉了歌曲的旋律,感知了乐句和节拍重音。这种做中学、乐中悟的教学方法,深受学生的喜爱。

方法二:创设问题情境,启发学生探究动机。

亚里士多德曾说:"思维是从惊讶和问题开始的。"学生的探究活动,往往来自对某个问题的兴趣和好奇心,而兴趣和好奇心又往往来自教师创设的问题情境。良好的问题情境能形成悬念,激发学生求知欲,诱发探究动机。

如:在歌曲《种太阳》的教学中,老师出示"种"字,启发学生,种是一个多音字,如果作为动词,后面可以接哪些名词?学生七嘴八舌地抢答各种植物。此时老师画了一个太阳,设问:"太阳能不能种?"学生兴趣高涨地否定。接着教师娓娓道来:"有一个小朋友偏偏要种太阳,希望结出许多小太阳,他究竟有着什么样的愿望呢?让我们一起来听听歌曲《种太阳》。"通过这一环节的诱导,设境引情,诱发了学生的探究动机。

再如:在歌曲《如今家乡山连山》的教学中,教师和学生交流:"你们的家乡是哪里?"学生异口同声地回答"南京"。接着教师说:"南京最有名的山是什么山?"学生回答"紫金山"。"除了紫金山你还知道南京有什么山?""八字山、小红山、狮子山、牛首山、清凉山……"这时老师说:"有一个小朋友的家乡一座山都没有,但是她逢人便说'我的家乡山连山',你们想不想知道她说的山究竟是什么山?"在这种探究欲望的驱使下,学生强烈的好奇心被激发,老师便顺势进入了歌曲教学环节。

方法三:创设探索情境,强化学生自主感悟。

音乐课程改革十分重视"确立学生的主体地位,建立探索性的学习方式"。学生是学习的主人,音乐课堂则是学生自主探索、获取知识的场所。作为一名音乐教师,更应把学习的时间与空间还给学生,允许他们大胆设想,敢于质疑,放手让学生去探索,去思考,提出自己独特的见解。因此,创设一个个探索的情境很有必要。

例如,在《夏日的雷雨》这一课中,为了激发学生创编的兴趣,增强感受力,教师首先创设了一个欣赏乐曲的情境:让学生看下小雨、大雨、电闪雷鸣的图片,请他们利用身体模拟场景,学生跃跃欲试,通过模仿和自己的实践找出"捻、拍、敲、吹、打"等多种不同的方法。接着让学生创编一组声势来表现小雨—大雨—电闪雷鸣—大雨—小雨—雨过天晴的场景。接着,教师在场景引子之后,再范唱《夏日的雷雨》,最后再把学生的声势描绘的场景作为尾声,形成 A-B-A 结构。这样的教学情境,充分发掘了学生的潜能,让学生通过自己探索,做自己的音乐。在这探索的学习过程中,使新课的教学从教师讲学生听的"一言堂"转变为学生自主感悟、合作交流的"群言堂",使学生真正成为学习的主人,不仅促进了同学间的合作交流,更在他们心里种下了创造意识的种子。

再如教《维也纳音乐时钟》一课时,教师利用主和弦 d、m、s 三个音让孩子自主创编旋律,引出号角动机,学生自主创编探究中对这三个音的组合有了兴趣,再指向《维也纳音乐时钟》主题的学习。

方法四:创设生活情境,深化学生情感体验。

《义务教育音乐课程标准》中指出:音乐课的教学过程就是音乐艺术的实践过程。因此,所有的音乐教学领域都应重视学生的艺术实践,积极引导学生参与各项音乐活动,将其作为学生走进音乐、获得音乐审美体验的基本途径。通过音乐艺术实践,增强学生音乐表现的自信心,培养其良好的合作意识和团队精神。所以,教师要从学生熟悉的生活出发,创设良好的生活情境,并鼓励学生参与艺术实践活动。因为沟通音乐与生活的联系,不仅有利于学生理解生活中的音乐问题,使学生体验到生活中的音乐是无处不在的,而且学生在观察思考的过程中,动手实践能力也得到了培养。

例如,歌曲《小鞋匠》的教学,就是合理运用音乐与情境与教学活动的典型案例。

课的开始,当老师走进教室,给同学们展示了一双"张大嘴巴"的运动鞋,并介绍道:"可怜的小鞋即将要被主人扔掉,它希望能找到一位手艺精湛的小鞋匠帮它修好破洞,它真的不想就这样被小主人抛弃呢!"教师首先通过生动的情景介绍唤起学生的情感共鸣,之后接着说:"请大家跟着音乐做一做缝鞋子、钉鞋子的动作,感受一下这一动作共做了几次?"教师惟妙惟肖地边做动作边讲解,将精心设计的律动与作品片段有趣地结合起来,活跃了课堂气氛,提高学习兴趣,渐渐地,学生们其乐融融地沉浸在修鞋子的律动和音乐之中。在情感体验后,教师又设问:"缝鞋子是用什么乐器来表现的? 钉鞋子又是用哪些乐器来表现的呢?"随之,音乐与情景相结合之后的聆听,以及这些音乐专业上的乐器音色的辨析等问题,既变得通俗易懂,又具有浓厚的生活气息,也使学生感受与体验音乐的能力在情景与音乐的不断融合中得到了有效的提高与加强。

再如:在执教《亲爱的回声》一课时,教师让学生从动作的模仿游戏入手,再进入声音的模仿游戏,再启发设问:"大自然有一种现象,和我们刚才的游戏很像,你们知道是什么吗?"接下来,让学生模拟并表现原声和回声的音量(f、p),最后在歌曲中做相应的回声。让导入过程有趣又充满了生命力。在潜移默化中唤起了学生的生活经验,体会到音乐的无处不在,对音乐产生亲切感,体验到音乐的价值。

此外,在教学中教师还可以结合教材、学生的年龄特征和心理特征,创设其他的各种情境。例如:讲故事、猜谜、欣赏插图、舞蹈、多媒体画面等。但无论怎样都必须从学生的兴趣出发,使学生在乐中学,趣中学。

2. 整体体验,感知作品

一首歌曲在教唱之前需要对作品建立整体的感知经验,而不是碎片化的局部认知。整体体验的设计是学好一首歌的关键,通过整体体验,可以帮助学生实现情绪体验和内容性情感体验,使学生对音乐有兴趣并喜爱音乐。整体体验歌曲的方式有很多,根据歌曲的风格,教师要智慧地甄选教学手段。好的体验方式,能让学生情感被同形同构的直接音乐情绪和音乐作品的语意内容体验所打动,感悟到音乐和呼吸、脉动和情绪相统一的共振。常用的整体体验的方式有以下四种。

方式一:游戏

著名教育学家福禄培尔曾说:"小朋友的工作就是玩耍。"游戏是小朋友最喜欢的一种活动。从学生好玩、好动的特征来看,音乐游戏是音乐教学中重要的部分。音乐游戏是以发展学生音乐能力为主的一种游戏活动,音乐是它的灵魂,学生在伴随音乐进行活动的过程中,可被唤起好奇心与联想,从中学到一定的音乐知识。在音乐教学中恰当地运用游戏,将获得意想不到的效果。好的音乐游戏集中体现了音乐的艺术性、技术性、抽象性与学生的年龄特征和发展水平之间的对立统一关系,将丰富的教育要求以有趣的形式表现出来,使孩子们在乐此不疲的、喜闻乐见的玩耍中不知不觉地获得对音乐的感受与表现的能力,完成一定的教育任务。学生在游戏时总是伴随着强烈的情感投入,使他们能够无数次地反复进行同一游戏而乐此不疲,并在充分熟练中因不断改变玩法而感到愉悦,就连平时不爱表现的孩子也会尽情释放自己的情感。

音乐游戏内容包括:能够随音乐的不同情绪、节奏、节拍的变化,有表情地进行律动、模仿动作和即兴动作;能够学做音乐游戏,学习或自编动作进行歌唱表演等,注意音乐与动作的配合、乐感的培养等。课堂上的游戏特指音乐游戏,而不是一般的游戏概念,是将音乐作为游戏的信号,一旦音乐消失,活动无法继续。在进行游戏教学之时,教师应从游戏与音乐、游戏与发展想象力与创造力、游戏与角色的融入与扮演、游戏与学生的有效参与等进行有效的结合与实践。

(1) 游戏与音乐的紧密结合

如歌曲《草原赞歌》教学,在整体体验时,让学生在座位上模拟骑马的动作,在每一乐句的句尾扬鞭并喊"驾",用这种游戏方式帮助学生划分乐句。对于这样的游戏,学生会更加积极主动地关注音乐本体,而不是仅仅表面的热闹。

(2) 游戏与发展想象力和创造力的结合

奥尔夫指出:"儿童阶段是想象力和感受力最丰富的时候,我们应该把握机会予以启发,这对未来有极大的影响,若在此阶段不去培养他,所造成的损失将难以弥补。"游戏的创编不能呆板教条,应有利于发挥孩子的想象力和创造力。

(3) 游戏与融入角色和扮演角色的结合

如：在整体体验舒伯特的《摇篮曲》时，首先通过图片和音乐带入夜深人静的情境，再帮助学生回忆母亲唱过的摇篮曲，接着，启发学生变成爸爸妈妈的角色，两人一组手拉手搭成摇篮，随音乐的韵律晃动(左右)，第二遍音乐启发他们在变化的乐句(第三乐句)变换摇摇篮的方向(前后)，帮助学生自主体验旋律和情绪的变化。在这样的角色定位中，学生的动作和神态完全进入音乐情境，更好地表现作品。

(4) 游戏与学生有效参与的结合

美国教育家苏珊·丹戴克说："Tell me and I will forget. Show me and I may not remember. Let me try and I will understand."意思是：告诉我，我将忘记；给我看，我可能也记不住；让我试试，我就会理解。在传统的课堂，有些老师担心"吵"和"乱"，将游戏的特权交予某些优秀的学生，其余的学生作为观众安静地观看。长此以往，大多数学生会失去参与课堂的兴趣。作为教师，我们应努力让每一个学生参与游戏。而让每一个学生积极主动参与游戏的诀窍就是"低门槛"，游戏的难度不能太高，要与学生的年龄适配。

方式二：声势律动

德国作曲家、音乐教育家卡尔·奥尔夫先生把身体节奏的练习运用在自己的音乐教学法里，形成了"声势教学法"这一兼具实用性与教学普及高效性的身体节奏教学手段。

声势动作，是运用捻指、拍手、拍腿、跺脚等可以发出声音的身体动作，即身体节奏的具象化呈现进行教学的手段和方法。在课堂教学之中，要求学生随着音乐用简单且原始的身体动作发出各种有节奏的声音。根据音乐作品的不同，动作与节奏可有不同的变化形式。这种声势教学法对于学生的节奏感、听辨能力、反应能力以及节奏稳定性的培养都有着举足轻重的作用与意义。

在教学中，最常用到的声势动作有跺脚、拍腿、拍手、捻指四种，其发出的音色分别对应男低音、男高音、女低音和女高音四个声部。四个声势动作的记谱方法是：右手、右脚(符干朝上)，左手、左脚(符干朝下)，拍手标记只记在一行谱上，符干都是朝上，捻指、跺脚标记也是记在一行谱上，符干朝上朝下分别表示右左脚。只有拍腿标记是记在双行谱上，分别表示左腿和右腿，符干朝上朝下分别表示右手和左手。

每个动作根据拍打方式、力度、部位也会发出不同的音色与节奏，四个动作从下至上(从低到高)的顺序依次是脚、腿、手和指四个部分。

首先是脚。脚是身体打击乐的常用身体部位，脚不仅可以利用很多不同的动作技巧来发出各种声音效果，也可以使人在空间中移动，产生更好的视觉效果。教学中可以尝试以下方法获得不同的音色：

➢ 常用地面的脚步音色；
➢ 不同力量的跺脚音色；
➢ 脚的不同部位与地面接触制造的不同音色(全脚掌、脚尖、脚跟、脚边缘等)；
➢ 向前行走以及向后退时制造的不同音色；
➢ 脚步速度变化时制造的不同音色。

练一练：

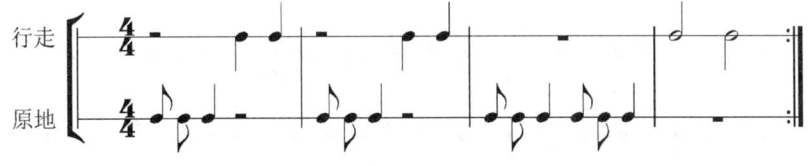

谱例 4-14　脚步练习谱

第二是拍腿。最常见的腿部音色是坐着用手拍击腿面而形成，其实拍击腿部的不同部位以及拍击方式不同，会使腿部的音色发生多种变化。比如拍击腿侧、膝盖下部位、小腿肚等。

练一练：

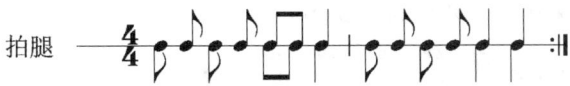

谱例 4-15　拍腿练习谱

第三是拍手。拍手是最为常见的身体打击乐音色之一，但是即使是拍手也有很多技巧，可以使手部发出不同的音色。两只手必须一同完成，但彼此之间也存在主动和被动之分，由一只收尾主力拍击在另一只手上，两只手的主动性可以根据身体的姿态变化和重心转移等发生相应的变化，因此，获得不同音色的关键在于主力手。下面介绍常用的三种拍手方式：

- 以主力手手心击掌：音色接近常规拍手音色；
- 双手空心击掌：音色较为低沉；
- 主力手的手背击掌：音色比较清薄。

灵活地运用以上三种基本拍手音色，就可以使手部成为一个"鼓"，再加上节奏的附和，能够获得丰富的表现力。在教学中，除了个体的拍手声势，还可以两人一组或多人一组进行对拍，增加游戏的趣味性。

练一练：

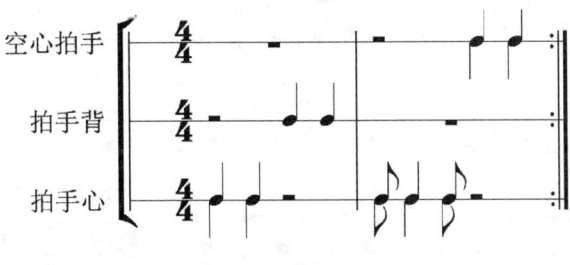

谱例 4-16　拍手练习谱

最后是捻指。捻指的音色是以弹的动力发出的声音，相对于其他身体音色来说，它的音区较高，时值较短。捻指的演奏技巧与拍手的技巧相比较，需要更多的练习时间，才能获得需要的音色。此外，教师还需要启发学生开发其他的声势动作，不断探索身体乐器。

练一练：

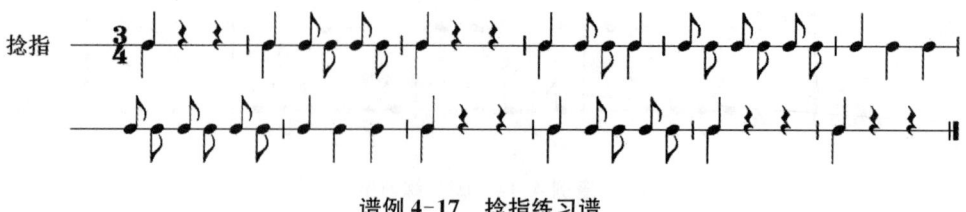

谱例 4-17　捻指练习谱

这四种声势综合运用，可以丰富音色和表现力。在歌曲教学、教师范唱歌曲时，可以让学生做着声势参与聆听，既集中了学生的注意力，又在动中感受音乐与动作同形同构的脉动，同时还培养了学生的合作能力，为今后多声部教学奠定良好的基础。如在歌曲《捉泥鳅》一课整体体验时可以采用几个步骤进行练习：

第一步：节奏原型练习；

第二步：加入声势的练习，声势方式如谱例 4-18；

谱例 4-18　综合声势练习谱

第三步：在完成声势练习的基础上带入歌曲《捉泥鳅》，见谱例 4-19。

谱例 4-19　《捉泥鳅》

在完成了上述练习之后,可依据上述步骤选用适当的歌曲进行综合练习与实践,如歌曲《杨柳青》,见谱例 4-20。

谱例 4-20 《杨柳青》

除四种基本声势动作外,还有拍肩、拍腰、拍胳膊等动作,还可用口发出各种声音丰富声势和律动,如"si、kong、chi"等。在教学中教师还可将各种动作进行综合,以丰富课堂教学的各个环节。

通常,音乐课堂教学中的声势手段主要从节奏模仿、节奏接龙和节奏伴奏等方式予以展现。

第一,节奏模仿。这样的节奏模仿可以是师生之间的,也可以是学生之间的。通过节奏的示范和展示,让学生在同样的节奏与力度中模仿。模仿的节奏可以重复做,直到学生可以熟练且稳定地掌握。模仿的节奏可以从一个简单的节奏型再到一小节或两小节的节奏,由浅入深,从慢到快。但是节奏的模仿一定不可以一直循环做,这样会让学生的专注度与参与的积极性随着时间而减弱。

第二,节奏接龙。节奏模仿的下一步应当是节奏接龙,节奏接龙其实是在模仿节奏的训练基础上,做更进一步的节奏训练。这不仅训练学生的默契与配合,更考验他们的应变能力以及专注程度。节奏接龙其实可以看作一个节奏传递的游戏,节奏的展示可以用整个乐句

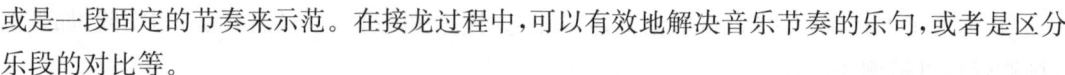

或是一段固定的节奏来示范。在接龙过程中,可以有效地解决音乐节奏的乐句,或者是区分乐段的对比等。

第三,节奏伴奏。用身体节奏的声势为音乐伴奏有两种形式:用与音乐节奏相同的声势动作伴奏、用固定节奏的声势动作伴奏。在第一种声势节奏的教学过程中,运用相同的节奏解决音乐的节奏,找到音乐的强弱。也可以在念歌词或是唱的时候用声势动作参与,这样会让音乐更加有动感,有推动力。奥尔夫的声势音乐教学法中着重强调了第二种极具特色、多声部尝试的教学方式。不同于音乐节奏的声势动作对于学生节奏感的稳定性要求极大,掌握起来不容易。在训练过程中还对于学生集体的多声部尝试和协作能力进行了培养。

方式三:集体舞编创

集体舞指音乐教师根据学生实际创编的动作简单、集体共同表演的舞蹈。以基础的舞步为主,常见队形为圆圈、队列等,无需排练,具有浓郁的"草根性",是面向集体的音乐活动。

学生参与集体舞常用的舞步有走步、跑步、跑跳步、马步、垫踏步、碎步、波浪步(横向)等。

在教学中,根据作品的风格,教师可以做相应的创编。比如,在教少数民族歌曲时,集体舞是最好的体验方式,将其民族的典型动作加入可以帮助孩子直接感受音乐风格。如整体体验《我的家在日喀则》时让学生跟着音乐跳藏族踢踏舞,而在教《我的祖家是歌乡》一课时,教师带领学生们跳高山族杵舞感受歌曲的风格等。

方式四:打击乐演奏

打击乐器是一种以敲击、摇动、摩擦、刮奏等方式产生音响效果的乐器群组。教学中常用的打击乐器有四大类:第一,木质类,包括单响筒、双响筒、木棒、木鱼、蛙盒等,声音清脆、明亮,无延绵音;第二,散响类,包括沙锤、串铃,音量小、声音散,可持续奏长音;第三,皮革类,包括各种小型的鼓类乐器,一般有共鸣声,声音低沉,音量较大;第四,金属类,包括三角铁、碰铃等,有延绵音,清脆。还有一些有特异音响的打击乐,如:蛙鸣筒和民族乐队中常用的小型锣、钹,均可在教学中为音乐学习增添特色。

在课堂教学中运用打击乐演奏来开展活动,不仅能帮助学生掌握乐器演奏的一般知识和技能,发展节奏感,还能发展学生对音乐作品的音色、结构、织体等表现作用的感受与发现,并且能够在运用中培养学生的合作意识、合作能力、创造意识、创造能力以及责任感。

在游戏、声势律动、集体舞编创以及打击乐演奏等方式的基础上,教师还可以借助动作、图形和语音这三种简单、方便的工具在音乐课堂上进行有效的辅助教学。

工具一:动作

主要通过使用不同的动作来表现配器的总体布局,首先是聆听音乐,带领学生律动,在律动之后,将动作用相应的乐器表现。详情见谱例4-21。

工具二:图形

教学中,运用几何图形、类比性图形、形象简化图形或通用乐谱符号等不同的图形表现配器的总体布局,生动形象、妙趣横生,能够有效地激发学生的学习兴趣。除了图形的线条、形状外,色彩也是乐谱的意义因素。设计时,教师可以安排得比较粗——主要表现乐句与结构,也可安排得较细——考虑节奏和音色等要素。详情见谱例4-22。

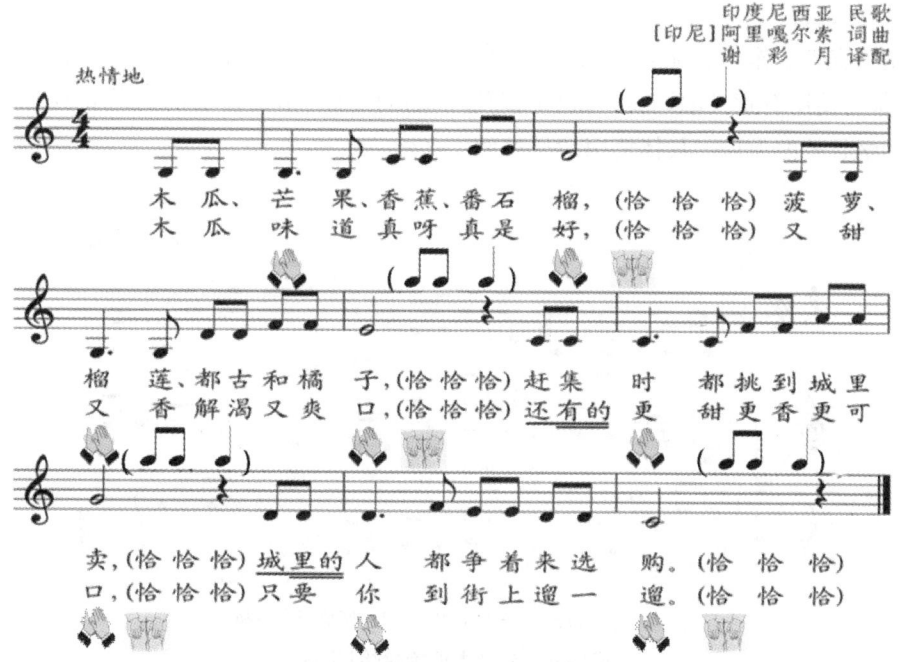

注：拍手可用碰铃或三角铁替换，拍腿可用圆舞板替换。

谱例 4-21 《木瓜恰恰恰》动作

注：木瓜可用碰铃或三角铁替换，樱桃可用圆舞板等替换。

谱例 4-22 《木瓜恰恰恰》图形

工具三：语音

运用语音表现作品的配器布局，既简单易行，又不受教学条件的限制，富有可操作性。对此，教师可使用有意义的词或句，也可以使用象声词或音节。重要的是既要具有趣味，又要便于记忆且朗朗上口。具体使用请见谱例4-23。

注：嘣可用碰铃或三角铁替换，恰可用圆舞板等替换。

谱例4-23 《木瓜恰恰恰》语音

总之，三种方式没有固定的模式，在教学中可结合实际教学内容、学生接受能力和表达能力等即兴使用和组合。

3. 要素入手，循序渐进

当整体体验歌曲之后，进入歌曲的局部教学，教师可从作品最有特色的部分入手，分层分要素进行教学，有的作品从节奏入手，有的从旋律启动，但无论教师的切入点如何，都要按层层要素加以构建。一般来说，一首歌曲可以从 a-a-b-a 的 b 乐句旋律开始或问答句的问句（或答句）开始，还可从主题与副歌结构中的副歌旋律入手，再进入整体歌曲的接龙，进一步完成所有的旋律。如此进行，就如播下种子，抽丝剥缕，生根发芽。

对于三年级以后的教学，有些作品可以采用视唱教学法。教学时，一般需抓住歌词、节奏、旋律的要素展开教学。

首先，从节奏的骨骼入手进行拍读节奏。在拍节奏时不仅要拍准时值，还要拍出节奏的动力与情绪。例如：有弹性、调皮的小附点节奏，有推动力的大附点节奏，有力的切分节奏，切不可机械拍打。

其次，视唱旋律。在此可借助柯尔文手势，帮助学生建立音高概念。视唱时，不仅要唱准音高，还要唱出音符的背后的语言，如同音多次反复会带来压迫感以及有自然的渐强效果。再如，d、m、s 的旋律组合犹如号角动机，演唱时需要用明亮的音色，铿锵的力度。在视谱学习中就要尝试表达旋律的情感。

最后，朗诵歌词，想象歌词的意境，获得内容性情感体验。在朗诵时，要注意学生韵律、语气、嗓音、呼吸、强弱等的整合与校正，为学生掌握处理歌曲情绪做好铺垫。比如，在教《春游》一课时的诵读歌词中，学生朗读到："春风吹面薄于纱，春人妆束淡于画。游春人在画中行,万花飞舞春人下。梨花淡白菜花黄,柳花委地芥花香。莺啼陌上人归去,花外疏钟送夕阳。"随后,教师启发学生思考,"请大家找出诗句中表现'动'的词语",大家纷纷回答:"吹、行、飞、归、送。"教师追问,"哪一句没有出现动词,是静态景物的描绘?"学生找到第三乐句。这时候教师启发学生:"你们可以用声音表现歌曲的动态与静态吗?"这时候学生再朗诵,自然地在第一、二、四乐句用了流动的声音朗诵,第三乐句进行了对比。由此再进入歌曲演唱的环节,一气呵成,完成了歌曲的情感处理。

需要说明的是,不是所有的歌曲教学都适用上述的方法和工具。有些歌曲教学,比如,不同地区、不同民族的民歌以及传统歌曲的教学就需要遵循口口相传的规律和特点,以模唱教学为主,在学生学会演唱以后,再回归乐谱,讲解相关内容与要点,再对演唱中出现的问题进行纠错与修正,从而达到进一步规范和完整掌握作品的目标与效果。

4. 拓展延伸,情感升华

教学内容的拓展是指在原有教材的基础上,选取教材之外的具有一定审美价值的作品,来充实教学内容,开拓学生的视野,丰富学生的情感体验,加强对音乐内涵的进一步理解与感悟。拓展欣赏的内容通常包括同体裁作品音乐欣赏、同作曲家音乐作品欣赏、同种乐器音乐作品欣赏、同民族或地域音乐作品欣赏、同主题音乐作品欣赏等。

教学中,合理、高效地进行教学拓展常采用两种不同的途径。第一,将课外资源引入课堂;第二,把课堂学习引向课外。前者可以激发学生的学习兴趣,增加课堂教学容量,显示教师的教学功力;后者可以让学生加深课内所学,实现得法于课内得益于课外。事实上,好的拓展往往能成为一节课的生命线,作为教师需要分清良莠,择优慎用。通常,可从以下几个角度进行课堂的拓展延伸。

角度一:为突破难点而拓展

这样的拓展能帮助学生更深刻地理解、感悟教材所蕴含的深刻含义,当学生的认知水平与音乐内涵的理解存在差距时,教师应不惜余力,为突破难点而拓展。

《二泉映月》描绘了一位迷茫凄苦的流浪艺人的形象。孩子们能听出音乐情绪的悲凄,却因缺少体验而难以产生情感上的共鸣。要听懂音乐,对于学生而言有一定的难度。在放完音乐,给孩子讲述了作者阿炳的生平后,教师说了这样的一段话,"这首乐曲是阿炳依心而为、依心而来、依心而去的一首'依心曲',它诉说着阿炳的悲怨与感叹,也饱含着阿炳的刚强、抗争与向往。难怪世界著名指挥大师小泽征尔在听了我国二胡演奏家闵惠芬演奏的《二泉映月》后,激动地说,'断肠之声不禁叫人凄然泪下,只有跪着听才有资格'"。这段生动、鲜活、感人的介绍给学生提供了理解音乐的支撑点,丰满了学生对音乐的感悟。

再如《可爱的家》这一课,将该课的教学重点——弱起乐句的演唱与处理、难点——体会思乡作品的共同特征、感受句尾下行的叹息音型等富有知识性的部分设计得生动而有序。教学中,董老师贴合学生、符合实际的教学目标和解决重难点方法的巧妙设计是该课的一大亮点。教师用从《可爱的家》中提取的骨干音 d'、t、l、s 指挥学生用自己的方式分别唱出了温馨、幸福的家的感觉。同时,作为发声练习,也为二声部的学习作了较为合理的铺垫。在新歌教学时运用视唱旋律骨干音的方法: ,先在骨干音基础上加入大附点节奏型,引导学生体验旋律的推动感,然后师生用问答的形式合作,学生唱骨干音部分,教师唱答:(谱例)(略)部分,最后再通过添加弱起旋律做问答句,体验弱起旋律的含蓄质朴(谱例)。

在探究如何讲解弱起小节以及怎样使学生领会其中的含义时,教师借用生活中的荡秋千这一小常识向同学们问道:"你们都玩过荡秋千吧,你们觉得是直接向外推秋千荡得高,还是先向内收回一点再向外推出荡得高呢?"所有的学生迫不及待答道:"先向内收回,再向外荡得高!"教师把孩子们共有的、心照不宣的生活经历迁移到对弱起节奏的处理上,教学重点在环环相扣的知识强化中被学生逐渐接受与消化。接下来,课件上出示了一张诗人佩恩写给哥哥的信,信中表达了他对家的思念,怀念儿时的时光……在课堂上,教师向学生说道:"佩恩最终没能回到他的家乡,在他的葬礼上,有一千名学生为他演唱《可爱的家》。那么,假如你是这一千名学生中的一分子,你会如何演唱这首歌曲?"随后,当音乐渐渐响起,二十几名学生在旋律的伴随中有的带着丝丝伤感,有的带着些许憧憬,还有的带着一抹淡淡的笑容静静地、柔柔地演唱了这首歌曲。最后,二十几名同学被分成两个小组,一组负责讲解德沃夏克《念故乡》的背景及思想感情,一组负责分析肖邦的作品《离别》,孩子们你一言我一语,一面投入地介绍一面积极地补充,每个孩子都有了充分发言的机会。孩子们在这些世界名曲经典的旋律中,在特定的情境下又一次加深了情感体验,更好地引发了对作品的共鸣,升华了主题。

角度二:为品味音乐语言而拓展

"心思凝结乃成佳作,独到之处更需斟酌"。音乐课上,教师应引导学生抓住主题旋律进行品味;品味旋律,绝不仅仅是课堂上的事,有时课后的拓展更能促使学生涵咏良久,达到余音绕梁之意韵。

如在执教土家族民歌《乃哟乃》一课结束时,给学生留下这样的作业:这首歌很短,唱得还不过瘾,你们能否也用"s、m、d"三个音写两句添加在歌曲之后吗?

为了写好,学生往往再次与歌曲"会晤"。不知不觉中,自己的理解在进一步品味旋律时得以提炼、深化,取得了很好的效果。

音乐教学不是一个圆形的完整结构,学完了歌曲并不意味着知识学习的结束,而应该是学生学习新知识的又一个开端。而这样的拓展为学生提供了深层次品味音乐的平台。

角度三:为发展能力而拓展

如何在课堂上发展学生的音乐能力?这是很多教师的困惑。在执教《回旋的钟声》时,教师启发学生分组用s、d、m三个音为《维也纳音乐时钟》的主题创编3段插部旋律,课堂上,学生的"作品"精彩纷呈。再如《铃儿响叮当》一课,妙"趣"横生。教师没有让学生止于唱歌之趣,而是试着又往前进了两步:让学生用三度模进的方法为第二段创作二声部。这两例"写"的拓展教学激发学生的音乐创作能力,培养了学生的音乐想象力和创造力。

又如在执教《剪彩波尔卡》时,选择欣赏《闲聊波尔卡》和《单簧管波尔卡》进行拓展,启发引导学生概括出音乐在速度与节奏上的特点。学生从不同角度的分析在教学中形成了合力,自主总结出波尔卡舞曲的特点:快速的两拍子舞曲,并且每小节有两个节拍重音。最后,再做乐曲体裁的听辨,给学生听三首作品(进行曲、圆舞曲、波尔卡),让学生在听赏中找出波尔卡,运用这样的拓展方式,使学生听辨音乐、分析音乐的能力得到了较为理想的提高与进步。

角度四:为人文熏陶而拓展

音乐课程的人文内涵是十分丰富的。教师应有强烈的人文意识,不仅要充分挖掘文本的人文内涵,更要将人文熏陶延伸至课外。

《共同拥有一个家》是一首很美的歌曲,歌中流露出浓浓的人与人充满关爱的美好情感。在教学快要结束的时候,教师试着让孩子看看 SOS 儿童村的录像。看得孩子动情,听得孩子动心。不知不觉中,竟然有人掉下泪来。把孩子从课内带到课外,在更广阔的世界里经受人文的熏陶。

角度五:为文化视野的开拓而拓展

北京八中的特级教师李存在执教音乐欣赏课"走进西藏"时,在复听《阿姐鼓》前,李存老师讲述了自己的一个亲身经历,"50 年代末,我曾参观过一个平息西藏叛乱的展览会,展览会上有一只鼓,是用人皮——少女的皮做的"。这真是一个点睛之笔!学生的心灵被深深地震撼了,我看到,学生的目光全都凝聚在他的脸上。我强烈地感觉到,在学生的内心涌动着起伏难平的狂潮。此时,李老师又不失时机地推出这节课的第 4 首歌曲——《天唱》,最后的死去和最初的诞生一样,都是温馨时光;最后的晚霞和最初的晨曦一样,都是太阳的辉煌。迎接生命的时候,这一方山水离蓝天最近,送走生命的时候,这里的乡亲高高仰望。让风吹散了年华洒给飞鹰,让云托起身体交给穹苍。

"天葬"这类极其独特的西藏习俗,给学生情感上带来的冲击无疑是巨大的。这最后一轮"情感冲击波"使学生的神情更加凝重,陷入了深度的冥想与思考之中。这节课的整个过程充满了音乐性,但其意义已远远超出了音乐本身。这种融汇了历史、地理、语文、政治等各类人文学科知识的音乐欣赏课,已经不仅仅是一种艺术享受与审美体验,更是一种心灵的感悟与净化,是一种文化视野的开拓。

课堂的结束部分需进行完整的总结与提升。通常,此部分包含课堂小结和总结提升两个部分。课堂小结即针对本课时教学内容做总结,它可以帮助学生梳理和回顾知识点,起到备忘录的作用。课堂小结的方式有很多种,有教师提出启发性的问题让学生自己小结,也可以针对作品对学生进行情感延伸、德育渗透,这在教学中起着举足轻重的作用。

(三)歌唱课中的多声部教学

大家知道,"要重视和加强合唱教学,使学生感受多声部音乐的丰富表现力"是《义务教育音乐课程标准》对合唱教学提出的具体要求。

在国际著名三大音乐教育体系中,柯达伊教学法是以歌唱教学,尤其是多声部教学见长的音乐教学方法。在柯达伊教学法中,学生从学龄前便开始尝试二声部的训练,而后逐步将教学过渡到多声部合唱。柯达伊认为,只有运用"人声"这一与生俱来的"乐器",采取歌唱这一人人都能参与的音乐活动,才能实现"让音乐属于每一个人"的崇高理想。他认为,合唱所具有的社会功能和作用也是其他艺术形式所不能比拟的。在合唱中，人们彼此协调配合，这对青少年是一种不可忽视的集体主义和民族团结精神的教育。

在日常教学中，多声部教学的渗透可以沿着以下的教学路径逐步前行。

第一步：培养良好的单声部齐唱基础

齐唱是多声部合唱的基础，在教学中大家很容易忽视"齐唱"，认为唱得整齐就是齐唱，殊不知，唱齐可不是一件简单的事情，须做到呼吸的统一协调、音色的融合、气息的流畅性等。

① 节奏准确：带领学生从基本的节奏型开始，结合达尔克罗兹的节奏读谱方法，运用律动与声势共同克服训练难点；

② 科学发声：声音自然，呼吸平稳，声音有张力和弹性；

③ 音准稳定：借助柯尔文手势，把音程时间的距离和音色把握到位；

④ 吐字清晰：通过朗诵歌词，强化训练声母字头的快速过渡，母音的字腹演唱，字尾的弱化处理并达到和谐统一。

第二步：多途径开发学生敏感的听力

利用达尔克罗兹体态律动游戏帮助孩子一心多用，开发身体动作的二声部。

游戏一：教师弹琴，学生脚步走恒拍（节拍），手上拍节奏，听到信号（颤音）手脚交换，手拍恒拍，脚踩节奏，手与脚的配合实质就是多声部。

游戏二：听到高音旋律，女生走路，听到低音旋律，男生行走，如果同时出现，两人一组手拉手前进。

① 利用打击乐器合奏帮助学生建立声部感，培养合作力

在敲敲打打的合奏中，让学生体验合作的乐趣，声部的融合。如《土耳其进行曲》，见谱例4-24。

② 音乐欣赏时歌唱低音伴奏，感受和谐效果

在欣赏教学时，给学生唱低音伴奏，让学生从听觉上适应这种"音响的合作"。例如欣赏帕赫贝尔的《卡农》时，让学生一直歌唱数字低音伴奏 $d'-s-l-m-f-d-f-s$，虽然学生们是齐唱，但与音响中的歌声合作形成了"合唱"。

第三步：提炼元素进行合唱训练

如果说知识的获得是一个"学得"的过程，则技能的掌握就是一个"习得"的过程，正是因为合唱技术的复杂性和难度，决定了这个"习得"过程是漫长的。作为教师要善于运用教材资源，变单声部为多声部，让合唱成为课堂教学的常态，挖掘学生的学习潜能。

① 创设声音情境，形成音效二声部

教学中，针对歌曲的情境，启发孩子用身体、嘴巴模仿配音，创设情境，与歌声相互呼应。如《铃儿响叮当》，启发孩子模拟马蹄声，如谱例4-25所示。

再如演唱《芦笛》时，可以让一部分学生模拟小士兵巡逻时的脚步声，这样的配合不仅增加了歌曲的情趣，更激发了学生的合作力。如谱例4-26所示。

② 延长主音，形成和声

教材中大多数歌曲和声严谨，有的歌曲运用了分解和弦的方式写作，针对这样的弦律，

谱例 4-24 《土耳其进行曲》

谱例 4-25 《铃儿响叮当》

谱例 4-26 《芦笛》

可以延长主音即可形成自然和谐的二声部。如歌曲《丰收之歌》，见谱例 4-27。

谱例 4-27 《丰收之歌》

③ 编配固定音型式二声部

针对一些有特点的单声部作品，我们可以选择创作一个固定音型式的二声部作为伴唱，伴唱声部可以使较低音区的节奏性和声声部如同交响乐队中的低音提琴（弦贝斯），如《娃哈哈》可以让一部分孩子唱 l_1 作为旋律主音，与高声部形成了和谐的和声效果，其富有新疆韵味的节奏型也为歌曲增添了活力与动感。再如歌曲《钟》，用 $d、s、l、s$，模拟大钟的音响作为固定音型，配合歌声饶有趣味；也可以是较高的音区宽广性的副旋律声部，就如同交响乐中的小提琴一样，音色荡漾在上空。如歌曲《可爱的家》四个音的级进下行旋律仿佛离家游子对家的一声声呼唤，既丰富了旋律，又营造了歌曲的情境。请参见谱例 4-28。

谱例 4-28 《可爱的家》

④ 卡农

卡农（Canon）：复调音乐的一种，通俗说就是轮唱，由一个声部先行，其他声部以一定时间距离和音程间隔随后跟进，并持续模仿之，这样，依次进入的各声部互相交织、叠置，构成声音协调、此起彼伏的演唱效果，饶有趣味。因为是同一音乐素材先后演唱，因此学生不用学习新的素材，跟随着唱即能收获二声部的乐趣，易学易唱，故受到各年段学生的喜爱。作为教师，要有一双慧眼，要善于识别单声部作品中适合卡农的作品，一般来说，两个乐句如能完全叠置成三度和声的作品就可以作为卡农的素材，如歌曲《划船歌》，见谱例4-29。

谱例 4-29 《划船歌》

除此之外，民族五声调式的儿童歌曲都可以作为卡农练习，如《快乐的啰嗦》（苏少版教材填词为《花儿朵朵》），见谱例4-30。

谱例 4-30 《快乐的啰嗦》

沿着这样的路径，接下去孩子们可以歌唱对比性的二声部，两个声部音程远的，旋律对比大的，声部之间的干扰则小一点。之后逐步过渡到四度与三度。在有规律的三度（六度）的合唱作品教学时，可以从双手指挥学生练习三度音程开始，先形成听觉与声觉的记忆，再进行歌曲主题的教学。接着可以让学生根据音程关系创编二声部,这样,由于学生自主的参与,所以歌唱"自己的作品"格外投入。如朝鲜歌曲《小白船》就可以采用这种教学方法。下面以苏少版二年级上册教材为例,全书共 16 首作品,其中可以用来作为卡农训练的五声调式歌曲有 10 首:《两只小象》《大树妈妈》《打掌掌》《小宝宝睡着了》《拍皮球》《白云》《其多列》《草原上》《蒲公英》《过新年》,超过半数之多。剩下的作品,教师完全可以进行二度创编,如《亚克西,巴郎》可以用新疆节奏型(切分节奏)歌唱主音 d,欣赏舒伯特的《摇篮曲》时可以让孩子边做摇摇篮的动作,边歌唱固定音型旋律 s - m(填词:睡吧)。再如在《小鞋匠》一课教学时,副歌部分加入二声部,形成合尾效果,见谱例 4-31。在教学中,教师要做个有心人,善于二度创作教材,培养学生的多声部歌唱能力。

谱例 4-31 《小鞋匠》

二、欣赏课

欣赏课指以音乐欣赏为主的课堂教学,欣赏被视为培养学生音乐审美能力的有效途径。因为音乐欣赏具有最直接、最具体的审美教育价值。它以一定的音乐为审美对象,以欣赏者为主体,形成一种特殊的审美观,通过这种音响的聆听,实现对音乐美的感受和鉴赏。音乐欣赏是人类诉诸听觉的感性活动,它能唤醒人的音乐感觉。

达尔克洛兹说:"欣赏是艺术中最令人神往和欣慰的,我们可以在其中体验人类创造音乐的共同情感。"根据作品的内容,欣赏课可分为器乐作品欣赏和声乐作品欣赏。

(一)欣赏课的教学理念

音乐欣赏教学是一种通过对具体音乐作品的聆听,及其他辅助手段来体验和领悟音乐美的音乐教育形式。它通过教师简明、生动、富有活力的讲解提示,倡导"以音乐为本,从音响出发,以听赏为主"的教学理念,使每个学生都可以成为音乐的欣赏者,培养学生的音乐兴趣,扩大音乐视野,提高音乐欣赏能力,使人的精神生活得到更大的满足,身心得到健康协调的发展。

音乐欣赏是一种从外至内的音乐情感体验活动。传统意义的音乐欣赏教学是以听为主、教师讲述为主的填鸭式的教学模式,这种教学模式下学生往往听过就忘,对欣赏课内容不感兴趣,课堂气氛不够活跃,学生只是被动地接受。

深入篇 体验教学

我们倡导借助音乐联觉的方式，比如歌唱、律动、游戏等，让我们的视觉、听觉、触觉等多个感官参与欣赏，去帮助学生打通感官通道，化抽象为形象，在听音乐的同时能帮助孩子见到音乐的形态，做到真正的"听见音乐"。

(二) 欣赏课的教学手段

遵循听觉艺术的教学特点，欣赏课的教学手段通常是在边听、边动、边奏、边参与的过程中获得不同的情感体验与审美提升。

1. "听"的参与是音乐欣赏的主心骨

音乐是听觉的艺术。音乐艺术的一切实践活动都必须依赖于听觉，因此听是参与音乐欣赏教学的关键。教师应如何引导学生全身心地投入到聆听音乐中去，在聆听中感知、认识、理解音乐作品的内涵？采用提问法听和对比法听是引导学生积极参与的可行方法。提问法听，也就是在听前，教师有意识、有目的地给学生提一些简单的带启发性的问题。对比法听是听的深入，也是音乐欣赏中最主要的方式之一，对学生来说，唯有对比才能真正获得对音乐风格、特点、形式等要素的感性认识。

倾听中有节拍、节奏、速度、力度、音色、风格、形式等方面的对比；可以在同一作品中进行对比，也可以对不同的作品进行对比。教学中要根据实际情况灵活运用对比。如在欣赏进行曲体裁的作品时，为了检测学生对进行曲的敏感度，教师在苏少版一年级上册欣赏音乐《玩具兵进行曲》中进行了设计，通过本节课对作品的体验，与学生共同总结出进行曲的特点：二拍子、适合走路、雄壮有力等。之后，再搜集不同体裁的音乐片段，如：圆舞曲、波尔卡、摇篮曲等。学生通过对《玩具兵进行曲》的节拍、节奏、速度、力度、风格等一系列音乐要素的了解，在这些音乐片段中用已知的进行曲音乐知识，通过对比、排除、归纳等方法找出属于进行曲风格的音乐片段。

2. "动"的参与是音乐欣赏的催化剂

面对欣赏教学，教师们都会面临一个共同的困惑——除了介绍作者、创作背景外，不知道该说些什么。自己说得太多，限制了学生的想象力，几十个学生按照同一个思路去欣赏，而没有自己对作品的理解；想尝试用趣味的方法帮助学生听音乐，却发现学生只对活动或者故事感兴趣，对音乐本身却不关注，游离于音乐之外。

面对这些繁杂的问题，我们首先需要弄清楚的是音乐欣赏的概念。音乐欣赏是以音乐作品为对象，通过聆听的方式及其他辅助手段来体验和领悟音乐的真谛，从而得到精神愉悦的一种审美活动。

小学音乐欣赏内容属于音乐欣赏教学的初级阶段，其目的是使学生获得对经典作品公共体验的基础经验。

自20世纪初开始，在欧洲先后产生了国际上影响最大、传播最广的三大音乐教育体系，均重视通过人的听觉、视觉、感觉等联觉与音乐建立联系。尤其是达尔克罗兹的"体态律动学"音乐教育体系，以求通过身体的各种动作去体验、塑造和表达音乐的本质，从而把握音乐的精神以及心灵的创造力。

小学阶段的学生因其年龄特点，表现出喜欢表现、好动的行为特征，因此在音乐欣赏教学中，运用体态律动帮助学生体验音乐作品，是行之有效的方法。最常用的就是体态律动教学法。

体态律动教学法的代表人物达尔克罗兹曾说过："音乐是动的艺术，音乐离不开律动。"体态律动的本质是（人的）音乐表情。音乐通过"体态律动"的方法转化成表情，这种表情可影响内心情绪，再自然地外化成表情，以唤起体验本能：节奏感、和谐感和形象感。

① 设计身体动作基本语汇，见表4-4。

表4-4　身体动作基本语汇表

原地动作	拍手、摇摆（躯干、手臂）；晃动（头、膝、肩、臀、脚）指挥；弯曲、转身、踏步、说话、歌唱
空间动作	走、跑、跳、蹦、跃、奔腾、滑行（匈牙利舞曲）
复合动作	原地动作＋空间动作

② 动作与音乐的共同要素，见表4-5。

表4-5　动作与音乐的共同要素表

音乐	动作
音高	手势在空间的方向与位置
音响强度	肌肉力度
音色	身体不同部位
音值	动作的持续
休止	停顿
旋律	各动作的连续
乐句	动作的段落

如音乐欣赏课《鳟鱼》钢琴五重奏。该课的主线是围绕"小鳟鱼的命运"而展开，该课精彩之处在于巧妙地启发孩子通过听、唱、动等通感体验的形式，参与音乐情节的想象与感受乐器情绪，从而主动积极地欣赏、理解与掌握音乐作品。

该课的三维目标是：通过聆听、听辨、律动等学习方式，掌握《鳟鱼》的主题旋律；通过主题的不同呈现方式，熟悉弦乐家族乐器的音色，感受钢琴五重奏的魅力；通过对比欣赏，发现音色、旋律、节奏、速度等音乐要素上的情绪变化。该课的教学重难点是：通过不同的手段引导学生参与音乐，熟悉《鳟鱼》钢琴五重奏的主题；通过对比欣赏教学，引导学生自主发现音乐要素的改变带来的情绪变化。

执教时教师先让学生聆听艺术歌曲《鳟鱼》，接着指向课题《鳟鱼》钢琴五重奏，教师节选了作品四次变奏的主题，通过四次精彩的体态律动引导学生了解不同主题呈现方式，从而分辨出不同的主奏乐器,感受要素的改变带来的情绪变化。

第一次:感受"快乐的鱼"

本段主题通过小提琴主奏,描绘了快乐休闲的鳟鱼形象。教学中教师先引导学生听辨主题的主奏乐器(小提琴),再带领学生用手臂表现它快活游动的动作,手臂模仿鱼尾随旋律线上下行摆动(第一、第二、第四乐句)、左右舒展地游动(第三乐句)。

第二次:感受"嬉戏的鱼"

本段主题通过小提琴和中提琴的相互应答交织,表现鱼群嬉戏的情景。教学中教师先引导学生听辨主题的主奏乐器(中提琴),接着启发学生想象小提琴的穿插表现的情境(游戏),第二遍引导学生用手捕捉小提琴的旋律,学生们自主用手臂在高位随旋律线上下飞舞,并针对不同的乐句换手律动。第三遍,一半同学站在教室里原地做变奏一的动作(中提琴演奏的快乐的鱼),另一半学生在中间的缝隙里用小碎步穿插游动(小提琴演奏俏皮的鱼),表现了鱼群快乐嬉戏的场景。

第三次:感受"惊恐的鱼"

这一段主题用钢琴强有力的三连音节奏型与四个铿锵有力的和弦形象地表达着小鱼逃窜的情景。此时,教师边播放音乐边引导学生用手表现鳟鱼逃窜的路线,于是有了这样的板书:~~~~~~~~ ~~~~~~~ ・・・・ ~~~~~~~~~,接着启发学生在教室里模仿小鱼的反抗,在~~~~~~~旋律时学生用小碎步移动表现逃窜,而在・・・・旋律时学生四次拍手,或自主做四个点状动作表现挣扎。

第四次:感受"悲伤的鱼"

首先教师先播放音乐,让学生们用符合音乐速度、情绪的脚步走向自己的座位,接着教师启发学生自主用身体的动作表现对鳟鱼的哀悼。学生们边聆听音乐边深情地用手臂随旋律线三次上行,再下行环抱,表达心中的伤感。

再分段聆听之后,教师让学生做了一个排序游戏,播放全曲,引导学生用动作参与欣赏。最后,音乐在回归到欢快、明亮的小提琴声中的同时,揭示了音乐的主题:生命将延续,善良终将永存。这堂课上学生们通过形象的比喻、律动等情景的陶冶体验,在一遍遍的情感体验和潜移默化中了解了几种不同的乐器,掌握了与之相关的音乐特征和知识要点。

再如欣赏课《顽皮的小闹钟》,该课的主线是围绕"恒拍守时的小闹钟"展开,通过切分节奏的对比,让学生自主体验《顽皮的小闹钟》的音乐形象,该课的特点就在于巧妙地启发孩子通过体态律动,帮助学生找到恒拍与切分带来的音乐形象的对比。

在教学中,通过两次有趣的体态律动引导学生逐渐深入作品。

课堂伊始,教师首先用语言激趣,"钟是我们生活中朝夕相处的小伙伴,同时也是作曲家感兴趣的创作主题,如果你是一个小小作曲家,用音乐来描绘一只钟,你会抓住钟的哪些特点呢?(秒针、报时、钟摆等)"。

顺势利导,学生自主完成第一次律动,律动方案如下:学生用右手臂模拟秒针,顺时针随乐转动一个乐句为一圈(弹奏《顽皮的小闹钟》恒拍主题)。之后出示写在钟面上的图谱指挥学生视唱。

在学生会唱《顽皮的小闹钟》之后，教师语言过渡："安德尔逊非常喜欢他的小闹钟，可是有一天他突然发现小闹钟发出的声音和平时不太一样了，这引起了他的注意，我们一起来听一听，数一数，小闹钟的旋律出现了几次变化？（四次）"接着交流四次变化的方式（提前、推迟、原地转圈三种方式），再进一步启发学生自主用身体和脚步表现这四次变化。

第二次律动方案：提前（切分）旋律处脚步向前跳步，加花旋律处脚步原地转圈，推迟（前半拍休止旋律）处拍手。

有了第二次身体的体验，教师适时介绍作品："这只小闹钟反常的行为让主人安德尔逊哭笑不得，作为作曲家他立即来了灵感，用乐谱记录下了这首《顽皮的小闹钟》的旋律。让我们一起来唱一唱。"由此自然地进入主题视唱的环节。

以上两个案例运用体验律动教学模式，从歌唱—律动—聆听—律动，一步步打开学生听觉、动觉、触觉、多感官通道，帮助他们理解音乐，表达音乐。

3."奏"的参与是欣赏作品的蒙太奇

奏是指以乐器演奏为主的表演形式或解释为音乐来源的一种声音材料。将乐器演奏融入音乐欣赏教学中，通过各类不同的听、奏来体验和感受同类情感体验和经验的相互转化和联动，可以使学生获得更强、更深、更广的音乐情感体验。

课内器乐教学的目的，不是培养演奏家，而是为了使学生能够亲身参与音乐实践，获得音乐的感受。因此传统的技术性的乐器（钢琴、小提琴、二胡等）不适用于课堂教学。而"奥尔夫乐器"因为其轻、小、精致、动听、易于演奏而被小学课堂广泛地采用，这种"接近人体的乐器"无须经过太多的练习，孩子便能愉快胜任。

奥尔夫教学法中既有"身体乐器"（由捻指、拍手、拍腿、跺脚等构成的声势教学），也有其为音乐教学设计的"奥尔夫乐器"。这些特制的"奥尔夫乐器"是由有固定音高的乐器（音条乐器）、无固定音高的小型打击乐器和自制乐器等构成。

其一：身体打击乐的应用

身体打击乐是音色、节奏和动作的综合表现，对学生来说，他们通过使用自己与生俱来的乐器感受音乐的节奏，在对节奏的内化中寻找不同的音响效果，并通过身体动作探索身体各种运动的可能性，从而将节奏淋漓尽致地表现出来。身体打击乐包含以下几个方面的内容：

① 探索身体不同位置的音色；
② 探索不同演奏方法的音色；
③ 探索模仿某种乐器相对应的音色；
④ 探索身体的协调程度。

如：欣赏《金蛇狂舞》中螺蛳结顶段落的身体打击乐的运用，见谱例 4-32。

其二：小型打击乐器的应用

在前述的四类打击乐器之外，还有许多有特异音响的打击乐，如蛙鸣筒，特别是每个国家打击乐中都有一些音色非常独特的乐器，比如中国的各式锣、钹，都可以在以上乐器组的基础上加进去以增添特色。

如果学校没有配套乐器，也可动手自制乐器，通过亲自动手制作乐器，可以使学生从感

谱例 4-32 《金蛇狂舞》

性上开始理解乐器构造和乐器的发音原理等。在各类乐器中最容易调动学生参与的便是打击乐器。比如，易拉罐、纸杯中放沙子当散响，也可将酒盖并串起来当串铃；哪怕一双筷子都是木质乐器；可以发出声的纸箱、水桶都可以当鼓类乐器。当孩子们使用自己制作的打击乐器奏出一个自己设计的打击乐合奏时，他们的体验、愉悦的心情和兴趣一点不亚于使用真的乐器。这个创造发明也正好培养了学生的动手能力和创造性。

小型打击乐参与欣赏教学采取"打击乐器演奏整体教学法"。常见的教学法有总谱法、指挥法、创作法三种。我们常采用三种变通总谱工具：动作、图形和语音（见前），这三种记谱方式分别被称为：动作总谱、图形总谱和语音总谱，三种变通总谱都没有固定的模式。艺术本身就是一种创造活动，如果陷在十分固定的模式中，艺术的趣味和生命就没有了。在实际使用时，我们常常把这些总谱结合起来使用。

如欣赏《闲聊波尔卡》时，打击乐参与欣赏演奏时的配器方案见谱例 4-33。

配器建议：♪——碰铃或三角铁 .——圆舞板 〰〰——串铃或铃鼓 !——双响筒

谱例 4-33 《闲聊波尔卡》

通过打击乐器的参与,学生再也不用死记硬背那些作品的主题(往往背也是徒劳),轻而易举地就能辨别出作品。学生能自主地通过打击乐器的演奏迅速归纳出作品的结构、体裁。音乐欣赏不再枯燥、乏味,无所事事,每个学生都有事可做,他们感受到了自己在集体中发挥的重要作用,很有成就感,从而激发了对音乐学习的兴趣和信心。

其三:有固定的音高乐器的应用

主要是木质的高、中、低音木琴和金属的高、中、低音钢片琴,还有声音更高更清脆的小钟琴。音条琴使用C大调音高排列,备有升F、降B两块可更换音条。能排列出G大调音阶、F大调音阶(F换成升F-G大调)在使用音条乐器时,有以下几个原则,如《数蛤蟆》见谱例4-34。

《数蛤蟆》

四川民歌

谱例4-34 《数蛤蟆》

① 要选择合适的乐器,合适的音色和音区;

② 要考虑不同乐器音色之间的"互补",做到动静结合,疏密相对;

③ 要尽量使用"固定音型",即固定反复的乐句,在这里指不断重复演奏短小的旋律片段。

(三) 欣赏课的备课思路

艾伦·科普兰在《怎样欣赏音乐》一书中说,"如果你要更好地理解音乐,再也没有比倾听音乐更重要的了"。因此,如何上好一节音乐欣赏课,最重要的一步就是对音乐作品进行反复聆听。事实上,任何事都无法代替对音乐作品的听赏。

第一步:反复聆听音乐作品

作为教师,备课的第一步就是反复聆听作品,对于有些器乐作品还需要对照总谱进行全面的分析与研究。比如,《鳟鱼》钢琴五重奏,在看完总谱后,才会清楚每一次变奏的手法、主题演奏的乐器等重要信息。在反复聆听时,教师需要对作品进行全面的分析,这也是最重要的一步。具体内容见饼状图 4-1。

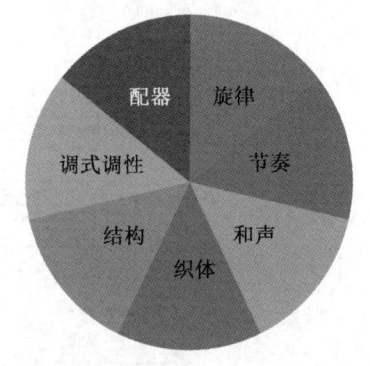

图 4-1 音乐作品分析模块示意图

第二步:选取合适的切入点与教学重点

在全面、深刻地分析作品之后,教师要善于选择作品最有特色的部分展开教学。

比如《春节序曲》,教师在分析完整首作品之后,选择从民族音乐创作的序列结构"螺蛳结顶"入手。首先让学生描述春节的热闹场景,再出示一副对联"一帆风顺步步高,万事如意年年好",并启发学生做对联游戏,教师边拍手边读上联,学生边拍腿边对出下联,并逐渐增加游戏难度:

师:一帆风顺步步高!

生:万事如意年年好!

师:步步高!

生:年年好!

师:高!

生:好!

对联游戏后,再进入声势的递减对答,再聆听《春节序曲》引子,做声势参与,学生得到"音乐越来越紧凑,气氛越来越高涨的体验",从而了解"螺蛳结顶"这种创作手法的特点。

再如欣赏《春江花月夜》,教师在分析作品后,从"鱼咬尾"这种民间音乐创作手法导入。首先教师带领学生玩"成语接龙"的游戏,(一心一意——异想天开——开门见山——山清水秀——秀外慧中)。接着教师启发学生做旋律的接龙创编游戏,游戏规则:用 d、r、m、s、l 五个音进行四拍即兴创编旋律接龙游戏。再进入欣赏主题的视唱接龙,将旋律写在五条鱼上,分组视唱接龙。

第三步：选择合适的模式与方法

完成了听赏、研究与分析，教师便应开始进行教案设计，组织教学，并为教学选择恰当的教学法与合适的形式进行欣赏与学习。教学中常用的音乐教学模式有四种。

1. 参与—体验模式

参与—体验式教学是学生通过参与精心设计的教学项目和情景模拟，通过亲自体验来获得相应感受，然后在教师的指导下，学生间通过相互交流，分享个人体验并提升认识的一种教学模式。

体验式教学是强调学生的自主探索与实践，强调学生认知能力和多元潜能的训练与开发，重视学生自身思维能力的培养，重视学生综合能力提升的一种教学模式。

每一个音乐作品都具有深厚的内涵与丰富的情感，音乐课程教学不仅要了解作品的内容和形式，更重要的在于理解它所表达的各种情感和其深刻的情感内涵，如贝多芬的《命运交响曲》让学生体会到强烈的生命力，《义勇军进行曲》让学生感受到爱国、不畏牺牲、追求真理的情感。这些音乐所蕴含的深厚情感只有让学生在感受当时的情境下才能有真正深刻的认识与理解，体验式教学模式实现了学生置身其中，亲身感受音乐所带来的艺术和情感魅力，从而激发学生主动学习的兴趣与热情，挖潜学生的音乐创作能力。

音乐课程体验式教学模式并不是一个简单的课程内容体验活动，而是教师根据教学目标和教学内容要求精心设计策划相应教学项目与情境，通过任务的布置，学生在以任务为驱动的前提下进行学习内容体验，通过教师合理引导让学生自主地去感知、领悟，根据自己的体验，理解音乐，展开联想，然后通过小组讨论、教师点评实现知识的归纳与提升。参与—体验式教学模式的教学过程包括学习项目设计—教学情景策划—学习团队组织—项目任务布置—项目任务启动—项目成果检验—项目成果分享等，整个教学实践过程中以学生为主体，教师主要是项目的开发者与成果的检验者，学生是整个项目任务的执行者，学生通过自身的实践性音乐活动，从而与音乐产生生理、心理的相互作用，激发内在的音乐感受，在讨论中不断思考问题，最大限度地激发了学生的主观能动性，让学生的创作潜能得到充分发挥，从而获得成功、愉悦的音乐体验，在不知不觉中完成了课程内容学习任务，获取了应有的音乐知识。

2. 示范—模仿模式

这种教学模式分为四步：定向、参与性练习、自主练习和迁移。

首先是定向，通过教师示范技能，引起学生相应的行为反应，使学生通过模仿有成效地掌握完成技能的操作。

接着是学生参与性的练习，在教师指导下，学生通过模仿、纠正、重复、改进形成正确的技能。

在学生熟练掌握动作要领后，能够举一反三，灵活运用于新的音乐学习或创造活动中，形成某种音乐能力。

3. 引导—发现模式

这是一种以问题解决为中心、注重学生独立活动、着眼于创造性思维能力和意志力培养的教学方法与模式。

分为四个阶段:导入阶段、探究阶段、归纳阶段、运用阶段。

导入阶段:将学生从旧知识引向新知识,诱发学生的思维,提供研究的条件。

探究阶段:帮助学生主动形成概念、理解原理、概括法则、寻求答案。

归纳阶段:学生将旧知识和新知识重新整理、归纳,形成解决新问题的能力。

运用阶段:通过练习,反馈强化,使学生知识迁移或巩固。

4. 探索—发现模式

这种教学模式分为两个阶段:准备阶段和解决阶段。其中,准备阶段需要搜集资料分析问题,把握问题,从多角度分析问题的关键与重点,建立解决问题的框架顺序。解决阶段需要充分运用创造性想象,在广阔的思维空间进行发散性思维活动,尽可能提出具有流畅性、变通性和独立性的观点,选择解决问题的最佳方案。

以小学苏少版五年级教材中《瑶族舞曲》的教学设计为例,展示了教学设计中教师基于深刻地研究教材、精心选择教学模式与教学方法的综合特点。

《瑶族舞曲》教学过程

第一环节:情境导入,了解长鼓与瑶族民族的相关背景与人文知识

1. 初识长鼓

1) 师:今天,我给大家带来了一个神秘的小伙伴,你们看。(出示长鼓)

2) 师:这个鼓和大家平时见过的鼓有什么不一样的地方?(细、长)

3) 师生交流与讨论……

活动方案:全体围成圆形席地而坐。

2. 介绍长鼓

你们看这个鼓,它的腰像人一样细细的,所以我们可以叫它细腰鼓。它的造型又特别得长,所以我们也可以叫它长鼓。

3. 交流信息

在图文介绍与教师讲解的过程中,介绍长鼓、瑶族、瑶寨,以及瑶族的服饰、舞蹈、鼓点的特征与打法等。

人文介绍:依次为▲长鼓　▲瑶族　▲瑶寨　▲服饰　▲舞蹈　▲鼓点

师:瑶族是我国最古老的民族之一。瑶族人民生活在我国的西南地区,瑶寨被风景秀丽的大山所包围。你们看,瑶族人民能歌善舞,每逢节日大家就齐聚一堂载歌载舞,这时,长鼓扮演着重要的角色,它不仅是伴奏乐器,也是舞蹈道具,更是瑶族的标志和象征。据说长鼓有36套打法,今天我就来给大家演示其中最简单的一套。

[设计意图]

以实物为导入,建立直观体验,激发学生对本课教学内容的学习兴趣,为后续的课堂教学奠定相关的人文基础。

第二环节:情景模拟,学习第一主题

1. 节奏模拟:长鼓演奏与身体乐器的模拟运用。

(1) 师敲鼓,问大家:

同学们,我敲了长鼓的哪几个部位?(生答:中、下、上……)

(2) 师:请同学们把自己的身体当成长鼓来拍一拍,试一试。

(3) 学生随乐律动。

2. 音型模拟:在全体演奏身体乐器的同时,教师加入用木琴演奏固定低音并引出第一主题。

(1) 加入第一主题:在学生加入演奏的过程中,教师用钢琴弹奏《瑶族舞曲》A段第一主题片段,并和学生一起演唱固定音型,全体同学随身体乐器的动作,边唱边动。

(2) 揭示曲名:完整聆听第一主题,并加入声势。

板书:

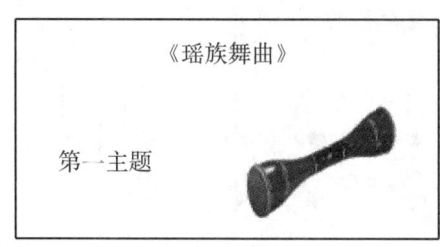

第一主题　徐缓的行板　抒情地

律动方案:高胡领奏,教师示范声势。

弦乐:学生集体模仿声势。

弦乐+竹笛:学生唱固定音型并围着圆圈边走边击鼓。

[设计意图]

通过观察与发现,声势与模仿,以及固定音型的演唱与合作,引导学生步步深入,打通多感官通道,从而调动学生参与学习的兴趣,实现师生间的二声部合作。

第三环节:情景转换,学习第二主题

1. 鼓乐模拟:欣赏第二主题,用鼓棒模拟鼓乐的演奏。

(1) 鼓棒游戏

师:月光下,长鼓被敲响,人们情不自禁地聚到了一起,看,篝火已经燃起了! 在跳舞之前,请拿出你们身后的小鼓槌,我们用它做个小游戏来热身。请大家聆听音乐,音乐的速度力度情绪有什么变化? 并观察,小鼓槌的动作和音乐有什么联系?(播放第二主题)

第二主题 不太快的快板 活泼地

律动方案:师发出信号 ♩ ♩ ,生回应 ♫ ♩(敲地面。)

(2) 交流感受

生:音乐越来越强,速度越来越快,气氛越来越热烈,鼓槌动作越来越大。

师:小鼓槌又是如何表现这种变化的?

生:小鼓槌敲击时用了三种不同的位置与力度,分别表现"p""mp""f"。

师:除了敲打鼓槌以外,老师还做了什么动作?

生:模仿火焰燃烧的动作。

(3) 模唱旋律

师:火焰燃起的时候,是有旋律的,你们听

参与体验,复听第二主题,加入鼓棒声势与歌唱。

2. 篝火模拟:情景转入篝火晚会,在律动中感受并学习第二主题。

(1) 教师示范,学生用鼓棒律动伴奏。

女生舞动,男生用鼓棒伴奏。

律动方案:1~8小节,面向圆心。

9~16小节:垫踏步前进、后退(缩圆阔圆)。

第一遍音乐:教师领奏。

第二遍音乐:集体加入(舞蹈+鼓棒)。

第三遍音乐:舞步变化(围圈跑动,推向高潮)。

(2)揭示第二主题

师:同学们,刚才这段旋律相对于第一主题,通过速度和力度的变化,将篝火晚会的气氛带入了高潮,这就是第二主题。

[设计意图]

采用情景教学模式,引导学生在篝火晚会的情境中身临其境地学习。首先是完整参与律动,帮助学生获得整体体验,找到音乐的乐感和律动性。接下来遵循了奥尔夫"种子精神",把音乐节奏作为切入点,在多种互动式游戏中逐渐熟悉音乐的结构,获得情感的升华。

第四环节:情景表演,完整表演第二主题

1. 综合模拟:两种形式与两个主题的参与和欣赏。

(1)回顾梳理

师:我们用了两种方式体验了音乐,第一种是围着篝火跳舞,第二种是用小鼓槌为歌舞伴奏。

(2)歌舞体验

师:接下来用两种方式同时体验。请同学们围成两个圈,男生为一组,女生为一组,请女同学在内圈跳舞,男同学在外圈为女同学打鼓伴奏,歌唱时所有人一起唱。

方案:女生在内圈,载歌载舞;男生在外圈,声势参与。

2. 完整体验:

师:同学们,刚才听的第一主题和第二主题都来自《瑶族舞曲》的A部分,下面让我们大家完整地聆听A部分,在听赏的过程中,请大家将刚才的所学运用到音乐中来。(师生完整听赏A段并在听赏中完成综合模拟)

3. 回归整理:安静聆听A段,启发学生感受两个主题的情绪变化。

4. 总结提炼:

师:大家共同学习了瑶族舞曲的A部分,熟悉了第一主题,也掌握了第二主题,同时,我们还认识了可爱的小伙伴——长鼓,更和一群活泼的小鼓槌们度过了一段热烈而欢快的美好时光。

[设计意图]

在感性的参与活动之后进行理性的回归、整理,获得音乐的审美体验。

综合《瑶族舞曲》的教学过程,分别呈现了学生从被动学习到主动学习,从单一的学习模式到融入通感的体验方式,帮助学生真正快乐地学习。此案例展示了欣赏教学中的三个不同特点:

第一,打破了"示范—模仿"的传统教学方法,建立了"参与—体验"的欣赏模式,使学生在学习的过程中打通了多感官通道形成的音乐联觉,高效学习,获得了通感的音乐经验。

第二,将各种教学手段与方法进行创造性的融合,因地制宜地进行本土化试验,引导学生在有趣的音乐活动中体验音乐的要素、情绪与风格等。

第三,将音乐联觉作为重要的音乐经验,丰富学生的情感体验,以此形成的内心音乐经验和表达能力能使学习者终身享用音乐。

第二节　综合课

综合课是在一堂课内完成多方面教学任务的课,它是在一节课中进行两项或两项以上的教学内容以及完成两项或两项以上教学任务的课型。综合课的教学方法丰富,有讲、唱、听、艺术实践及其层次变化;教学内容多样,有唱歌与欣赏的综合课,乐理、唱歌与欣赏的综合课,器乐与唱歌的综合课等。

一、综合课的结构与形式

由于综合课的类型、任务和教学侧重各不相同,课的结构也各具特色。有的教师在一节课中将唱歌、欣赏、器乐、律动、综合艺术表演等有机联系,相互融合;有的则会将听、唱、动、奏以及创造与音乐常识等内容分层教学,有序实施,使学生的学习在不断变化学习手段和活动方式的状态下逐步展开。常见的综合课形式有:歌唱与欣赏的综合,歌唱与律动的综合,欣赏、歌唱与器乐演奏的综合等。目前,在一线的音乐教学实践中真正意义上的单一课已经少之又少,大多数的音乐课均以综合课的形式进行教学。

二、综合课的设计思路

在综合课的设计中,树立"活用教材"的备课意识,合理组合教材内容;建立"体验先行"的教学理念,巧妙设计教学过程;确立"黄金分割"的比例划分,有效优化教学结构。以上均是综合课教学在设计中值得关注的重要内容。

(一)树立"活用教材"的备课意识,合理组合教材内容

初次进行教学设计的教师往往认为,能够顺利地完成某首歌曲或某首乐曲的教学并带

领学生演唱作品或听熟作品就是达到了教学目标。事实上,在真实的教学中,这只是教学完成的一个部分。

"用教材教而不是教教材",其内涵为在教学过程中,不应当简单地执行教材,而是要根据学生和教学实际,创造性地使用教材开展教学。因此,"用教材教而不是教教材"的本质,是强调教师要重新审视教师、教材和教学,具体来说,教师应当是教材的开发者和研究者,而不是简单的执行者。教材不应是控制和规范教学的"圣经",而是供教师开展教学活动,学生获得体验和音乐经验的一种范例;教学不是简单的执行教学过程,而是以教材为范例,引导教师、学生和教材三者互动的过程。因此,"活用教材"不仅是教学策略,更是一种教学理念,即教学中树立教材"范例性理念",把教材作为引导教学活动的一种案例或范例,把教材看作是促进学生发展的一种"文化中介"。

苏少版教材是以"人文主题"为线索组合单元素材,而实际教学中,除了人文线索还可以采用"音乐逻辑"思考、分析和创造性地组合教学素材。例如,四年级下册第一单元《跳吧,跳吧》,单元素材有《花之圆舞曲》《我的家在日喀则》《马刀舞》等舞曲,而在课时安排时,大多数老师都选择其中一至两首作为舞曲的欣赏以拓宽学生对舞曲的认识,但往往所选作品风格迥异,会导致学生混淆"舞曲"概念。白云园小学董平老师执教本单元第一课时,首先带学生跳了一段波尔卡舞,接着进行《跳吧,跳吧》(波尔卡风格)歌曲教学,之后拓展欣赏了《微笑波尔卡》《啤酒桶波尔卡》等波尔卡主题片段,让学生自主发现、归纳波尔卡在节拍、速度等要素上的特点。在第二课时,她将《花之圆舞曲》与《法国号》进行创造性组合,帮助学生了解"圆舞曲"的特点。在第三课时,学生们不仅唱了《我的家在日喀则》,还学习了藏族踢踏舞。在单元总结时她给学生概括总结了这几种"舞曲"并予以听辨。学生通过三节综合音乐课,通过多感官通道体验了不同风格的舞曲,能自主听辨波尔卡、圆舞曲、土风舞和少数民族舞曲,并能用简单的舞步参与其中,形成真正的音乐经验。

在教学中,应如何有序组合素材?这是教师们常常遇到的问题。每个教师对所教授作品的理解都是多元的,因此组合的方式也是多种多样。但无论怎样组合,都是基于全面分析教材,根据教学目标进行素材组合。在教师备课的过程中,从人文理念、音乐风格、音乐元素等方面入手进行教材组合是较为常见的几种形式。

1. 基于人文理念组合素材

苏少版教材都是以人文主线串联单元,每个单元都有一个人文主题。五年级下册第八单元是以《百鸟朝凤》而命名,单元中收录了《百鸟朝凤》《一只鸟仔》《未孵化的鸟雏舞蹈》和《斑鸠调》四首表现鸟类的音乐作品。因此,教学时可以按照单元内容进行组合,教学目标设置为:通过演唱与欣赏了解关于鸟的旋律,感受大自然生灵的美好。再如教授《隆里格隆》时,拓展同单元的作品《野蜂飞舞》(无伴奏合唱),教学目标是通过歌唱与欣赏,了解人声可以模拟乐器声音这一奇妙现象。

2. 基于音乐风格组合素材

对教材梳理是一项细致又专业的工作,作为教师,不可"望文生义"只看课题,更不可不关注音乐的内涵,而要将作品进行有效地分类、梳理与分析。

例如:《跳吧,跳吧》一课,如教师仅设计舞蹈,未能发现作品的波尔卡风格以及一小节两个节拍重音的特点,使得教学在歌唱的过程中,一味地强调2/4拍强弱规律,背离了作品的音乐风格。由此可见,全面分析教材显得尤为重要。

教师备课时,应首先将作品从风格与体裁等进行归类。如:苏少版中属于进行曲、舞曲风格的作品共52首,其中,进行曲与类进行曲的作品共有21首(见表4-6)。

表4-6 苏少版教材中的进行曲与类进行曲风格作品

年级	苏少版教材中的进行曲与类进行曲作品
一年级上册	《玩具进行曲》《狮王进行曲》《快乐小舞曲》
一年级下册	《进行曲》
二年级上册	《火车开了》
二年级下册	《共产儿童团歌》
三年级上册	《七个小兄弟》《儿童团放哨歌》
三年级下册	《旅行之歌》《芦笛》
四年级上册	《丰收之歌》《国歌》《红星歌》《火车向着韶山跑》
四年级下册	《马刀舞》
五年级上册	《祝你快乐》《快乐的嚓嚓嚓》《哈罗哈罗》
五年级下册	《绿色的祖国》《田野在召唤》
六年级上册	《波兰舞曲》

建立在熟悉教材的基础上,教师既可全面而清楚地认识和了解教材,还可以针对教学进行教学目标的设定与梳理,并在教学中对进行曲的作品进行针对性拓展欣赏,将歌唱课扩充为综合音乐课。

就综合课而言,教师可以在歌唱课的主体上进行欣赏的教学,还可以在欣赏课的主体上进行歌唱的拓展。如:在教授欣赏课《祝你快乐》时,可进行拓展聆听《中国人民解放军军歌》,以引领学生感受进行曲学习及配合行走的偶数拍子特征。

在苏少版的教材中,舞曲风格作品有31首,教师应首先对所涉及的多样化舞曲风格进行归类,如小步舞曲、圆舞曲、探戈、波尔卡、马祖卡舞曲等。教学前,教师应首先简要梳理各种舞曲的风格与特征,而后将教材中所涉及的舞曲一一归类。苏少版中舞曲风格的作品在各年级的分布情况如表4-7。

表4-7 苏少版教材中的舞曲风格作品

年级	苏少版教材中的舞曲风格作品
一年级上册	《哇哈哈》
一年级下册	《花儿朵朵》《铁匠波尔卡》《圆圈舞》《哈里罗》《节日舞曲》《彝家娃娃真幸福》《快乐的啰嗦》
二年级上册	《溜冰圆舞曲》《西伦达》
二年级下册	《杜鹃圆舞曲》《小狗圆舞曲》《小猫的圆舞曲》《乃哟乃》《法国号》《请你和我跳个舞》

(续表)

年级	苏少版教材中的舞曲风格作品
三年级上册	《G大调小步舞曲》《微笑波尔卡》《音乐是好朋友》《木瓜恰恰恰》《跳到我这里来》《希腊舞曲》
三年级下册	《阿细跳月》《铃铛舞》《杜鹃》《剪彩波尔卡》
四年级上册	《我的祖家是歌乡》
四年级下册	《跳吧,跳吧》《我的家在日喀则》
五年级上册	《彩云追月》

教师在教授舞曲风格的作品时,可以拓展欣赏同类型的舞曲,加深学生的音乐体验。例如:在《我的祖家是歌乡》的教学中,可以设计拓展欣赏《阿里山的姑娘》,伴随杵舞的加入等。

为了激发学生学习音乐的兴趣,教材中还有一些表现了儿童游戏生活的作品(见表4-8)。

表4-8 苏少版教材中的表现儿童游戏生活作品

年级	苏少版教材中的表现儿童游戏生活作品
二年级上册	《打掌掌》《拍皮球》《儿童在游戏》
二年级下册	《包子剪子锤》
三年级上册	《阿西里西》
三年级下册	《编花篮》
四年级上册	《跳柴歌》
五年级上册	《抓妈荷》

这类题材的歌曲既能通过参与歌唱和情境游戏等方式带领学生学习歌曲并体验游戏歌曲的趣味性,还可以拓展相关游戏歌曲用以丰富和补充教学。如:在教授《包子剪子锤》时,可以拓展欣赏歌曲《找朋友》,在邀请舞的游戏中感受游戏歌曲的趣味。

就民歌的教学而言,苏少版教材中编入了大量的民歌。作为教师,不仅应在教学中引领学生从听觉上分辨民歌体裁中的山歌、小调、号子,还应让学生对具体作品有所认识。如号子中的《打麦号子》,秧田号子中的《杨柳青》《拔根芦柴花》,结绳号子中的《溜溜山歌》等。不仅如此,教师应首先明确,在江苏和安徽地区很多地方将号子称为山歌,如《溜溜山歌》虽然名为山歌,但实为一首结绳号子;再如,山歌《太阳出来喜洋洋》等。

此外,还可以通过地区和民族分布等不同方面全面了解民歌的特征。作为一个多民族国家,通过不同少数民族的音乐了解多元音乐文化是小学音乐学习的重要内容。对民歌的梳理可以从如下方面进行大致的分类(见表4-9)。

表4-9 苏少版教材中的少数民族歌唱作品

民族	苏少版教材中的少数民族歌唱作品
藏族	《我的家在日喀则》《在那东山顶上》
维族	《哇哈哈》《牧童之歌》《小巴郎童年的太阳》(创作歌曲)

(续表)

民族	苏少版教材中的少数民族歌唱作品
壮族	《什么结籽高又高》
彝族	《彝家娃娃真幸福》《快乐的啰嗦》《苏木地伟》
傣族	《月光下的凤尾竹》《金孔雀轻轻跳》
苗族	《铃铛舞》《苗岭的早晨》(创作作品)
黎族	《跳柴歌》《五指山歌》
蒙古族	《草原赞歌》《牧歌》《小黄鹂鸟》《森吉德玛》《嘎达梅林》
哈尼族	《其多列》
高山族	《我的祖家是歌乡》
土家族	《乃哟乃》

对少数民族歌曲的教学，既可通过演唱，也可以通过集体舞等方式，以帮助学生体验不同民族音乐的风格特征与民族风情。作为拓展，教师可以补充相关民族的民歌作为欣赏素材。如：在教授《我的家在日喀则》时，可以拓展欣赏《献上最洁白的哈达》，感受藏族弦子舞与踢踏舞曲风格的不同。

作为中国的主体民族和人口最多的民族，汉族的民歌数量在教材中是占比例最大的部分，教师可对此从省市区域的划分上进行分类了解与掌握，见表4-10。

表4-10 苏少版教材中的汉族民歌作品

地区	苏少版教材中的汉族民歌作品
江苏	《姑苏风光》《李玉莲调》《拔根芦柴花》《抓妈荷》《五月五赛龙会》《杨柳青》《叫我唱歌我唱歌》《打麦号子》《开心里个来》《箫》《牧童》
安徽	《凤阳花鼓》《对花》《溜溜山歌》
江西	《斑鸠调》《八月桂花遍地开》《打掌掌》
四川	《太阳出来喜洋洋》《太阳》
青海	《花儿与少年》(主题来自《四季歌》)
广东	《牛角出来尖对尖》《落水天》
陕西	《唱得幸福落满坡》《跑旱船》
山东	《猜谜谣》(儿歌)《小黑猪》
山西	《掏洋芋》
河北	《小白菜》
河南	《编花篮》《锣鼓歌》
台湾	《一只鸟仔》(童谣)
北京	《对鲜花》《打花巴掌》
湖北	《牧童谣》(童谣)

在对汉族民歌进行教学时，教师可以把体会相关地区民歌的风格以及独特的音乐语言作为目标或重点，还可以将相关地区的其他民歌作为欣赏素材加以综合与拓展，使得课堂教

学形成具有丰富内容的综合课。例如：在教授《杨柳青》时，可以拓展欣赏《拔根芦柴花》，感受江苏地区田秧山歌《秧田号子》的风格特点。

除了以上视角的整理与归类，还有很多对教材进行归类的方法，如：摇篮曲风格的作品《好月亮，你走的这样静悄悄》《都睡着了》等；艺术歌曲《西风的话》《踏雪寻梅》等；德奥歌曲《幽静的山谷》《音乐是好朋友》等。除歌曲之外，器乐作品也有很多不同的分类方法，教师可依据各自教学的不同需要，参照上述方式举一反三，或独树一帜地进行分类与研究。

无论从怎样的视角进行教材梳理与分类，教师备课的中心都应是对教材的精心研究与分析。有了对作品风格和内容的准确把握，方可建立纵向、横向等不同的线索，合理组合素材，科学构建课堂框架。

3. 基于音乐元素组合素材

除了根据作品的体裁风格设计教学，还可以从作品的"独特的音乐语言"出发设计教学。教材中的作品大多是经过严格甄选的经典之作。有的是源于口口相传、朗朗上口的民歌；有的是作曲家生活的积淀与醇熟的创作技法碰撞出的火花。在教学中，教师如能细心品味、精心探索，从而发现这些作品的独到手法，在教学中便可从这些特点入手，有针对性地设计与之相应的教学过程。如：对典型创作手法的研究与分类，不仅能帮助教师有效进行教学实施，还能在教学中起到事半功倍的教学效果，如表 4-11。

表 4-11 苏少版教材中的不同创作手法作品

创作手法	苏少版教材中的不同创作手法作品
鱼咬尾	《忆江南》《凤阳花鼓》《姑苏风光》《我的祖家是歌乡》
同音反复	《八只小鹅》《田野在招唤》
环绕音	《七子之歌》《蓝天白云》《学习歌》《一只鸟仔》
变奏	《包子剪子锤》《乒乓变奏曲》《跳到我这里来》《八只小鹅》《小星星变奏曲》《水花花，泥巴巴》《美丽的星座》《鳟鱼》《隆里格隆》《七色光之歌》
倒影	《小儿垂钓》
分解和弦	《小小雨点》《小松树》《儿童在游戏》《丰收之歌》《白兰鸽》《哈罗哈罗》《木瓜恰恰恰》《顽皮的小杜鹃》《嘀哩嘀哩》《小伞花》《芦笛》《夏夜》《拉库卡拉查》《大鼓和小鼓》《西风的诂》《银色的桦树林》
号角动机	《苏格兰的蓝铃花》《芦笛》《国歌》
音阶进行	《闪烁的小星星》《白鸽》《七个小兄弟》《请你和我跳个舞》《西风的话》《四季歌》（五声音阶）《白兰鸽》
叹息音型	《小白菜》《思乡曲》《故乡》《夜歌》
平行大小调互换	《理解多好》《歌声与微笑》《萤火虫》
离调	《苏格兰的蓝铃花》《春游》

在教授这一类有特殊创作技巧的作品时，既能引领学生在学习的过程中了解独特的创作手法特点带来的情感体验，进行有情感地歌唱；且能在同样创作特点的歌曲（乐曲）中举一反三，巩固所学知识，从而帮助教师围绕这些独特的音乐语言有效展开教学。

以《故乡》一课为例,可以补充欣赏思乡类作品《思乡曲》《念故乡》等,帮助学生自主体验思乡类作品中大量的四分节奏以及句尾下行的叹息音型对表达依恋情感的作用。

(二)建立"体验先行"的教学理念,巧妙设计教学过程

对作品进行分析与分类,是为了在教学中可以针对风格展开教学,并使教学从导入到整体体验、分层要素、拓展延伸等不同教学环节获得环环相扣、线索清晰的教学效果。无论如何,综合教学内容在教学中一定要遵循"体验先行"的教学理念,以使学生在自主体验之后,产生学习动力。

以进行曲风格的作品教学为例,教师导入时可以与学生交流并发问:周一出操时大家步伐都很统一,大家想想是什么统一了大家的步伐?(答:音乐)是不是所有的音乐都有这样的功能?等。接着教师弹奏两段旋律,分别是圆舞曲和进行曲,引导学生集体踏步并感受。在体验中学生自主发现并不是所有的音乐都具有统一步伐的作用,只有进行曲才有这样的功能,从而出示课题《走进进行曲》。整体体验启发学生按照乐句分不同方向踏步,体验乐句和节拍感,加深对进行曲的认知。

再如,教民歌时要根据体裁设计教学,如进行《打麦号子》教学时,教学在导入时,可先请同学们看电影《锦上添花》中抬木头的片段,并提出问题:为什么会出现唱着劳动号子却抬不动木头的情况?学生分组模仿电影中的镜头,在实践中思考并得出结论:劳动号子的节奏要与劳动节奏一致,才能起到齐心协力、鼓舞干劲的作用。在整体体验环节,学生随着《打麦号子》的音乐围成圆圈喊号子打连枷,进一步体验号子对加强动作力度、统一劳动节奏的作用。

教授舞曲类歌曲以及少数民族歌曲时,最好的体验方式是集体舞,在原汁原味的舞蹈中体验音乐的风格与脉动。比如《跳柴歌》,可以请男生手持竹竿(柴)按节奏击地,女生按节奏在竹竿间跳进跳出,感受脚步和音乐的关系,趣味性地体会音乐与动作的关系。

在教授创作手法独特的歌曲(乐曲)时,教师要巧妙设计教学过程,以使学生在有趣的音乐活动中细细品味音乐语言的独特作用与含义。例如,鱼咬尾旋律教学,可以先从成语接龙游戏开始,认识这种特殊的文字接龙方式,再将活动移植到旋律的学习中。对此,教师可将旋律按乐句抄在首尾相连的鱼身上,再将学生分成相应的小组,接龙演唱旋律,体会这种旋律连接方式的巧妙。在拓展环节,还可以引导学生进行固定节奏鱼咬尾五声旋律的编创学习与参与。

对于同音反复的旋律,教师可以借助《国歌》结束句让学生体验力量的递增,从而了解"重复会带来力量"。同样在《八只小鹅》中,借助同音反复描绘小鹅们由远及近的音乐形象。

体验先行的教学思维不仅能够促进教学设计的有序前行,还可以使教学产生意想不到的效果。例如,《七子之歌》使用了环绕音的旋法,它是围绕某个音上下波动而展开。在《七子之歌》中,主题围绕属音 s 而展开,始终没有回主音 d,仿佛游子围着家门等待、徘徊和惆怅的形象。教学中,教师可以把教室的中心作为"家",带领学生围着家边听、边唱、边走路徘徊,当听到代表"家的音符 d"时再面向家,以此烘托回家的情感。

在变奏风格的歌曲《跳到我这里来》教学中,教师可以先带学生参与旋律问答的游戏,问句为四拍"m-d-m-s",答句为"r-t, -r-f",然后教师逐渐变化节奏,请学生做相应的变化,接着用开火车的形式,再让学生运用四分、八分、附点八分、后十六节奏即兴创编问句,全班同学

做相应的答句。游戏之后,请大家听《跳到我这里来》的歌曲运用了哪些节奏与变化。拓展时,还可以请学生扮演小小作曲家进行续写歌曲。

综上,希望运用具有特点的旋律创作方式进行教学提示,使教师从中得到启示,并灵活地运用到教学中,以促进学生在有趣的活动中品味音乐语言。

(三)确立"黄金分割"的比例划分,有效优化教学结构

在综合音乐课堂的教学中,既有以歌唱课为主的综合课,也有以欣赏为主的综合课。教学如果将歌唱与欣赏进行内容上的五五划分,则会使教学的重点难以突出。一节好课,如同一首动听的歌,旋律有高有低,节奏有缓有疏。备课时,教师需要合理安排课堂教学的内容与时间比例,把握"黄金分割"的原理,使课堂教学的重点更加鲜明,节奏也更为合理、有序。

在教授歌唱为主的综合课时,歌曲学唱环节时间最好占总时间的60%～70%左右。而低年级(1～2年级)学生,歌唱教学最好在20分钟以内完成,不仅因为曲目短小,还因7～8岁学生注意力只能集中7～10分钟左右,因此,同一项教学内容不宜过长,需要不断变化教学内容和方法以调动学生的学习兴趣与学生的注意力。中高年级的学生可以较长时间集中思想,曲目篇幅也较长,因此歌曲学习时间可以更长一些。接下来以鼓楼区树人小学冯娇老师的教案《芦笛》一课为例,看一看时间如何合理分配,见表4-12。

表4-12 《芦笛》教学过程

步骤	内容	师生活动	设计思路
起始 5'	创设情境 激趣导入	1. 激趣导入 师用竖笛吹奏《芦笛》旋律,生手拍恒拍伴奏。 师设问:大家知道我吹奏的乐器是什么吗? 生:竖笛。 师设问:对了。现在有一件类似于竖笛的波兰乐器,它就藏在歌里,大家听听,它叫什么? 2. 师范唱《芦笛》第一段,出示课题 生:是芦笛。 师:你们听得真仔细。 介绍芦笛:芦笛是由芦苇的杆子制成的一种乐器。 (出示图片) 师:今天我们就来学习这首波兰民歌《芦笛》。 3. 师再次范唱《芦笛》第二、第三段 师问:再听一听,歌曲中的小朋友在干什么呢? 预设一:歌曲中的小朋友们模仿士兵们踏步行走。 预设二:小朋友们在吹芦笛。 ……	从学生熟悉的乐器"竖笛"导入,一方面引起学生的兴趣,能集中注意力;另一方面唤醒学生的音乐经验 带着问题,初次聆听歌曲,可以集中学生的注意力,更好地聆听音乐

(续表)

步骤	内容	师生活动	设计思路
展开 23'	整体体验 歌曲学唱	1. 律动体验 师：让我们也加入他们做个小士兵吧！ ① 播放音乐《芦笛》，师按恒拍踏步行走，在每一个乐句句尾，邀请一位同学一起踏步行走，反复播放。 ② 将全班同学分为四组进行接力，每组同学恒拍踏步行走，并在每个乐句句尾停下，交接给下一组同学。 2. 师生交流 师问：经过刚才我们多次体验，同学们知道歌曲有几个乐句了吗？ 生：4个乐句。 师：同学们说得非常正确。 3. 出示乐谱 ① 师：同学们仔细看一看，这四个乐句有什么特点？有什么地方相似吗？ 生：…… ② 师：第一和第三乐句的句头是相同的，句尾不同。请同学们听我演唱，并将句尾旋律线方向画一画。 第一乐句 第三乐句 ③ 加上音高我们一起来唱一唱 ④ 完整视唱第一、第三乐句 4. 师生接龙 师唱第二、第四乐句，生唱第一、第三乐句。 师问：刚刚我唱的乐句句尾和大家的有什么不同？ 预设生：我们唱的是长音，老师唱的音符很短有休止。 师：同学们听得很仔细。那请同学们哼唱第二和第四句，注意休止。 5. 出示乐谱，生完整视唱歌曲 6. 按节奏有感情地朗读歌词 7. 完整演唱歌曲 师提示：(1) 歌曲的情绪是愉快、自豪、轻快……(2) 附点八分音符节奏的准确演唱，师范唱①是附点节奏♪，②是 ti-ti 节奏♫，让学生选择哪个更好，为什么？(更加体现出歌曲的愉快情绪) 8. 再次完整演唱	听觉体验是学生学习音乐的基础，在律动中，反复聆听音乐，符合学科发展规律 律动打通了学生多感官通道，使动觉与听觉联合起来，更好地感受音乐。通过体验式歌唱教学，使学生获得丰富饱满的情感体验，把握最佳学习时机 遵循了奥尔夫的种子精神，从小的音乐动机出发层层递进，由点及面到音乐的整体 通过对比教学的方式，让学生自主感受选择，才能更准确地演唱，更好地表达歌曲

(续表)

步骤	内容	师生活动	设计思路
深入 10'	拓展歌曲 积累经验	1. 二声部合唱 ① 生唱歌曲《芦笛》旋律，师唱第二段声部。 ② 生分组二声部演唱。例： 2. 欣赏歌剧视频《卡门》中选段《街头少年合唱》 　师设问：歌曲中的小朋友在干什么？ 　生：模仿士兵行进。 　师：情绪上和《芦笛》比较，哪一个更加激昂？你是从哪里感受出来的？ 　生：……	拓展歌曲，积累音乐情感经验。聆听学习不同的进行曲风格的作品，对同类型的歌曲多次体验感受，积累经验 培养同学间的合作能力
结束 2'	教学小结 布置作业	1. 师总结：今天我们跟着波兰和法国的小朋友们一起模仿了士兵行进的步伐，用律动体验感受了进行曲的风格。 2. 作业布置：请同学们课后收集进行曲风格的作品并相互交流。	在听、唱、奏这些感性的音乐活动之后充分领悟音乐知识，内化、整理

在教授欣赏为主的综合课时，同样需要教师合理把握"黄金分割"原则，尤其在时间的分配上应遵循这一原理。一般来说，在进行主题欣赏和体验时，应将时间把握在20~25分钟左右。

在教学方法上依旧可以沿用"黄金分割"的比例，总时长的60%~70%用于通感体验参与欣赏，剩余的时间安静地聆听。例如，在第八章教学设计案例集锦中，由董平老师设计并执教的《钟的回旋》，将时间做以下分配：①热身环节学唱《维也纳的钟声》用时4分钟；②欣赏作品《顽皮的小闹钟》用时26分钟，其中主题体验19分钟，完整聆听7分钟；③拓展延伸9分钟，在此环节，学生根据回旋曲的结构创作《维也纳的钟声》插部（用 d、m、s 三个音即兴创编）。④结束教学1分钟，教师总结提炼。

在欣赏《鳟鱼》主题时用19分钟在对比聆听，用游戏参与体验主题与变奏，用7分钟安静聆听完整音乐，让学生"静听"四个片段，自主排序乐曲的结构。从动到静，引导学生从沸腾的情绪中稳定下来，就像一套体操中的"呼吸整理运动"，既得到了心理、生理上的满足，也对之前的学习进行了有效的教学反馈。

夸美纽斯曾经说过："教学的艺术所需要的也没有别的，也只是把时间、科目和方法巧妙地加以安排而已。"好的教学犹如小河淌水，蜿蜒而下，该曲的曲，该直的直，该缓的缓，曲曲直直,到达汇合点。

教学做合一

1. 常用的古典声势包括哪四个动作(　　)。
   A. 拍肩、拍腿、拍手、跺脚　　　B. 拍腿、拍手、跺脚、拍胸
   C. 拍手、跺脚、捻指、拍肩　　　D. 跺脚、拍腿、拍手、捻指

2. 柯达伊教学法的唱名手势来自谁的创造?(　　)
   A. 达尔克洛兹　　B. 奥尔夫　　C. 柯尔文　　D. 格洛弗

3. 以下哪种音乐教学模式分为四个阶段:导入阶段、探究阶段、归纳阶段、运用阶段(　　)。
   A. 示范—模仿　　　　　　　　B. 参与—体验
   C. 引导—发现　　　　　　　　D. 探索—创造

4. 备课环节中最重要的一步是(　　)。
   A. 设计教法　　B. 制作课件　　C. 分析教材　　D. 准备教具

5. 歌唱课的常用教学工具有哪些?(　　)(多选)
   A. 符干字母谱　　B. 手势　　C. 首调唱名　　D. 节奏名

探究与交流

1. 使用奥尔夫乐器配器时需要遵循哪些原则?
2. 设计体态律动教学时,身体动作和音乐元素之间有什么联系?

参考答案

教学做合一:1. D;2. C;3. C;4. C;5. ABCD

探究与交流:略

阅读与参考

[1] 陈蓉.声势、音色、节奏与身体[M].上海:上海教育出版社,2016.
[2] 杨立梅,蔡觉民.达尔克洛兹音乐教育理论与实践[M].上海:上海教育出版社,2011.

> 你要教你的学生教你怎样去教他。如果你不肯向你的学生虚心请教，你便不知道他的环境，不知道他的能力，不知道他的需要，那么，你就有天大的本事也不能教导他。
>
> ——陶行知

第五章　音乐教学实施

目标与要求

1. 掌握组织音乐教学的思路与方法；
2. 熟悉音乐教学策略的分类和运用；
3. 了解音乐教学的生成、偶发事件的处理以及教学机智的应对手段。

学习与思考

1. 如何组织有效的音乐教学？
2. 如何选择与运用恰当的教学策略？
3. 如何应对音乐课堂教学中出现的突发事件？

音乐教学实施就是将好的教学设计落实在课堂教学，将文本内容变成生动活泼的课堂，是教师引导学生感受和体验音乐、表现和创造音乐的过程，是学生掌握音乐基础知识和技能、获得身心健康发展的过程，也是学生形成一定的情感态度与价值观的过程。

教学实施的过程是实现教学目标的重要途径，教师是实施过程的组织者和引导者，《义务教育音乐课程标准》要求教师在组织教学活动中，要以学生的发展为本，面向全体学生，因材施教，创造性地运用先进的教学策略进行教学。

教学实施的过程也是促进学生发展的过程，学生积极参与音乐实践活动，在师生交往互动中，通过情动、心动、思动、行动帮助学生建构音乐知识，突出对学生创新精神和实践能力的培养，达成课前对教学实施预设的目标。

第一节　音乐教学组织

一节好课，如同一首动听的歌，旋律有高有低，节奏有密有疏。在音乐教学逐层实施的过程中,一个具有新意的开头会促使学生对学习充满期待;一个充满跌宕起伏的展开会使人兴趣昂扬;一个丰富多彩的深入会使人充满想象;一个画龙点睛的结尾会令人回味无穷。因此,无论是导入新课的方法,还是展开教学的路径和深入挖掘的策略,以及结束教学的手段都值得教师精心思考,缜密设计。

一、导入新课的方法

苏霍姆林斯基说:"如果教师不设法使学生达到情绪高昂、智力振奋的内心状态,就急于传授知识,那么这种知识只能使人处于被动、冷漠的状态,给没有转动的脑力劳动带来厌倦。"课堂导入环节的组织是课堂教学组织过程成功的关键,一堂课导入的成与败直接影响着整堂课的效果。课堂教学的导入形式多种多样,教师要根据教学内容的特点与学生和课堂的实际情况,选择设计适合的导入方法。

(一)情境导入

教师根据教学内容创设一个合适的情境,渲染课堂的学习氛围,使学生身临其境,深入体验音乐的内涵,从而使学生在情境中感受和积累的情感能够有效转化为对知识的探究动力,之后的学习也会水到渠成。需要注意的是,导入时设计的情境要巧妙得当,真切感人,这样才能真正切入学生的内心深处,引发他们的想象,教师也要扮演好情境中的各种角色。

教学镜头:《打麦号子》的教学导入

师:同学们,今天的音乐课我们先来观看一段视频。请同学们思考几个问题:

1. 视频中的人们在做什么？2. 他们嘴里说了什么？

生:他们在喊着口号打麦子。

师:同学们观察得很仔细,现在我们也一起来学一学他们打麦吧!

师:你们有没有发现我们的动作好像不是很整齐,有没有什么办法可以让我们动作整齐。

生:我们也像他们一样喊着口号。

师:我来领,请大家模仿视频中的劳动人民与我相和。

谱例 5-1 《打麦号子》

从上述教学案例可见,在《打麦号子》歌曲教学中,导入环节教师通过欣赏劳动人民在打链枷的视频创设劳动情境,设问:视频中的人们在做什么?(打麦子)他们嘴里说了什么……再请学生模仿劳动者打麦,学生的动作或许会乱七八糟,甚至也有可能学生在七嘴八舌地打闹,这时教师引导:我们的劳动好像还缺少了一点干劲,是不是像劳动者一样加上口号我们就会整齐划一,更加有干劲呢? 一起来试一试! 这时开始加入歌曲前半部分的念白。学生很快就能进入这个劳动的情境当中,加上了劳动号子之后,学生也更加有干劲,同时在这个环节中还能体会到劳动号子的意义。

(二) 故事导入

采用寓意深刻又轻松幽默的故事导入,教师通过绘声绘色的教学语言铺陈渲染,也会受到学生的喜爱和欢迎。要注意的是故事导入不宜太长,且故事本身要能点出主旨。在欣赏《鳟鱼》钢琴五重奏时,先以"渔夫与鳟鱼"的故事导入,"清晨,阳光洒向大地,好像给大地盖上了一层金色的纱。一个渔夫走在小路上,扛着鱼竿,拎着鱼篓,心想:今天天气真好啊! 他一定能钓到肥鱼。想完他就来到了湖边,放下鱼篓,拿起鱼竿,钩上鱼饵,开始钓起鱼来。大家听一听这段音乐鳟鱼有没有被渔夫钓上来?"短短的几句话,就把学生的注意力吸引到了音乐当中,孩子们普遍都能认真地聆听音乐。

(三) 设问导入

精心设问,引导学生针对教学内容展开想象的翅膀,在知识的天空中翱翔。设置问题时要注意把握好问题的难度,由易到难、由浅入深,把提高兴趣的问题放在前面,先抓住学生的兴趣,为下面的提问做好铺垫。在学习《丰收之歌》竖笛演奏时,首先请学生聆听教师示范,感受乐曲能分为几个乐句。复听时,找一找有没有相同的旋律。《丰收之歌》全曲由6个乐句构成,结构是a+b+a+b+c+b,在老师的示范中学生基本能够自己发现这些规律,在清楚地了解了歌曲结构后,学生一下觉得简单多了,对于这首作品的演奏兴趣也就更高了。

(四) 温故导入

知识的传授都是系统的、有顺序的,也就是说,新旧知识之间是有联系的,新的知识总是建立在旧的知识基础上的,音乐课也不例外。"温故"的导入可以在新、旧知识间架起桥梁,使学生既能复习以前所学,又能消除对新课的陌生。苏少版四年级上册第四单元《小事情》既是这个单元需要演唱的歌曲,也是这单元竖笛演奏的歌曲。在前一节课学唱过歌曲之后,新的一节音乐课以复习演唱进行导入,在巩固学生歌曲演唱的同时,再次熟悉歌曲的旋律,为新课的竖笛演奏打下牢固的基础。

(五) 机变导入

所谓"机变"就是在进行课堂教学之前或者过程中发生了意外,但是可以拿来运用并且有利于课堂教学内容的事件。这时教师可以即兴应变,因势利导地把它引入教学中,往往会达到意想不到的效果。教师有一次上课看到一个男生眼睛充血,他还在揉眼睛,询问后得知是下课时打闹不小心弄到了眼睛,这时教师立即调整了教学内容,上起了《爱的人间》。这首歌曲是谷建芬专门为盲童所作,教师带着学生做起了盲人摸象的游戏等,使学生在活动的过程中认识和感受保护眼睛的重要意义。

除了以上几种导入方式之外,还有很多导入的方式。导入质量的好与坏在于教师能否贴近学生的生活与经历,是否准确地把握一节课的主体内容,是否具有创意性和艺术性。所以,在日常教学与生活中,教师要处处留心,不断积累创造,丰富自己的教学资源和手段。

二、展开教学的路径

展开环节是一节音乐课教学最主要的环节,教学意图的实现和教学目标的达成度主要取决于展开环节的组织。音乐课堂的教学内容丰富多彩,教学模式也多种多样,学生的音乐基础、学习能力更是参差不齐,因此在展开环节的组织上也会有很大差别。通常,应该根据音乐作品本体和学生的学情采取不同的组织策略。

(一) 有序的引导

无论是在音乐课还是其他课的教学中,学生都应在一种由浅入深、循序渐进、乐于倾听的心理状态下进行学习。在我们的音乐教学中,安排的内容一定是有顺序的,也应该要有一定的节奏和规律。

教学镜头:《过新年》的新课展开

师:同学们在过新年时候的心情是什么样的?

生:开心、高兴。

师:是的,小朋友们在过年的时候能收到长辈的祝福时都很开心,听一听歌曲中的小朋友开心的笑声一样吗?(师唱歌曲前两乐句)

生:不一样。第一次笑声的音更一些高。

师:你们的乐感真好!这次请同学们在老师演唱的时候,尝试用手势做出笑声音高。

师:同学们做得很认真!现在请大家和老师一起合作演唱,我来唱每句开头,你们演唱小朋友的笑声。(师:过新年呀;生:哈哈哈哈哈;师:喜洋洋呀;生:哈哈哈哈哈。)

师:我们配合真默契!同学们你们知道过年了都有什么习俗吗?

生:吃饺子、放鞭炮、贴春联、看春晚……

师:老师这里也有一副春联,你能和我一起读一读吗?

("鞭炮声声锣鼓响,唱歌跳舞多欢畅"。当老师发出邀请的手势,就请学生来朗读)

师:你们的声音真响亮!我们一起唱一唱吧!(师生模唱相同旋律)

通过此教学镜头,我们看到在《过新年》的教学中,教师先创设过年的情境,启发学生感受春节时候的心情;然后用歌曲中同音小节作为笑声,引导学生听辨 re 和 la 的不同音高的重难点;再用歌词作为春联,通过贴春联的习俗,与学生进行相同旋律的模唱,在无形中传授着相同乐句的教学……根据学生的身心特点,进行这样有序的引导教学,学生掌握了歌曲的重难点,以及歌曲相同乐句的划分,将音乐知识技能贯穿于学生对音乐审美感知和探索中,这样既符合音乐本体特性,又符合学生认知规律。

谱例 5-2 《过新年》

(二) 有情的注入

在教学中，教师通过把作品中所表现出的思想和情感充分展现出来，唤起学生思想上的共鸣，使学生对音乐作品产生较为深刻的情感体验。在《七子之歌》这节课上，教师首先通过故事导入，"一位母亲有七个儿子，他们都流落在外，十分渴望回归到母亲的怀抱，其中一位就叫'澳门'"，再通过歌曲节奏的变化以及旋律的走向对比分析音乐情绪，第一乐段（第1~9小节）四个乐句的旋律比较平稳，仿佛一个失去母亲的孩子对母亲的真诚倾诉。第二乐段（第10小节起）的一、二乐句，弱起节奏、六度大跳音程、高音区的回旋旋律、二声部合唱的运用，仿佛把内心压抑已久的急切期盼之情用"呐喊"的形式呼唤出来，让声音、情绪更加丰富、饱满。第三乐句中两次旋律下行的运用，则再次表现了期盼回归的急切心情，四分休止符的运用，更是在酝酿感情，对母亲发出深情的呼唤，引起学生的共鸣，唤起学生的思考，从而达到歌曲教学的目的，最终学生通过歌声表达出对歌曲的情感解读。

(三) 有趣的活动

活动在音乐课堂教学中是一种常见的教学方式，充满趣味性的活动能够充分调动学生积极性，学生通过亲身实践参与到音乐教学活动中，来获得相应的体会和感受，因此有趣的活动能更加丰富音乐教学形式。在上《春游》这节课时，教师围绕教学目标设计了以下几个活动，以"春"字为飞花令，带着学生在诗词中踏春；以传球活动来感受歌曲《春游》的八六拍节奏韵律；以不同方位行走划分歌曲的乐句以及区分旋律的异同；最后用在飞花令活动中寻找的诗词，进行填词编创。在这样一个个有趣的活动中，学生不知不觉感受了音乐，体验了歌曲，最后也通过编创填词的方式进行了歌曲的创作。有趣的活动不仅有利于学生的积极参与，同时还丰富了课堂教学内容，达到了一举多得的效果。

谱例 5-3 《七子之歌》

（四）有效的演示

如今，现代化教育技术飞速发展，现代化的教学设备和手段已经普遍运用在当今的音乐教学当中，但对音乐教师的示范能力仍然有着较高的要求。课堂上教师的示范更能直观、形象、生动地展示作品的思想情感和艺术风格，更能激发学生对乐曲的学习兴趣和学习热情，学生也能够很快地进入作品的学习和表演的氛围中，并在此过程中体验和感受作品的乐趣。例如，南昌路小学沙真宇老师在上《空山鸟语》这节课中，现场用二胡演奏《赛马》与《空山鸟语》，来对比欣赏两首作品的音乐情绪，学生一下就被老师的表演吸引，都能认真聆听教师的演奏，奏完纷纷为老师鼓掌。在这样有效的演示下，学生能更加直观、更加投入地聆听音乐，对于分析作品的情绪也就显得不那么困难了。现代教育技术的使用固然很重要，但是音乐教师的亲身示范是音乐课堂中必不可少的，这相比音频、视频更具感染和启发，因此每位教师要善用自己的特长进行示范和展示来吸引学生。

三、深入挖掘的策略

教学深入环节，是学生进一步巩固新课教学中所学知识的重要环节，也是拓宽学生视野、丰富学生知识面的主要环节，同时还是检测学生这节课学习情况、提升学生综合能力的关键环节。

(一) 巩固深入

根据教学内容、教学目标和学生学情,将本课学习的内容进行深入挖掘,可以丰富作品的表现形式,也可就某一知识点进行深入学习。例如在《牧羊女》这一课当中,歌曲的前四句采用了同头换尾的作曲技法,深入环节时,教师引导学生发现这一规律,并请学生依葫芦画瓢,根据歌谱第一小节旋律使用同头换尾的手法,继续编创属于自己的《牧羊女》的旋律,通过创作实践,使学生对同头换尾的作曲手法进行了深入了解,同时也巩固了此节课歌曲的学习,还丰富了歌曲的旋律,并创作出属于自己的《牧羊女》,具体教学方法如下。

教学镜头:《牧羊女》同头换尾的作曲技法深入

师:同学们的声音真好听! 学会了这首《牧羊女》之后,你们有没有发现歌曲一、二、四乐句的旋律有什么规律?

生:这三个乐句的旋律基本都相同。

师:是的,在我们歌曲写作当中,把这样的写作手法叫做同头换尾,就是每句开头的旋律都一样,只是在结尾处作曲家使旋律发生了一些小变化。

我们能否试一试用同头换尾的方法,编创属于我们自己的《牧羊女》。请大家尝试在一、二、四乐句的尾部加入我们自己的旋律。

谱例 5-4 《牧羊女》

(二）拓展延伸

新课标要求在音乐教学中应充分融合其他姊妹学科课程内容，这既能开阔学生的视野，又能进行学科综合。例如在学习《隆里格隆》这一课时，教师在深入环节介绍了京剧的相关知识，拓展了京剧脸谱不同颜色代表的不同意义，以及一些脸谱的代表人物（见图5-1），通过将音乐与戏剧结合开阔学生的视野，丰富学生的文化内涵。

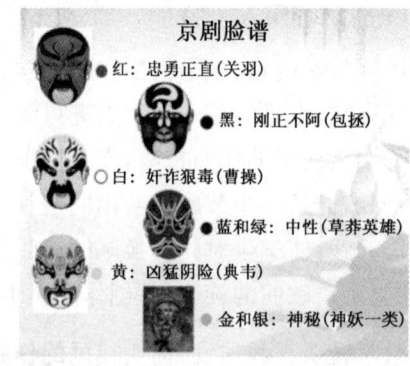

图5-1 京剧脸谱示意图

（三）检测提升

在深入环节，通过检测帮助学生了解本节课学习的主要内容，也激励学生学习的积极性，同时教师可以根据当堂检测的结果，对学生进行有针对性的提升。例如在学习《剪彩波尔卡》这一课时，教师在深入环节播放了三首不同风格的作品，一首进行曲、一首圆舞曲、一首波尔卡，请学生选出波尔卡风格的作品，然后带领学生总结波尔卡作品的音乐风格特点。通过对三首作品的听辨，提升了学生的听辨能力，再通过对波尔卡作品风格特点的总结，学生对波尔卡就有了更深入的了解。

四、结束教学的手段

课堂教学要有始有终，教学结束环节是教学过程点睛之笔。一节课有一个好的结束既能帮学生将所学的知识系统化，又便于学生牢固地掌握知识，还能使学生对所学知识的领会理解得到升华，由此可见结束环节的重要性，教师理应好好把握。

（一）精心小结，留有余兴

一节课的最后，教师设计一个画龙点睛的小结，抛出一些有启发性的问题，让学生在思考中结束学习，激发学生的求知欲望，起到画龙点睛的效果。通过提问，学生回顾了这节课的知识与内容，同时理解教师的教学意图，并且有利于学习的总结与提升。

教学镜头：《忆江南》课堂小结

师：鱼咬尾是一种很有趣的创作形式，今天也请你们做个小小作曲家，就用鱼咬尾的方式来创编旋律，请大家用d、r、m、s、l五个音，根据这个节奏自由创编接龙。

师：鱼咬尾是我国的一种民间音乐的创作方式，我们之前还听过一首也有"鱼咬尾"旋律的作品。（播放《春江花月夜》音乐，帮助大家回忆）

师：我们中国的民间音乐有很多，如《二泉映月》等，希望同学们可以去听一听，更希望你们在今后的学习中，运用善于发现的眼睛去寻找更多有趣的乐曲。

在上述《忆江南》的教学镜头中,老师在这节课的最后组织学生做了一个旋律接龙的游戏,采用五声调式的 d、r、m、s、l 五个音任选 3 个音,通过鱼咬尾的作曲技法,进行旋律的接龙。既回顾了这节课学习的鱼咬尾的手法,又提高了学生的编创能力,相信在课后学生也会自主地玩起这样的音乐游戏,期待在下一节音乐课中一起与老师分享自己课后的编创成果和收集的包含鱼咬尾技法的音乐作品。

(二) 做好铺垫,承前启后

以主题为单元的音乐教材,在每一个单元、每节课的教学中,要让教学内容保持连贯性,教师就可以在每节课的结束时设计一些巧妙的教学环节,为下一节课做好铺垫,架起旧课与新课之间的桥梁,这样就会使得我们的单元教学环环相扣、紧密相连,让整个单元内容形成一条主线。在《凤阳花鼓》这节课最后,教师给学生留了这样一个课后作业:课后听一听钢琴独奏《花鼓》,下一节课大家一起交流发现。然而钢琴独奏《花鼓》第一主题取材于安徽民歌《凤阳花鼓》,第二主题引用了《茉莉花》的音调素材,学生在完成作业时,肯定会对比《花鼓》与两首作品的联系,在新课的教学中学生都争先恐后地想说出自己的发现,一下就把学生与课堂拉近了,这不仅为学生提供了表达的机会,也让教师的教学紧扣主题,衔接紧密。

(三) 重点提炼,情感升华

如果教师在结束部分重点提炼本节课的主要教学内容,在学生高涨的情绪中结束教学,那一定会给学生留下深刻的印象、无穷的回味,并起到情感升华的作用,增强音乐课教学的魅力。例如董平老师在《回旋的钟声》课例中最后总结说:"今天我们聆听并歌唱了两首与钟有关的歌曲,还运用学到的回旋曲知识创编了一首属于我们自己的钟的回旋曲。回旋曲,实际上就是变与不变的旋律组合,无论旋律怎样变化旋转,最终还要回到主题。其就像我们的生活,无论遇见怎样的插曲,都要坚持主题——做最快乐最善良的自己。"通过教师的提炼,学生再一次巩固了本节课学习的重点,同时起到美育的作用,作为教师我们不仅要传授专业技能知识,更重要的是要教学生做真善美的自己。

第二节　音乐教学策略

在课堂教学中,教师要完成教学任务、实现教学目标,就离不开有效的教学策略,每个教学策略都不是万能的,教师要结合每节课的教学任务和目标,选择适合的教学策略加以组合运用,这样才能更好地服务于课堂。本节介绍了教师究竟该如何选择教学策略,以及一些常用的音乐教学策略。

教学策略就是达到教学目标的具体实施计划或实施方案,并且可以转化为教师的外部动作,最终通过外部动作来达到教学目标。任何教学策略都应该是针对教学目标中的具体要求而形成的,具备相对应的方法技巧和实施程序,它要转化为教师与学生的具体行动,这就要求教学策略必须是可操作的,没有可操作性的教学策略是没有实际价值的。

音乐教学策略是基础教育的有机组成部分,是实施美育的重要途径,对于陶冶情操、培养创新精神和实践能力、提高文化素养与审美能力、增进身心健康、促进学生德智体美劳全面发展具有不可替代的作用。

一、音乐教学策略的确立

选择音乐教学策略主要从教材、学生、教师等方面进行考虑。首先,教师要根据每首作品的特点,依据音乐学科的教学规律和教学原则,选择与之相适应的教学策略。例如在进行曲作品的学习中,教师可以带领学生在行进中感受和学习;在少数民族作品的学习中,教师可以让学生在体验少数民族的舞蹈和节日中,感受少数民族音乐的特点;在民歌作品的学习中,教师可以采用传统的口口相传的方式进行教学等。其次,选择要适合学生的心理特征和知识的差异,在教学中要面向全体学生,调动每一位学生积极性,并且对学生间存在的差异进行因材施教。例如在歌曲教学当中,可以请歌唱表现力较弱的同学,用打击乐器为歌曲伴奏等。最后,音乐教师要选择自己擅长的方法,结合自己的专业特长,根据每节课的教学目标,合理地选择不同的教学策略。例如在欣赏管弦乐《火车波尔卡》时,器乐专业的教师,可以根据自身所学的乐器,选择片段进行展示;不是器乐专业的教师,也可根据自己的特长选择律动的方式,如开火车或者通过歌声模仿火车的声势等。

对于低年级阶段的学生,应该充分注意这个年段的学生以形象思维为主,考虑到其好奇、好动、模仿能力强的身心特点,教师要善于利用儿童自然的声音和灵巧的动作,采用歌、舞、图片、游戏相结合的综合手段,进行直观教学。聆听音乐所选择的材料要短小有趣,形象鲜明,激发和培养学生对音乐的兴趣;开发学生对音乐的感知能力,体验音乐的美感;能使学生自然地、有表情地歌唱,并乐于参与音乐表现和即兴创造活动;培养其乐观的态度和友爱精神。

对于中高年级阶段的学生,其生活范围和认知领域进一步扩展,体验感受与探索创造的活动能力增强。教师应注意引导学生对音乐的整体感受,丰富教学曲目的体裁、形式,增加乐器演奏及音乐创造活动的分量,以生动活泼的教学形式和艺术魅力吸引学生,保持学生对音乐的兴趣,使学生乐于参与音乐活动,培养他们对音乐的感受力、鉴赏力以及创造力。

对于教师来说,在教学策略上达到"得法"的境地,实际上是教师的职业创造性能够得到最充分发挥的体现,也就是包括教学机智、教学幽默、教学语言和教学过程情感交流在内的各种知识、条件、手段和方法的综合体现。语言表述的形象性、信息交流的情感性,以及随机应变的灵活性,是一般艺术的特点,也是教学艺术显著的特点。教师要学会运用这种教学艺术,不仅要具有各相关学科深刻而丰富的知识,更重要的是熟练运用各种教学方法。

二、音乐教学策略的类型

音乐教学形式、教学方法千姿百态,教学内容也丰富多彩,教师要根据不同内容、不同方法、不同形式,选择一个合适的教学策略。在音乐教学实践中,归纳梳理了以下几种常用的音乐教学策略。

（一）创设音乐情境教学

音乐情境教学中所创设的情境包括两个部分：一为情感；二是环境。二者相结合就形成一个人的内在感觉与外部因素交互作用所产生的音乐教学特有的情感世界。情境创设的基本程序是：创设情境→情境体验→总结转化[①]。

这种教学策略是指在音乐教学活动中创设一种情感和认知相互促进的教学环境，让学生在轻松愉快的音乐教学气氛中，既有效地获得音乐文化知识，又陶冶情感的一种教学策略。运用这种教学策略要根据教学目标，通过语言描绘、音乐渲染、实物演示、图片再现情景以及运用现代教育技术等，为学生创设一个富有情感、美感、生动形象的特定氛围，学生在这一特定氛围中以各种形式参与音乐活动，还可以让学生扮演角色来体验情境等，使学生在潜移默化中进行学习，最后总结领悟学习内容，做到情与理的统一，使情感体验上升到理性认识[②]。

在具体的教学实践中，常见的情境创设教学策略又分为巧用语言、妙用光线、借用美术、善用教具、活用音源等方式。

1. 巧用语言

苏霍姆林斯基说："教师的语言修养在极大程度上决定着学生在课堂中脑力劳动的效率。"许多优秀的音乐教师上课时，学生津津有味、兴趣盎然、乐于思考；也有些教师的课，令学生兴趣索然、味同嚼蜡。其原因虽然是多方面的，但教师语言表达能力的高低是一个关键因素，在课堂上起到传道、授业、解惑的作用。

语言就是这样一种最普通又最特殊的教学手段，不经意地使用语言则谁也不会意识到语言的特殊性，但当教师巧妙地使用语言时语言便会发挥神奇的妙用。在欣赏《天鹅湖》时，教师介绍说："美丽的夜晚，一个盛大的舞会正在火热举行中，正当青年男女狂欢之际，王妃突然驾到，宣布王子要在明天的舞会上选出一个新娘，随后离开。这时天边飞来一群白色天鹅，王子立即拿起弓箭向天鹅飞的方向追去。当他赶到湖边时已是深夜，只见湖面上正游过一群白色天鹅，她们上岸以后，都变成了少女。王子和其中一位美丽的姑娘奥杰塔相遇了，奥杰塔向王子诉说了自己和姑娘们的遭遇，告诉王子只有忠贞的爱情才能将她们从魔法中解救出来。勇敢、善良的王子表示愿意竭尽全力搭救姑娘们。奥杰塔被王子的真诚所感动，他们相爱了，跳起了抒情的双人舞……"教师用生动的语言把学生带入这个舞会情境当中，通过形象的音乐和教师的语言（旁白）牵引着学生的情思和遐想，学生沉浸在音乐中感受、聆听、体验，理解音乐所表达的内容与情感。

2. 妙用光线

有人不禁要问："音乐教学也有光线问题吗？光线也能创设情境吗？"当然，不仅美术讲究光线，音乐同样存在着光线。恰当地使用光线不仅仅是增加明暗效果，更主要的是创设教学情境、烘托教学气氛，帮助学生感受音乐，更准确地体验音乐表达的感情。

笔者曾经看到这样一则新闻，"百名教师课上为孩子点亮星光"，原来是南京市力学小学

[①] 郑莉.小学音乐教学策略[M].北京：北京师范大学出版社，2010.
[②] 尹红.音乐教学论[M].重庆：西南师范大学出版社，2002.

姜盼老师在执教《来和我划船》一课时，抓住这首歌第三句"我们在星光下吉他声中"的亮点，希望学生不仅通过声音去感受这种在宁静夜晚泛舟、歌船摇曳的感觉，还要从环境上体会这样一个意境。她就问孩子们，有哪些方法能够让环境变得像夜晚一样，很多学生就说可以把灯关了，还有学生想要一片星空，教师就给学生准备了手电筒，在场听课的老师们也自发拿起手机，一起加入星空。这节课姜老师用新技术演绎了吉他的声音，星光下、吉他声、完美复制了歌词情景。通过光线创设情境，营造一个浪漫、诗意的课堂。

3. 借用美术

19世纪中期，音乐理论作曲家姆尼兹·豪普德曼在他的名作《和声与节拍的本性》里说："音乐是流动的建筑。"对此，贝多芬也深有体会："建筑艺术像我的音乐一样，如果说音乐是流动的建筑，那么建筑可以说是凝固的音乐。"艺术家对音乐艺术与建筑艺术的理解，换句话说，也道出了美术与音乐相得益彰、千丝万缕的关系。

美术与音乐在什么时候都是一对孪生姐妹，虽然表现形式不同，但她们的表情达意却又那么相似，关键时刻还能互融、互补，特别是在艺术课程教学中，彼此相互借用往往可以收获意想不到的教学效果。笔者听过南京市白云园小学董平老师《小伞花》这节歌唱课，课上教师一边唱着歌曲，一边结合旋律线在黑板上画出了歌词描述的内容，即三位小朋友一同躲在一把伞下的情景，使学生充分感受到作品描绘的场景，也能更好地帮助学生记住歌词，同时学生还意会到歌曲赞美着从"小伞花"里绽放的助人为乐、团结友爱的好风尚。

4. 善用教具

在教学过程中，教师可以合理运用教室内的教学设施，如桌子、椅子、黑板、钢琴以及教室内的其他物品，都可以成为创设音乐教学情境的手段。比如，南京市科睿小学刘尧伟老师的《瑶族舞曲》一课，为了让学生对篝火晚会和少数民族风俗有更深的体验和感受，教师精心设计一个篝火晚会的热闹场面，用鼓棒缠上红绸摆在中心，形成一个柴堆（火把）燃烧的情境，学生围着这堆鼓棒形成一个圆形，就好似瑶族人民正在参加节日盛典的篝火晚会，学生在这个篝火晚会上玩着、乐着、跳着、唱着、感受着、体验着、学习着、收获着，能不喜爱这样的情境吗？教师没有过多的说教，只是在提民俗的要求，学生也不是单纯的玩耍，而是在活动中体验篝火晚会，感受瑶族人民的情感，了解少数民族文化内涵，这些都是通过鼓棒（火把）创设的情境所发挥的作用。

5. 活用音源

音源是指在现代音乐课堂教学中，为提高学生的学习兴趣，培养创新意识而选用的生活中的自然音响素材，例如，自制打击乐器发出的声音、身体乐器发出的声音、塑料瓶模拟的水声与蛙鸣声、揉搓报纸模拟的风雨声、盆桶发出的雷电声、口技模拟的马蹄声等。

在新课标指导下的教学倡导从学生所熟悉的现实生活出发，从他们的生存环境出发，因此音乐教学就自然融进了自然音、生活音以及中介音。师生共同利用生活中的音源为更有效地学习音乐创设情境，是一项非常有趣且有创造意义的活动过程，学生通过寻找、发现、探究、模仿、表现的过程，创造出教学内容所需要的自然情境，提高了学习兴趣、烘托了课堂气氛、培养了创新意识、锻炼了实际能力。

教学镜头：《大海啊故乡》利用音源创设情境

师：请大家听北京天使合唱团演唱《大海啊故乡》，听完后想想我们能不能模仿他们进行表演。仔细听他们用了什么样的形式进行演唱？还有其他什么声音？

生：有领唱、有合唱，还有海浪声。

师：老师也想请同学们模仿海浪声，老师为大家准备了小道具，看看是什么，我们怎么样才能模仿出海浪声？

生：报纸，我们可以用不同的力度摇晃报纸模仿海浪声音。

上述案例是南京市琅琊路小学刘永红老师执教的《大海啊故乡》，在这个镜头中我们看到刘老师就用报纸摇晃模仿出了海浪的声音，仿佛大家一起围坐在海边回忆那过去的故事，激发了学生想象，利用报纸有效地创设了音源情境，快速地将学生带入情境，加深了学生对作品的理解和感触。

（二）融合音乐情感体验

对于"体验"，2011年版《义务教育音乐课程标准》中有一句十分重要的表述："音乐教学过程应是完整而充分地体验音乐作品的过程。"也就是说，音乐教学过程是一个学习者对音乐的感受、感悟和音乐对学习者的感染、感化过程。

1. 感受欣赏，体验音乐情绪

教师运用形象直观的教具、生动有趣的语言、丰富多彩的教学手段，唤起学生的积极情感，激活学生的主体意识。在有趣的音乐活动中，使学生得到了更多尝试性的体验，并能在体验中求得，体验中求乐。例如：南昌路小学沙真宇老师在《念故乡》这节课中，通过走恒拍、拍节奏的方式让学生体验旋律和情绪的变化。歌曲 a 段（1～4 小节）附点节奏的使用使歌曲在平稳中带有一些动力，此段结束在主音，给人以平静稳定之感。b 段（5～8 小节）的旋律多小跳，音乐由 mp 到 mf 的对比变化，使音乐表现出激动的情绪。a′段（9～14 小节）的音乐由 p—f—p 的发展，在强烈的对比中，似乎蕴含着他乡的孤客重返故乡的渴望。歌曲旋律朴实优美，同音重复和级进较多，形成一种惆怅、思念的音乐意境，将游子的思乡之情抒发得淋漓尽致。在活动的过程中，教师通过不同的步态（大步伐和小碎步），不同力度的拍节奏，带领学生体验歌曲音乐与之对应的情绪，在这其中并不做过多的讲解，只要求学生用动作和步态来表现出音乐的情绪。一开始学生不能进入音乐表达的情绪，在多次体验过后学生基本都能通过动作表现出音乐所表达的情绪，说明学生在不断的体验中逐渐地感受到了音乐情绪带来的变化和力量。

2. 参与表现，抒发音乐情感

情操是人根据美的需要，按照一定的美的评价标准，在审美过程中产生的情感体验。情操不同于一般美感，它必须是正确的审美需要，即其审美需要是符合社会真、善、美的审美观。通过音乐美的旋律，让学生鉴赏美，并能使自己的情感与词交融、与曲交融、与景交融、

与教学活动产生一种共鸣,表现出音乐作品的情感需要。例如,在《甜甜的秘密》这首歌曲的教学中,教师带领学生做声势游戏传"秘密",当音乐停止时传递的百宝箱停在谁手上,那位学生就可以打开百宝箱拿出一张纸条,看看纸条上老师写的悄悄话,通过这个游戏带领学生体验歌曲中孩子们期待的情绪。然后教师进行歌曲分析,问:歌曲前半部分节奏紧凑,多用休止符,这样表达了什么样的情景?学生:表现了学生蹑手蹑脚给老师藏秘密的情景。师问:后半部分节奏拉宽,每个乐句旋律起伏大又描绘了学生什么的心情?学生:描绘了学生期待秘密快快被老师发现的心情。歌曲表达了对师长的敬爱,在这节课中教师与学生,从游戏、旋律、歌词等获得了审美的情操陶冶与体验,学生最终也能通过歌声表现出歌曲中孩子们的心情。

3. 尝试创造,表达音乐情趣

情趣体验实质上是一种审美体验,它要学生将自己体会到的音乐形式与内容情感相融合,形成音乐学习体验的经验,进而帮助学生在以后的学习生活中体验音乐内含的情感,形成音乐审美价值观。例如在《顽皮的小杜鹃》这节课中,学生学会了歌曲后,教师引导学生对歌曲进行二次创作,唤起学生以往的音乐学习经验,启发学生可以改变演唱形式,可以加上情境表演,可以融入打击乐器伴奏,可以编创音乐故事等,来进行小组讨论与编排。一段时间过后,前两组同学的展示简单又不失小杜鹃的顽皮,他们在歌曲"咕咕"叫声时,设计一个自己喜欢小杜鹃的动作,或者加入打击乐来模仿小杜鹃的叫声,并在"咕咕"叫声时伸出头来与小杜鹃打招呼。后面两组在前两组的基础之上,又增添了一些新的花样,他们对歌曲进行了情境表演,一人扮演"我",一人扮演"小杜鹃",同时请其他同学演唱歌曲,或者用"咕咕"的鸣叫声为歌曲编配一个二声部伴唱。更有创意的小组编创了一个音乐故事,一人扮演旁白,一人扮演故事主人翁,一人扮演小杜鹃演唱"咕咕",一人扮演小河演唱"哗啦啦",剩下的成员扮演小树林,并且有感情地演唱歌曲。不管学生的编创是简单还是丰富,教师都在教学中给予学生充分的肯定,学生在短短的时间内发挥自己的想象,唤起自己以往的音乐经验进行创作,在总结经验、收获编创的乐趣中,学生的审美情趣也在不断提升。

(三) 关注音乐合作学习

合作学习是指学生在小组或团队中,有明确的责任和分工,共同完成任务的互助性学习。合作学习既是一种教学思想、教学的总体要求;也是一种具体的课堂教学艺术。它代表着进步的教学理念,即教师与学生之间的关系是相互尊重、相互合作的人际关系;学生是课堂真正的主人;学习过程不仅是学生认知发展的过程,而且是学生个性同步发展的过程;学生彼此之间的合作是课堂教学效率取之不尽的源泉[①]。

新教育理念与新学习方式尤其强调相互合作,现在的学生早已不是过去那样的单纯接受者了,他们通过家庭、网络、社会等多种渠道,能够获得许多的学习途径,教师应当把这看作是一种力量、一种财富、一种资源、一种智慧。我们关注合作学习,实际上就是把力量、财富、资源、智慧集合起来使用,以加强学习,促进学习。在教学中,教师如何采用"合作学习"这一教学策略促进学生的发展呢?

---

① 董洪亮.新课程教学组织策略与技术[M].北京:教育科学出版社,2004.

1. 合理分组，异质互补

教师要根据学生的学习基础、学习能力、个性特长、性别搭配和家庭环境等要素进行合理分组，小组内可以由学生自荐或者推荐选出组长，其他组员自行选择适合自己的角色，小组成员要建立起积极的互动关系，每个人要明确个人的责任，在合作互补中共同完成任务，还可以定期轮换小组成员角色使其掌握新的合作技巧，促进个人全面发展。例如：在《梨园英秀》这个单元，请学生课后查找我国戏曲的种类，下节课以小组为单位汇报。课后各小组在组长的带领下，每个人都有自己的任务，有的查找网上资料，有的查找书本文献，有的进行知识汇总，有的准备上课汇报，最后以达到在课上呈现精彩汇报的效果。

2. 精心设计，有效讨论

讨论是合作学习中最常见的形态，它以小组为独立单位，教师精心设计讨论内容，有序组织好讨论过程，学生根据教师抛出的问题进行讨论，在讨论中各抒己见、互相启发、互相帮助，在交流互动中获取新知识，拓展思维，发展能力。例如，在《顽皮的杜鹃》这课的教学中，最后请学生设计歌曲的展示形式，在小组讨论中，有的小组会加入律动，有的小组会进行故事编创，有的小组会编配打击乐器等，这都是学生自己讨论的结果，教师只是给学生提供了一个展示的舞台，施展各组成员的才华。

3. 及时评价，促进发展

新课标指出通过科学的课程评价，有利于学生了解自己的进步，增强学习的信心和动力，促进课程教学质量不断提高。所以教师要多引导学生采用自评互评及他评相结合的方式进行及时评价，关注学生的差异，多以学生的感官为主，将重点放在自我发展的纵向比较上，小组之间的互评需要总结出小组的优点和不足，达到取长补短、互相促进的目的。教师在这个过程中倾听学生的发言，适当地用发展性评价激励学生主动学习、积极探索。例如，在《顽皮的小杜鹃》这节课上，在每小组展示之后，教师先请组内成员自评，学生会说某某不认真，不积极参与；再请同学互评时，其他组会说他们组都很团结，表演得也很好等；最后教师再进行引导性的激励，对于表现不是很好的学生先给予肯定，再指出哪里需要改进，对于十分积极的同学，鼓励他们更加努力，发挥自己的优势带动其他同学等。

（四）注重探究发现教学

探究发现教学是一种以解决问题为中心，注重学生独立活动，着眼于创造性思维和意志力培养的教学范型。这一教学要求学生在教师的指导下，通过连续的步骤或活动，自己去发现问题和解决问题，从而在解决问题中获得知识与能力，实现知识与能力、过程与方法、情感态度和价值观的目标达成。

在探究发现教学策略中，教师是一位精心的组织指导协调者，引导学生通过自己的努力，探索发现并获得知识，同时形成良好的探索能力及创造能力。这种教学策略大体可以分为四种形式。

1. 集体探究

集体探究是指在音乐课堂教学中，学生在老师的带领下以集体方式进行的探究发现性学习活动，其特点是人数多、思路广泛，通过相互启发、相互碰撞，可以使学生在活动中获取更多的信息。例如,在欣赏民族管弦乐《瑶族舞曲》时,在拓展环节教师抛出"你听到了哪些乐器的声音?"的问题,请学生完整聆听,并将听到的乐器记下来,乐曲结束一起分析,学生基本能把常见的乐器记下来,教师与学生探讨补充没有记录的乐器,再播放乐曲加深感受体验,最后请学生归纳乐器的分组,并传授民族管弦乐的概念。在探究中,学生对《瑶族舞曲》的欣赏有了新的层面上的理解,还在探究过程中锻炼了听辨能力,掌握了民族管弦乐的理论概念。

2. 小组探究

小组探究是指在音乐课堂教学中,由教师统筹安排,在小组长的带领下以小组为单位开展的研究性学习活动。其特点是人数较少、集中、便于管理,可以使学生在规定时间内充分发表意见,锻炼学生独立思考与操作的能力。在《八只小鹅》的教学中,学生学会了歌曲的演唱后,教师请学生以小组为单位,将歌曲中四个乐句重新排列,变成一首新的《八只小鹅》,他们会聚精会神地思考,积极地讨论,表面上是重新排列,实际上是心灵碰撞,获得的是自主探究学习的能力,体验的是探究学习的兴奋、共同合作的乐趣以及创造的愉悦。

3. 独立思考

独立思考是指根据教学进度的需要,由教师统筹安排,学生独立进行的研究性学习活动方式。其特点是灵活机动、独立操作、自主性强,可使学生的独立性得到充分锻炼。在《雨中交响》这个单元,教师要求学生课后思考:在音乐课上我们怎么才能模仿出下雨天的声效?第二节课学生各抒己见,有的说摇晃矿泉水瓶里的水,有的说抖动废报纸,有的说揉搓塑料袋,有的说摩擦衣服,有的说用不同力度拍手……学生相互交流想法,相互评价音色,课堂效果很好。

4. 多重参与

多重参与是指在音乐课堂教学中根据课堂教学内容的需要而采取个人、小组和集体相结合的研究性学习活动方式。其特点是课堂活跃、形式多样,可以使学生的潜能和综合能力得到更充分的发挥与锻炼。

在《快乐的孩子爱唱歌》这课的教学中,教师通过问答的方式,单独与个别孩子进行歌词编创游戏,出示歌曲歌词再将学生分组:一组问,一组答。问:什么样的鸟儿爱飞翔?什么样的蜜蜂爱花房?答:活泼的鸟儿爱飞翔,勤劳的蜜蜂爱花房……再按照这样问答的方式进行歌曲的演唱。这样有了个人与小组或者集体的结合,既能使学生快速加入活动,也丰富了课堂教学的形式,还提高了教师教学的效率。

探究发现课堂教学能否取得实效,归根到底是以学生是否参与、怎样参与、参与多少来决定的,同时只有学生主动参与教学才能改变课堂教学机械、沉闷的现状,让课堂充满生机。所谓学生主动参与就是给学生自主探究发现的权利,教师不要预先设定条条框框来约束学生,不应要求学生按照预先设计好的一套去运行,而应先让学生尝试,把学生推到主动位置,放手让学生自己学习,教学过程主要靠学生自己去完成,这样就可以使探究发现课堂教学达到理想的境界。

(五)营造创作实践教学

创造力是指产生新思想、发现和创造新事物的能力,是人类特有的一种综合性本领,是成功地完成某种创造性活动所必需的心理品质。《义务教育音乐课程标准》指出:"创造是艺术乃至整个社会历史发展的根本动力,是艺术教育的功能和价值的重要体现。创造是发挥学生想象力和思维能力的过程手段,对于培养具有实践能力的创新人才具有十分重要的意义。"因此,在音乐教学中教师要善于从音乐自身规律和特性入手,有效利用音响制造的空间效果,使学生在声波环绕中打开想象的闸门,适当把握表现带来的机会,让学生在表演的过程中张扬独特的个性。

创作实践教学是指教师向学生提供一些熟悉的音乐元素,如节奏、旋律、强弱等,去创造新的音乐作品并使学生从创造过程中获得满足。由于各个地区、各个学校学生的音乐学习能力与发展速度不尽相同,所以音乐创作实践的教学内容要因地制宜,合理选择音乐创作实践教学方法。

1. 节奏接龙

节奏是音乐的基本要素,也是学生学习的首要任务,教师可以带领学生玩节奏接龙游戏,教师要求 4 拍,后一位同学要重复前一位同学的后两拍,并且自己再即兴创编两拍新的节奏,这样依次向下接龙传递。如:生 1: ♩ ♫ ♩ ♫,生 2: ♩ ♫ ♬ ♩,生 3: ♬ ♬ ♩ ♪ ♪……

2. 旋律连接

旋律连接与节奏接龙的性质相似,但是难度更大。在旋律的创作过程中,学生不仅要考虑在一定的节拍上安排恰当的节奏,还要注意音高的连接关系。学生在学习创作旋律时,教师要在课堂上对旋律创作的基本规则进行一定的讲解。例如,南京市鼓楼区特殊教育学校的钱启惠老师在上《凤阳花鼓》这一课时,与学生进行了这样的旋律连接,教师要求只能用五声调式中的 d、r、m、s、l 五个音,并且每句结尾的最后一个音,必须是下一句旋律的第一个音,教师先开始: m s l,生 1: l m r,生 2: r m d……在巧妙的游戏中学生不知不觉就学会了鱼咬尾的创作技法。

谱例 5-5 《凤阳花鼓》

3. 歌词替换

音乐课堂上,教师选择恰当的歌曲,让学生留心自己的生活,关注校园、社会,创作一些积极向上、反映学生风貌的歌词,配上已经学过的曲调,之后学生之间还可以相互评价,推荐出歌词替换后的优秀音乐作品。例如:教授《我爱我家乡》这课时,教师设计请学生根据自己家乡的特点编创第二段歌词,生活在南京的学生们编创了美味的汤包、漂亮的云锦等歌词。

谱例5-6 《我爱我家乡》

4. 图谱创设

在课堂中,教师用图谱的方式引导学生学习一首同头异尾的歌曲,可视性的图谱设计会有效帮助学生理解音乐作品。教师还可以将这种创作手法介绍给学生,请学生加以模仿并自己进行设计,创作一个简单的相同结构的音乐片段。例如:在《春游》这课教学中,教师引导学生跟着伴奏音乐画出旋律线,教师在黑板上用粉笔画出来,结束后学生清楚地发现一、二、四乐句的旋律是相似乐句,这样使学生感觉歌曲更加容易学唱了,同时也很快就能解决歌曲教学的重难点,即第三乐句的演唱。

5. 音效模拟

模拟是指主体对客体的仿效。在音乐课堂教学中,通常是教师引导学生,用人声或乐器对自然界的音响(风声、雨声、流水、集市、车辆等)进行即兴模仿。例如:在《送元二使安西》这节课的教学中,南京市南昌路小学张红宁老师就通过人声来模仿风声,编创了一个二声部来丰富歌曲的演唱,更好地表达歌曲情感。古诗情景交融表达了送别友人的别离之情,张老师在课上也创设了这样的一个情景,通过举杯、挥手告别等还原送别时的场景,模仿风声烘

谱例 5-7 《春游》

托出离别的气氛,学生在这样的情境中就能更好地表达出歌曲中的惜别之情。

在音乐教学的实践中,远远不止这里所介绍的几种教学策略,以上介绍的几种音乐教学策略,其实是一个组合的概念。这几种教学策略之间既相互独立又相互影响。真正有效的教学策略,应该是将这几种教学策略恰当地组合,至于如何组合要根据教学目标和学生实际情况综合考虑。另外,音乐教学策略也不是一成不变的,教学实践随着时代的发展,以及教学实际情况的不同,音乐教学策略会有许许多多的变化。我们在教学实践中,要创造性地运用和拓宽这些音乐教学策略,而不是被这些策略所束缚。

谱例 5-8 《送元二使安西》

第三节　音乐教学调控

音乐教学调控是音乐课堂教学中一个非常重要的组成部分,它像一柄双刃剑,既可以让音乐课堂教学魅力无穷,亦会影响音乐教学效果。为了更好地帮助大家做到"知己知彼",本节详细阐述了系列相关问题,如音乐教学生成、音乐教学突发事件和音乐教学机智等。

一、音乐教学生成

课堂教学既需要预设,也需要生成,预设与生成是课堂教学的两翼,缺一不可。预设体现对文本的尊重,生成体现对学生的尊重;预设体现教学的计划性和封闭性,生成体现教学的动态性和开放性,两者具有互补性。教学既要重视知识学习的逻辑和效率,又要注重生命体验的过程和质量。在音乐教学课程的实施过程中,课堂的真实教学情境与预设的教学计划之间会产生某些偏离。作为音乐教师,应正确地理解预设与生成的内涵,并能客观辩证地处理好二者之间的关系。

上课前教师都要进行备课,这就是教学内容的预设,教案就是教师预设的成果。生成是在教学中因学情的不同,对预设的教学目标、内容、过程、方法进行适当的调整。预设是"计划",生成就是执行计划过程中的"变化",生成是相对于预设而言的。在课堂教学中会有许多不确定的因素,使得音乐教学过程中的预设与生成显得尤为重要,生成的课堂注重生命的多样性和教学过程的复杂性,把每一节课都看作是不可重复的新鲜与火热的过程。

教学是一个以学生为主体的活动,在这其中生成与预设之间的平衡与突破是一个永恒的主题,师生共同参与、共同创造的课堂,构成了课堂教学中的动态美,课堂动态的生成必定是一个真实的课堂,是学生思维开放的课堂,更是闪现着学生灵性的"活"课堂。只有辩证地认识课堂教学中的预设和生成的关系,才能科学而艺术地处理好二者之间的关系。

1. 精心把握预设

教师必须把握住预设性问题向生成性问题的转换这一关键环节,精心地设计教学,使预设的问题的出现就像自然的生成的问题,才可能引发学生强烈的探索动机。

(1) 留好空白与空间

每一节好课,都离不开预先的精心设计,教师在课前备课的时候,如果把一节课设计得满满当当,那么教学过程太严实,学生学习思维的发散空间就小了,学生总是围绕着教师的指挥棒,努力配合教师完成教学预设的过程,教师忽略了学生,没有以学生为主体,或许这节课的教学结果是无可挑剔的,学生也学会了这首歌、这支舞,但是教学过程变得机械化,学生的学习兴趣就不高了,成了一种被动的接受。新课程提倡学生的创造性思维的培养,以及在教学的过程中与学生的互动,要求教师要根据课堂中学生的情况、课堂的表现,及时捕捉学生关键的信息,来调整教学内容与方法。因此,教师在教学的预设中不妨为学生留有余地和弹性的空间,充分考虑到问题的"不确定性"的特点,关注每一位学生,鼓励学生发问,培养学生的问题意识,活跃学生的思维,开阔学生的眼界。陶行知先生说过:做"先生"的最大乐趣,就是教出自己崇拜的学生。学生能把老师问倒,说明有水平、善思考。所以,教师在预设中既要有自然生成的空间并把握好弹性,又要对教学方案进行随机应变,这样课堂才能具有自然、轻松的效果,而且会在不经意间较为圆满地完成教学任务。

(2)理好形案与心案

在音乐教学中要处理好"形案"与"心案"的关系。《基础教育课程改革纲要》解读中提出"教案的规范化对合格教师尤其是优秀教师而言,可能弊大于利"。因为过于规范的教案是一个死板而僵化的文本,有些相似于音乐的乐谱,作为书本上的乐谱如果不用表现形式来再创造,可以说没有太多的人能够体会到它的价值意义。同样,一个所谓的非常规范的优秀教案仅仅是一个没有任何生命的文本,教师如何来演绎教案才是最为重要的。如何把物化、静态的"形案"变成一个有生命的、动态的生成过程,这对教师预设教学方案提出了更高的要求,预设不再是静态的"形案",而是一个开放、多种教学预案设计总和的"心案"。教师应该在课堂中结合学生表现选择预案,随即产生方案,这是一种弹性的、动态的形成过程。做到心中有案,行中无案,寓有形的预设于无形的、动态的教学中,把握促使课堂教学动态生成的切入点。

2. 巧妙生成课堂

好的生成,会对学生的后半生都产生影响,这是一种有针对性的教育。有了这些课堂,这些教育,课堂就活跃了,因为教师给学生机会,让学生有成就感,同学关系也会转变,这就是学校生成教育真正起到的作用。

(1)在"妙用学生的出错"中生成

在教学中,由于学生的知识水平有限,在教学中难免会出现一些小的错误,教师发现错误后,因势利导进行引导点拨,从而生成正误知识的辨析点,引出正确的想法,得出合乎逻辑的结论,将会收到意料之外的效果。在欣赏圣桑斯的《天鹅》时,教师要求学生聆听乐曲片段,说出此时天鹅的心情。有的学生说是悲伤的,教师问他:"为什么?""因为这首乐曲的速度很缓慢""音域也很低沉",有同学补充说。学生此时好像不太能辨别音乐的情绪,于是教师通过另外两首作品《春节序曲》的抒情部分和《沂蒙山小调》进行对比欣赏并讨论,最后学生们得出结论:同样舒缓低沉的乐曲,要根据作品的内涵,来判断其音乐情绪,不能轻易判断,这样会是片面的。

(2)在"善用学生的提问"中生成

在生成性的课堂教学中,要使课堂教学时学生思维活跃,就要调动学生的情绪,使得学生兴致勃勃,要启迪学生思考,开阔学生的视野,通过学生的质疑来推动教学。在学习《我的家在日喀则》这首歌曲时,当教师在教授简单的藏族舞蹈动作时,有学生就问:"他们为什么都是半蹲着在舞蹈,而且身体的重心都是向下的?"五花八门的答案就来了:"藏族人审美不同""这是藏民劳动的舞蹈""他们就是这样走路的"……学生表现出现了空前的积极性,等到他们迫不及待想知道答案的时候,教师再介绍藏族舞蹈的来源、特点就能自然而然地让学生深刻记忆。

(3) 在"巧用学生的发现"中生成

让学生积极参与到学习活动中,他们的思维更加活跃,有的时候会出现一些出人意料的发现,教师顺着他们的思路深入下去,调整原有的预设方案,或许这样会让课堂"柳暗花明又一村",生成教学的创新。在《飞吧,飞吧》这课中,学生看到歌曲的旋律有两句节奏都一样,只是把旋律平移高了,联想到《幸福拍手歌》的旋律也是这样,就问老师:这是不是一种歌曲写作的方法,是不是我们也能这样编创旋律?这时教师介绍了模进的作曲技法,并且鼓励学生课后尝试编创,课后还真有的学生编创了歌曲,教师拿到课堂并与同学分享。

二、教学突发事件

教学突发事件是指教师在课堂教育教学过程中突然发生的,在教师预设范围之外的事,其具有突发性、多样性和不可预知性。在课堂教学中,教师的教与学生的学是同时进行的,在这个过程当中不可避免会发生些出人意料的事情。这些事情与课堂教学没有任何的因果关系,完全处于教师教学计划之外,这就是教学过程中的"突发事件"。

作为一名合格的教师,要想完美地处理好这些"突发事件",保证教与学始终在师生的最佳情绪与最佳状态中进行,达到教学效果很好的境界,就必须充分利用和发挥教师的教学机智,艺术地应对"突发事件"。

对教学突发事件的处理是否妥当,将直接关系到整个课堂教学效果的好坏,因此,要求教师要提高自身应变能力,掌握一定的应变技巧。在音乐课堂教学过程中,大多是一帆风顺的,但是偶尔也会出现一些小插曲、小事件以及小摩擦。应该说,引起教学事故的因素多种多样,应对的策略也是各有不同。

1. 教学设备突发事件

音响设备是进行音乐教学不可缺少的设施条件,在信息技术突飞猛进的现代,越来越多的先进教学设备走进课堂,随之而来的是教师是否能够熟练地运用各种各样的教学设备,以及在先进的教学设备出现问题时教师该怎么办。这已经成为决定一节课能否成功的关键因素。例如,当马老师在上《月亮姐姐快下来》这节课时,课件突然出现问题,不能播放,马老师就自己演唱了歌曲,学生的注意力一下就被老师的演唱给吸引了,唱完老师就问:"你们想不想和月亮姐姐做朋友?""想""今天我们就一起来学习这一首歌曲"……在这节课中,原本老师是想通过播放课件,让学生边看画面边听音乐,但由于课件出现问题,马老师面对突发事件,立马就采用亲自范唱来解决课件问题,没想到比原本设计的效果还要好,学生的注意一下就被老师吸引了,同时也被老师的歌声打动,对歌曲的学习兴趣也更加积极。面对音响设备出现问题时,教师可以采用亲自范唱、乐器演奏、自己舞蹈等方式,平静地带领学生继续教学活动,有时教师的亲自展示,对学生的吸引力更大,教学的效果也会更好。

2. 教学环境突发事件

课堂教学不是封闭的,它与外部环境有着千丝万缕的联系。因此,不可能完全隔断外界的干扰。如:教室内正在上课,室外有辆汽车呼啸着奔驰而过,或麻雀、蜜蜂、蝴蝶作为"不速之客"飞进教室,麻雀"叽叽喳喳"地叫个不停等,这些都可能是突发事件产生的原因。当学生被窗外汽车飞驰声吸引,或者被麻雀与蜜蜂这样的不速之客惊扰时,教师可以带领学生做哼鸣或者模仿麻雀、蜜蜂的叫声,进行发声练习。如:"同学们,今天小蜜蜂来到了我们的音乐课,原来它想和大家一起唱歌,我们安静地听听它是怎么唱歌的?"通过这样的形式让学生安静下来,仔细听蜜蜂的叫声,然后再带领学生模仿蜜蜂"嗡嗡"的叫声进行发声练习。再如:教师可以模仿蝴蝶或者小鸟振翅的动作,请学生来观察评价老师模仿得像不像,让学生快速地回归到教师教学思路上,与教师一起思考和学习。

3. 教学活动突发事件

在教学设计时,教师设计的活动与环节都是循序渐进、环环相扣的,但是在实践的过程当中,有时会不按教师所设计的步骤进行,会出现诸多教学设计之外的、令人难以预料的情况。

(1) 分心型。由于某些学生不注意听讲;或者由于欣赏音乐的时间过长,学生听得倦怠;或者由于学生自制能力差,教师在台上示范,学生在下边做小动作,这时教师若提问,他们往往会答非所问,甚至引得其他同学哄堂大笑。

(2) 风头型。一个班学生几十人,难免有几个爱出风头的。如果平时这个班纪律性一直不强,那么这几个爱出风头的人往往会向教师发难。他们或在教师讲课时,故意提出一些不该提的问题,有意为难教师;或在回答问题时,离题万里不着边际;或者故意在课堂上捣乱。

(3) 纠纷型。课堂教学中常常会出现这样的状况,突然同座位或相邻的两个同学因为一些鸡毛蒜皮的事情争执起来,轻者发生口角,重者你推我拉互不相让,甚至大打出手不听老师同学劝阻,打破教学常规无法进行正常的教学。

面对上述情况,教师不仅需要冷静的心态,更应在过程中因人、因事、因具体的情形予以针对性的处理与面对。

三、音乐教学机智

教学机智就是教师具有在教学过程中对一些未曾预见的偶然因素进行灵活、及时、妥善地处理,使教学活动朝着既定的教育目标前进的一种创造性的教学智慧。教学机智作为一种教学技能和技巧,它源于教师丰富的教学经验,是教学艺术的一种临场表现。

教师的教学机智是教师在教育、教学过程中的一种特殊定向能力,是指教师对学生活动的敏感性,能根据学生新的特别是意外的情况迅速而正确地做出判断,随机应变地及时采取恰当而有效的教育措施解决问题的能力,是教师良好的综合素质和修养的外在表现,是教师娴熟运用综合教育手段的能力。

教育机智应该把握两个基本原则:第一,教师应遵循因势利导,发扬优点,克服缺点,为达到正确教育效果的指导原则;第二,教师要认识到每个学生都有这样或那样的优点和长处,蕴藏着等待诱发的积极因素。音乐课堂中学生的思维尤其活跃,对问题的理解和回答以及行为举止常常出现一些难以预料的情况。要想妥善处理好这些意外的教学事件,确保课堂教学顺利进行,教师就必须努力提高自身的应变能力,掌握一定的应变策略,运用新的教学思想来处理音乐教学事件、指导自己的教学行为。新课程教学要求教师课前有应付课堂上可能出现种种意外的心理准备,课堂上才会游刃有余。

如果说音乐教学过程是一串珍珠项链,那么音乐教学事件就像其中形状最独特的一颗,如果搭配合适可以使得项链光彩夺目,如果搭配不好则会使得项链暗淡无比。分析实际音乐教学中出现的常见突发事件,教师应该怎样妥善处理,促进教学发展呢?

1. 随机应变

教师在施教过程中,应对随时可能发生的意外情况及时准确判断,快速确定行为方向,并采取正确而果断的行动,以化解矛盾,影响和教育学生,因此,教师应该善于随机应变,这是教育机智的一种重要表现。例如,在上《火车向着韶山跑》这一课时,预设B段音乐变火车穿山洞、爬山的情景,请学生模仿老师一起做动作,教师选择的是双手在胸前画波浪,随着音乐做动作时,只见一名男生动着动着把腰弯了下去,另一名男生立即从他的手脚之间钻了过去,这时全班同学哄堂大笑,教师见机立马改变了动作,"原来他是想给我提供一种更加形象的钻山洞方式"。教师请学生两两一组双手过头顶搭起一个山洞,每次钻进去两位,这样依次搭山洞和钻山洞直至变换主题。一个小小的插曲,教师抓住了这个机会对学生进行了生动的引导,坏事变成了好事,教学内容得以延伸,产生了意想不到的结果,这就是教师随机应变的能力起到了至关重要的作用。

2. 因势利导

因势利导是指教师按照学生的需要和实际水平,调动并利用学生心理的积极因素,循循善诱,从而引导学生扬长避短,增强自觉克服缺点的内在力量,提高主动学习的效率,开发自己的学习潜能。教师要善于把自己的教育意图隐蔽在友好的气氛中,善于把这种教育要求当成学生内心的愿望提出并实行,善于把这种教育要求转化为学生自身的需要,成为学生主动学习的目标,这是教育的艺术,是教育机智的一种表现。例如,在上《翅膀》这课时,导入环节过后,教师正准备新歌的教学,这时班里一位调皮好动的同学把课间玩的球拿出来玩,学生把球在地上推来推去,此时教师灵机一动,为何不因势利导与学生一起玩推球游戏,将推球与感受音乐强拍和节拍规律相结合呢?于是教师要求学生找音乐强拍,在强拍上把球推给下一位同学,没有拿到球的同学也模仿做推球动作,学生都情绪高涨、兴致勃勃地动了起来,教师机智敏锐地改变了原有教学设计,收到了意想不到的教学效果。

3. 因材施教

因材施教是指教师能从学生实际出发,采取灵活的教育方式方法,有的放矢地对学生进行教育。要求教师了解学生的心理,善于从学生的具体特点出发,巧妙地采用有针对性的教育措施。例如,在信息化教学《飞吧,飞吧》这课时,由于要通过平板弹出旋律,教学则选用有钢琴基础的同学来演奏,另外请喜欢跳舞的女生来律动,模仿小鸟飞翔的翅膀,剩下的同学就一起演唱歌曲,或者为歌曲编配打击乐器。这样的一节课每一位学生的合作能力都有得到提升,同时促进了学生的个性发展,音乐课不一定要求学生都千篇一律、过分统一,这样限制了学生的创新思维,因此因材施教致使学生学有特色,善于发现学生的亮点,对学生给予鼓励和支持,使其带动周边同学共同进步。

4. 掌握分寸

这是指教师在教育过程中实事求是地教育学生,处理各种问题,并且做到分析中肯,判断恰当,对学生的具体要求具备科学性、适用性,既不过高也不过低,无论是批评学生还是表扬学生,能准确把握一个"度";无论是在提问、参与、评价等问题上都应把握好"度"的问题,以免造成"满堂问""形式化参与""满堂夸"等现象。新课程倡导激励性评价,积极呵护学生学习的热情,但不求实际的满堂夸实际是一种不负责任的表现,不仅难以对学生产生积极的价值导向,反而会对学生健康人格的形成产生负面的影响。根据学生的年龄、性格及已有的认识水平等,应选择恰如其分的教育方式方法。教育教学的实践证明:对学生的过分赞扬会使他们滋生骄傲情绪;过分的批评会使他们产生自卑心理或抵触情绪;过分爱抚会消磨他们的意志;过分严厉会养成他们性格上的盲从或固执;过分迁就会形成他们的松懈和放任自流;过分苛刻会因吹毛求疵而挫伤他们的积极性……所以,善于掌握教育分寸是教育机智的一种重要标志。

教学过程离不开教育机智。课堂教育机智的发挥还要结合具体实际,根据不同的学生、不同的时间、不同的地点、不同的氛围进行灵活处理。教师应当在临场时善于发现、及时捕捉学生在现场表露出来的积极因素,加以引导和激发,抓住学生的闪光点,引发为炽烈热情,化为积极的行动。事实证明,教师对学生所持的心态不同,处理的方法不同,就会产生截然不同的结果。处理和解决偶发事件时教师应针对不同情况,采取多种方式对症下药。由此,我们深刻地感受到教师的机智是课堂教学管理的保障,是教师必备的素质。在教学过程中,引发教学事件的因素是多种多样的,而应对的策略更是千变万化。这就需要我们教师具有敏锐的洞察力,针对不同的情况做出判断,选择最佳的处理方案。课堂突发事件处理得好可以为课堂教学增色添彩;可以激发学生学习兴趣;也可以为师生关系架起友谊的桥梁。

总之,音乐课堂是实施音乐教学的必然场所,是师生友好合作和完美表现的灿烂舞台,充分的教学准备是教师实施课堂教学成功的前提和必要条件。然而,真实的音乐课堂教学往往是不以人的意志为转移的,是充满未知的、动态的创新空间和环境,可以说每节音乐课,教师都会面对不同的学生、不同的教学内容,以及无法预料的突发事件,面对这些大大小小、形形色色和多种多样的事件,无一不是对音乐教师专业技能以外的考验和挑战。真正有效的应对策略产生在每次的实战教学中,产生在教师的细心积累和无穷智慧中,作为一名音乐教师所能做的就是时刻准备着,怀揣积极乐观的心态去面对教学突发事件,坚持不懈地努力让音乐属于每一个人!

教学做合一

1. 音乐教学中的导入环节组织原则不包括(   )。
   A. 启发性原则   B. 针对性原则   C. 趣味性原则   D. 间接性原则

2. 教学策略直接关系着教学的全过程与最终结果,关于音乐教学策略的说法,下列不正确的是(   )。
   A. 重视情境创设   B. 加强知识传授   C. 注重音乐体验   D. 关注合作探究

3. 教学策略不包括( )。
   A. 教学活动的设计过程　　　　B. 教学活动的元认知过程
   C. 教学活动的调控过程　　　　D. 教学活动的执行过程
4. 音乐教学生成可以分为三大类,其中不包括( )。
   A. 教学目标的生成　　　　　　B. 教学方法的生成
   C. 教学内容的生成　　　　　　D. 教学过程的生成
5. 在教学过程中,常常会发生学生扰乱课堂纪律的情况,此时处理的方法不包括( )。
   A. 冷处理　　　　B. 热处理　　　　C. 温处理　　　　D. 凉处理

探究与交流

1. 一位教师上《瑶族舞曲》这一课时,为了有助于学生更深入地了解歌曲内涵,他事先准备了瑶族的风土人情的视频,但是教室电脑发生故障无法使用。谈谈你会如何处理这个事件?

2. 在《只怕不抵抗》这节课的教学中,老师正带着全班同学热情地表演,当唱到"一刀斩汉奸、一枪打东洋"时,后排的几个学生在唱"嘿！啪！"。这时老师停顿下来说:"大家听这几位同学为歌曲加上'嘿！啪！'的衬祠多有意思啊！我们也一起来体会一下吧！"在老师的引导下,全班同学一起唱,并且配上了动作,同学们都演得很起劲,那几个捣蛋鬼自豪极了。结合教学突发事件进行案例分析,并谈谈你会如何处理。

参考答案

教学做合一:1. D; 2. B; 3. A; 4. B; 5. D

探究与交流:

案例一:

(1) 根据现场教学情况,教师通过范唱、律动或讲说等形式替代视频介绍,帮助学生了解歌曲的情境以及人文背景;

(2) 课前教师要做好备课工作,预设多种上课的方案,以备不时之需;

(3) 教师上课前应提前做好上课准备,提早到达教室,检查教室设施设备是否能够正常运行,提前等待学生来上音乐课。

案例二:

(1) 案例中教师对教学中的突发事件处理得当;

(2) 教师面对课堂中捣乱的学生,并没有责罚而是采用温处理,发挥教师的灵活应变能力,调动起所有学生的学习兴趣。因此,教师在遇到课堂的突发事件时,应该要有敏捷的思维和灵活的战术,其次要有坚定的意志力和稳定的情绪,这样才能有效地处理好教学突发事件。

阅读与参考

[1] 郑莉.小学音乐教学策略[M].北京:北京师范大学出版社,2010.

[2]曹理,何工.音乐学科教育学[M].北京:首都师范大学出版社,2002.
[3]尹红.音乐教学论[M].重庆:西南大学出版社,2002.
[4]王灿明.登上学习快车[M].上海:上海教育出版社,2004.
[5]吕世虎,肖鸿民.基础教育课程与教学研究[M].北京:中国人事出版社,2002.
[6]吴永军.新课程备课新思维[M].北京:教育科学出版社,2004.
[7]董洪亮.新课程教学组织策略与技术[M].北京:教育科学出版社,2004.
[8]胡庆芳,贺永旺,杨利华,等.精彩课堂的预设与生成[M].北京:教育科学出版社,2007.
[9]彭刚,蔡守龙.新课程教学现场与教学细节[M].北京:教育科学出版社,2004.
[10]严育洪.课堂焦点:新课程九辩[M].北京:首都师范大学出版社,2006.

延伸篇　蓄力提升

教学情境

某天，在实习生办公室，同学们正在围绕学生的学习成果进行着热烈的讨论。小彤说："上了一个月的课，不知道他们都学得怎么样了。大家商量一下，怎么能了解我们的教学效果好还是不好呢？"

小凯说："单元测验呗！像语数外一样，给孩子们做张卷子，看看他们能记住多少！"

小均说："不好不好！我们音乐学科强调的是体验和感受，考试的方式太教条，过于强调知识性，好像不符合我们的学科特点。"

小凯说："那怎么办？难道就让学生唱唱歌？这样就能算教学评价了吗？"

小彤说："所以，我们要请教指导老师，了解对学生的评价要从哪些方面开展，如何开展？还有，要明白对学生开展评价的目的、要求及方法等。"

> 你的教鞭下有瓦特，你的冷眼里有牛顿，你的讥笑中有爱迪生。你别忙着把他们赶跑。你可不要等到坐火轮、点电灯、学微积分，才认识他们是你当年的小学生。
>
> ——陶行知

第六章　音乐教学评价与教学反思

学习目标

1. 掌握多种手段，能对学生的学习情况进行有效评估，并根据反馈数据对教学进行改进，促进教学质量的提高；
2. 在自评、互评等过程中了解"看课"的基本要素，掌握"看课"的基本导向和记录方式，从而达到"看课"的目的；
3. 能够从学科特性、课程标准、文化理解等多维度对课程进行评价，对课程进行有效反思并再设计，获得不断自我提升以及提高教学质量的能力。

学习与思考

1. 何为教学评价？教学评价的维度及步骤是怎样的？
2. 何为教学反思？教学反思的内容、方法与过程有哪些？
3. 教学反思的功能、意义与策略。

第一节　音乐教学评价

一、教学评价的概念、维度及对象

（一）教学评价的概念

教学评价是研究教师教和学生学的价值之过程。首次提出教学评价这个概念的是泰勒。泰勒把这一概念阐释为教学评价是教学者衡量学习者的教育实践活动是否达到教学者的教育目的一个过程。而心理学家布鲁姆认为："评价是系统收集证据用以确定学习者是否发生了某些变化,确定学生个体变化的数量或程度。"结合两者的观点,我们可以得出:教学评价可以理解为对教学价值做出判断的一个过程,但这个判断必须建立在评价者系统地、科学地、全面地收集整理、分析、处理信息的基础上。

(二)教学评价的维度

现今的教学评价正在经历又一次改变,这次转向是深度的,其过程和结果也一定是深刻的。其转变的维度有三个方面。

1. 从重结果到重过程。教师不能只注重知识与技能的传授,还要关注学生学习的过程与方法,注重培养学生的情感态度与价值观,实现学生的全面发展。

2. 评价主体由单元走向多元。评价主体由原先只有教师转变成学校管理者、家长、同伴之间以及教师个人等多主体共同参与的交互活动,使评价更具有时效性和客观性。

3. 评价方法由单一转向综合。除原先旧的纸笔测验外,还采用多样的开放性评价,使用综合多样的评价方式,如观察法、谈话法、学生档案等。

(三)教学评价的对象

教学评价的对象即评价的客体,包括教师、学生及教学过程。

二、音乐教学评价的概念、维度及对象

(一)音乐教学评价的概念

某种程度上讲,音乐教学评价是教学评价的表象之一。二者在很多方面都是一致的,如评价对象、作用等。但是,音乐教学评价更具有其个性和学科特点。作为音乐教学评价的概念,音乐教学评价为:系统地利用评价方法,全面地收集音乐教学中的信息,对教学是否达到预期教学目标而进行衡量、判断的一种活动。

(二)音乐教学评价的维度

随着教学评价多元化的转向,音乐教学评价的维度也有了巨大转变,主要体现在以下三个方面。

首先,评价对象的转向,从教师转向学生。从关注教师的"教"转向关注学生的"学",从关注教师教授的内容转向关注教学是否贴近学生的生活经验和认知水平等;

其次,评价内容的转向,从关注双基转向关注课程内容所涉及的情感态度与价值观、过程与方法、知识与技能方面的要求,简单来说,从满足于教会学生一种节奏、一首歌曲、一个音乐常识转变到关注学生是否获得情感体验,是否产生情感共鸣等;

最后,评价标准和方式的转向,从单一性转向多元性,这与教学评价的转向是大体一致的。

(三)音乐教学评价的对象

音乐教学评价的对象与教学评价的对象应包括对教师的评价、对学生的评价和对教学过程的评价等方面。对教学过程的评价从某种意义上讲是教学反思的真子集,具体内容会

在本章第二节中详细阐述，下面就对教师的评价及对学生的评价作简单介绍。

1. 对教师的评价

教师是课程实施的组织者、促进者，课程的开发者和研究者，介于这样的多重身份，对教师的评价显得尤为重要，当然，对教师的评价更不能局限于学生的考试成绩上。对于音乐学科而言亦是如此，学校不能以学生的音乐调研成绩去评价一个教师，对于教师的评价应是全面的、多样性的。

对教师的评价又分为两个部分：对教师的教学的评价及对教师个人素质的评价。对教师教学的评价体现在课堂教学的过程中，因此，也在教学反思中有所体现。对教师个人素质的评价包括：学科知识、文化素养、科研能力、职业道德、组织能力、交往能力、表达能力、自我评价能力和身体健康状况等。

2. 对学生的评价

对学生的评价是课程评价的主要方面，应以标准中各教学领域的课程内容为基本依据，全面考查课程内容所涉及的情感态度与价值观、过程与方法、知识与技能方面的要求。如学生对音乐的兴趣爱好与情感反应，学生在音乐实践活动中的参与态度、参与程度、合作愿望及协调能力，音乐学习的方法与成效，音乐的体验与感受能力，音乐的表现与编创能力，对音乐与相关文化的认识、理解，审美情趣的形成以及掌握知识、技能的实际水平等。

学习评价的具体内容大致构建为六个方面：(1)音乐情感的体验能力；(2)处理音乐的情感性经验的能力；(3)进行音乐表达的能力；(4)空间感知和运用的能力；(5)音乐交往能力；(6)即兴创造能力。

(1) 音乐情感的体验能力

音乐情感的体验能力又通常包含了从音乐的形式、内容以及相似性音乐这三个类型出发的体验能力。

① 从音乐形式出发的音乐情感体验能力

它是指从音乐的形式中直接体会到音乐的情感并获得情感体验的能力。这种形式性情感体验之所以可以产生，是源于音乐形式与情感形式彼此相联系的形式与结构，二者在形式结构上是完全一样的，这是形式性情感体验产生的纽带。但遗憾的是，只有极少数的、天赋异禀的音乐天才，才能够直接从音乐作品的形式中体会到音乐本身想要表达的思想感情。这里的思想感情强调的是音乐作品本身所具有的，而非音乐欣赏者后天对作曲家的思想情感进行揣测而产生的思想情绪，其他的人则要借助自己的情感性体验经验或者在他人帮助下获得的情感性体验经验。形式性情感体验主要是音乐专业人才（音乐表演家、音乐创作者等）常使用的音乐情感体验的方式。

因此，作为面向普通大众的学校音乐教育，教师要特别谨慎地使用形式性情感体验，只有在发现孩子具有超乎常人的对音乐形式的敏感性后，方可个别进行培养和引导。

② 从音乐内容出发的音乐情感体验能力

在我们常人的习惯性思维中，情感总是在经历过某些故事、事件、场景、画面后产生的，它必须与具体事物相联系，以内容为基础。内容不仅是一般人获得音乐情感体验的物质媒介,更起着桥梁的作用。虽然从内容出发的音乐情感体验并不是音乐体验中最本质最直接的办法,但它不失为一个实用的途径。因此,当音乐的形式和内容完全相一致时,可以将对内容的体验过渡到音乐形式上,此时获得的音乐情感体验是最为真实的也是最接近音乐本身的思想情感的。但是,当音乐的形式和内容不能完全吻合时,从音乐内容出发获得的音乐情感体验就会有所偏差,也许会偏离作曲家原本想要表达的音乐情感。从音乐内容出发的音乐情感体验不是最保真最直接的方法,因为它并没有真正从音乐的本质属性出发,但是它是最能为没有异常突出音乐天赋的大众人群所接受的方法之一。那么,我们在中小学音乐课堂的实际教学中,就要尽量选择音乐形式与内容相对一致的音乐,以帮助学生尽快获得最真实的音乐情感体验。在积累丰富的情感体验经验之后再适当抽离音乐内容,引导学生进行直接性的音乐情感体验。

③ 从相似性出发的音乐情感体验能力

这个能力必须建立在前面任意一种能力之上,直接能从音乐形式出发而获得音乐情感体验能力的人,可以在累积先前经验的基础上直接套用在音乐形式相类似的音乐作品上,找到媒介后便能较快地唤起音乐经验。不能从音乐形式出发获得情感体验能力的人则是在获得内容性音乐情感体验后,同样是在遇到音乐形式相类似的情况下可采用,从而获得音乐情感体验的能力。从相似性出发的音乐情感体验能力是上述三种音乐情感体验能力中最容易通过培养而获得的,所以,在中小学音乐课程中也是最便于用来使学生获得情感体验的。在运用的过程中,笔者认为最重要的环节除了要准确把握需要被体验的音乐作品的音乐形式和已获得内容性情感体验是否一致,还要注意的是音乐经验的积累,后者更是教师在教学中要引起重视和深究的环节。

(2) 处理音乐的情感性经验的能力

处理音乐情感性经验的能力包括两个方面:其一,累积音乐情感性经验;其二,在需要运用音乐的情感性经验时随时唤起和提取音乐的情感性经验的能力。前者主要是音乐记忆的能力,而后者需要运用音乐的逻辑思维能力,要在对比和类比后选择合适的情感性经验,还有可能要将先前经验进行简化、组合及叠加等。

在中小学音乐课堂中,教师应刻意让学生广泛聆听音乐,多感受音乐,培养学生对音乐的敏感性,获得聆听习惯。在此基础上能更好地累积音乐情感性经验。然后,教师必须多尝试规范性的示范类比和对比内容性音乐情感经验,培养学生独立判断的音乐思维能力,以便学生在需要运用情感性音乐经验的时候能自主唤起相同的音乐经验。

(3) 进行音乐表达的能力

音乐的表达能力是建立在情感性体验能力和处理音乐经验的能力基础上的,要顺利地进行音乐表达必须具备以上所述的两种基本能力。音乐表达又分为选择性表达、模仿性表达和创造性表达。选择性表达是旨在自身经验中选择其中与当下音乐作品想要表达的情感要素一致的部分,原封不动地套用借以表达自己的情感,属于音乐中的"拿来主义"。模仿性表达是指将经验中的音乐素材进行加工、组合或采用其他手段来表达自己的情感。创造性表达是凭借自身对音乐的情感性经验加上适当的音乐想象,以创新的音乐形式表达思想感情的方式。

音乐表达的能力实际是对学生转换音乐和情感的能力要求,这是音乐教育所要达到的目标能力之一,也是比较困难的。在学习评价中,对学生音乐表达能力的评价应该予以高度的重视,不仅是因为其难度较高,更重要的是它是判断教学是否有效的重要一环。前面两种能力的培养是为音乐表达能力做铺垫的,在学习评价方式中要加大对音乐表达能力的测量的比重。

(4) 空间感知和运用的能力

空间感知和运用的能力的培养来自音乐律动,是构成音乐律动中最为重要的环节,而音乐律动又依赖于内心听觉,音乐律动实际上是音乐形式的联动,是内心听觉的外显形式和展开。音乐律动是获得音乐体验的方式之一,也是将内心听觉进行外在表达的方式之一。对空间的感知和运用能帮助学生自由借助空间的能量把握音乐的无形,还能促进自身运动功能和感知功能的发展,有助于促进人的全面发展。因此,对空间感知和运用的能力在新型的中小学课堂中显得尤为重要。它不仅是"新体系"教育理念下的中小学音乐教学的重要环节,还是新的教学目标作用下的必然结果,更是学习评价环节中不可忽略的重要步骤。这也是为何要将空间感知和运用的能力纳入学习评价标准的重要依据。

(5) 音乐交往能力

中小学音乐课堂中要更关注个体,注意学生的个性,但又不能等同于个别教学。实际上,新体系教育理念的教学中绝大部分都是集体音乐活动,音乐交往能力在教学过程中几乎是必备品。

音乐交往的能力是学生参与并融入集体性音乐活动的能力。广义上还包括音乐表达的能力(这里的音乐表达必须是双方的互动性音乐表达,单方的音乐表达只能算是音乐表现)。学生要完全进入音乐活动中就必须要具备音乐交往的能力,而音乐交往能力的高低也会影响学生的参与度,所以,音乐交往能力与音乐活动是紧密相连的。习得音乐交往能力不仅能提高学生的学习效果,活跃课堂的整体氛围,更能够推动课堂教学环节顺利进行。

音乐交往能力对学生自身而言也是相当重要的。音乐交往能力较高,学生在进行音乐活动时就会与集体更融合,这在很大程度上会增加学生的自信心,同学之间的互动也会帮助个体获得更真实的情感体验。音乐交往能力还能帮助学生了解音乐体验整体性的重要性,促使个体能够更全面、立体地看待音乐,看待问题。由此,对音乐交往能力的关注和测量也是学习评价中不能忽视的重要内容。

(6) 即兴创造能力

从实用主义角度来说,即兴创造能力是音乐功能性的最好体现。能够将积累的音乐经验根据当时的情绪自由地并带有创造性地表达出来,这样的完整形式即为音乐中的即兴能力,它是艺术活动所特有的行为。即兴能力较高,很大程度上能说明该生具有较高的音乐能力,即兴能力的高低是音乐能力是否强大的显著特征之一,它的表现也是最具直观性和表演性的。因此,对即兴创造能力的测量既是便利的又是具有挑战的。

三、音乐教学评价的功能与特点

课堂教学特色评价是实现教师特色教学和提高学生学习效率、激发学生学习热情的重要推动力,对于创办特色学校、培育特色教师、实施特色课程等均具有重要的现实意义。小学课堂教学不断提升的客观需要和教师专业发展的主观需要为开展课堂特色教学评价提供了有利条件。

(一)激励导向功能

德国教育家第斯多惠提出:"教学的艺术不在于传授本领,而在于激励、唤醒和鼓舞。"教师担当课堂教学的重要角色,他们在教学思想、教学过程、教学管理等方面应具有自己的特色。实施课堂特色教学评价可以挖掘教师的教学潜力,帮助教师更好地进行专业发展,深入"研学"、优化课堂教学,逐步形成稳定的、独具一格的教学特色,并在持续的教学评价中不断帮助教师巩固和发展自己的教学特色。

对于即将踏上一线岗位的教师们,设定特色教师的自我目标,是实现职业价值和要求的本质所需。特色教学又是特色教师的本质规定,课堂特色教学评价有利于发掘、培育、巩固和发展教师的课堂教学特色。

(二)反馈调控功能

教学评价及时反馈的特点决定了它能够及时调整教学进度,改进教学方法,弥补和矫正学生的缺陷和错误,在教学的动态过程中完成信息的捕捉、获取、处理以及再输出的双边反馈活动。没有完美的教学,只有不断发展的教学。教学评价的反馈调控功能恰恰给教学及学生的发展都提供了可能。

(三)反思发展功能

在学生学习的过程中,特色教学是学生个性化学习得以实现的重要保障,课堂特色教学评价一方面是对课堂教学的反思和总结,另一方面有益于学生个性的形成和发展。圣人孔子提出的"因材施教",主张针对不同的教育对象,应采取具体的、有针对性的教育方式,教师课堂教学也应是如此。每个教师都具有其不同的个性特点、不同程度的知识储备以及因不同文化背景和受教育方式作用而形成的独特的思维方式。因此,评价者在课堂教学评价中亦要注意评价形式的多样性。多样化的评价形式会使教学评价效果事半功倍。

四、音乐教学评价的类型

像美国心理学家布鲁姆一样,许多心理学家认为教学评定应该与教学工作紧密联系起来。按教学过程发展阶段把学习评定划分为三种类型:形成性评价(过程性评价)、终结性评价(总结性评价)和诊断性评价(配置性、准备性)。

(一)形成性评价(过程性评价)与终结性评价(总结性评价)相结合

形成性评价和终结性评价是认知学科中常用的两种教学评价方式。形成性评价方式是指在学习过程中进行评定、在教学过程中进行评定的评价方式。终结性评价是学习后评定、在学期末进行评定的评价方式。结合音乐学科的学科特点应将两种评价方式结合起来。

1. 形成性评价与终结性评价的含义

形成性评价与终结性评价相结合的方式在很多认知类学科中也被提出,在不少音乐学科的学习评价的新构建文献中也不止一次被提及,可见其存在还是有一定的合理性。形成性评价和终结性评价分类的立足点在于评价的时间,前者是在学习进行的过程中实施的,后者是在学习过程结束后而进行的。在传统音乐学科的学习评价中,大多都是采用终结性评价的方式。音乐研究者也发现在音乐学科中采用单一的终结性评价方式是存在局限性的。形成性评价的引入,有助于增加学习评价测量的维度和范围,使测量更完善。但是,笔者要再强调的原因在于想要对形成性评价进行更进一步论述。

只采用终结性评价的弊端在于它是单一的、以试卷测验的方式测量学生的音乐基础知识和基本技能的能力,这会导致过于量化学生的音乐能力,只反映于测验分数,致使测量维度过于僵化。所以人们将在学习过程中进行的形成性评价引入进来。实际上,如何更合理地应用形成性评价才是问题的关键。

2. 形成性评价与终结性评价的方式

形成性评价与终结性评价是教学评价中的重要方式。前者侧重评价教学的过程,而后者注重对教学成果的测评。离开终结性评价只看过程会使评价结果不够明确,而抛开过程只看结果的评价方式只追求了教学的结果,会使教学不但显得功利,而且也不全面,只有将过程和结果二者结合来看才能获得更科学和客观的评价。

(1) 形成性评价方式

形成性评价是指及时发现教学过程中的问题而进行的评价,其最重要的特点就是强调过程,因此它的评价方式也应是动态的,是不断更新的,而不是一锤定音。音乐课程中的形成性评价方式可以包含音乐学习小档案、阶段学习单、信息评价法。

① 音乐学习小档案

音乐学习小档案主要针对过程性评价的内容,更加关注学生成长的过程。收集每节课中学生的反馈信息,以表格或叙事的方式记录下来,或是用图片、视频的方式记录学生参与的音乐活动片段,归置到学生的学习成长档案中,以一学期或一学年为单位做整理,既可以反映学生的学习情况,也可以作为自我提升的档案资料。期初教师给每位学生建立成长档案,档案中留存学生的学习表现,例如课堂中的参与程度、回答问题的次数、与伙伴的配合程度。由于音乐教师每学期授课班级的总人数较多,每堂课都把每个人的学习表现记录下来有些困难,我们可以找一下帮手或是小道具来减少记录的工作量,并使评价结果更具可观性。对回答问题的学生我们可以立即发放一个小的奖励性贴纸,而与伙伴的配合程度的评价我们可以每人发一张表格定期让学生们互相填写课堂上小伙伴们的表现,教师也同时需要给学生记录课堂参与度。建立音乐学习小档案最大的优势是它能最真实地捕捉学生学习过程,而往往过程中的信息才是最美丽的。课堂中学生凭借自己积累的音乐活动的体验经验以独立或小组的形式自行进行创造性表达,这种表达可以是即兴音乐片段,音乐活动的形式不限。教师及其他评价主体可以用录像、图片等方式收集评价所需的信息和参数,并将记录的信息放入学生的成长档案袋,作为日后综合考评的依据。在记录信息时要特别注意不能忽略任何片段,比如要记录在场学生或其他观众的反应,还有评价主体的反应等。学生也可以将进行活动创造的过程用摄像等方式记录下来,这些情感性因素对于学生音乐综合能力的提升来说都是相当重要的。

② 阶段学习单

学习单是在单元学习结束后对学习的总结,也是对新单元学习的预习,根据实际教学需要,教师可参考的形式有以下三种:前置性学习单、后置性学习单和主题性学习单。

这个学习单与教学是同步的,可以为学生阶段性学习提供线索,将音乐学习系统化、结构化,可以分为教学提供激发学习力的前置性学习单和巩固学习的后置性学习单。两者时间点都是在两单元之间,甚至相连结,很多人容易混淆二者的意义。实际上,二者在功能上有明显不同。前者侧重启发下一阶段学习的探索欲,而后者更侧重检测学习效果。

首先,前置性学习单。此类学习单是在教学内容未开展前,为了激发学生的学习兴趣以及为较为复杂的学习内容做铺垫而设置的。因此,它的内容要有提示性但又不能将教学内容展示太多,这个尺度需要把握好。单元内主题相同,内容有共性及承接性,建议以一单元为单位设计学习单,且前置性学习单的设问要简洁,作答形式具有多样性。可以设计如下:

二年级上册第二单元学习单

姓名:_____ 班级:_____ 学号:_____

1. 第一单元中,你最喜欢的歌曲是?

2. 你知道哪些关于春天的歌曲?

3. 画出第一单元中你喜欢的乐器。

4. 你觉得春天是什么颜色的呢?

5. 听两段音乐,你觉得那段描绘的是春天呢?

可以用文字以外的任何形式作答,如第一题中"令你印象最深的乐曲"可以写一句旋律,又或是描述乐曲表现的一个画面或者将乐曲表现的画面绘画出来,又或是用其他非绘画的艺术形式去表现,如诗歌。第三题可以用画画的方式表明你想使用的乐器甚至画出你想的乐队配制等。

其次,后置性学习单。在一线教学中,此类学习单不仅有效,而且易于操作,很多教师都对此做过较多的尝试。其题型内容相对侧重于检测"双基"的掌握程度。这部分内容可以参照后面笔试性试题的内容。

在单元学习最后一个课时结束时,教师可相应地发给学生自行填写,具体形式如下:

一年级上学习单3

姓名:_____ 班级:_____ 学号:_____

1. 在本单元中我们学唱了《多快乐》和《太阳》,你能背唱出来吗?

2. 我们欣赏了《哇哈哈》是一首_____拍子的歌曲,是_____地区民歌。

3.《太阳》这首歌曲中有_____个四分音符,_____个二分音符。

4. 用朗读节奏的方法来朗读四分音符是_____,二分音符是_____。

五年级学习单3

姓名:_____ 班级:_____ 学号:_____

1. 在本单元中我们学习了一些很有趣的歌曲《谁说女子不如男》,你能背唱出来吗?

2. 这首歌曲属于我国戏曲剧种中的_____(剧种),这个剧种来自_____(地区)。

3. 听《京调》回答:本曲作曲家是_____,演奏形式为_____,曲式结构(用大写字母表示)_____。

4. 听音乐,写出乐曲的名字_____,这首乐曲的演奏形式是_____。

5. 京剧的唱腔有_____和_____,京剧有四个行当_____四种表演形式_____。

6. 听戏曲识别乐器

(　　)　　　　　(　　)　　　　　(　　)

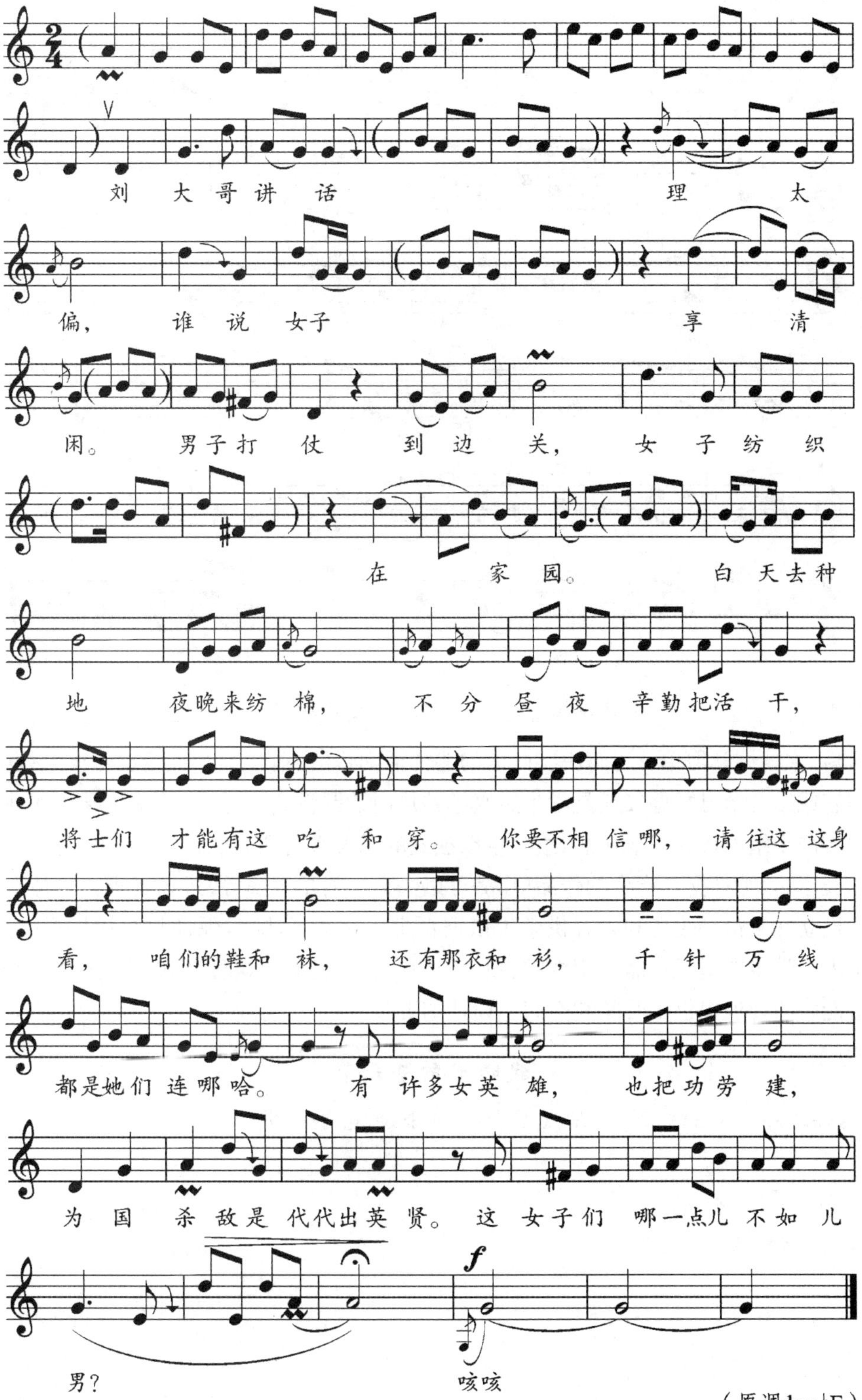
刘 大 哥 讲 话 理 太
偏， 谁 说 女子 享 清
闲。 男子 打 仗 到 边 关， 女 子 纺 织
在 家 园。 白 天去 种
地 夜晚 来 纺 棉， 不 分 昼 夜 辛 勤 把活 干，
将 士们 才 能 有 这 吃 和 穿。 你要不 相 信 哪， 请 往 这 这 身
看， 咱 们的 鞋 和 袜， 还 有那 衣 和 衫， 千 针 万 线
都 是 她 们 连 哪 哈。 有 许 多 女 英 雄， 也 把 功 劳 建，
为 国 杀 敌 是 代 代 出 英 贤。 这 女 子 们 哪 一点 儿 不 如 儿
男？ 咳 咳

（原调do=♭E）

7. 竖笛演奏《西皮流水》

竖笛_____分　　歌曲演唱_____分　　总评等级_____

最后，主题性学习单。以解决实际的问题为活动目的，给学生布置活动作业。教师根据学习内容或结合节日主题又或是学生感兴趣的热门话题设定学习单，预留给学生作业，让学生单独或以小组的形式完成作品，给学生以独立的思考空间和时间，让学生进行独立的创造性音乐表达，教师根据其产生的作品(作品可以是文本或是表演等)进行考评。具体说来，教师可以设立几个活动主题和内容供学生依据自身兴趣进行选择，保证每个学生都能参与到活动中来。学生在呈现作品时用视频、图片或叙事进行记录。这种形式为学生独立研究、独立创造能力的发展提供了时间和空间。设计如下：

我眼中的音乐节

一、海报设计(主题、时间、地点等信息，可手绘、电子均可)

二、庆祝形式

三、表演节目单设计

③ 信息评价法

信息评价法是利用希沃白板、酷乐队等信息化教学工具对课堂教学中的某一环节进行及时评价，这种评价法是随着科技的发展而兴起的新型评价手段，教师可以充分利用这样的教学软件和工具设计反馈小游戏。例如：音乐分类，知识竞猜等，就某一环节的学习情况立刻进行检测，这样的形式新颖有趣，不仅学生参与度高，而且可以在巩固上一环节教学的同时给下个教学环节的目标给予启示和导向，更好地提高教学效率。

以下是用希沃白板制作的二年级节拍小游戏：

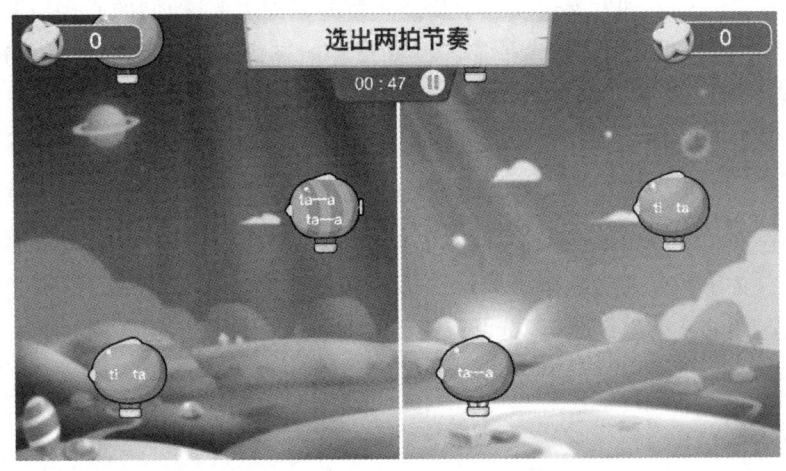

总之，形成性评价作为在学习过程中进行的评价方式，应该更多关注的是在终结性评价中不能体现出来的、不能被量化的非智力性因素，如情感、态度、创造力、音乐思维等。音乐学科的特点在于它的情感性，情感因素会导致学生获得音乐体验的不同，那么情感因素就会直接影响学习评价的结果。选择合适的形成性评价的工具和方法更是重中之重。

(2) 终结性评价方式：测验法、班级音乐会、叙述音乐小故事

一般终结性评价方式多采用测验法，即在学期末，由学校教研组出试卷对学生一学期的学习情况进行检测。试卷内容以教材为本，以基础知识和基本技能为主，多考察学生的记忆能力。题型和内容多参考音乐专业测试，稍作简化。为丰富教学评价方式，符合普适性学校音乐教育的实情，可设计多样评价法。

① 测验法

测验法即通过笔试的方式进行考核评定的方法，此类测验的优势为量化数据清晰、客观且便于统计，可观性及操作性较强，劣势是容易忽视音乐学科的特性即情感部分。测验法是最普遍且利用率最高的评价方法，因此，就要尽量在测试中强化情感体验的部分。强化情感体验不是指删除基础知识和基本技能的测试题，而是如何将"双基"的内容用情感的方式表达出来，这是我们应该去思考的。

测试的题型通常是不设限的，有选择题、填空题、连线题、简答题等，为方便出题可参照认知学科来出题。测验内容包括检测学生的感知与欣赏能力、表现和创造能力、音乐与相关文化的认知能力等。其目的在于将学习效果量化，为教学反思的进行提供依据。根据测验

内容、测验目的,大致分为:①音乐记忆力及识谱能力题;②音乐听辨及记忆能力题;③音乐基本常识题。测验题不能太过强调基础知识和基本技能,又不能抛弃"双基",考试的题型不能完全模拟音乐专业的考题,和认知学科的考试相比更多的要体现音乐学科的特点,多体现音乐能力。

下面以苏少版一年级至六年级上册音乐教材为基础,以音乐课程标准为纲要,并基于上述内容分类拟定试题(供参考)。

【一、二年级】

一、二年级儿童的心理发展建立在学龄前儿童的基础之上,他们的心理以及认知习惯或多或少保留些学龄前儿童的特点。他们在感知事物时还停留在整体形象的大致轮廓上,对新事物并不做精细的分析。他们的有意注意还不完善,容易被鲜艳的事物、有趣的活动吸引,但注意力易分散。他们天性活泼好动,对新事物充满好奇心且接受能力强。

课标中对一、二年级课程内容的规定,对于一、二年学生而言,在感受与欣赏方面并不需要精确的体验,而是大线条上的感受,如简单音色听辨、情绪体验或音乐力度的感受;在音乐表现、创造以及音乐相关文化领域主要是模仿和参与即可。针对这样的学情并结合新课标的规定,测验试题通常有单选题、多选题或连线题等形式。测验试题案例如下:

一、单选题

1. 请选出所听到的音高(　　)

   A. ●　　B. ●　　C. ●●　　D. ●●

2. 你听到的节奏是什么?(　　)

   A. ●●　　B. ●●●　　C. ●　　D. ●●●

3. 你觉得这首歌曲的情绪是怎样的?(　　)

   A. 开心　　B. 悲伤

4. 这首歌曲更适合在什么场合播放?(　　)(播放歌曲《放鞭炮》)

   A. 升国旗　　B. 课间休息　　C. 过年过节

5.  这句旋律一共有几个小节?(　　)

   A. 1　　B. 2　　C. 3　　D. 4

6. 下面哪个乐器是碰铃?(　　)

   A. 　　B. 　　C. 　　D.

7. 下列动物中谁的脚步更像♩?(　　)

   A. 　　B. 　　C.

8. 下面哪首歌曲是我国新疆民歌?(　　)

A.《雁儿飞》　　B.《哇哈哈》　　C.《野蜂飞舞》　　D.《捏面人》

9. 下面哪件乐器更适合表现 ：（　　）

　　A.　　　　　B.　　　　　C.　　　　　D.

10. ♩ ♫ 应该怎样念？（　　）

　　A. ta　tata　　B. ti　tata　　C. ta　titi　　D. titi　titi

11. 请选出所听到的音高（　　）

　　A.　　　　　B.　　　　　C.　　　　　D.

12. 听旋律请选出所听到的旋律线（　　）

　　A.　　　　　　　　　　　　B.

　　C.　　　　　　　　　　　　D.

13. 你觉得下面哪个节奏更像公鸡打鸣？（　　）

　　A.　　　　　B.　　　　　C.　　　　　D.

14. 下面哪个是四分音符？（　　）

　　A.　　　　　B.　　　　　C.　　　　　D.

15. 下面哪种方式可以用来表现柔和舒缓的音乐？（　　）

　　A. 挥舞丝巾　　B. 敲击木棒　　C. 弹拨皮筋　　D. 传递杯子

16. 下面哪一首歌曲是外国作品？（　　）

　　A.《其多列》　　B.《小鞋匠》　　C.《打掌掌》　　D.《亚克西巴郎》

17. 每小节共有几拍？（　　）

　　A. 3　　　　　B. 4　　　　　C. 5　　　　　D. 6

18. 《口哨与小狗》这首乐曲的结构是怎样的？（　　）

　　A. ▲●●　　B. ▲▲●　　C. ▲●▲

19. 三拍子的强弱规律是什么？（　　）

　　A. 强弱弱　　B. 弱强强　　C. 弱弱强　　D. 强弱弱弱

20. 下面乐器中哪个不是中国的乐器？（　　）

　　A.　　　　　B.　　　　　C.　　　　　D.

二、连线题

1. 请给下列乐曲找出对应的主奏乐器

《老虎磨牙》

《跳绳》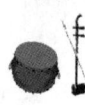

2. 请给下列手势找到合适的唱名(字母谱)

s

m

r

l

【三、四年级】

三、四年级处于从低年级向高年级的过渡期,是培养意志品质、学习能力以及强化学习习惯的最佳时机。这一时期也是他们从被动学习向主动学习进行转变的关键时期,如果能帮助他们较好地度过这一时期,他们的学习旅途将会出现人生意义的一次重要转折。三、四年级的学生愿意主动参加集体活动,求知欲旺盛。他们的综合观察力、思考能力、表现力以及创造力都大幅度提高。

依据新课标中对三、四年级课程内容的规定,在三、四年级学生的教学目标上做了些许精细化的要求。例如,在感受与欣赏方面能体验二拍子、三拍子、四拍子的律动感,能够听辨旋律的高低快慢和强弱,能够体验音乐情绪并能简要描述音乐情绪等;在音乐表现上对学生的声音音色也有了要求;在创造以及音乐相关文化领域要求有自主创造的能力。针对这样的学情并结合新课标要求,测验试题可采用单选题、多选题、简答题、连线题、听辨题以及创意编配题等形式。测试题设计如下:

一、单选题

1.《大树妈妈》是几拍子的乐曲?(　　)

　　A. 二拍子　　　　B. 三拍子　　　　C. 四拍子

2.《幽默曲》的主奏乐器是什么?(　　)

　　A. 钢琴　　　　B. 小提琴　　　　C. 二胡　　　　D. 大鼓

3. 欣赏歌曲《顽皮的小杜鹃》,数一数一共有几个乐句?(　　)

　　A. 4　　　　B. 6　　　　C. 8　　　　D. 2

4.《顽皮的小杜鹃》中用了哪两个音模仿小杜鹃的叫声?(　　)

　　A. s m　　　　B. d m　　　　C. m d　　　　D. m s

5. 下面哪一首是江西民歌?(　　)
   A.《映山红》　　　　　　　　B.《八月桂花遍地开》
   C.《树叶儿飘飘》　　　　　　D.《对鸟》

6. 在《大鸟笼》中用下面哪件乐器来模拟鸟叫?(　　)
   A. 　　　　B. 　　　　C. 　　　　D.

7. 4/4 ___ ♪ ♩ 横线上应该填写什么音符才能构成完整小节?(　　)
   A. 𝄽　　　　B. ♪　　　　C. 𝄾　　　　D. ♩

8. 谱子中"V"表示?(　　)
   A. 吸气　　　B. 变强　　　C. 渐强　　　D. 结束

9. 下面哪首是印度尼西亚的乐曲?(　　)
   A.《对鸟》　B.《木瓜恰恰恰》　C.《牧童之歌》　D.《打枣》

10. 歌曲《花儿与少年》三个部分分别是 ▲ ● (　　)?
    A. ▲　　　　B. ●　　　　C. ▬

11. 下面选项中,哪首是我国台湾高山族民歌?(　　)
    A.《跳柴歌》　　　　　　　B.《我的祖家是歌乡》
    C.《丰收歌》　　　　　　　D.《月光下的凤尾竹》

12. 这首歌曲的体裁是什么?(　　)(播放歌曲《打麦号子》)
    A. 山歌　　　B. 小调　　　C. 号子　　　D. 领唱

13.《鳟鱼》的演奏形式是什么?(　　)
    A. 钢琴协奏曲　B. 钢琴五重奏　C. 小提琴协奏曲　D. 弦乐四重奏

15. 请写出旋律的拍号(　　)
    A. $\frac{2}{4}$　　　B. $\frac{3}{4}$　　　C. $\frac{4}{4}$

二、连线题(请将作曲家和对应的作品进行连线)

《G大调小步舞曲》　　　　　圣桑斯

《动物狂欢节》　　　　　　廖乃雄

《游子吟》　　　　　　　　贺绿汀

《小儿垂钓》　　　　　　　巴赫

《牧童短笛》　　　　　　　谷建芬

三、请将《打掌掌》的第一乐句旋律在五线谱上补充完整

四、创意编配

1. 下面乐器中,可用_____、_____给《喜洋洋》的乐句进行伴奏。

2. 下面哪个节奏型更适合为上面的旋律进行伴奏。(　　　)

【五、六年级】

五、六年级学生处于少年心理向青年心理过渡期,既有少年的天真,又时常表现出青年人的成熟。随着认知思维不断拓展、生活经验不断丰富以及音乐能力的提高,他们情感体验的能力也随之大大增强。他们的探索欲及情感需要越来越强烈,过于简单的教学已不能满足他们的需求。

依据新课标中对五、六年级课程内容的规定,当然,在五、六年级学生的教学目标上有了更高要求。在感受与欣赏方面要能区分基本音乐段落,能用体态或线条、色彩对旋律的高低、快慢、强弱做出相应的反应,还要根据自己的体验说出音乐要素的表现作用;在音乐表现上更强调学生自主的表达;在创造方面,能在教师指导下进行自主创作;音乐相关文化领域要求在团队合作中进行音乐文化素材的搜集和学习。针对这一学段的学情并结合新课标要求,测验题型的设计可以包括选择题、填空题、简答题、知识题、读谱题等。下面是五、六年级的测试案例:

五年级测试卷

一、选择题

1. 下面哪首是我国著名的二胡曲?(　　　)
   A.《春之歌》　　　　　　　　B.《空山鸟语》
   C.《爱的祝愿》　　　　　　　D.《故乡恋情》

2. 下面哪个选项更符合乐曲的结构？(　　)(播放乐曲《祝你快乐》)

   A. ■ → ● → ■ → ▲ → ■

   B. ■ → ▲ → ● → ▲ → ■

   附加分：这种结构叫做_____。

3. 《地图——听音寻路》是谭盾在我国_____采风时获得灵感创作而成。(　　)

   A. 湖南　　　　B. 云南　　　　C. 贵州　　　　D. 湘西

4. 《中国花鼓》的主要演奏乐器是_____。(　　)

   A. 鼓　　　　B. 小提琴　　　　C. 琵琶　　　　D. 竹笛

5. 《天鹅湖组曲》是哪位作曲家的代表作之一？(　　)

   A. 巴赫　　　　B. 舒伯特　　　　C. 柴可夫斯基　　　　D. 肖邦

6. 歌德先生有一首诗歌被穆索尔斯基谱写成了一曲带有讽刺意味的歌曲，它是_____。(　　)

   A.《跳蚤之歌》　　　　　　　　B.《波兰舞曲》

   C.《故乡》　　　　　　　　　　D.《蓝色的雅德朗》

二、填空题

1. _____这首曲子的拍号是_____。

2. 《春节序曲》的作者是我国著名音乐家_____。

3. 从强到弱排列下列力度记号 mp、f、mf、p

   _____。

4. 请为下面节奏划小节线。

三、简答题

1. 歌曲《七子之歌》表达了什么样的情感？你还听过什么表达相似情感的作品？（列举一首）

2. 聆听《瑶族舞曲》两个主题，给你什么样不同的感受？

　　六年级是小学阶段的最高年级，可以适当增加基础知识的比重，对学期学习内容进行总结，题型可以参照以往的模式。

六年级测试卷

一、连一连

　　　　《幽静的山谷》　　　　墨西哥民歌

　　　　《故乡》　　　　　　　俄罗斯民歌

　　　　《来和我划船》　　　　意大利民歌

　　　　《拉库卡拉查》　　　　德国民歌

二、填一填

1. 请问这段音乐是由_____（乐器）演奏的，它的曲名是_____。
2. 请聆听歌曲，其曲名是_____，它是我国_____民间歌舞的一种。
3. 写出下面乐器的名称。

4. 请唱一唱旋律，其曲名是《_____》。

5. 广东音乐是流行于广东地区的一种_____（演奏形式），主要由_____、扬琴、秦琴和琵琶等乐器演奏。

三、将下列民族乐器序号填入相应表格中

①扬琴　②木鱼　③二胡　④笙　⑤琵琶　⑥板胡　⑦云锣　⑧竹笛

拉弦乐器组	
弹拨乐器组	
吹管乐器组	
打击乐器组	

四、识谱练习

要求：1) 在方框中标出对应音符的唱名；
　　　2) 按要求在横线上填入与歌曲相关的内容。

《_____》（曲名）是一首具有鲜明的_____族短调民歌色彩的儿童歌曲。我们在_____（体裁）《草原小姐妹》第一乐章《草原放牧》中也能听到相似的旋律。

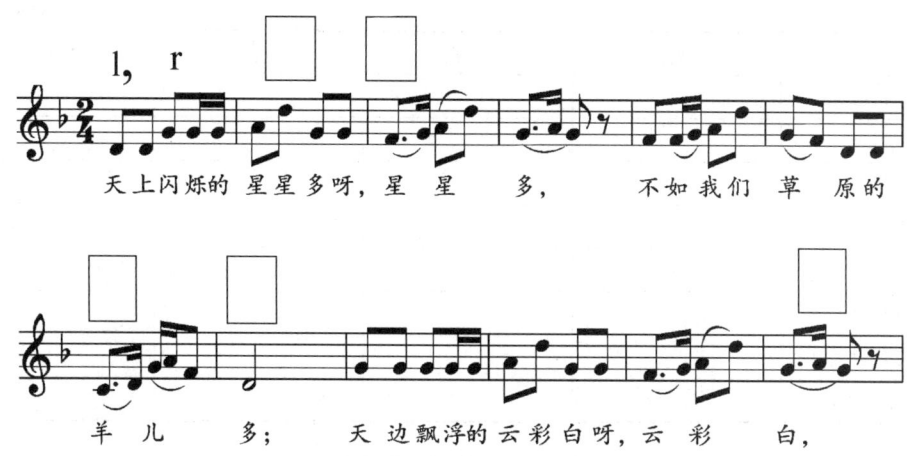

② 班级音乐会

从严格意义上来说,班级音乐会不能算是总结性评价方式,它的定性是根据使用频率而定的。如果每个月都开一次班级音乐会,把过程中学生的视频、图片都拍摄下来存入个人档案,这也可以作为形成性评价。这里将它归为总结性评价方式,只在每学期期末做一次,下面就班级音乐会的目的、形式、准备、流程做简单介绍。

班级音乐会是将各种丰富的音乐评价形式进行综合的最全面的方式之一,其涵盖面广,涉及的内容较多,能给学生带来除测验评价以外更多不一样的体验和收获,但是由于其评分标准的主观性太强,评价结果经常会遭到质疑,因此,在采用这样的评价方式时,尽量是配合客观测验进行。

班级音乐会的形式与音乐有关,紧扣与本学期或特定时间内的学习内容,可以是以教师规定的主题内容而定的节目,形式不固定,可包含器乐演奏、演唱、音乐剧又或是简单的陈述或音乐小评论,可以进行独奏、独唱等表演,但每个人至少要有一次跟其他同学的合作表演。

音乐会的准备:首先,为避免班级音乐会变成完全的个人才艺展示,教师应该提前定下班级音乐会的主题。其次,教师要在音乐会前带学生总体回顾学期教学内容,让学生围绕主题准备节目内容,定形式,随后进行合作分组。其实,班级音乐会是一个很好的培养学生团结合作、相互学习相互促进发展的有主题的教育教学活动。小组活动更适合探索性学习,组员之间的配合合作还能使他们的合作能力变强。最后,教师要抓住这个机会让学生在享受音乐会的同时,指导他们对同学的表演进行客观评价。音乐会前提前准备好节目单,每人发一张评分表,考虑到低年级学生的阅读理解能力以及个性心理特征,在每项评分标准后面不写分数,而是用可爱的表情来表示好、一般和差。具体表格如表 6-1、表 6-2 和表 6-3。

表 6-1 低年级互评表

节目	好	一般	差	我想对你说
节目1				
节目2				

(续表)

节目	好	一般	差	我想对你说
节目3				
节目4				
节目5				
节目6				
节目7				
节目8				
节目9				
节目10				

表6-2 中高年级互评表

节目	完整性	表情	演奏(唱)技能	我想对你说
节目1				
节目2				
节目3				
节目4				
节目5				
节目6				
节目7				
节目8				
节目9				
节目10				

表6-3 音乐会评分表

测量内容	测量要素	评定等级			
		A	B	C	D
演奏(唱)技能	音准(0.1)	8.5	7	6	5
	节奏(0.1)	8.5	7	6	5
	音色(0.05)	4.25	3.5	3	2.5
	力度(0.05)	4.25	3.5	3	2.5
	速度(0.05)	4.25	3.5	3	2.5
音乐表现	姿势(0.05)	4.25	3.5	3	2.5
	完整(0.1)	8.5	7	6	5
	流畅(0.1)	8.5	7	6	5
	风格(0.05)	4.25	3.5	3	2.5

(续表)

测量内容	测量要素	评定等级			
		A	B	C	D
情感体验	表情(0.05)	4.25	3.5	3	2.5
	观察（0.05）	4.25	3.5	3	2.5
	肢体(0.05)	4.25	3.5	3	2.5
空间感知、运用	空间(0.05)	4.25	3.5	3	2.5
音乐交往	合作(0.1)	8.5	7	6	5
即兴程度	连贯(0.025)	2.125	1.75	1.5	1.25
	创意(0.025)	2.125	1.75	1.5	1.25

备注：A(85分及以上)：各项指标完成较好,达到要求或超过要求；
B(70～84分)：基本完成指标内容,略有不足之处；
C(60～69分)：基本完成指标内容,有明显不足之处；
D(60分以下)：各项指标均不达标且个别指标完全不能达成。

可根据实际客观条件不给具体分数,只给大项成绩,或在表格中增加分值,教师直接在分值上打"✔"即可。最终音乐学习成绩评定还要综合多项评定结果,有效归纳后给出相对客观的评定、评语,为学生接下来的学习指明方向。

③ 叙述音乐小故事

我与音乐的小故事中表达方式不限,学生可以用简短文字描述一学期音乐学习的收获和感悟；又或是用一幅画表现、描述一学期里音乐课堂中你印象最深刻的一个音乐活动；又或是一次有趣的板报或音乐活动海报设计；还可以是学生自己为这学期中最喜欢的乐曲创作一个有趣的游戏。

（二）配置性评价为辅

1. 配置性评价的含义

配置性评价是指在教学活动进行之前,为了解学生掌握知识的程度而进行的有目的的评价方式。

2. 配置性评价的方式

第一,认知学科中绝大多数的配置性评价都是通过试卷的形式完成的,我们同样也可以借鉴,设计一张检测卷针对刚完成的教学单元内容进行知识与技能的检测。

第二,不同于认知学科,根据音乐学科的特性,除了试卷的形式我们还通过音乐会的形式让学生把指定曲目表演出来。

第三,教师还可以随机抽取该单元中的某个部分让学生谈一谈自己的理解,并做成录像带记录下来。

配置性评价具有诊断的功能,配合形成性评价等一起使用,能使教学内容和教学活动的安排更合理,更适合学生的身心发展。

(三)教师评价(自评)与他评相结合

1. 教师评价与他评相结合的含义

教师评价与他评相结合是指打破传统音乐课程学习评价中单一的教师独揽大权的独断评价方式,减少教师个人主观打分的比重,增加学生自评与互评、家长评、网络互评等模式,使得评价主体更加多元化,这样可以增加学习评价的公正公开性,增加评价的可信度。

2. 教师评价与他评相结合的方式

第一,国内外专家学者的评价。音乐教育方面的专家学者也许理念会有所不同,但都有其独到的视角和评价维度,经过多年的研究和探索,能帮助我们减少弯路。

第二,指导教师的评价。指导教师多年输送一线教师,结合了理论与实践的多方资源,能站在实习生角度关注大家最薄弱的环节直接给予帮助,实效性强。

第三,实习团队的评价。实习小组的同学朝夕相处,有着相同的学习经历、知识背景,认知方式也较为相似,对课堂的教学对象又较了解,同伴之间的互评可以更好地帮助自己找到短期内可以完成的提升空间。

结合以上三点的他评表设计如表6-4。

表6-4 他评表

评价内容	优缺点描述	指导意见
专家学者		
指导教师		
实习团队		

第四,教学对象的评价。学生作为直接受教育者,更直观地感知教学过程,学生比教师更为敏感,语言也更为直接,而且他们的感受才更是我们需要关注的部分,多聆听学生的评价就像是获取消费者的信息,是为了提高下一次的服务质量,这比获得竞争对手的信息更为有效。

学生评分表设计如表6-5。

表6-5 学生评分表

评分内容	非常喜欢	还可以	讨厌	备注
语速语调				
教态				
演唱				
演奏				
律动				
学习速度				
感染力				
最近学的乐曲				
请在方框中打"✓"				

（对教师的评价，可以根据优化课程需要分阶段进行有针对性的单次或多次的测评，可以采用纸质版、电子版等不同形式，由学生不署名完成。）

3. 自评的意义

没有人能比你更加了解自己，关注自评不是让实习者盲目自大，而是借助对自身的了解全面分析教学效果的呈现原因，调动自身积极性。当然对自己的评价要相对客观，既不能高估自己的教学水平和学生学习成效，也不能妄自菲薄，要公正客观。

表6-6　自评表

评分内容	非常满意	一般	不满意	优化措施
目标达成情况				
语言表达				
教态				
演唱				
演奏				
律动				
课堂气氛				
对乐曲的理解				

（四）发展性的质评

皮亚杰提出最近发展区观点，他认为学生可能发展到的阶段能力跟现有水平之间是有差距的，这就要求我们要用发展的眼光去看待学生的音乐能力。发展性的质评可以有效地再现学生学习过程的特点及发展趋势，有利于我们在对学生的音乐学习进行评价的时候，了解学生在音乐方面的发展潜能，把握其习性，预见其发展方向，保护和维持学生的积极性。在做出质评时要考虑到学生的最近发展区，评价的过程也不是一成不变的，而应该是发展性的质评。

五、音乐教学评价的基本原则与要求

音乐教学评价是一项价值判断活动，这项活动是复杂的，主要由学科特点决定。不同于其他学科，音乐学科的人文性、审美性和实践性决定了音乐教学评价不能采用完全一刀切和单一评价标准，这样的评价必然违背了教育目的，不能促进教学目标的达成。再者，评价的主体又是主观的人，双重主观性致使音乐教学评价显得尤为困难。因此，遵守教学评价的基本原则更为重要。

（一）既具普适性，又要符合学情

音乐教学评价既要面向全体学生，又要符合教学的现实情况。教育是复杂的系统，学生与学生之间存在差异，班级与班级之间存在差别，更不用说学校与学校以及地区与地区之间了。故应根据学生、班级、学校的不同情况进行评价。

（二）符合学科学习规律

音乐学习有自己的认知规律，音乐学习更有自己的学习规律存在。音乐能力的培养不是单纯的认知学习，大部分内容都需要通过情感体验而获得，借助动觉、视觉、听觉甚至是嗅觉等多种感官的帮助使之变成记忆的印刻，最后再通过一系列的音乐活动将记忆转化为能力而得到应用。不能简单移植认知学科的评价方式。

（三）遵循学科理念

音乐教学评价要从学科理念的本源出发，并最终回归教学理念。音乐学科的教学理念是：以音乐审美为核心，以兴趣爱好为动力；强调音乐实践，鼓励音乐创造；突出音乐特点，关注学科综合；弘扬民族音乐，理解音乐文化多样性；面向全体学生，注重个性发展[①]。在进行音乐评价时，我们要用这样的标准衡量教学效果，更可以以这样的维度去不断完善教学评价的方式，以促进教学的进步。

（四）高效度、高信度、难度适宜

高效度：能真实测量或量化出所测量事物的程度较高；高信度：量化结果具有较高反映所测事物实际水平的稳定性，测验结果具有可靠性；测试难度适宜：测试者具有50%的可控范围及50%的挑战性。

六、音乐教学评价的一般步骤

教学评价是一个复杂的价值判断过程，不仅要对教学活动的现实价值作出评估还要对潜在的价值做出判断，如果没有遵循一定的步骤和内在逻辑，随意评估，可能就不能获得较为全面、有效的评估结果，那么这样的评价就失去了其应有的意义。

（一）前期准备

我们在进行教学评价前需要对教学评价的对象进行综合考量，充分搜集教师、学生以及课堂教学过程的信息，包括对教师的专业素养、学生学情、教学硬件设备以及学生已有水平等相关信息的统计都是我们进行教学评价的基本前提。

（二）展开环节

展开环节中包含以下几个重要内容：①设计课堂及时评价的环节；②设计能够进行评价的课后作业；③搜集课堂生成做出教学档案，辅助储备过程性教学评价的材料；④设计并制作调查问卷，可做及时评价也可做过程性评价。这几项内容可以同时进行，并没有完全固定的顺序，可以根据需要再增加个性评价内容。

（三）评估生成

一个评价的生成，还差最后关键的一步，只有让已有数据整合成为方便提取的有用消息时，评估才能最终完成。在整合及时评价和过程性评价信息后，需要做教学质量分析，并将

---

① 中华人民共和国教育部.义务教育音乐课程标准(2011年版)[M].北京：北京师范大学出版社，2012：3.

其客观地生成数据表格,如果描述性内容过多可以用文字进行综合性评价。

总结上述测量的方法、模式和信息录入等方式,都是从如何还原学生学习的情感体验的过程层面去测量的,涵盖的是学生在音乐活动过程中表现出来的多维度多元的非智力因素,它也在新体系教学理念中占据最重要的位置。对于课堂评价结果的反馈信息我们应积极利用,要使得课堂评价真正发挥激励和促进的作用,教师在实施课堂评价结果的反馈时应讲究策略,在进入下一阶段的教学时应及时做出教学内容的调整和安排,只有这样才能有效发挥课堂学习评价的作用。

第二节　教学反思的特征与思路

一、教学反思及其成分

经验＋反思＝成长,这是著名教育心理学家波斯纳提出的教师成长的公式。教学反思是指教师对教育教学实践的再认识、再思考,并以此来总结经验教训,进一步提高教育教学水平。教学反思是教学中不可或缺的一步,是教师教学发展中的重要一环。在某种程度上,教学反思能力决定着一名青年教师的教学发展能力是否能得到提高。教学反思绝不是通常所说的打坐冥想,也不是漫无目的的随意回放。教学反思应是对教学实践的批判性思考,是一种具有明确的目的性、指向性的教育行为,是一个实践、思考再实践的循环往复的动态过程,教学反思和教学是同步的,是无止境的。《义务教育音乐课程标准(2011年版)》指出音乐教育需要一支具有审美力,熟练的课堂教学技能,高水平的专业知识、能力和职业素养的教师队伍。由此,音乐教师应以这样的目标反观自己的教学及自身的能力的发展方向。教学反思包括三种重要成分,即认知成分、批判成分和教师陈述。

(一) 认知成分

认知成分包括教师原有的知识体系、逻辑思维方式、学习成长背景等,另外,原生家庭、同伴同事以及该领域专家的想法和理念等都会给教师的认知带来影响。它也是最初主体经验构成的原要素。

(二) 批判成分

批判成分是指驱动思维发生的基础,包括经验、信念、信仰、社会政治取向以及教师的目标等。在这种反思中,教师不再像以往只关注解决问题的结果,而是更关注提出问题以及生成问题的过程。发展的过程就是不断批判的过程,教学过程中更是离不开批判成分的反思。教师通过批判的反思,激化矛盾,借鉴运用后进而内化形成自己新的知识结构体系,从而得到发展。

(三) 教师陈述

音乐教师的陈述包括教师所提出的问题、在日常工作中的研究、沟通的方式、音乐的表

达方式以及教师用来解释和改进自己课堂教学的表达系统等。教师陈述除了教师的表达能力(书面语言表达能力、口头语言表达能力、肢体语言表达能力),对于音乐教师的重中之重是对音乐理解后给予学生的传递、作品意境的表达和肢体律动,以及课堂上的演奏演唱。

二、教学反思的维度

教学反思的实质就是要经常性地对自己的教育教学行为进行回顾、观察、诊断、思考、修正。但它不只是与自我的对话,不是闭门造车,也不是空谈理论,只有在实践中思考、在交流中发展才能超越自我,不断前行。

(一) 从教学理念看反思

教学理念维度的反思是教师对指导自己教学的教学理念进行反思,浅层来说就是对自己的设计意图进行反思。这种理念是每个教师特有的有关教学的观念和设定,这些观念来源于不同的知识储备,来源于不同的认知结构,来源于不同的教育背景,还来源于不同的原生家庭的习惯,因此它才那么特别。这些观念并不会那么显而易见,多数时候都是内隐的,是教师对个人教学的经验和假设,它不一定是完全正确的。因此,教师要积极主动地对照专业领域的专家所倡导的教学理念,反思自己的操作,提升自己对课程的理解和认识,防止故步自封、因循守旧。

(二) 从教学技巧看反思

从教学技巧看反思是指教师反思在教学过程中使用的各种技能与技术,包括反思教学手段、反思表达、反思教学步骤,甚至某种程度上还包括教学心理。在这些反思维度中,教学技巧维度的反思是看上去最"有意义"的反思,因为反思结果出来后可通过有针对性的训练,对教学技巧进行强化从而使其迅速得到改善,因此这样的反思看起来实操性较强且有意义。例如通过反思认识到表达能力较弱,经过长期的有效的训练,教师改进了自己讲话的方式,语言组织能力变强。

(三) 从研究实践看反思

教学设计不是完美的剧本,而是永远待更新的系统,它是充满变数、充满悬念的,又与实践研究相互依存,有了实践就必然带来反思,有了反思又要投入新实践去验证。相同的文本在不同班级的使用效果都是不一样的,再一次实践的开始就又翻开了崭新的一页。因此,我们的反思当然也不能是静止的,任何机械的重复都是无意义的。课堂教学被称为"遗憾的艺术",教师时时刻刻都在反思上一环节的教学行为,随时作出调整的准备,更不用说在教学结束后反观、回忆、审视这一次的教学,你将会有多大的改观。从研究实践来看,反思是动态的、开放的,也是言之有物的。

三、教学反思的内容

明确反思的问题和对象是进行教学反思的前提。生成了反思的问题,就有了思考的范围和改进的方向。教师反思的内容很多,一般有以下三个方面。

（一）课前准备

备课是教学中最基本的环节，备好课才能上好课，教师既要备文本内容，还要了解学情，并依据学情设定教学目标，设计教学过程并准备好教具再进行课堂教学。教学后应该反思自己备课的环节是否完整、有没有遗漏的和需要进一步补充和调整的。

反思备课主要包括：备文本即教材分析是否精准、是否准确分析并把握教学重难点、文本解读是否符合学生的认知水平和感知能力；了解学情即对授课班级学情、教学对象的兴趣爱好和认知程度、学习基础及知识储备等是否了解清楚；教具的使用情况包括教具是否新颖有趣、是否贴近学生生活、准备数量是否充足、教具的可操作性和必要性。

（二）目标达成

依据《义务教育音乐课程标准（2011年版）》，教学反思内容主要包括：教学目标是否具有意义、教学目标是否具有可完成性、教学目标最终的完成度（或未达成原因）。课堂教学后，我们要对学生三维教学目标的掌握情况进行评价，这是课堂教学的根本目的。教学是否达到了预期的教学效果，学生的知识技能、过程与方法、情感态度价值观上是否产生了预期的变化，这些都是教师教学后需要反思的内容。

一至二年级的学段目标：激发和培养对音乐的兴趣；开发音乐的感知力，体验音乐的美感；能自然地、有表情地演唱，参与其他音乐表现和即兴编创活动；培养乐观的态度和友爱精神。那么我们在进行自我反思时要反观学生是否对课程感兴趣，思考是否有更好的方法激发学生的兴趣，学生是否从不同方式体验了音乐的美感。

三至六年级的学段目标：保持对音乐的兴趣；培养音乐感受与欣赏的能力，初步养成良好的音乐欣赏习惯；能自信地、有表情地演唱，乐于参与演奏及其他音乐表现、创造活动；培养艺术想象力和创造力；培养乐观的态度和友爱精神，增强集体意识，培养合作能力。对照这个学段目标反思教学，我们要多关注学生之间如何能达成更默契的合作，是否帮助学生进行了音乐表达，怎样才能进行创造性表达。

（三）教学过程

新课标下的教学是教与学的交往互动，学生才是教学的主体，师生双方互相交流、相互沟通、互相启发，实现教学相长和共同发展。对学生而言，教学意味着个性表现和创造性的解放；对教师而言，教学已不再是知识的传授，而是自我实现的过程。教师应该反思在知识生成过程中教学互动环节是否合理，学生的互动积极性是否良好，学习知识的兴趣是否浓厚。

1. 从导入环节反思

导入环节是学生对教学内容的初印象。此环节中涉及的教学反思维度有：学生的情感体验是否充分、学生是否对教学内容充满学习的兴趣和热情、导入方式是否符合文本学习的需要、导入环节是否起到承上启下的作用。

2. 从课程展开环节反思

展开环节是教学过程的重要组成部分，因此，在进行教学反思尤其是进行片段教学反思时占的比重也会相对较大。此环节包含的教学反思维度有：教学环节的衔接性与可替代程度、教学重难点的解决程度、教学手段及教具使用情况等。

3. 从拓展部分反思

拓展环节是教学内容的再延伸。此部分的反思维度有：是否拓宽学生的音乐思维方式、学生继续学习的热情是否延续、拓展内容难度是否适宜等。

4. 从总结和课后作业反思

此环节的反思维度有：教学内容是否得到总结和回顾、学生今后学习的规划、课后作业难度是否适中、作业能否起到巩固新授知识和激发学生继续探索的欲望的作用。

5. 从贯穿始终的内容反思

（1）语言表达

教师的表达是教学能够顺利进行的重要保障。艺术的表达方式不仅能优化教学过程，缩短教学时间，更能起到四两拨千斤的作用。作为新教师，我们不能一下到达这样的程度，但要以此为目标去不断调整表达的方式。音乐教师的表达要求不仅仅是口头语言表达清晰准确，还包括了教师的范唱、范奏是否准确，是否传达了作曲家最初的创作意图，是否准确地表达了音乐作品。

（2）师生配合

学生的跟随程度是教学过程是否能顺利进行的基本前提，直接影响教学重难点的解决程度，关系着教学目标是否能达成。教学过程中学生的参与度一是取决于内容本身对学生的吸引力，二是取决于教师的教法，三是取决于教师的个人魅力。个人魅力内涵丰富，它包括外貌、服饰、语言表达、教态、专业技能以及气场（控场能力）。每个环节都会影响教学的效果，因此作为教师，应该从各方面对自己严格要求，专注细节。学生的跟随程度是教学过程最好的检测仪，教师可根据学生的跟随程度及时调整自己的教学。

（3）及时生成

恰当的引导学生及时生成不仅能顺利引出教学内容，还能提高教学的效率，能激发学生的学习热情。学生的及时生成是教学有效性的直观反映，把握这个时机引导学生继续有效学习是教学水平的体现。因此，在教学反思时要格外注意。

四、教学反思的方法

荀子在《劝学篇》中说："君子性非异也，善假于物也。"意思是说好的方法，可以使我们顺利达到目的。在教学反思过程中，针对不同的问题，可以选择不同的方法进行有效反思。

（一）反思日记

在教师的日常工作中，备课和上课是两个互相关联的重要环节。教学反思日记有时写在教学设计前，提出自己的问题和疑惑，更多的是在教学设计和实施后，教师对教学设计和实施过程进行自我评价、自我反观与反省、自我诊断与批判。反思日记是自我提高内驱力影响下的产物，是自发主动的教学行为，因此没有固定的内容和模式。反思日记其实与一般的日记没有太大区别，只是内容不同，如表6-7。与实习期不同，这种反思方式能够不断提高教师的课堂陈述水平，并带动认知成分的延伸，帮助教师形成个人教学风格。

表 6-7　反思方向表

反思方向	具体内容
课堂教学的得失	教学计划、教学设计、教学方法、课堂活动组织、教具使用等
学生课堂生成	基于教学过程、基于教师自身、基于教学内容、突发情况处理
教学感受	接受程度、参与程度、投入水平等
学情	学习习惯、兴趣爱好、班级特点、方法、策略等
教学规划	教学进度、教学质量
教学心得	教学期待与教学现状的对比、教学心理的变化

（二）教学研讨

与实习期不同，当正式走上讲台后，课堂中的教师是孤军奋战的，没有指导教师，没有实习伙伴，也没有其他客观的评价者。教师必须详细记录课堂情况或借助录像、图片等方式将疑惑带到课后进行分析、反思、研究。教师之间交换意见和建议、讨论课堂中的情景、与组内其他老师的思维碰撞、共同反思常常能发现许多教师自己平常不易发现的问题。

为了让教学研讨更具针对性和实用性，需要拎出本节课程中出现的重要问题或易出现的常规问题作为主题进行研讨，以便在今后课堂中举一反三。主题的设置非常重要，它决定了本次教学研讨是否具有实践性、针对性和有效性。主题可以以本课题中的问题为切入点，而又深于课题。例如："规范学生参与活动时的秩序性的手段探究""一题多导的激趣导入方法探究""×××一课中拓展方法研讨"等。

（三）行动研究

行动研究是由美国社会学家勒温提出的。行动研究是为弄明白课堂上遇到的问题的实质，探索用以改进教学的行动方案，教师与研究者合作进行调查和实验研究的反思方法。他认为"没有无行动的研究，也没有无研究的行动"。除了教师由于个人经验缺乏和能力限制而出现的特别情况之外，在教学中总是存在一些共性的难题的，是教师个人反思所不能解决的。一线教师的教学实践活动与专业研究者的研究相互补充、相互作用，使得教学实践同时也变成一个研究过程，研究过程又变得有迹可循，落地生根。教师的教学反思是研究的基础和样本，研究的成果又给教师的教学指明了方向。综合尽可能多的资源，认真研究综合研讨、大范围的群体反思有利于问题的深入剖析和解决。

五、教学反思的过程

以经验学习理论为基础，教师反思过程可分为四个环节：主观经验→观察分析→融合概括→积极验证，如图 6-1。

图 6-1　反思过程示意图

（一）主观经验阶段

教师的教学都是依托自身经验如原有认知结构、学习经验、生活经验,当自身经验和实际教学发生冲撞时,教师自然会感到一种不适,不适之处即问题。意识到问题,并试图改变这种状况,于是便有了反思环节。但往往教师并不容易抽离主观身份,明确意识到自己教学中的问题。因此,需要借助多方视角搜集新的信息,例如他人的教学经验、研究成果、教育教学理论原理,以及意想不到的经验等都会帮助教师发现问题。

(二) 观察分析阶段

这一阶段教师需广泛收集信息和数据并分析相关经验,对照自己教学的信息参数,以批判的眼光审视自身。教师可以通过回忆、复述、录音、录像、场景模拟、角色扮演等获得信息数据,对它们进行数据分析,反推设计意图和教学目标,反观其理论依据是否有可靠支撑,自己的教学效果是否符合教学期待等,从而追溯到问题的根源。经过这种分析,教师会对问题情境形成更为明确的认识。

(三) 融合概括阶段

教师需要在这个新阶段重新融合相关信息、资源,反思原有的教学指导思想,并积极寻找新思想,建构新策略来解决困惑。这个融合不是简单的资料堆积,而是有内在逻辑、有思考、有探索的新研究。融合概括的结果可能并不成熟,只是假设,但它一定是在发展中的思维。

(四) 积极验证阶段

本阶段旨在检验前三阶段的形成情况。它可能是实际尝试,也可能是角色模拟。在获得检验的过程中,教师会遇到新的不同体验和经验,从而又进入主观经验第一阶段,开始新的循环。你会发现这个过程永远没有终止,教学水平的提高就是教学反思的归宿。在实际的反思活动中,以上四个环节往往相互交错,甚至不能清楚地划分界限,但它总有自己的循环逻辑,偶尔欢脱却又不偏离。

六、教学反思的功能与意义

教学反思是在教学活动结束后,教师对其自身教学过程的回顾、总结,是以期提高自身教学水平的带有研究性质的教学总结活动。反思的作用在于通过总结努力发现教学中存在的问题,为今后的教学提供依据。当然,在总结问题的同时,也能通过教学反思看到自身的优势,以利于今后不断打磨形成自己的教学风格。

(一) 有助于培养教师的研究能力

"研"能力不再是研究者的才能,作为新型教师不仅要扮演好教书育人的工作,具备教学能力、组织管理能力,更要具备科研能力。要想实现研究式的教学,就需要教师善于观察和捕捉教学实践中存在的问题和发生的现象,勤于反思这些问题和现象背后的实质性的东西,不断总结和研究。教学反思有助于教师逐步培养和发展自己对教学实践的判断、思辨能力,从而为进一步丰富知识结构、实践经验,直至建构系统的教育教学理论提供了有效途径。如果缺乏了问题意识,少了积累经验的机会,勤思便是获得"研"能力的前提,不重视课后的反思,教师很难提高驾驭课堂的教学能力。应时代要求,也应自我发展的要求,都应朝着做一名"反思型""研究型"教师的目标前进。

（二）有助于激发教师的创造力

教学反思鼓励教师采用多种策略和方法去审视、评价和分析自身的教学活动和驱动其教学行为的教学理念，充分调动教师的能动性、积极性和创造性。教学反思促进教学优化，那么教学效果自然会提高，教师在获得成就感后，教学积极性和创造性会被更好地激发出来。教学反思这个有益的思维活动可以进一步激发教师终身学习的自觉冲动，它会变成自我提高内驱力，促使自身不断发展进步。

（三）有助于提高自我的监控力

有很多方式都能帮助教师反观教学行为，而自我监控是很重要的一个部分。没有人比你更了解自己，也没有人能比自己更便利地获得反观教学的机会，应该更多地依靠主动监视自己的教学行为，通过"照镜子"来获得教学能力的提升，为什么要舍近求远寻求解决的途径呢？坚持阶段性教学反思就是坚持"照镜子"，就是在不断打磨和修炼自我监控的能力，只要不断地看、仔细地看、带着问题地看就一定能得到提高。

七、教学反思能力的培养策略

教学反思虽然是自主进行的教学总结活动，是个体的独立行为，但就其重要性而言，需要投入较大的精力将其不断完善。当然，教学反思的能力不是一蹴而就的，需要长期的有计划的刻意训练，为自我教学反思能力的提高做好规划。

（一）坚持提升理论的素养

理论是行动的先导，教学反思不是无谓的空想，需要依托实践，以专业理论为指导。只有具备完善合理的理论知识体系，才有可能准确地反观并分析自己的教育教学行为。如果对理论的理解偏颇或浅显，是不可能将实践中反映出来的问题上升到理论层面并加以剖析的，也就更不可能追溯到问题的根源，从而提升自己的教学水平。理论理念的形成需要有大量的阅读积累，除了阅读音乐专业方向的书籍以外还要多关注教育学、心理学方面的知识。除了阅读还应多参与教学研讨、教研讲座等，多聆听专家学者的研究与经验分享，从中会得到很多灵感和启发。

（二）关注审视问题的意识

想要获得教学反思的能力，就要时刻带着发现问题的眼睛去寻找问题，带着批判的思维去审视问题，这双眼睛就是"问题意识"。首先，教师应该抽离自己的主观身份，较客观地用第三视角去看自己的教学实录或反思日记。当然，反思的过程也不是一味挑刺，也要能客观地看到自身教学的优势，给自己鼓励，将优势放大带动劣势的发展。要始终戴着"问题意识"去看待教学，要帮助学生提高审美的能力，拓宽学生的想象力和设计能力，对教学的要求高了，自然能更加清楚如何进行教学反思。

（三）明确教学反思的思路

教学反思是有目的、有针对性、有迹可循的教育行为。教师在进行教学反思时要参照教学反思的内容逐项排查，其实在对照的过程中又再次明确了问题的所在，又从侧面理清了思路。建构主义认为,知识不是教师教给学生的,而是在教师引导下由学生自己去思考,借助一定途径自行建构的。那么,能力更不是教师教出来的,教学反思的能力也是通过"同化""顺应""调节"等意义建构的方式获得的。因此,教师要引导和帮助学生去构建教学反思的内容,从而自行获得教学反思的能力。

八、教学反思的设计

教学反思的目的是为了提升自我的教学能力,因此,教学反思的内容要具有针对性、具体性和条理性。为了能够直击要害,对症下药,我们在进行教学反思时要将问题细化,针对不同的问题,剖析透彻,然后清晰地列出来。表格式教学反思恰恰符合了这样的特点,相比描述性教学反思,它不仅做到了针对性、具体性和条理性,而且更方便修改,直观性很强,无论是形式还是内容上表格式教学反思都具有很强的可操作性和实用性。

(一)表格式教学反思

教学反思的目的在于改进教学,是教学经验积累的重要手段,也是教师改进教学的最直观的依据。表格式教学反思较大段叙述性教学反思而言,更具直观性和针对性,对于每一个教学设计的意图和呈现方式都能进行细致的反思和总结。

1. 教学反思实例

课题:苏少版四年级上册第八单元《铃儿响叮当》教学片段及反思

表6-8 《铃儿响叮当》教学设计与反思

教学设计	设计意图	学生反馈	片段反思
(1)情景激趣 出示圣诞树图片,师生交流 设问:这是什么,什么时候会出现? 师:每年国外的圣诞节都是一年之中最盛大的节日,人们竖起美丽的圣诞树,早上一醒来就去圣诞树下寻找礼物。 简单的圣诞节人文知识介绍 (2)传递礼物 师:我从圣诞树下带来了一个礼物,我想邀请大家一起在音乐中来传递它,音乐结束礼物落在谁的手里就请他拆开礼物,注意传递的方式可能会变,请大家及时调整 播放《铃儿响叮当》伴奏,律动传递"礼物",整体聆听感受音乐 (3)出示课题 拆开礼物,拿出课题,贴在黑板上——《铃儿响叮当》	创设情境,激发学生的学习兴趣,通过圣诞节、圣诞树下礼物的形象帮助学生积极投入到音乐活动中来。传递礼物的律动帮助学生感受音乐、熟悉音乐的同时,更让学生对于音乐的结构有了较为清晰的认知。为后面的歌唱教学做了坚实的铺垫	学生A:特别喜欢传递礼物的环节 学生B:刚开始传递礼物时又期待又紧张,害怕传错,有点乱 学生C:喜欢模仿马蹄和挥鞭的动作,很有趣而且很快就能感受到乐曲有两部分	设计本身有趣,且符合音乐性和学生的审美情趣,但是在实际操作时,存在不少问题: 1. 语言描述过多,减少了学生的思考与探索; 2. 遗漏关键信息(礼物传递方向),致学生传递混乱,打断了学生的整体体验; 3. 过于强调动作的形式,模糊了教学重点和意图

（续表）

教学设计	设计意图	学生反馈	片段反思
师：这首歌是美国家喻户晓的圣诞歌曲，请大家听我唱，思考歌曲中主人公乘的是什么交通工具？是什么的铃铛响？ 老师范唱歌曲后，师生交流 师：没错，我们在歌曲中乘着马儿拉着的雪橇，铃儿叮当响 （4）律动感受 律动方案： ① A段模仿马蹄声律动 ② B段模仿挥鞭律动 律动队形： 律动动作：			

2. 教学反思表格

教学设计	设计意图	学生反馈	片段反思

（可从教学目标达成情况、教学重难点解决程度、学生在课堂上的配合程度、学生创造性表达的程度等角度进行反思。）

（二）叙述性教学反思

叙述性教学反思是将教学过程中的优缺点用陈述性的语言描述出来。其直观性不强，因此在回顾时需要耗费大量的时间，对于经验较少的新教师而言，更容易模糊重点，论述条理不清。但是也正因此，多做叙述性教学反思，更容易锻炼教师的表达能力和科研能力。下面是叙述性教学反思的一个案例：

课题：苏少版五年级上《爱的祝愿》

【教学目标】

1. 熟悉并能够用自然的声音哼唱《爱的祝愿》A段主题旋律，感受歌曲《爱的祝愿》表达的美好祝福；

2. 对比欣赏乐曲《爱的喜悦》（片段），感受不一样情绪下爱的旋律的不同之处；

3. 能够结合律动和拓展内容感受、了解两首作品的不同音乐风格。

【教学准备】

PPT课件、钢琴、课题贴图、丝巾

【教学过程】

步骤	内容	师生活动	设计意图
起始	一、练声曲导入	1. 师生问好 2. 用音乐的方式问候——听唱《问好歌》  3. 师生合作——生生分角色合作 4. 师在句尾加入二声部	在音乐中进行课前的问候和彼此的祝愿，一方面练声，另一方面引出"爱的旋律"的主题，同时也为后面"传递"祝愿做铺垫
展开	二、欣赏《爱的祝愿》	1. 丝巾承载着老师的祝愿，要传递到你的身边 2. A段教学 方案：1）师在A段音乐中示范丝巾传递 　　师：传递了几次？每次传递的对象是谁？ 　　　（高个子、同龄的朋友、小孩子） 　　2）板书出示 r-f-l 三音，请学生边和老师一起做传递动作，一边接龙唱出前三句句尾，第四句师哼唱，并示范传出去的动作，生模仿。 　　3）师生围成单圆，在圆上跟着A音乐，哼唱主题并传递手中丝巾 　　（提示：将自己的祝福传递给同学的同时，接受另一边同学传来的祝愿） 　　4）揭题并介绍作品背景 3. B段教学 方案：1）导入 　　师：收到了那么多形形色色的祝愿，心情如何？想不想在音乐中向伙伴们展示你收到的祝愿？ 　　2）B段听赏 　　师生一起在音乐中展示收到的"祝愿" 4. 完整听赏 方案：听音乐做出相应的律动，"传递"或者"展示"新的音乐元素。如果是新元素就坐下静静聆听。	引导学生通过老师的示范和音乐的聆听，找到动作和旋律音高的关系，帮助演唱。 通过丝巾道具将"祝福"传递，一方面帮助学生感受旋律的线条；另一方面引导学生将旋律连贯，从而更好地记忆旋律和作品的情绪

延伸篇　蓄力提升

(续表)

步骤	内　容	师生活动	设　计　意　图
展开	二、欣赏《爱的祝愿》	5. 用字母归纳出作品结构 　　A—B—A' 6. 归纳提炼 这是一首温馨、柔和、优美的小提琴独奏曲，作品中透露出的柔情让人感受到深深的爱意	
深入	三、欣赏《爱的喜悦》(片段)	1. 导入 人世间的爱有很多种，有的如潺潺溪流般温柔、安静，有的如汪洋大海般激烈而深沉，请大家听一听下面的音乐片段表达的是一种怎样的爱意？ 初听a 2. 揭题 3. a段律动 方案：1) 提问：如何用身体表现喜悦？ 　　　　(重音处双手拍腿，密集节奏双手交替快速拍腿) 　　　2) 跟着音乐做一做 　　　3) 看看老师有没有更激动的表现方式？跟着做一做(重音处站起) 4. b段律动 作曲家把深深的爱意藏在了b段的旋律里，看一看你能找得到吗？(跟着乐句画爱心) 5. 完整听赏《爱的喜悦》(片段)并律动 6. 用字母总结作品结构	选择第二个作品原因：①符合"爱"的主题；②本作品在情绪上和《爱的祝愿》有着鲜明的对比。学生在初听a主题时便能够鲜明地发现本段"爱的旋律"更多是惊喜之爱、喜悦之爱，相较于前一段温柔如流水的旋律更加激烈、澎湃、活泼
结束	四、"爱的旋律"	音乐源于生活、源于情感，很多的作曲家将"爱"这一永恒的主题在自己的作品中进行一一体现。亦如在我们的生活中，有形形色色的爱意，有温馨的父母之爱、欢乐的朋友之爱、浓烈的师生之爱等，只要你有发现爱的眼睛和聆听爱的耳朵，相信你一定会找到更多生活中的爱意，探索更多"爱的旋律"	主题升华，点出主旨立意

【教学反思】

本课选择了以"爱"为切入点，将《爱的祝愿》和《爱的喜悦》两首小提琴独奏作品进行串联。这两首作品同为著名的小提琴独奏名曲，但风格和情绪截然不同。学生通过不同的律动主题进行主题旋律的区分，明了、自然，效果明显。但在教学和备课的过程中，我也发现，律动教学不能简单地进行动作模仿，而是需要启发学生自主发现动作和音乐的内在联系，从而自主地将音乐通过身体表达出来。一味的动作模仿只会让学生模糊课堂重点，过分关注动作而非音乐本身。律动的能力应该是蕴藏在每个学生内心的本能，需要通过教师的语言、音乐的聆听去启发，所以养成良好的聆听习惯是欣赏教学最重要也是开端的第一步。

教学做合一

1. 下列不属于教学评价对象的是（　　）
   A. 教学目标　　　B. 教师　　　C. 学生　　　D. 教学过程
2. 不属于教学评价内容的是（　　）
   A. 教学内容　　　B. 教学过程　　　C. 教学方法　　　D. 教学环境
3. 现行音乐教学评价的转向不包括？（　　）
   A. 评价的内容　　　B. 评价的标准　　　C. 评价的方式　　　D. 评价的主体
4. 音乐教学评价的类型有？（　　）（多选）
   A. 形成性评价　　　B. 总结性评价　　　C. 配置性评价　　　D. 诊断性评价
   E. 发展性评价
5. 学习评价的具体内容有（　　）（多选）
   A. 音乐情感的体验能力　　　B. 处理音乐的情感性经验的能力
   C. 进行音乐表达的能力　　　D. 空间感知和运用的能力
   E. 音乐交往的能力　　　F. 即兴能力

探究与交流

1. 教学评价与教学反思的区别是什么？
2. 结合本章节内容，讲一讲教学评价的一般步骤。

参考答案

教学做合一

1. A　2. D　3. D　4. ABCDE　5. ABCDEF

探究与交流（答题要点）

1. 从教学评价和教学反思的含义、内容、作用谈区别。
2. 前期准备、展开环节、评估生成。

阅读与参考

[1] 曹理,何工.音乐学习与教学心理[M].上海：上海音乐出版社,2000.

[2] 曹理,缪裴言,王杏林,等.中学生学科能力目标与培养·音乐[M].北京：中国城市经济社会出版社,1990.

[3] 高文.建构主义教育研究[M].北京：教育科学出版社,2008.

[4] 田中耕治.教育评价[M].高峡,译.北京：北京师范大学出版社,2011.

[5] 郑日昌.心理测量[M].长沙：湖南教育出版社,1987.

[6] 刘健智,谢晖.关于教学反思的探讨[J].中国教育学刊,2010(1)：88-90.

[7] 申继亮.教学反思与行动研究：教师发展之路[M].北京：北京师范大学出版社,2006.

[8] 鱼霞.反思型教师的成长机制探新[M].北京：教育科学出版社,2007.

[9] 熊川武.反思性教学[M].上海：华东师范大学出版社,1999.

[10] 叶澜,白益民.教师角色与教师发展新探[M].北京：科学出版社,2001.

起航篇　踏上征程

教学情境

结束了充实的实习,小彤、小凯、小均和同学们一起返回了大学校园……

圆满完成了实习任务的同学们各自怀着不同的心情……踌躇满志的小彤老师兴奋地对着小凯老师说:"经过这次实习,我终于知道音乐教师是怎样一个专业而神圣的职业了,回校后我要好好地利用最后的一段时间精进自己各项专业技能,为成为一位真正的音乐教师做好全方位的准备!加油!"小凯老师则不确定地向大家询问:"我真的可以做教师吗?你们看我能从事音乐教师这份职业吗?"一旁的小均仔细地听着大家的交谈,一言不发……他久久地沉思着、品味着实习以及实习教师的体验带给他的收获与感悟……

> 我们做教师的人，必须天天学习，天天进行再教育，才能有教学之乐而无教学之苦。
>
> ——陶行知

第七章 音乐教学实践中的音乐教师

目标与要求

1. 对音乐教师的使命与定位有清晰的认识；
2. 了解音乐教师的角色与任务；
3. 熟悉音乐教师的教学与实践中的工作；
4. 了解音乐教师的前景与未来。

学习与思考

1. 音乐教师肩负哪些使命，如何定位？
2. 音乐教师的角色与任务是什么？
3. 音乐教师在教学与实践等方面还有哪些工作需要进一步完善？
4. 音乐教师有着怎样的前景与未来？

第一节 音乐教师的使命与定位

一、教学思考与定位

每一位音乐实习教师在真正走上教师职业道路前，都必须清晰地认识到音乐课程的课程性质，正确定位教师在课程实施中的使命，树立正确的教学观念，把握课程的基本理念以作为一切音乐教学的指导思想。

在整个教育课程构架下，音乐课程的价值在于"为学生提供审美体验，陶冶情操，启迪智慧；开发创造性发展潜力，提升创造力；传承民族优秀文化，增进对世界音乐文化丰富性和多样性的认识和理解；促进人际交往、情感沟通及和谐社会的构建。"①其课程性质主要体现为人文性、审美性和实践性三个方面。

教师在音乐课程整个实施过程中应突出音乐学科特点，着眼于人文性和审美性，在其指导之下选择真正体现审美核心的教学内容。这里的审美要素包括立意美、情境美、音韵美、曲调美、配器美、伴奏美等。实践性应贯穿始终，教师需要不断调动学生参与音乐教学活动的积极性，引导学生进行音乐实践，使人文与审美在实践中得到内化，从而真正发挥音乐课程对于培养学生良好审美情趣和人文素养的重要作用。

二、课标研读与探究

2011年《义务教育音乐课程标准》中将音乐课程理念归纳为以下五点：①以音乐审美为核心，以兴趣爱好为动力；②强调音乐实践，鼓励音乐创造；③突出音乐特点，关注学科综合；④弘扬民族音乐，理解音乐文化多样性；⑤面向全体学生，注重个性发展。音乐教师的使命在于培养学生良好审美情趣和人文素养，而这五点理念正是一位音乐教师一切教育行为的出发点，应始终以这样五点作为衡量自身教学行为的标杆，用以创造最有效的教学行为来实现音乐课程的重要作用，不断达成音乐教师的使命。

音乐课程最突出的理念就是以音乐审美为核心，作为审美教育的重要途径，它从听觉出发，采用体验的方式，让学生感受情、发现美。而使学生获得这种美与情感的体验离不开相应的音乐教学内容。这种美应体现在教学内容的方方面面，从音乐作品的立意到情境，从旋律到配器无一不蕴含着音乐的审美。好的内容还应贴近学生生活和情感世界，这让学生在聆听后更容易产生共鸣，进而得到情感的体验。兴趣是最好的老师，教师要结合学生身心发展和年龄特点，选择最适合的教学设计，激发学生学习音乐的兴趣。教师要尊重学生的音乐感受，不同年龄会导致对相同音乐有不同的理解，教学中应让学生用孩子的方式体会和感受。音乐实践是音乐课程中学生获得音乐审美体验的基本途径，教师要积极引导学生进行演唱、演奏、聆听、表演和即兴编创的音乐实践，在实践中提升音乐素养。音乐是创造性最强的艺术之一，这一特质使得音乐课对于学生创造力的培养具备极大的优势。鼓励音乐创造换句话说就是摆脱标准答案，在没有标准答案的模式下，学生才能最大化地在音乐体验和实践中发挥创造力。听觉艺术是音乐最重要的特点，教师必须抓住这一点，以听赏出发，才能突出音乐学科特点，在聆听中，学生的体验才能发生。音乐教学不能仅仅局限于音乐领域，应注重学科综合，将舞蹈、美术、影视、戏剧等有机融合，有助于全方位提升学生艺术素养，拓宽审美视野。课堂中，我国优秀音乐文化应当作为教学的重要内容。学生通过学习了解本国和本民族的音乐文化，建立充分的文化自信，增强民族意识和爱国情怀，同时增进对世界多元音乐文化的理解和尊重。教师的教学活动应面向全体学生，关注课堂中每一位学生的状态，尊重学生个性发展，教学中运用灵活多变的方式

---

① 中华人民共和国教育部.义务教育音乐课程标准(2011年版)[M].北京：北京师范大学出版社，2012.

将普遍参与和个性发展相结合,为学生创造发展音乐才能的空间。

第二节　音乐教师的角色与任务

一、音乐教师的角色

音乐教师作为音乐教学实践的主体,在教学过程中往往会建立起对职业角色的认知和理解,而正确认识音乐教师的角色可以为教师的教学实践活动提供更清晰明确的指导方向。随着课程改革的推进,音乐教师的角色相对于传统意义上的角色定位发生了天翻地覆的变化。

古人云:"师者,所以传道受业解惑也。"这将教师摆在主体地位,体现在音乐课程中,则强调对音乐知识的讲授与灌输,学生被动接受。传统教学中的音乐教师往往满足于教会学生一首歌,再介绍几个简单的乐理知识,忽视学生兴趣和情感需求。新课标倡导将学生作为全部教学活动的主体,教师为主导作用,师生互动,通过音乐感受与欣赏、表现、创造及音乐与相关文化的学习,培养学生的审美感知,丰富审美情感,发展审美想象,深化审美理解,有效地提高学生的音乐审美能力。这样的理念也促使了音乐教师角色发生相应的转变。

音乐教师是音乐教学活动的组织者和参与者。有序的组织和合理的课堂安排是音乐教学活动顺利进行的保障,也是决定一节音乐课质量的基础。相对于其他课程,音乐课往往有着更自由的空间,更轻松的氛围,专用教室给学生带来新鲜感和小小的兴奋,这都导致学生在音乐课上自然而然会表现出松懈和散漫。这就需要音乐教师发挥组织者的主观能动性,调动学生的积极性,抓住学生的注意力,运用灵活的管理方法,与学生建立起共识性的课堂常规,利用音乐口令、节奏回应等方式,保持课堂教学活动的有序进行。

音乐教师是音乐学习的引导者和促进者。区别于传统音乐教学中,教师作为课堂的主体对学生进行音乐知识的传授和歌曲的简单教唱,新课标下的课程理念要求"以音乐审美为核心,以兴趣爱好为动力""强调音乐实践,鼓励音乐创造""面向全体学生,注重个性发展"。课堂的主体转变为学生,教师应积极地发挥主导作用,做学生与音乐沟通的桥梁,引导学生参与演唱、演奏、聆听、综合性艺术表演和即兴编创,从听觉出发,实现多重感官的联觉,让学生充分感受来自声音和语意的直接音乐情绪体验和内容性音乐情感体验,最终形成经验性音乐审美体验。这正是学生音乐审美价值观建构的过程,音乐教师则在其中发挥着不可或缺的导向作用。

音乐教师是音乐课程资源的开发者和利用者。传统教学中的教师是课程的严格执行者,但新课标下的教学需要教师不仅仅作为利用者,同时也要作为一名开发者。作为开发者,教师应突破教材束缚,充分利用身边的资源,以教材为基础进行创造性地实施教学。

我国是地大物博的多民族国家,因地制宜来实施教材,并结合本土特色,开发具有区域文化和民族特色的教学内容是每一位音乐教师应具备的观念。

音乐教师是音乐教育教学的研究者和终身学习者。苏霍姆林斯基曾说过:"如果你想让教师的劳动能够带给教师乐趣,使每天上课不至于变成一种单调乏味的义务,那就应当引导教师们走上从事研究这条幸福道路上来。"作为研究者和终身学习者,音乐教师要以不断发展的眼光看待学生和自己的教学,不断总结和反思,在自我剖析中重新出发。教师职业具有长期性的特点,一成不变的教学思维注定会被时代所摒弃,不断自我更新,学习先进的教学法、教学理念才能跟随时代脚步。新的时代学生音乐信息的获取途径广泛,早已不是原来只能从课本中学习几首歌曲,丰富的音乐信息良莠不齐,学生身处其中需要来自音乐教师在审美上的正确引导,这就要求教师自己不能做井底之蛙、固守原本的知识、不思进取,音乐教师必须不断吸纳优秀的音乐文化与知识,才能在信息爆炸的当今,做好学生坚定的审美指路人。

二、音乐教师的任务

音乐课程具有人文性、审美性和实践性的课程性质,这决定了音乐课程在整个教育体系中,担负着培养学生良好审美情趣和人文素养的重要任务。

音乐教师的首要任务是要培养学生感受与欣赏能力,丰富学生情感世界。音乐教育以审美为核心,作用于人的情感世界,教师应抓住音乐是一种听觉艺术的特点,从音响出发,以听赏为主,采用多种形式引导学生参与音乐体验,从音乐表现要素、音乐情绪与情感、音乐体裁与形式、音乐风格与流派几个方面进行富有启发性的讲解,激发学生听赏的兴趣,使学生充分体验蕴藏在音乐音响中的美与情感,并逐步养成聆听音乐的良好习惯,积累感受与欣赏音乐的经验。新课标中对不同年级学生对音乐的感受与欣赏做了细致的要求,见表7-1。

表7-1 课标中不同年级感受与欣赏要求

年级	音乐表现要素	音乐情绪与情感	音乐体裁与形式	音乐风格与流派
1~2	1. 能够用自己的声音或打击乐模仿喜欢的音响 2. 能够听辨歌唱中的童声、女声和男声 3. 能够听辨常见打击乐器音色,并能奏出强弱长短不同的声音 4. 能够感受音乐中的力度和速度变化,并对二拍子、三拍子的音乐做出相应的体态反应	1. 体验不同情绪的音乐,能够自然流露出相应表情或做出体态反应 2. 体验并说出音乐情绪的相同与不同	1. 聆听儿童歌曲,聆听音乐形象鲜明的进行曲、舞曲及其他体裁的音乐段落 2. 能够通过模唱、打击乐器对所听音乐做出反应。能够随着进行曲、舞曲音乐走步、跳舞	聆听不同国家、地区、民族的儿歌、童谣及小型器乐曲或乐曲片段,初步感受其不同的风格

(续表)

年级	音乐表现要素	音乐情绪与情感	音乐体裁与形式	音乐风格与流派
3~6	1. 能发现自然界和生活中的各种音响，能够用自己的声音或乐器模仿喜欢的音响。能哼唱熟悉的歌曲或乐曲 2. 能够听辨歌唱中不同类型的女声和男声音色，说出人声的分类。能够认识常见的中国民族乐器和西洋乐器，并能听辨其音色 3. 在感知音乐的节奏和旋律的过程中，能够初步辨别节拍的不同，体验二拍子、三拍子、四拍子的律动感 4. 能够听辨旋律的高低、快慢、强弱。能够感知音乐主题，区分音乐基本段落，并能够运用体态或线条、色彩做出相应的反应	1. 听辨不同情绪的音乐，能够作简要描述 2. 能够体验并简要描述音乐情绪的变化	1. 聆听少年、儿童歌曲和颂歌、抒情歌曲、叙事歌曲、艺术歌曲、格调健康的流行歌曲等各种体裁和类别的歌曲，能够随着歌曲轻声哼唱或默唱 2. 聆听不同体裁和类别的小型器乐曲，能够随着乐声哼唱短小的音乐主题或主题片段，能够通过律动或打击乐对所听音乐做出反应 3. 能够初步分辨小型的音乐体裁与形式。聆听音乐主题并说出曲名	1. 聆听中国民族民间音乐，了解有代表性的地区和民族的民歌、民间歌舞、民间器乐曲和以京剧为代表的中国戏曲及曲艺音乐，体验其不同的风格 2. 聆听世界部分国家的民族民间音乐，感受不同的音乐风格

音乐教师也肩负着教会学生运用音乐表达与表现的任务，这同时也锻炼着学生的沟通能力。音乐的表现能力包括演唱、演奏、综合性艺术表演以及识读乐谱等。其中演唱是小学音乐教学中最基本的内容，也是学生最易于接受和参与的表现形式。教师应在课堂中创设相应的教学情境，并对演唱的姿势、呼吸、节奏和音准提出要求，注意调动每一位学生的积极性，关注全部学生。演奏则是激发学生学习音乐兴趣的重要形式，课堂中加入乐器演奏，既可以演奏主旋律，也可以作为伴奏，这不仅丰富了课堂的教学活动，也培养了学生合作与配合的能力。课堂的音乐表现往往是一种群体性的音乐活动，也是以音乐为媒介进行的人际沟通，进而对学生的集体意识、合作精神以及沟通能力达到有效的锻炼。

激发学生音乐创造力，发展学生思维水平同样是音乐教师的重要任务。创造力是一切事物发展的根本动力，音乐中的创造充满个性特征，没有标准答案，这更激发着学生创造的冲动，也留下了广阔的创造空间。教师应将这种创造力的培养贯穿整个教学，引导学生摆脱统一答案的束缚，充分发挥想象力与创造力去探索音响与音乐、即兴编创、进行创作实践。

融合音乐与相关文化，提高学生人文修养是音乐教师另一重要任务。音乐是人类文化传承的重要载体，是人类文化遗产与智慧结晶。音乐课程的人文性也体现于此。通过音乐文化的学习，拓宽学生审美的视野，既能了解和热爱本民族的优秀音乐文化，也能认识到世界音乐文化的多样性，增进对不同文化的理解与包容。同时在音乐文化的学习中，加强与社会生活的联系，满足生活中对音乐的需求；融合姊妹艺术，达到互融共通相辅相成的审美理解；结合艺术之外的其他学科，将音乐无处不在的审美意识根植于学生心中，真正实现对学生人文修养的全方面的提升。

目前国际上传播最为广泛、影响最深远的有三大音乐体系,分别是达尔克罗兹"体态律动"音乐教育体系、奥尔夫音乐教育体系、科达伊音乐教育体系。达尔克罗兹认为:"音乐是律动的艺术,音乐离不开律动。"他力求通过身体动作去体验、塑造和表达音乐的本质。奥尔夫则以"诉诸感性、以人为本"作为音乐教育理念,教学过程中强调综合性、即兴性和参与性。科达伊以"让音乐属于每一个人"为教育理念,把歌唱作为主要的教学手段。这些音乐教育家的理念与新课标中对教师的要求遥相呼应,律动对学生感官的联通作用,培养着学生感受与欣赏能力,奥尔夫乐器的参与性带来了音乐创造力的迸发,科达伊的歌唱教学加上柯尔文手势、相对关系唱名法的辅助,让学生有了表达音乐的最佳方式。它们都是音乐教师的有力武器,是达成培养学生良好审美情趣和人文素养重要任务的有效途径。这些理念也应当渗透在我们每一位音乐老师日常的课程当中,才能让生动灵活的音乐课堂真正肩负起审美作用。

第三节 音乐教师的教学与实践

在树立了正确的教师观与教学观,并且清晰地认识了音乐教师的使命与定位之后,我们还要知晓一位音乐师范生正式成为音乐教师走上讲台时要面临哪些工作。我们以课堂为中心,辐射内外,从课堂之前、课堂之中和课堂之外三方面来介绍,并列举《音乐专业师范生教学能力测评标准》中对各项技能的具体要求作为参照。

一节音乐课之前,教师需要做充分的备课工作。备课不是简单写一篇流程式的教案,而是运用音乐教育各类专业知识为这节课做全方面的预备工作。以一节唱歌课为例,教师首先需要认真读谱,准确地学习歌曲且有情感地背唱,这一环节中,优秀的视唱能力和声乐基础是有力的保障。熟悉歌曲后的分析过程是重中之重。一首歌曲要从多个方面进行分析,需要用到曲式分析、中西方音乐史、复调、和声及乐理等大量知识,扎实的理论基础在此时便显得尤为重要,这也说明了每位师范生在重视实践同时,万万不可忽视理论知识的学习。在《音乐专业师范生教学能力测评标准》中,对音乐师范生的音乐基础知识的掌握做了如下要求,见表7-2。

表7-2 师范生音乐基础知识测评标准

一级指标	二级指标	指标内涵	评测标准
音乐基础知识	乐理与视唱练耳	音和音的属性;音的高低、长短、节奏与节拍;音程与和弦;调式调性与调的关系;装饰音;音乐术语和标记	1. 掌握和运用与初中音乐教学密切相关的基本乐理和视唱练耳等知识 2. 运用所学乐理知识,掌握听、唱、读、写音高、节奏、音程、和弦与旋律等的方法 3. 掌握装饰音和各种音乐术语的含义并能运用
	基础和声	大小调式中的和弦;四部和声;正三和弦功能;声部进行;和弦连接;为旋律配和声;和弦转换;终止式;属七和弦	1. 掌握判断大小调式中和弦的方法 2. 运用正三和弦的功能以及和弦连接的方法为旋律编配四部和声 3. 掌握C、a、G、e、F、d等大小调式中的和弦转换、终止式以及属七和弦等

（续表）

一级指标	二级指标	指标内涵	评测标准
音乐基础知识	作品分析与创作	曲式与作品分析（一部、二部、三部曲式、较大型的曲式和分析）；歌曲创作（歌曲写作、钢琴即兴伴奏的编配）	1. 掌握一部、二部、三部曲式等的基本结构和类型 2. 掌握不同曲式的分析思路与方法 3. 熟知各种音乐语言的基本要素和基本手段 4. 明确音乐内容、音乐形象、音乐风格以及音乐情绪、音乐意境的分析思路与方法
	中外多元音乐文化	中国音乐史（古代、近现代、当代）；西方音乐史（古代与中世纪音乐、巴洛克音乐、古典主义时期、浪漫主义时期、民族乐派、印象主义音乐、现代音乐）	1. 掌握中外音乐史的发展脉络 2. 熟知不同时期、不同流派的代表人物与主要作品 3. 掌握不同时期的音乐风格与特征
	音乐名曲赏析	中国音乐名曲、西方音乐名曲、世界民族民间名曲赏析	1. 辨析中国不同时期和不同地域的声乐、器乐作品、风格与特征 2. 了解中外多元文化及世界民族音乐的典型风格与代表作

歌曲的分析是为了更准确地设定本节课的教学目标及教学重难点，设立过程还要结合所教班级学生的学习能力和知识积累，也就是我们常说的学情。在教学设计中，紧扣课程标准是最基本、也是最重要的要求，因此，对课标的正确解读和研究是师范生必要的准备工作。针对教学设计能力，在《音乐专业师范生教学能力测评标准》中，同样对音乐师范生做了如下的具体要求，见表7-3。

表7-3 师范生教学设计能力测评标准

一级指标	二级指标	指标内涵	评测标准
教学设计	课标研读	前言（性质、理念设计思路）；课程目标（总目标与学段目标）；课程内容（感受与欣赏、表现、创造、音乐与相关文化）；实施建议（教学建议、评价建议、教材编写建议、课程资源开发与利用建议）	1.理解音乐课程性质与基本理念；2.把握课标的设计思路，掌握音乐课程的总目标与三维目标；3.了解课程内容的四个方面，把握课标中教学、评价、教材编写以及课程资源开发与利用四个方面的建议；4.在把握理论与实践的基础上，渗透与运用课标内容
	教案写作	教材分析、学情分析、教学目标、教学重难点、教法学法、教学过程	1.掌握教材与学情分析的基本思路与方法；2.依据教材与学情，为教学制订三维目标；3.在确定三维目标的基础上提取教学重点和难点；4.掌握全面的教学手段和方法并能为教学突破和化解重难点选择恰当的教法和学法；5.能够为教学设计合理的教学环节与教学结构，并运用合理的教学思路、教学方法以及教学语言等组织和实施教学

教案完成后,新手教师往往需要多次试讲来减少失误,确保正式上课时的顺利进行。试讲中,我们会发现一些不合适的设计,或者产生更好的想法,这时对教案进行的修改就是二次备课了。除了试讲,常用的教学技能还包括说课、模拟授课、片段课教学等。作为一名音乐师范生在课堂教学技能的训练中要注重教学语言、教仪教态、教具准备等方面。具体的教学技能要求在《音乐专业师范生教学能力测评标准》中详细地列出,见表7-4。

表7-4 师范生教学技能测评标准

一级指标	二级指标	内　涵
音乐教学技能	说课	依据教学设计内容,在一定的时间内(10~15分钟)讲解自己的教学方案。其中包括:说课题、说教材(教材分析与学情分析)、说教学目标、说教学重难点、说教法学法、说教学过程等
	模拟授课	依据教学设计内容,在一定的时间内(10~15分钟)模拟课堂教学的程序和思路,对所设计的教学环节(或某个教学环节)进行教学
	片段课教学	依据教学设计的内容、思路与程序,选择教学过程中某一个或两个教学环节,在一定的时间内(20分钟左右)对教学内容予以实施与呈现
	试讲	依据教学设计内容,按照一节常规课的时间要求完整呈现自己的教学方案,其中包括对起始、展开、形成和结束等教学阶段或环节的全面实施与呈现
教学通用技能	教学语言	普通话标准、语言流畅;语言精练;语速适当、语调抑扬顿挫;体态语言使用得当
	教仪教态	衣着整洁、服饰得体;发型得当、自然大方;仪态端庄、表情自信
	教具准备	教具选择恰当,符合教学内容;教具种类齐全,摆放井然有序;教具设计直观形象,利于引导学习;教具操作简便,利于学生理解
学科教学技能	导入	导入目的明确,紧扣主题;导入方法新颖,具有针对性;导入内容创新,具有启发性;导入手段多样,具有情景性;导入效果明显,具有艺术性
	讲解	专业知识讲解准确;目的明确,重难点突出;条理清晰,利于培养学生的思维能力;讲解富有启发性、感染力强;讲解时间控制合理;讲解内容把握适度
	提问	提问目标明确,凸显学科特点;问题面向全体,能够激发学生参与教学及学习兴趣;问题具有启发性,难易程度适合学生认知水平;提问方式恰当,对学生回答有激励性评价
	交流	课堂交流时机把握恰当,注重因势利导;课堂交流方式灵活多样,体现音乐学科特色;课堂参与形式多样,充分体现师生平等,能够关注全体学生;课堂交流气氛活跃、和谐,有效调动学生思维
	演示	操作(包括多媒体演示及实验操作)规范,示范性强,演示时合理调节与控制学生的活动;有效调动全员参与
	指导学习	围绕教学目标进行指导,目的性强;指导方式灵活多样,注重学习方法指导;指导过程中因材施教、循序渐进;学生学习成效明显

(续表)

一级指标	二级指标	内　涵
学科教学技能	结课	知识梳理清晰、系统化；紧扣目标，语言精练，建构体系，指导迁移；及时运用多种手段进行教学效果反馈
	课堂组织	能够合理安排教学环节，张弛有度；高效组织教学活动，学生参与积极主动；富于教学智慧、恰当处理突发事件；及时洞察学生学习心理，营造和谐课堂教学气氛

　　唱歌课的教学自然少不了教师范唱、钢琴伴奏与自弹自唱，准确的范唱和合适的伴奏在课堂中更能激发学生演唱的欲望。因此，声乐演唱、钢琴演奏及弹唱能力是否扎实决定着音乐师范生能否站稳讲台。这里的钢琴伴奏虽说是即兴伴奏，但为了呈现更好的伴奏效果，教师在课前应当仔细分析歌曲调性及和声走向，编配合理的伴奏和弦和节奏型，并在长期伴奏经验中总结积累即兴伴奏能力。如果教学设计中包含了学生的伴奏环节，教师还需要提前准备乐器并编写伴奏谱。除了演唱和伴奏能力，为了丰富课堂，音乐教师常常还需要器乐演奏能力与合唱指挥能力的辅助，这为音乐欣赏课和多声部音乐作品的教学提供了有力的技能支持。在《音乐专业师范生教学能力测评标准》中对声乐、器乐、钢琴、指挥、即兴伴奏与弹唱等技能都做了详细的要求，见表7-5。

表7-5　师范生专业技能测评标准

一级指标	二级指标	指标内涵	评测标准
专业技能	声乐演唱与合唱指挥	声乐演唱基本知识、歌唱教学的基本方法、合唱与指挥的基础与方法	1.掌握人声的分类与特点，熟悉声乐的不同唱法与基本特征；2.熟知歌唱教学的原则与方法，明确歌唱教学应注意的问题与事项；3.熟悉合唱的类别、合唱的声部、合唱的队形、合唱的训练与排练方法；4.了解指挥的作用与任务；5.运用指挥的知识指导中学生进行训练、排练与演出
	器乐演奏与合奏指挥	乐器演奏知识、乐器法常识、合奏与指挥的基础与方法等	1.掌握1~2门中外乐器；2.了解中外乐器的相关乐器法；3.熟悉乐队的训练、排练方法以及指挥的作用与任务；4.了解指挥的作用与任务；5.运用指挥的知识指导中学生进行训练、排练与演出
专业技能	钢琴与伴奏	钢琴演奏知识与基本技能、钢琴伴奏知识与基本方法	1.掌握与钢琴及演奏相关的基本知识；2.熟悉钢琴演奏的训练与演奏方法；3.具备一定的演奏能力；4.能够运用简易的钢琴伴奏谱为歌曲和小型乐器的演奏伴奏
	即兴伴奏与自弹自唱	即兴伴奏、自弹自唱	1.熟悉九年义务教育制相关的中小学教材；2.掌握歌曲分析、和声编配的基本方法；3.为歌曲选配恰当的伴奏音型；4.掌握自弹自唱的基本方法并能即兴编配伴奏与演唱

　　以上是一节音乐课最基本的课前准备工作，以及相对应音乐师范生所必备的诸多技能。准备完备后，正式的课堂想要顺利进行，还需要利用教育心理学、教育机智等，建立良好的课堂常规。教师需要在平时与学生建立奖惩制度，课堂中对学生的及时评价能有效

地促进学生学习的积极性。另外,优质的音乐课是在预设中留有课堂的生成性,一节课完完全全按照教案流程推进,是教师不关注学生的表现。这些课堂中的经验是新手教师普遍欠缺的,是在不断实践中才能获得的隐形积累,作为师范生要有意识地在宝贵的实践经历中去锻炼。

下课铃响,音乐课结束,但音乐教师的工作却远远没有完结。"学而不思则罔",教而不思同样难以进步。课后及时的反思是教师成长的法宝,新手教师尤其需要重视。从学生的学习状态、学习结果,到教学目标的达成度、重难点是否顺利解决,再到教师自身的感受,体会多角度地反思课堂,总结优缺点,对不满意的部分提出解决方案,并在下次课中改进教学,任何一节优质课都是经历这样的过程打磨出来的。教师的职业特点需要我们始终具有终身学习的思想,不管是新手教师还是积累了经验的成熟教师都要重视反思的作用,没有完美的课,只有比眼前这节课更好的课。在长期的反思中我们会发现很多教学中的问题,这些问题的解决总包含着一定的教育规律,当我们结合理论知识进行提炼和总结时便形成了教育论文。撰写教育论文是每位老师必须具备的能力,工作后我们会面临许多的论文评比,这些评比推动着广大教师不断反思,发现问题,解决问题,积极写作。论文形式很多,可以是研究综述、专题调查报告、实验报告、个案研究、叙事研究、教育随笔、教育活动案例等。下面我们看一篇来自南京市白云园小学董平老师的案例《入乎其内,出乎其外,且议音乐教学中的有效拓展——以〈回旋的钟声〉一课为例》,以其中的片段为例简要说明教师如何从实践走向理论。

片段一:

曾经,我们的音乐课是封闭的——学生围着教师转,教师围着教材转。一节课一首歌,老师永远都是那个只做一道菜的厨师。

"忽如一夜春风来,千树万树梨花开"。当课改之风吹遍大江南北时,我们的眼前忽然打开了一扇门,万千神奇伸手可触。

一时间,"拓展"成为一个点击率极高的关键词——公开课自不必说,"拓展"往往令听课者眼前一亮,好声一片;就是家常课,也时常让学生上天入地,忙得不亦乐乎……

课堂从封闭走向开放,是促使课堂焕发生命活力的关键环节,当教师终于克服心理上的担忧,尝试多向、多元、多样化延伸时,看起来,音乐课堂"活"起来了——教学可以超越时空,教材可以为我所用,资源似乎从来没有如此丰富过……

这样的拓展有效吗?①

从片段一的开篇中可以看到,由教学背景出发,围绕主题"音乐教学中的拓展",董老师提出问题"这样的拓展有效吗?"继而引出后文中对课堂现象的列举,逐一诊断、分析,引发思考。

---

① 董平.入乎其内,出乎其外,且议音乐教学中的有效拓展——以《回旋的钟声》一课为例[J].儿童音乐,2018(2):58-63.

片段二：

是的，音乐教学应该拓展。课堂中好的拓展点也许就是这节课的生命线！

但是，所有的拓展都有效吗？不妨让我们走进这几个案例冷静地思考——

现象一： 在一节课题为《热爱地球妈妈》的课上，行至尾声，教师做了这样一个拓展：要求学生回家后"调查居住社区的环境污染状况""分析污染可能带来的影响"。

诊断： 泛音乐化。

分析： 此拓展中哪里看得到"音乐"的影子？拓展的成果主要是对环境污染现状的了解和对调查这种方式的掌握，而在音乐方面的收获，却少之又少，微之甚微，就算有，也是次要的。音乐教学要打破学科本位，这并不意味着要用学生的生活实际本身来取消音乐，替代音乐甚至成为音乐学习的内容。"泛音乐"就是"没有音乐的音乐课"，有人称这样的音乐教学已"丧魂失魄"：它已经丧失了自己的本质性内涵了！

现象二： 笔者听过一课——《春晓》：了解诗人，理解诗意，学唱歌谱，学唱歌词，品味诗情，教学到这儿似乎也就结束了，接下来近20分钟就是拓展了——老师说："其实，描写美好春景的不只是杜甫，还有杨万里、李白，还有朱自清、巴金……除了诗歌、散文，还有电视、电影、流行歌曲、舞蹈……"于是，师生一起唱歌、看图片、欣赏视频……直到下课。

诊断： 无中心化。

分析： 乍一看，这种"拓展型"的课似乎符合新课标精神，倡导多学科化，倡导与社会相联系。但是，这里触及一个根本性的问题——文本无边界，教学也无边界吗？任何拓展都应抓住一个中心来延展、引申，这个中心不是别的，正是音乐本身！否则就是随意的、无效的！因为我们进行拓展的目的，就是要让学生对音乐有更深入的认识和更真切的体验。

现象三： 一位教师在执教歌曲《小雪花》时，依次出示了动画片《雪娃娃》，歌曲《雪绒花》，讲解了雪花的形成过程甚至还带领学生用手撕雪花，希望学生在多种活动中提高对雪花的认识。

诊断： 无重点化。

分析： 这也是眼下非常常见的一种现象，有的老师甚至认为拓展得越多越好。殊不知，在有限的教学时间里充斥大容量的拓展，不仅削弱了学科教学的基础性，挤压了学生理应拥有的感受音乐的时间，而且让该掌握的得不到落实，该理解的仍一知半解。这样"喧宾夺主"的拓展置学生的身心特点于不顾，置拓展的效果于不问，从而导致音乐学习的泛滥、浮躁。

看到这些，我们不禁要问：为何教师对以上案例中舍本逐末的行为热衷不已呢？答案就是认识偏离，是个别教师对"拓展"的认识出现了误区！甚至有的还没真真正正弄明白何为"拓展"，就已投身到轰轰烈烈的实践之中去了！

拓展，是思维活动的扩张，如增强思维深度、扩大思维广度等，才是扎扎实实的拓展，而绝非形式上的花样增多，内容上的简单堆砌！

从以上的案例中，我们不难发现：这些教师把拓展误解为一种点缀，一种形式，一道工序，就像是"镀金"——他们为了增加课堂上的所谓亮点（尤其在公开课中），花了大量的时间和精力着墨拓展。好像不拓展，教学就无开放性而言。结果倒是把"宝"押在一些不痛不痒的环节上，导致音乐教学或浮肿变形，或步入歧途，或枝蔓横生……这样，教学质量下滑必将是其恶果！

你把握好拓展的"度"了吗？①

行文至此，董老师在片段二中用丰富的课堂现象论证了问题提出并解决的必要性。紧接着由思考提出问题"你把握好拓展的'度'了吗？"，在这个问题的前提下，进行教学设计，并附上案例《回旋的钟声》。

片段三：

教学中，如何进行拓展才是合理、高效的呢？

从途径而言，笔者总结出以下两种：把课外资源引入课堂，把课堂学习引向课外。前者可以激发学生的学习兴趣，增加课堂教学容量，显示教师功力；后者可以让学生加深课内所学，实现得法于课内得益于课外。

鉴于此，笔者认为应该在教学"拓展热"的激情之余冷静思考，分清良莠，择优慎用，在课堂教学中处理好拓展角度、数量和落点等问题。

一、为品味音乐语言而拓展

"心思凝结乃成佳作，独到之处更需斟酌"。音乐课，教师应引导学生抓住主题旋律进行品味；促使学生思索良久，达到余音绕梁之意韵。

在导入与热身环节，让学生欣赏教材外内容（拓展素材）——《维也纳音乐时钟》，从 s、d、m 三个音的歌唱与创作入手引入作品的主题：号角动机，从而一步步展开对音乐的欣赏。

二、为突破难点而拓展

当学生的认知水平与音乐内涵的理解存在差距时，教师应不惜余力，为突破难点而拓展。本课第二环节：欣赏《顽皮的小闹钟》时，教学难点为：1.如何让孩子自主发现切分节奏打破了恒拍运动规律，体现"顽皮"的形象；2.如何用"参与—体验"教学模式让孩子理解回旋曲式。

通过这样直观有趣的设计，学生充分体验了切分塑造的"顽皮闹钟"形象，同时也对回旋曲这一曲式结构有了深刻的认识。

三、为发展能力而拓展

如何在课堂上发展学生的音乐能力？这是很多老师的困惑。在执教课程《回旋的钟声》时，我启发学生分组用 s、d、m 三个音为《维也纳音乐时钟》的主题创编3段插部旋律，课堂上，学生的"作品"精彩纷呈，这一拓展教学激发学生的音乐创作能力，培养了学生的音乐想象力和创造力。

四、为文化视野的开拓而拓展

本课结束教学环节的设计：在学生汇报完自己创编的《钟的回旋曲》之后，回归到欣赏

---

① 董平.入乎其内，出乎其外，且议音乐教学中的有效拓展——以《回旋的钟声》一课为例[J].儿童音乐，2018(2)：58-63.

柯达伊的《维也纳音乐时钟》,学生不仅加深了对回旋曲的认识,更拓展了音乐视野。这种融汇了音乐欣赏、乐理知识、人文教育的音乐课,已经不仅仅是一种艺术享受与审美体验,更是一种心灵的感悟与净化,是一种文化视野的开拓。

"千钧霹雳开新宇,万里东风扫残云"。伴随着课程改革的脚步,我们的教学正发生着天翻地覆的变化。教育是一个复杂的问题,行进在教改征途上,面对林林总总、新鲜高深的理论和独特诱人的方法,我们更应冷静思考、钻研透彻,明确目的、投身实践,入乎其内、出乎其外,把握好"度",这样才能在课程改革中游刃有余,走向成功!①

片段三中能看到,董老师以案例逐步介绍设计思路与意图,处处围绕主题"音乐课堂中的拓展",从"为品味音乐语言而拓展""为突破难点而拓展""为发展能力而拓展""为文化视野的开拓而拓展"四个方面,有逻辑、有层次地展开。案例结尾,我们从这篇详实的案例中能看到董老师对音乐教学中有效拓展的认识,和对当前课堂现象存在问题的解决之道。

从职业成长的角度来看,优秀的论文在评比中获奖将为我们在评定职称时提供有力的支撑。除了论文写作,课题研究也是教师面临的重要理论工作。研究课题有集体课题和个人课题。大多数学校都有一个较大的集体课题,下面分列若干子课题,再以学科为单位进行集体研究。个人课题则是教师自己寻找研究对象,独立申请并探究完成的。教师在选择研究对象时一般围绕教学中某个难点的解决或现象的产生,这样更方便在平时的教学中进行实践和观察,收获更多的研究过程性资料。下面的课题申请报告范例,同样来自南京市白云园小学的董平老师。

课题申报表格的首要内容是课题名称,通常名称不宜过长,语言应精炼而准确,清晰明了地概括本课题研究的主题。课题选择的议题一般应与实际教学紧密结合为宜,更有利于获得过程性研究成果,着眼点小而具体,易于课题研究的操作。

范例:《小学一年级识谱教学的有效策略》

课题名称	小学一年级识谱教学的有效策略
关键词界定及课题名称解读	1. 小学一年级:是小学起始年级,也是小学生首次接触音乐教育,培养识谱能力。 2. 识谱教学:"识谱"是我们音乐教学和学习中一个常常接触到的词汇。它是一个综合概念,包括了"记谱法"知识的学习和"唱谱"(即视唱)训练两个方面的内容。按照《义务教育音乐课程标准》所述:音乐基本技能的训练在教学中应与乐理基本知识紧密结合,培养学生的识谱能力,发展学生的音乐听觉能力与记忆能力,使学生获得音乐表现手段和有关音乐语言的基本知识、能力,从而更好地感受音乐、鉴赏音乐和表现音乐。根据中小学教材内容的编排特点,识谱教学便成了中小学音乐教师在课堂教学尤其是歌唱教学中的一个重要的教学内容。在教学中加入识谱内容,目的在于提高学生识谱能力,加深学生对音乐的记忆。 "识谱教学"在音乐教学中至少包括两个方面:一、认识音符;二、视唱。

---

① 董平.入乎其内,出乎其外,且议音乐教学中的有效拓展——以《回旋的钟声》一课为例[J].儿童音乐,2018(2):58-63.

起航篇　踏上征程

　　课题申报的第一部分是关键词界定及课题名称解读。这部分要注意关键词界定清晰、准确，能限定研究范围，明确其含义，提示课题研究方向和角度。

课题的理论依据或相关政策依据	1.《义务教育音乐课程标准》的能力要求 　　课标明确指出"识谱教学是学生学习音乐的必要环节"，但"教学内容安排要符合学生心理和心理发展规律。不要把识谱与视唱作为孤立的知识点……要从感性入手，深入浅出，逐步提高"。 　　2. 新课程的指导思想 　　《基础教育课程改革纲要（试行）》指出"教师在教学过程中应与学生积极互动、共同发展，要处理好传授知识与培养能力的关系，尊重学生个性，关注个体差异，满足不同学生的学习需要，创设能引导学生主动参与的教育环境，激发学生的学习积极性，培养学生掌握和运用知识的态度和能力，使每个学生都能得到充分发展"。 　　开发与运用趣味识谱教学手段可以真正地体现教育的启发性原则和因材施教原则，促进学生在音乐活动中增长知识、激发潜能，并获得愉快的体验。 　　3. 儿童身心发展的需要 　　皮亚杰关于儿童智慧发展的理论，是当代心理学和认识论领域中独具匠心的理论体系。他提出，人的智慧发展一般分为四个阶段，4～7岁的儿童正处于从表象思维向运算思维阶段进展的时期，判断仍受着直觉表象自动调节的限制。他还提出，"只有当所教的东西可以引起儿童积极从事再造的和再创的活动，才会有效地被儿童同化"。采用符合儿童身心发展的趣味教学法（游戏、律动）等可以满足儿童的求知欲与好奇心，可以有效提高学生的学习效率。

　　第二部分是课题的理论依据或相关政策依据。这里需要申报者围绕课题研究的实际需要，有针对性地列出课题研究所依据的、贯穿研究始终的具体理论观点或具体政策，所依据的理论要具科学性，所选择的政策要具时代性。

　　第三部分是课题研究的背景及意义。申报者在充分文献检索的基础上把握相关研究的历史、现状及趋势，系统、全面地叙述和评论已有研究的成果、存在问题以与研究的关系。论述本研究的价值或重要性，以及该研究领域面临的有待解决的现实问题。每一项课题的设立都是建立在一定的研究价值和现实意义上的，因此，教师在选题前应当有丰富的教学积累，并从中反思，在反思中找到理论研究的突破点，以实践生发理论，以理论促进实践，研究最有价值的选题。

课题研究的背景及意义	识谱，是打开音乐大门的钥匙，识谱能力的提高对学生感受、理解、表现及创造音乐有着重要的作用。同时，"识谱"教学是基础知识与基本技能教学中的组成部分。新的《义务教育音乐课程标准》明确指出"识谱教学是学生学习音乐的必要环节"。小学低年级识谱能力的培养起着如建造音乐大厦基石的作用，学会识谱会为学生将来进一步学习音乐打下坚实的基础。但是目前小学音乐识谱教学的现状令人担忧： 　　1. 学生普遍感到学习识谱枯燥乏味，甚至感到畏惧，不少小学生模唱歌曲，尤其是直接模唱歌词的能力是相当强的，但是让他唱曲谱却感到困难，而且学生普遍喜欢唱歌词，不喜欢唱曲谱，就是熟悉的歌曲让学生唱谱，也感到很吃力。这是一种相当普遍的现象。这说明学生们用"唱名"来表示音高的这种观念始终没有培养起来，即缺乏使用"唱名"来唱曲调的能力。

(续表)

课题研究的背景及意义	2. 在相关视唱能力的测验中,发现能够用唱名唱准C大音阶(从d到高音d'八个音)的学生的比例甚低。 可见,传统的音乐教学强调音乐知识的传授和技能训练,在教学中常把大量时间和精力用于"读谱训练"和"视唱练习",结果一方面培养的学生识谱能力并未获得预期效果,另一方面识谱教学却影响了学生学习音乐的积极性,大大冲淡了学习音乐的兴趣,极不利于音乐审美教育的实现。强调识谱教学一度使小学音乐课教学陷入固定的套路。看来,传统的、填鸭式的识谱教学是学生不喜欢音乐课的主要原因。《义务教育音乐课程标准》指出要淡化"双基"教学,降低识谱的难度。随着新课改的推进,教师对于识谱教学也做了很多新的尝试。然而有部分音乐教师在音乐教学中索性忽视、省略了"识谱"学习,大大降低了学生音乐学习的能力。这也是不可取的。 此项课题的意义:寻找适合一年级儿童的有效识谱途径,教学内容安排要符合学生心理和心理发展规律。不要把识谱与视唱作为孤立的知识点……从感性入手,深入浅出,逐步提高,提高他们的识谱兴趣从而培养学生识谱能力。进行知识与技能的教学,但不是像以前那样简单机械地训练,而是应该运用各种手段让知识与技能的学习变得生动有趣起来,让这种训练隐藏于各种活动之中,蕴涵在情境教学当中,使学生不知不觉地学会这些知识与技能,为今后更好地学习音乐打下良好的基础。

第四部分是课题研究的目标。要求申报者概括地说明研究要解决的问题及问题解决的预期的状态。

课题研究的目标	1. 进一步激发学生学习音乐的兴趣,提高学生继续学习音乐的能力,教给学生学习方法,培养自主探究学习的优秀品质。全面提高音乐教学质量,使90%的学生会识谱。教师尝试新的音乐教育教学方式、方法,能力不断提高,增强了敬业精神。 2. 科研目标:探索出小学低年级识谱教学的新路子,使小学识谱教学由枯燥的概念讲授和机械的技能训练,变为生动、形象、有趣的学习。采用的教学手段适合学生年龄、兴趣和胃口。形成典型课案、课例、经验论文等。

第五部分为课题研究的内容。围绕研究目标,申报者要有逻辑地切分研究内容,表述具体准确,阐述该课题所要研究的具体内容并列举,同时体现关键词的内涵。

课题研究的内容	1. 五线谱的简化方式教学:一、二、三线谱的运用、图形谱的转化方式; 2. 柯尔文手势与手谱的辅助作用; 3. 五声音阶的识谱教学; 4. 奥尔夫与柯达伊教学法在识谱教学领域的运用; 5. 音乐作业的测评功能。

第六部分是课题研究过程及方法。申报者阐述研究的主体部分,重点回答解决什么问题?如何解决?为什么?表述要思路清晰、主线明确、重点突出,充分体现是如何运用教育研究的方法来解决教育教学实际问题,遵循教育规律进行理性思考的这一过程。这让申报者能从全局布局整个研究过程,理性分析和预判研究过程中将遇到的问题和解决方式,有利于课题的顺利推进和结题。

课题研究过程及方法	第一阶段：准备阶段(2010年9月—2010年10月) 1. 收集、学习有关主体参与的研究文献资料、学习乐谱的产生历史、理论知识,对识谱教学进行再认识(文献研究法); 2. 通过测试,进行学生视唱、能力现状的先期调查,制定研究计划(调查研究法)。 第二阶段：实施阶段(2010年10月—2011年4月) 全面启动课题研究,尝试各种教学方法学习、研讨,开展实验性公开教学、个案积累分析,做好阶段性报告,在总结中调控、修正研究思路,推动课题研究的顺利展开,并形成初步经验(行动研究法、案例研究法)。 第三阶段：总结阶段(2011年4月—2011年6月)对研究工作进行认真分析,整理资料,总结经验,形成研究结论,开设公开课,组织专题演出汇报交流,撰写课题实验报告。整理案例论文,汇编成册,并对课题实验工作总结和成果进行鉴定和推广。

最后一部分是课题研究的条件及预期成果。课题的研究涉及研究者的自身条件和各类外部条件,研究者是否有足够的理论研究能力,是否有良好的研究环境都能影响课题的立项。因此,申报者要具体概述开展研究的主客观条件。研究成果的预期包括：通过研究,研究对象发生了什么变化,或获得什么启发,得出什么规律性的东西。如新观点、新认识等。

课题研究的条件及预期成果	课题完成的条件分析 1. 研究者具有敬业精神和较丰富的课题研究实践经验。研究者曾参与"苏少版"教参的编写工作,并有过个人市级课题独立结题工作; 2. 研究者具有丰富的课堂教学经验,2010年获得"江苏省优质课大赛一等奖"; 3. 研究者现支教在白云园小学,从事低年级音乐教学实践与研究,此项课题的开展便于课堂教学的对比研究和经验推广; 4. 研究者善于进行总结与反思,且成果显著。撰写的论文、教育案例、教学课例多次在省市区级获得一、二等奖,并在《中小学音乐教育》杂志上有发表。 预期研究成果 1. 课题研究报告1份; 2. 课题研究相关论文1篇; 3. 教育案例1篇; 4. 教学课例1～2篇。

除了上述的这些理论写作工作,音乐教师在课堂外还要承担社团工作。小学常见的音乐类社团包括合唱团、民乐团、管乐团、竖笛乐团、舞蹈团、戏剧社等。社团工作是长期性的,作为负责教师需要有完整的训练计划和训练内容,学期结束要进行社团的汇报表演,如遇比赛,教师则要花费更多的课余时间增加训练。可以说,社团是音乐教师除音乐课之外的第二战场。

匈牙利著名音乐教育家柯达伊曾说:"做一个好的音乐老师,比做布达佩斯歌剧院的指挥要重要得多。因为,不胜任的指挥会下台,而一个不胜任的教师,会毁灭30批学生对音乐的热爱。"在实际工作中我们会发现,音乐教师需要做的不仅仅只是上好一节音乐课,完成每个40分钟,更多的是将精力和爱播撒在课堂之外,让课堂内外相辅相成,只为点燃每个热爱音乐的心灵。

第四节　音乐教师的前景与未来

随着"美育"教育的地位不断地提升,包括音乐课在内的艺术类课程在整个课程体系内已经变得举足轻重,而音乐教师的地位自然也变得更加重要,肩负的教育任务也更深重。我们如何在未来的职业生涯中不断前行,实现自我价值,是每位师范生在成为一名真正的音乐教师前需要思考的。

在教育部发布的《关于实施卓越教师培养计划2.0的意见》中我们可以看到,国家为提升师范生的综合素质、专业化水平和创新能力给出了明确而详实的方向指导,为培养造就数以百万计的骨干教师、数以十万计的卓越教师、数以万计的教育家型教师奠定坚实基础。这同时意味着,未来的教师行业将更加具备职业专业性,这也对教师的专业能力和素养提出了更高要求,而音乐因其技术性的特点,更需要作为音乐教师的我们拥有扎实的专业功底。自身过硬的演唱、演奏、表演能力,是一个音乐教师职业生涯能够持续深入发展的基础。

在教学中不断反思和总结,形成一定的理论成果是很多音乐教师工作后容易忽略的。一堂音乐课的结束不应当以下课铃为标准,课后的反思和阶段性的提炼才能让每一节课成为自我提升的阶梯。实践中的问题从提出到解决,反思的归纳到提炼,是科研最好的素材,也正是科研才能让看似一成不变的音乐教育工作充满新鲜感,让整个教育生命提升高度。

除此之外,终身学习思想应贯穿每位音乐教师的职业生涯,不断吸收先进的教学理念,抛除传统教育习惯,走出舒适圈,不断尝试新的教育模式来充实自己的课堂,将每一个40分钟作为实践的舞台,是音乐教师保持自我审美不滞后于时代的最好方式。

如果说教师是人类灵魂的工程师,那么音乐教师便是让这灵魂褪去蔽目浮尘的魔法师,为人们擦亮寻找美的眼睛。失去审美的灵魂注定暗淡,而为他们带来光彩的正是未来的你们,"让音乐属于每一个人"的理想也终将在你们身上得以圆满与实现!

教学做合一

1. 义务教育音乐课程标准中的音乐课程性质不包括(　　)

　　A. 人文性　　　　B. 审美性　　　　C. 趣味性　　　　D. 实践性

2. 义务教育音乐课程标准中将音乐课程理念归纳为五点,下列正确的有(　　)(多选)

　　A. 以音乐审美为核心,以兴趣爱好为动力

　　B. 强调音乐实践,鼓励音乐创造

　　C. 突出音乐特点,关注学科综合

　　D. 弘扬民族音乐,理解音乐文化多样性

3. "让音乐属于每一个人"是(　　)的音乐教育理念

　　A. 奥尔夫　　　　B. 科达伊　　　　C. 达尔克罗兹　　　　D. 铃木

4. 在义务教育音乐课程标准中,音乐课程内容的结构框架下,感受与欣赏不包括哪一方面(　　)

　　A. 音乐表现要素　　　　　　　　B. 音乐情绪与情感

C. 音乐体裁与形式　　　　　　　　D. 音乐与姊妹艺术

5. 在义务教育音乐课程标准中,音乐课程内容的结构框架下,创造这一学习领域不包括
（　　）

A. 探索音响与音乐　B. 综合性表演　　C. 创作实践　　　D. 即兴编创

探究与交流

1. 作为音乐师范生,你对自己将要成为音乐教师有什么样的期待？
2. 尝试为自己制定一份 5 年职业规划。

参考答案

教学做合一：1. C　2. ABCD　3. B　4. D　5. B

探究与交流：略

阅读与参考

[1] 金亚文.新课程典型课案例与点评[M].长春：东北师范大学出版社,2004.

[2] 中华人民共和国教育部.义务教育音乐课程标准(2011年版)[M].北京：北京师范大学出版社,2012.

[3] 尹红.音乐教学论[M].重庆：西南大学出版社,2002.

[4] 尹爱青.小学音乐新课程教学法[M].长春：东北师范大学出版社,2005.

教研篇　案例赏析

教学情境

实习总结会后,大家还在兴致勃勃的回忆和交流着实习生活的点滴与感受……

小凯说:"这次实习真是收获满满啊!"

小彤说:"我们不仅亲身感受了一线教学的各种情景,还观摩了一线教师的优质课评比和区、市级的教师基本功大赛,真的是精彩纷呈、令人耳目一新啊!"

小凯说:"老师们不仅课上得好,他们的教案设计也特别值得学习与研究。"

小均说:"是的是的!我也跟随指导老师去现场观摩了呢!如果能够看到并学习和研究这些优秀教师的教案文本多好啊……"

> 我们每一个人，能把"一"（指"专一"）"集"（指"搜集"）"钻"（指"钻进去"）"剖"（指"解剖""分析"）"韧"（指"坚韧"）五个字做到了，在做学问上一定有豁然贯通之日，于己于人于社会都有贡献。
>
> ——陶行知

第八章 教学设计案例集锦

目标与要求

1. 了解优秀教案撰写的格式；
2. 掌握不同课型的教案撰写；
3. 学会分析不同课型的教案。

学习与思考

1. 教学目标应该怎么设置？
2. 教学重难点应该怎么提取？
3. 教学过程怎么样才能清晰流畅？

第一节 单一课

歌唱课案例一：

凤阳花鼓

南京市鼓楼区特殊教育学校 钱启惠

【教学内容】苏少版 五年级下册 第六单元

【教材分析】

《凤阳花鼓》是流行于安徽的民间歌舞曲，五声宫调、四四拍，结构为扩充了的一段体。

前四句构成一个起承转合结构的乐段,每句间采用"鱼咬尾"式的承递发展法,后三句是从不同的角度对前面的乐段进行补充,进而完善作品的结构。前10小节旋律优美抒情,从第11小节开始以独特的衬词增添了音乐的感染力和生活气息,衬词"得儿"诙谐风趣。

【教学目标】

1. 通过演唱,感受歌曲的内在情感,表现对民间歌舞花鼓的喜爱之情。

2. 通过参与,体验律动、聆听、合作、创编等不同方式的音乐活动,认识歌曲演唱中的不同风格。

3. 通过对比与实践,掌握鱼咬尾的创作手法,并能在即兴创编与小组合作的过程中表现歌曲的演唱风格与特征。

【教学重难点】

重点:能够运用轻巧的声音、欢快的情绪完整演唱歌曲,表现对民间歌舞花鼓的喜爱。

难点:能够运用鱼咬尾的创作手法进行即兴编创旋律。

【教学准备】

音乐课件、花鼓、字母谱、节奏谱、大鱼教具、鼓槌若干。

【教学过程】

教学步骤	教学内容	师生活动	设计意图
起始	图片导入 与 声势律动	(一)图片导入 1. 出示图片甲骨文"鼓" 2. 引出凤阳花鼓,师简介花鼓 3. 师示范演唱歌曲,介绍花鼓及其相关的历史演变 (二)声势律动 1. 练习敲鼓并在副歌旋律中练习花鼓节奏(飘一飘) 2. 学唱副歌旋律(听唱法) 3. 边唱副歌边用鼓槌为自己伴奏	1. 开门见山:通过实物花鼓和对比讲解,引导学生了解凤阳花鼓的演变 2. 在聆听的过程中,遵循奥尔夫"种子精神",由鼓槌的节奏"titi ta"为切入点,在师生接龙演唱中,学会鼓槌的敲击与歌曲的演唱,再到边唱边奏
展开	分段学唱 与 歌曲处理	(一)锣鼓声势 1. 运用鼓槌模仿锣和鼓的声音 2. "咚锵 咚咚锵"声势练习 3. 边走边做声势(伴奏《凤阳花鼓》旋律) 4. 木琴引领,学生分两个声部分别用d和s的和声做锣鼓节奏伴唱(钢琴伴奏) 5. 出示课题《凤阳花鼓》 (二)分段学习 1. A主题旋律教学,师出示两条鱼,分别拍第一、第二乐句节奏,启发学生聆听节奏的语气 2. 复习切分节奏,完整拍出答句与师接龙 3. 演唱"黄鱼"旋律,并与师歌唱接龙	道具鼓槌的使用符合音乐的情境,有效地起到了烘托欢度节日热闹的气氛 在边走边声势中,体验歌曲欢快的情境,并且在音乐中仔细聆听,熟悉乐曲旋律

(续表)

教学步骤	教学内容	师生活动	设计意图
展开	分段学唱与歌曲处理	4. 引出第三条鱼的旋律(第三乐句) 5. 歌唱前四句引导发现四条鱼首尾联结的秘密 6. 介绍解读鱼咬尾创作手法 7. 出示歌词,生演唱歌词,师接龙第五句,并针对第五句进行教学 8. 完整演唱歌曲 (三)歌曲处理 1. 对比处理:①小鱼旋律中平静与激动的情感对比;②夸赞凤阳歌及连与断的对比;③花鼓旋律强与弱的对比 2. 加入木琴伴奏,分组扮演锣鼓伴唱与歌曲伴唱	木琴的加入起到多声部的听觉效果,而且能够辅助保持音准伴唱 通过旋律小鱼增强了音乐的趣味性,提高了课堂的学习注意力 通过不同性格、情绪、语气的小鱼提示,在潜移默化中对歌曲进行情感的加工处理
深入	激趣创编与接龙游戏	1. 激趣用鱼咬尾创编 师:鱼咬尾是一种很有趣的创作形式,今天也请你们做个小小作曲家,就用鱼摇尾的方式来创编旋律 2. 给出 d、r、m、s、l 五个音,练习音程歌唱 3. 给出固定节奏,学生自由创编接龙	鱼咬尾创编是课堂内容的提升,学习了鱼咬尾的创作手法,并且能够得以运用。通过游戏,培养学生的创造力
结束	总结提炼与情感升华	(一)总结提炼 1. 鱼咬尾是我国的一种民间音乐的创作方式,我们曾经唱过鱼咬尾结构的歌曲,比如《忆江南》和《姑苏风光》等。教师边介绍边弹奏《忆江南》旋律,帮助大家回忆歌曲与结构。 2. 用鱼咬尾手法进行小组接龙与旋律编创 (二)情感升华 在我国的民间音乐中还有很多名曲名作运用了鱼咬尾的创作手法,它们有《春江花月夜》和《二泉映月》等著名作品。希望同学们不仅在课后去听一听,赏一赏,并借此加深大家对鱼咬尾手法的了解与认识;更希望大家在学习与欣赏音乐作品的同时,拓宽我们的知识视野,使大家逐渐成长为会欣赏、懂音乐、有知识、有文化的音乐爱好者。	复习回顾,以此促进学生对过往知识的迁移。在音乐声中进行本节课的知识回顾与情感升华

歌唱课案例二:

牧童之歌

南京师范大学附属小学仙鹤门分校　张垚

【教学内容】　苏少版　三年级上册　第六单元

【教材分析】

《牧童之歌》是一首欢快活泼的新疆民歌,歌曲生动逼真地表现了牧童放牧时的喜悦心情,刻画出天真可爱的人物形象。全曲由四个乐句组成,是自然小调式。前两个乐句节奏平稳,和歌词紧密结合,描绘了大自然的景色。第三乐句和第四乐句基本上是一气呵成,特别是第三乐句以连续的 节奏和旋律三度模进,形成紧缩型的短句,与前面有着鲜明的对比,生动地描绘出小主人公骑马奔驰的形象。

【教学目标】

1. 通过动态模仿,感受小牧童放牧时策马扬鞭的愉悦心情。
2. 通过聆听、模仿与合作,尝试运用不同的形式表现歌曲。
3. 通过探究与发现,认识生活中的不同声音与音源,掌握歌曲中连续的附点节奏和三度模进演唱。

【教学重难点】

重点:尝试运用不同的形式表现歌曲。
难点:掌握歌曲中连续的附点节奏和三度模进演唱。

【教学过程】

一、导入教学

1. 音源听辨

① 欢迎大家来到今天的音乐之旅！首先请大家聆听一段音乐,想一想这段音乐描绘的是什么声音?

② 没错,描绘的是小牧童骑着马儿从远方向我们奔来的马蹄声。

2. 模仿游戏

下面我们一起做一个模仿秀的游戏,比一比谁模仿得最像！可以选择声音、乐器和动作中你喜欢的一种形式进行模仿！

① 声音模仿

尝试用弹舌来模仿马蹄声。

② 乐器模仿

你觉得哪一件打击乐器最适合模仿马蹄声呢?（双响筒）

你选择的是不是也是双响筒呢？ 起敲一敲吧！

③ 动作模仿

刚刚我们通过声音和乐器模仿了马蹄声,接下来我们来学一学骑马吧！

可以先看看视频中的小朋友是怎么做的,看明白了你就可以加入噢！

[设计意图] 通过探索与模仿音源——马蹄声,激发学生学习的兴趣,在一个接一个的游戏活动中调动学生参与的积极性。

二、新歌教学

1. 扬鞭律动

① 你的动作真帅气！请你仔细观察我的动作有什么变化?

② 对了,我加上了骑马扬鞭的动作,同时还说了一句话,请你再看一次,找一找我是在什么地方加上了扬鞭的动作?要是你和我一起说一说这句话,你会更加容易找到噢！

2. 节奏朗读

① 你找到了吗?

② 是的,我是在附点节奏上做了扬鞭的动作,我们一起做一做吧!

③ 做得真潇洒!我们一起读一读这条节奏吧!titi ti-m-li 开始……

3. 旋律学唱

① 你的节奏感真好!听小牧童在干什么?

② 原来是用笛子把这句旋律吹了出来,我们跟着他的笛声一起唱一唱旋律吧!

4. 填词演唱

① 你的声音真好听!我们一起填上歌词试一试吧!

② 能不能加上骑马扬鞭的动作唱起来呢?

[设计意图] 通过扬鞭的动作,解决歌曲重难点——附点节奏的演唱,在带有民族特色的律动中不断感受歌曲的风格特征。

三、展开教学

1. 欣赏歌曲

骑着可爱的小马,我们来到了美丽的新疆,天山脚下的哈萨克族人民正在用一首歌曲向我们介绍他们的生活,仔细听一听歌曲有几个乐句,有没有我们熟悉的乐句?

2. 接龙演唱

① 歌曲可以分为四个乐句,第三乐句就是我们熟悉的乐句。

② 我们来合作演唱,请大家演唱第三乐句,其他部分由老师来演唱。

3. 画旋律线

我们的配合真默契!下面我们一起听着音乐,画一画旋律线,看看哪句旋律经过了一个小山坡。

4. 哼唱旋律

第二句开头有一个八度大跳,你找到了吗?在演唱时,我们要吸好气,提前做好准备哦!一起用 lv 跟着钢琴试着哼唱旋律。

5. 完整唱词

相信大家都已经很熟悉旋律了,现在就一起来唱一唱这一首牧童之歌吧!注意要表现出牧童放牧时喜悦的心情噢!

[设计意图] 通过反复聆听与感受,已经基本掌握了歌曲旋律,再引导学生自主发现歌曲的难点,这样更能提高学生的成就感,以及更加自信地演唱歌曲。

四、歌曲延伸

1. 丰富形式

大家的歌声美!你可以像他们一样选用自己最喜欢的一种形式进行表演!

2. 介绍牧歌

牧歌是声乐体裁种类之一,国内外均有牧歌,多流行于民间。我国牧歌是民歌的一个类别,归于"山歌",流行于蒙古族、藏族、哈萨克族、柯尔克孜族等民族。内容多表现放牧生活、爱情生活、赞美家乡、歌唱牛羊等。牧歌一般具有旋律悠长、节奏自由的特点,歌唱声音也比较高亢,有的自弹乐器伴奏,有的无伴奏。

3. 拓展欣赏

欣赏一首牧歌作品,无伴奏合唱《牧歌》。

4. 课堂小结

今天我们跟着小牧童一起学习了一首牧歌,课后大家可以去积累更多的牧歌,天色渐晚,就让我们在歌声中和小牧童再见吧!

[设计意图] 通过音乐与相关文化的介绍,提升学生的文化素养,扩大学生的音乐文化视野,增强学生的文化自信。

歌唱课案例三:

跟着太阳一路来

南京市南昌路小学　沙真宇

【教学内容】 新体系实验教材　四年级下册

【教材分析】

《跟着太阳一路来》是一首流行于四川地区的山歌,全曲唱词共六句,前两句采用散板腔,结构对仗,均为3小节,后半拍起唱,中间有一句长腔,上句结束于 la,下句结束于 sol,彼此呼应。自第三句开始歌腔突转,出现四个十分规整的乐句,每两句组成一个对应段落,加之节奏紧缩,速度加快,与前半段的散板形成强烈对比。同时,由于"数板"而歌,其腔调几近一段念白,而这一段以 la、do、mi 为核心的五声调式的四川风格也特别浓厚。

【教学目标】

1. 通过歌唱,感受四川民歌的抒情与爽朗,表达追求幸福美好生活的情绪。

2. 通过情境体验、声势律动以及模仿四川方言等,感受四川民歌的意境与鲜明特征。

3. 通过师生合作、卡农等形式,体验固定音型的伴唱形式,提高与他人合作学习与互相倾听的能力。

【教学重难点】

重点:①能用富有弹性的、通透的声音熟练演唱歌曲;②体会四川山歌高亢有力、真挚炽烈的风格。

难点:①歌曲开头处弱起节奏的准确演唱;②主歌与副歌速度变化的准确演唱。

【教学过程】

一、热身活动

1. 播放音乐《太阳出来喜洋洋》。

师:同学们,这是一首大家非常熟悉的四川民歌《太阳出来喜洋洋》,当歌声出现时,请大家围成圆,挑起你的扁担,顺着圆形的轨迹向前走恒拍,注意找扁担压在肩上的感觉,双膝微微弯曲。

2. 跟着音乐律动,间奏时原地休息。

3. 再玩一次,结束之后交流:同学们,刚刚大家挑起了自己的扁担,我们一起跟着歌声去上山砍柴啦。这是一首四川人民在劳动时传唱的一首民歌,那么今天我带来了另外一首四川的民歌,听听这首歌里的人们,又在做一些什么样的劳动?

[设计意图] 用《太阳出来喜洋洋》来创设劳动情境,学生通过听—唱—动激发兴趣,进入音乐情境。

二、新课教学

(一)初步体验音乐情境

1. 概述音乐情境。师:同学们,虽然劳动很累,但是四川人民依然非常积极乐观地面对劳动中的每一天,他们互相鼓励,非常有干劲,你们可以帮我加加油吗?

2. 出示口号:嘿哟 哟 嘿哟哟。

带领学生朗读口号,强调节拍重音在"嘿"字上,并且引导学生一气呵成,连贯朗读。

3. 加上音高。

4. 给口号加上律动,两脚前后分开,作弯腰搬东西状,强拍时下腰,弱拍时抬起。

师:同学们,现在你们用这样的动作和口号来为我加油可以吗?

5. 师生合作,学生完整演唱口号两遍,随后老师唱歌曲的第二部分。

[设计意图] 整体性音乐体验,在游戏活动中,学生对音乐的风格有了大致印象和感性认知,并且以故事的情节作为线索,进一步激发学生的兴趣和求知欲。

(二)解读、体验音乐内容

1. 再次演唱歌曲第二部分,唱完与学生交流:歌里的人们在干什么?

2. 出示歌词,按节奏尝试朗读歌词。

3. 解读歌词,因为黄荆棍和马桑柴是农家生活必需品,是生火、烧饭、驱蚊的利器,而收获的时间在一天中的早晨,露水还没有蒸发,所以劳动者的心情是格外开心的。

4. 再次朗读歌词。

5. 教读四川方言版本歌词,与学生交流方言的音调走向特点,教师用手势引导学生每句结尾的走向,总结特点:高起低落。

[设计意图]　由风格性音乐体验转为内容性音乐体验,利用身上的各种感官,如眼看、耳听、嘴说等方式,了解歌曲唱的是什么,让学生在确定音乐风格之后进一步体验音乐。

(三)体验音乐风格,学唱旋律

1. 再次用方言朗读歌词,教师用板书记录下方言语调,并用线将各个点连起来。

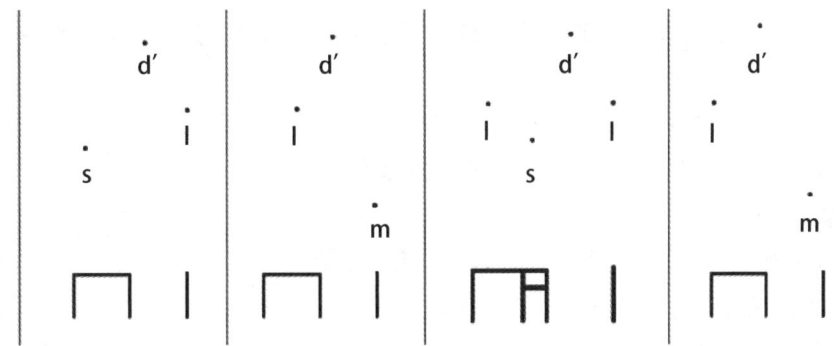

2. 出示第二部分四个乐句的后半部分,并加上音高。

3. 师生接龙唱,师唱前半句,生唱后半句。

4. 学生熟练演唱后,将歌谱换成歌词,再次接龙演唱。这次教师依然用手势提示学生旋律的走向。唱完后提问:同学们,你们觉得这个旋律与方言有什么样的联系?

5. 通过手势与图谱引导学生发现潜在规律:方言的开腔语调与旋律的走向基本一致,旋律来自民间方言。

6. 与学生交换角色,学生唱前半句,教师唱后半句,同时用手势引导学生每句句头开腔时的旋律走向。

7. 完整演唱第二部分,连续唱两遍,第二遍演唱时加上律动。

[设计意图]　音高的加入使得课堂的音乐性得到了提升,学生可以在原有基础上将音乐充分表达出来,并且能自主发现音乐旋律与方言腔调之间的潜在联系。

三、拓展提升

1. 师：同学们，这首歌里的天气是怎么样的？因为四川地区潮湿多雨，所以劳动人民非常渴望太阳的出现，今天这首歌里，他们把太阳出来的好消息用歌声传递给了左邻右舍，听，他们在唱什么？你们来做我的回声，重复后半句旋律。

2. 多次与学生配合演唱歌曲第一部分，直到学生能独立完成演唱，教师指挥学生演唱。唱完之后说："太阳出来啦，勤劳的小劳动者们，我们出发干活去咯！"随后教师打两个小节预备拍，提示学生呼吸，演唱歌曲第二部分。

3. 师生卡农。学生进入第二部分演唱时，教师延迟一小节，与学生卡农。结束之后提问："刚刚老师和大家一起干活，谁先干完活？"紧接着交换角色，教师先唱，学生一小节之后进入。

[设计意图] 卡农的加入使音乐的形象更加丰富，在劳动场景中学生能够完整地表达音乐，并且在合作的过程中培养了建立多声部思维与倾听的意识。

四、课堂小结

同学们，劳动是辛苦的，但是我们的劳动人民并没有因此放弃，他们用一颗赤诚之心，用积极乐观的心态来面对每一天，他们用歌声来表达自己内心的真实感受，多么纯朴，多么幸福。希望同学们也能学会用音乐的方式表达自己的心声，与音乐为伴，健康成长！

歌唱课案例四：

对　花

南京市南昌路小学　沙真宇

【教学内容】　新体系实验教材　四年级下册

【教材分析】

《对花》是一首流行于河北地区的传统小调，歌曲为2/4拍，共有8个乐句，一段体结构。歌曲情绪热烈欢快，旋律流畅，朗朗上口。河北民歌具有丰富充实的内容、多种多样的表现形式和酣畅直爽的艺术特点，这首《对花》歌唱的是热闹又质朴的生活化场景，轻松而又充满童趣，歌曲中还出现了锣鼓旋律和一些衬词，描绘了河北人民载歌载舞的喜庆场面。

【教学目标】

1. 通过歌唱，感受河北民歌的情趣与俏皮，表达对纯朴、真实生活的热爱。
2. 通过打击乐游戏、声势律动、舞蹈等方式，感受河北民歌的意境与特征。
3. 通过师生合作、生生对唱等形式，体验地方民歌的表现形式，了解歌曲中切分节奏和两种不同附点节奏的演唱形式。

【教学重难点】

教学重点：能用富有弹性的、连贯的声音熟练演唱歌曲，感受河北民歌的情趣与俏皮，表达对纯朴、真实生活的热爱。

教学难点：熟悉音乐结构框架，掌握歌曲答句中的切分节奏以及两种不同附点节奏的演唱方法。

【教学准备】 打击乐器锣鼓、PPT课件、绸带、钢琴、二胡

【教学过程】

教学环节	教学内容	师生活动	设计意图
起始	热身活动：北京童谣《打灯虎》	1. 热身活动：《打灯虎》 2. 边唱《打灯虎》边进教室，脚下走恒拍，唱完站成一个圆 3. 间隔一小节唱二声部卡农 4. 在原地加入猜拳的动作，边唱边做游戏 5. 在教室自由行走，边走边做游戏，在句尾和面前的伙伴玩游戏	1. 放松学生和老师 2. 营造对话的情境感 3. 为下面的教学作铺垫
展开	歌曲教学：《对花》	体验一：锣与鼓的对话 1. 师：刚刚《打灯虎》的歌声里，感受到了猜拳的快乐，一个问一个答，这个动作就像两个小朋友在对话。下面老师带来了两个乐器，听听它们是怎样对话的？师用乐器奏出"七不隆冬锵咚锵"的节奏 2. 教师加上歌词，口念歌词边演奏 3. 学打"锣鼓经"，请学生来演奏乐器，其他学生念白"七不隆冬锵咚锵" 4. 加上音高，完整地演唱歌曲第三乐句 体验二：在管弦乐中体验锣鼓旋律 1. 师：下面老师把刚刚的乐句放到一首好听的管弦乐作品中，我们来听一听，在第一遍时当你们听到熟悉的旋律的时候就举手示意，第二遍跟着旋律一起演唱 2. 播放音乐《炎黄风情——对花》，引导学生找出熟悉的锣鼓旋律，在第二遍播放时指挥学生演唱 3. 揭示课题：河北民歌《对花》 4. 师：下面老师要用一件民族乐器二胡来演奏刚刚的旋律，大家可以在我的演奏中找到自己的角色吗？ 5. 用二胡完整演奏歌曲，并完成与学生的旋律接龙 体验三：在歌曲演唱中体验 1. 师完整范唱，唱完后提问：这首歌唱了什么？ 2. 与学生交流，辅助学生理解歌曲内容：歌曲呈现了一幅对话的场景。 3. 用对话的方式学唱歌曲的第一、二句，师生问答和生生问答，多次尝试并交换角色 4. 师：同学们，你们能尝试用手指边唱边画出歌曲旋律的线条吗？带领学生画图谱，体验并解读歌曲的结构：连续两次问答＋两遍锣鼓经＋衬词＋尾声答句 5. 接龙演唱，师唱衬词部分，其他部分学生演唱 6. 师生交换角色，熟练演唱后，指挥学生演唱全曲 7. 介绍作品，介绍河北民歌特点：质朴，生活化	1. 让学生熟悉打击乐器声音，体验锣和鼓的音色和演奏方法 2. 尝试用锣鼓来对话，同时熟悉旋律 1. 通过欣赏《炎黄风情》，从音乐中找出锣鼓旋律，丰富音乐体验 2. 跟唱出锣鼓旋律 3. 与二胡合作完成演唱，加深对作品的印象，熟练唱出旋律 1. 通过帮助学生理解歌词的内涵，体验音乐情绪：喜悦的，激动的 2. 遵循民歌口口相传的特点，并且始终在对话情境中开展教学，让学生了解原汁原味的河北民歌，有助于让学生找到正确的呼吸和音色，以此来唱好歌曲
深入	教学拓展：欣赏河北民歌《小放牛》	1. 欣赏河北民歌《小放牛》，并熟练演唱第二段歌词 2. 通过演唱，帮助学生找出《小放牛》中出现的旋律音，初步感受五声徵调式的旋律特点 3. 出示《对花》的旋律歌谱，对比两者旋律，找出《小放牛》中没有出现过的新音符 ti。师作简要说明：ti 在歌曲中作为经过音出现	1. 通过欣赏《小放牛》，感受河北民歌纯朴的特点，进而感受河北各民族劳动人民朴实的性情和古老的中国文化

(续表)

教学环节	教学内容	师生活动	设计意图
深入	教学拓展：欣赏河北民歌《小放牛》	4. 哼唱《对花》的旋律，做手势唱旋律 5. 看谱完整演唱	2. 从感性回归理性，符合民歌口口相传、先有曲调后有谱的科学性
	综合表演：作品完整呈现	1. 第一遍：完整演唱，用自然通畅的声音，唱好歌曲 2. 第二遍：加入声势和锣鼓，丰富音乐的表现形式，突出对话的特点 3. 第三遍：加入秧歌舞步等舞蹈元素，把音乐推向高潮	通过道具和舞蹈的加入，把音乐表现得更加丰富多彩
结束	教学小结	1. 情感升华 民间歌曲与人民生活紧密相关，河北人民用最纯朴的旋律和语言，通过音乐的方式记录了生活中的点点滴滴，他们的歌声中体现出他们对于生活的向往和喜爱。希望同学们也能热爱音乐，热爱生活，用歌声表达自己的情感，与音乐为伴，幸福常在！ 2. 课堂小结 今天我们学习的《对花》就是河北人民抒发感情、表达心声的民间小调，其实中国民歌中还有很多不同版本不同地区的《对花》，课后大家自行搜索欣赏，今天的音乐课就上到这里，同学们再见！	

歌唱课案例五：

芦笛

南京市银城小学　沈润洁

【教学内容】苏少版　三年级下册　第四单元

【教材分析】

《芦笛》是一首具有进行曲风格的波兰民歌。由四个乐句组成，第一、第三乐句和第二、第四乐句为行进感很强的重复节奏。旋律多为同音级进和三度小跳，给人以活泼、欢快的印象。附点八分音符的频繁运用和偶句尾部的休止节奏，更增加了歌曲的推动力与跳跃感，将芦笛爱好者的形象刻画得惟妙惟肖、栩栩如生。

【教学目标】

1. 通过律动与歌唱，感受歌曲生动的音乐形象以及歌曲轻松愉悦的情绪；

2. 通过对比与模仿，了解附点八分节奏、后十六节奏型、八分休止符以及四分休止符的节奏与特征；

3. 通过听赏与交流，熟悉进行曲的风格特点及2~3首著名的进行曲作品。

【教学重难点】

1. 通过对比演唱，把握二分音符与八分休止符、四分休止符的时值关系，唱准附点八分节奏与后十六节奏。

2.通过情景编创与表演,熟悉进行曲的风格特点并熟记两首进行曲音乐作品。

【教学准备】 多媒体课件、钢琴以及竖笛、响板等课堂乐器

【教学过程】

一、起始:对比聆听,情境导入

1.对比聆听:聆听音乐并用肢体动作表达音乐感受。

"今天老师给大家带来了两段音乐,请你们听一听,想一想,下面两段音乐分别带给你们怎样的感受?"

(播放音乐《好月亮,你走得这样静悄悄》《芦笛》)

学生自主回答

第一首:《好月亮,你走得这样静悄悄》的特点是稍慢、温暖、柔和。

第二首:《芦笛》的特点是欢快、节奏感强。

师:你们分别想用怎样的方式体验两首音乐?

学生自主回答

第一首:《好月亮,你走得这样静悄悄》适合随着音乐轻轻摇曳身体。

第二首:《芦笛》适合模仿军队有精神地行进。

2.感受情景,在参与行进及角色扮演中参与活动。

师:老师梦想可以当一名军官,拥有一支精锐的部队。同学们,你们愿意做我的士兵和我共同完成这个梦想吗?

(邀请学生扮演部队士兵,在音乐中行进)

行进要求与步骤:

(1)将全体学生排成四支队伍。

(2)行走过程中步伐整齐,遵守纪律。

(3)听到铃鼓摇动的声音时手叉腰原地踏步。

(4)听到拍铃鼓的声音时变换方向行走。

[设计意图] 在对比聆听音乐的过程中,引导学生熟悉《芦笛》的旋律,感受歌曲的速度、力度与节奏特点,鼓励学生尝试用步伐与动作表现音乐。

二、展开:分层提炼,解决难点

(一)分层提炼

1.节奏游戏

(1)识读节奏: $\frac{2}{4}$ ♫ ♫ | ♫ ♫ | ♫ ♫ | ♩ ‖

师:同学们,在你们行走的过程中老师用笔记录下了你们的小脚印,大家能读出来吗?

(2)发现变化:

师:大家请听,这一遍的节奏在哪里发生了变化?你们能圈出来吗?

① 节奏游戏一

• 节奏型介绍: $\frac{2}{4}$ ♫ ♫ | ♫ ♫ | ♫ ♫ | ♩ ‖

♪此节奏更有推动力,情绪上更动感。
● 节奏练习:反复练习拍出节奏游戏一。
② 节奏游戏二
师:老师还带来了一条藏有八分附点的节奏,听一听它和节奏游戏一有什么不同?
(3) 节奏练习:
● 教师示范拍奏节奏游戏二
● 学生完整练习节奏游戏二
注意:休止处双手要及时摊开表示空拍。
(4) 教师弹奏钢琴,请同学们聆听琴声,并按照①②①②的顺序完整拍出节奏。

(二) 巩固旋律

1. 画旋律线
教师设问:一共可以画出几句旋律?每一句结束的方向一样吗?
师生交流:① 一共有4句旋律。
　　　　　② 第一、二、四句旋律结尾下行,第三句结尾上行。

2. 旋律接龙
出示带色块的乐谱,师生唱谱接龙,彩色的旋律由学生唱。
要求:
① 附点节奏要唱准。
② 学生演唱错误的地方应及时纠正并给予指导。

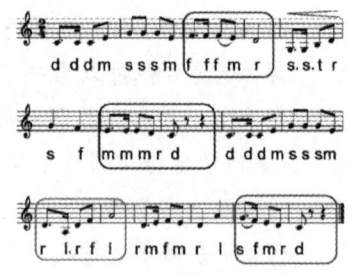

3. 竖笛模拟
师:瞧,这是什么乐器?你能模仿它的声音吗?
请学生模仿吹奏竖笛的姿态,用du声模唱旋律。

4. 认识芦笛
(1) 师:刚才我们用竖笛表现音乐,听一听音乐中的小朋友吹的是什么?
(2) 教师介绍芦笛。

(三) 歌词带入

1. 按节奏读歌词。
运用响板恒拍伴奏,邀请学生有节奏地诵读歌词。
要求:声音轻快,节奏准确,附点处要突出。

2. 认真聆听第一段范唱。

3. 师生合作。
教师钢琴伴奏,学生尝试用轻快的声音、欢乐的情绪有感情地演唱第一段歌词。
(1) 老师弹伴奏,学生轻声跟唱。
唱完后请学生找一找哪里唱得不准,老师及时纠正指导。

(2) 请一位同学在附点处演奏响板。

(3) 分 4 组接龙,每个小组演唱一个乐句。

(4) 跟随伴奏音乐,全体有感情地演唱第一段歌词。

4. 学习第二、三段歌词。

(1) 配合伴奏音乐,学生试唱第二、三段歌词。

要求:

"小巧的""芦笛的""安泰克""翠绿的"等歌词节奏要唱准确。

(2) 配合钢琴伴奏,学生完整练习演唱三段词,注意段落之间的间奏停顿。

(3) 配合伴奏音乐,学生有感情地演唱三段歌词。

[设计意图] 借助游戏合作与乐器模仿的方式帮助学生拍准节奏、唱准旋律、熟记三段词并变换不同的方式熟练演唱歌曲。

三、深入:发散思维,自主编创

1. 师生合作:听一听老师是怎么和你们合作的?

要求:

(1) 全体学生齐唱第一段歌词。

(2) 教师在学生演唱的过程中加入 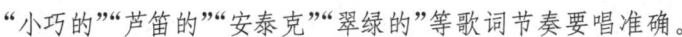 固定音型的声势伴奏。

(3) 老师的伴奏与学生的演唱同时开始,同时结束。

2. 声势加入:请学生自主设计强拍(qi)和弱拍(ca ca)的身势动作。

例如:qi 为拍手,ca 为擦掌或擦手臂。

3. 即兴参与:请学生自主选择适合的伴奏乐器与 qi ca ca 合奏。

例如:qi 为响板,ca 为沙球。

4. 自主设计:请学生自主设计符合音乐情境的舞台表演。

例如:推选一位同学表演"安泰克"、设计边唱歌边行走的线路……

5. 分组合作:分组进行多层次或声部的合作。

(演唱组)(声势组)(乐器伴奏组)(舞台表演组)……

[设计意图] 发挥学生的主观能动性为歌曲编创有趣的多声部,并以表演的方式为每一位同学提供展示的舞台。

四、结束:总结提炼,情感升华

1. 总结提炼与归纳

(1) 师:今天我们共同学习了一首具有进行曲风格的《芦笛》,歌曲的音乐特点是怎样的呢?

风格特点:进行曲风格的波兰民歌。

节奏特点:八分附点节奏型(♪.)、后十六音符节奏型(♪♫)。

旋律特点:1,3相似 同头异尾。

(2)师:我们还学习过哪些著名的进行曲?请大家一起报出曲名。

例如:《土耳其进行曲》《军队进行曲》《巡逻兵进行曲》……

2. 拓展欣赏与结语

(1)推荐欣赏《拉德斯基进行曲》。

师:奥地利著名音乐家老约翰·施特劳斯于1848年创作的《拉德斯基进行曲》在1987年的维也纳新年音乐会中奏响,当欢快的旋律响起时,听众们情不自禁地应和着节拍鼓掌。从此以后,这个音乐家与听众水乳交融的鼓掌场面就成为维也纳新年音乐会的保留节目。同学们,让我们一同走进音乐殿堂欣赏当年的精彩片刻!(播放《拉德斯基进行曲》视频)

(2)教师总结。

师:进行曲雄劲刚健的旋律和坚定有力的节奏深受众多音乐家与听众的喜爱。进行曲历经悠久的历史变化而与时俱进、风格多样、种类繁多。希望同学们在往后的音乐学习中如进行曲般踏踏实实,一步一个脚印,像"安泰克"一样轻松愉悦,乐享其中。

歌唱课案例六:

Do Re Mi

南京市银城小学　沈润洁

【教学内容】 苏少版 三年级上册 第一单元

【教材分析】

《Do Re Mi》是美国影片《音乐之声》的插曲。歌曲采用大调式,四二拍,歌曲的前半部分富于叙述性,每句歌词开头依次为 d、r、m、f、s、l、t 等音乐唱名。合唱部分两个声部是音值的长短对比,一声部主要由二分音符形成固定音型,二声部主要由两个八分音符和一个四分音符组合形成固定的节奏型。全曲将原本单调的音阶唱名与自然生活相联系,赋予了七个基本音符生动活泼的拟人化形象。

【教学目标】

1. 在听赏与演唱歌曲旋律和歌词的过程中,体验音符运用的美妙与多样。

2. 在参与和体验的音乐活动中,熟悉七个音符的唱名、高低走向并用声音表达与歌唱。

3. 在领唱与合唱等形式中,听辨歌曲中的合唱段落,感受双声部学习的愉快以及与同伴合作的乐趣。

【教学重难点】

1. 听辨歌曲中的合唱段落,促进对合唱的感知,并与同伴合作表现双声部。

2. 运用领唱、合唱等不同方式表现歌曲,熟悉七个音符的唱名与高低。

【教学准备】 多媒体课件、钢琴、头饰等

【教学过程】

一、起始:"小音符来排队"

1. 认识音符,听音排序

(1) 问题交流:

师:同学们,今天的音乐课,老师带来了几位朋友,哪些同学认识它们?

(2) 练习唱名,出示七个音符卡通图片,请同学说唱名。

(3) 听辨音高:这七个小音符的声音有高也有低,请大家听一听它们各自的声音,我们一起由低到高来排序。

(4) 排列音高,随机点击七个小音符音频,请同学听辨高低,排列顺序。

2. 熟悉音符,熟练演唱

(1) 随琴演唱:

师:让我们一起跟随琴声,用优美的歌声唱出每一个音符。

要求:① 按照由低到高 do-ti 的顺序演唱。

② 每一个音符演唱两拍。

③ 教师介绍由低到高的七个音符组成的音阶。

(2) 手势练习:

师:七个音符除了有自己的唱名,还有各自对应的手势呢,让我们一起看一看,学一学,做一做,唱一唱吧!

(3) 反复练习,出示音阶及柯尔文手势图片。

要求:

① 教师演奏音阶,学生做出相应手势并在心中默唱音高。

② 教师演奏音阶,学生演唱音阶同时做出柯尔文手势。

③ 教师随机演奏三个音,请同学听辨音高并挑战演唱。

④ 教师按照预设的二声部旋律演奏音高,请同学尝试听辨音高并加入柯尔文手势演唱旋律。

[设计意图] 在体验音符排序的活动中熟悉七个音符的唱名与高低;在不同要求的演唱活动中巩固音高概念,加强音准;在挑战组合旋律的练唱中为双声部合作打基础。

二、 展开:"小音符来歌唱"

(一) 主题学唱

1. 熟悉旋律,模唱歌曲。

(1) 听一听:

师:do、re、mi、fa、sol、la、ti 是音乐家族中的重要成员,有一首好听的歌曲将这七个小音符与生活中有趣的事物联系在一起,让我们一起听一听,七个小音符都变成什么了?

① 播放范唱《Do Re Mi》第 1 遍,请学生仔细听歌词并复述。

② 出示 A 段谱例,播放范唱第 2 遍,请学生在音符出现的地方做出柯尔文手势并加入演唱,其余处仔细听范唱。

③ 播放范唱第 3 遍,请学生轻声完整演唱出示的歌词。

2. 分析乐句,纵情歌唱

(1) 想一想:这首歌曲的旋律与节奏有什么特点?

① 师生交流:

- 歌曲欢快活泼,开头具有叙述性。
- 大多数乐句的歌词开头都为音乐唱名。

② 节奏提炼:

③ 旋律模进:旋律采用了上行"模进"的创作手法,产生令人奋进向上的动力。

④ 对比异同:最后一个乐句是从弱起小节开始的下行旋律。

(2) 唱一唱:

师:让我们带着愉悦的心情快乐地唱响今天的主题曲吧!

(播放伴奏音乐,请同学有感情地演唱第一乐段)

(二)影片介绍,片段欣赏。

1. 影片叙述

(1) 师生交流《音乐之声》故事情节。

师:这首歌曲的名字叫做《Do Re Mi》,是美国影片《音乐之声》的插曲。哪位同学可以为大家讲述这个音乐故事?

(学生自主回答,教师出示图文补充介绍)

(2) 播放视频欣赏原版演唱。

师:让我们一同欣赏电影里的精彩片段吧!

(3) 发掘影片中不同的演唱形式。

师:电影里玛利亚老师与孩子们的演唱和我们刚才的练习演唱有什么不同?

师生交流:① 电影里老师与孩子们分角色表演唱。
② 影片中歌曲的演唱形式有领唱、齐唱、合唱。
③ 影片中唱出了新的歌词内容。

[设计意图] 在倾听的过程中加深学生对七个音符的记忆与理解;在歌唱的练习中熟记主题旋律;在视频的欣赏中发现歌曲"新"的部分,激发学习B段音乐的兴趣。

三、深入:"小音符来表演"

(一)桥段模仿

1. 小组分工,分配旋律

师:影片中玛利亚老师带着孩子们在马车上的指挥演唱给大家留下了深刻印象,现在我们也来体验一下吧!请大家分成四个小组,每个小组选择一种颜色旋律,老师指挥到哪个颜色的旋律,就请那一组同学唱出来。

出示谱例①

谱例①

2. 接龙练唱,巩固音高

师:请四个小组记住演唱顺序,循环接龙演唱。

(1) 四个小组接龙演唱,循环练习①三次。

(2) 四个小组完整循环演唱①三次,老师同时加入演唱谱例②。

谱例②

(3) 请全体同学练习演唱谱例②两遍。

3. 教师范唱,二部合作

师:当你们学会了这些音,演唱什么歌都能行!

师:听一听,老师又加入了怎样的歌声?

(1) 老师为谱例②填入歌词示范演唱。

(2) 请全体同学跟钢琴伴奏加入歌词练习演唱②。

(3) 推荐一位同学"当老师"独唱②,其余同学按小组分配演唱①。

(4) 出示B段谱例:请全体同学跟随钢琴伴奏按照分配的旋律角色进行双声部合作演唱,练习两遍。

4. 角色扮演,合作演绎

师:接下来,让我们用自己的方式完整表演《Do Re Mi》。

思考:可以用怎样的顺序来表演歌曲呢?

(1) 师生讨论完整的演唱顺序:老师开头领述+A段+B段。

(2) 分配头饰,邀请七位同学分别扮演并演唱A段中出现的音符,A段中其余歌词全班齐唱。

(3) B段演唱两遍,第一遍只演唱■乐谱,第二遍■+● 双声部合作演唱。

■乐谱四小组接龙合作,●歌词一位同学独唱,最后"都能行"全班一起唱谱例③。

(4) 教师弹奏钢琴伴奏,全体同学按照上述内容完整表演唱。

演唱时每一位同学可以根据对音乐的感受加入适合的动作表演。

(5) 完整表演三次。

每一次表演可以邀请不同的同

谱例③

学戴头饰扮演音符角色与"小老师"独唱角色。

[设计意图] 通过体验合作的方式降低学生学习双声部合唱的难度,在分配角色表演唱的活动中让每一位同学都有机会成为歌曲中的"主角",增强学生歌唱表演的信心。

四、结束:"小音符续精彩"

1. 名曲推荐,拓展欣赏。

师:同学们,今天我们共同欣赏演唱了《音乐之声》中的插曲《Do Re Mi》,影片中还有许多家喻户晓的经典音乐,接下来请大家欣赏歌曲《雪绒花》。

2. 课堂小结,情感升华。

师:今天我们在短暂的音乐时光中用自己的歌声与表演重现了电影《音乐之声》中的精彩片段,既体验了合唱的魅力,又感受到了音乐表演的趣味性。幽默的故事情节与动听的影片音乐一定给你留下了深刻的印象。优秀的音乐能够成就一部经典的影片,不论是国内还是国外的优秀影视作品中都包含了众多经典的音乐作品。希望同学们学会关注生活,关注不同的艺术形式,一同追寻与感受不同音乐的魅力!

游子吟

南京师范大学附属小学　刘添誉

南京晓庄学院音乐学院17卓越班毕业生

【教学内容】　苏少版　三年级上册　第五单元/人音版　六年级下册　第一课

【教材分析】

《游子吟》是一首新式学堂乐歌,由作曲家谷建芬为唐代诗人孟郊所写诗词《游子吟》谱曲,歌曲为一段体,每四小节分为一个乐句,共四个乐句,F宫六声调式,四二拍,歌词朗朗上口,旋律优美起伏,通过饱含深情地演唱,表达了对母爱的感激与歌颂。

第一句诗词,所写之人是母与子,所写之物是线与衣,虽无言语,却点出了母子相依为命的骨肉之情。第二句诗词集中描写慈母的动作和意态,表现了母亲对儿子的深笃之情。第一、第二乐句旋律以八分音符节奏为主,加上波音的使用,仿佛内心深处对母爱感激的心弦被拨动一般,诉说着游子心中对母亲的无限深情。

第三乐句旋律在低音区跳动,节奏中运用了"♫"音型,犹如作者激动的心跳。第四乐句的旋律起伏不断,体现了曲作者心中的波澜和不断涌动的激情,寄托赤子炽烈的情怀和对母亲"报得三春晖"的感恩之心。歌曲在意犹未尽的长音中结束,令人心情久久不能平静。

【教学目标】

1. 通过演唱歌曲《游子吟》,表达游子对母亲的思念、感恩以及深沉的爱。

2. 通过视唱练习、情景律动、小乐器伴奏等音乐形式,感受新学堂乐歌的古风新韵。

3. 通过师生合作与生生合作的方式,学习一字多音、装饰音等演唱方法,体验情景律动及乐器演奏的表现形式,提高与他人的合作能力以及音乐表现的能力。

【教学重难点】

1. 重点:运用深情的声音表达游子对母亲的思念、感恩以及深沉的爱。

2. 难点:把握一字多音、装饰音的演唱方法,体验情景律动及乐器演奏的表现形式,提高与他人的合作能力以及音乐表现的能力。

【教具使用】

钢琴、三角铁、沙锤和图谱等。

【教学过程】

教学步骤	教学内容	师生活动	设计意图
起始	激趣导入与体态律动	一、创设情景,激趣导入 1. 师生交流 师问:你们的妈妈都为你们做过哪些事呢?让我们听一听歌曲中的母亲在做什么吧。 生答:缝补衣服。 2. 师生合作,整体聆听 1)情景律动 1~8小节:穿针引线的动作(每两小节换一次方向) 9~16小节:披衣服的动作(每两小节换一次方向) 2)分组合作 要求:分为两个小组,一组饰演"游子"角色,一组饰演"母亲",分角色扮演,在歌声中完成"穿针引线"和"披衣服"的动作 3. 揭示课题 今天我们学习的歌曲是一首新学堂乐歌,歌曲讲述了临行前母亲为游子缝补衣服的故事,表达出母亲对孩子深深的爱和浓浓的情,这首歌曲就是《游子吟》	通过师生交流,创设情境教学,唤起学生生活经验,导入歌曲体验 通过情境律动感受音乐段落及强弱规律,反复聆听,熟悉歌曲旋律,引入展开部分
展开	新歌教学与分段学唱	一、分层要素——节奏学习 1. 出示节奏谱,击拍节奏 2. 师生接龙(生拍此节奏,师拍其余节奏) 二、分层要素——旋律学习 1. 出示线谱,视唱旋律 2. 师生接龙,合作演唱 (生视唱此旋律,师唱其余旋律) 3. 师生互换旋律接龙 4. 出示完整歌谱,用"lu"哼唱全曲 5. 师生击拍,完整演唱 三、分层要素——歌词学习 1. 朗诵歌词,品味内容 2. 难点解决,在一字多音处运用归音练习法唱准 3. 完整演唱,钢琴伴奏 四、分层要素——歌曲处理 1. 通过把握歌曲中情绪波动的变化,启发装饰音的演唱方法 2. 通过对歌曲意境的描绘,启发用深情的声音演唱	遵循奥尔夫理念的"种子精神",从节奏元素"发芽",循序渐进渗透歌曲的多个元素教学 沿着从局部到整体的原则,引导学生在循序渐进的过程中学会歌曲 启发学生对歌曲处理,从而更深刻理解歌词内涵和歌曲情绪,体会充满诗意的歌曲风格

(续表)

教学步骤	教学内容	师生活动	设计意图
深入	小乐器伴奏与二声部卡农	一、趣味演唱，乐器伴奏 （钢琴、三角铁、沙锤乐谱） 要求：老师钢琴伴奏，学生分为三组，第一组演唱歌曲，第二组演奏三角铁，第三组演奏沙锤。注意歌唱声部和伴奏乐器间的配合协作 二、生生合作，卡农合唱 （二声部卡农乐谱） 要求：学生分组合作，第一组先进行演唱，第二组在第一组开始演唱一个小节后再加入歌曲演唱，形成一个立体的和声效果。在用卡农形式演唱时，要求学生唱准自己的声部，同时注意聆听其他声部的声音	通过小乐器合作和卡农的叠加，培养学生与他人的合作能力以及音乐表现的能力
拓展	作品拓展与韵律感受	一、聆听歌曲，作品拓展 1. 聆听新学堂乐歌《小儿垂钓》 2. 感受古诗新唱的韵味和新学堂乐歌魅力 3. 讨论新学堂乐歌和学堂乐歌两者间有何异同之处 二、师生演唱，知识巩固	通过聆听相同体裁音乐的方式，开拓学生的视野
结束	教学小结与情感升华	一、综合回顾 本节课我们学习了《游子吟》，感受了视唱练习、情景律动、小乐器合作等多种音乐学习方式，增强了师生间音乐合作的默契和表达音乐的能力。通过对诗词的品读以及深情地演唱，大家不仅能够用歌唱与律动表达对母爱的感激与歌颂，更在合作演唱的过程中感受了母子之间的深厚情感 在作品拓展中，我们还聆听了歌曲《小儿垂钓》，进一步感受了新学堂乐歌的艺术魅力，增强了大家对"古诗新唱"作品的浓厚兴趣 二、情感升华 "萱草生堂阶，游子行天涯。慈亲倚堂门，不见萱草花" 在祖国上下五千年的历史文化与底蕴中，不仅有古诗新唱、新学堂乐歌，还有许许多多优秀的艺术作品。期待同学们在未来的学习过程中，能够不断拓宽自己的知识视野，丰富自己的审美体验，并将这些经典的音乐作品传唱下去！	总结反思，情感升华。通过综合回顾，进一步加深对新学堂乐歌的了解，从而激发对于"古诗新唱"作品的兴趣，弘扬传统文化，坚定民族自信

多声部案例一:

绿叶

南京市鼓楼区特殊教育学校　钱启惠

【教学内容】 苏少版　四年级下册　第五单元

【教材分析】

《绿叶》是一首3/4拍的二声部一段体的日本民歌,乐曲共有四个乐句,其中前两句节奏相同,旋律起伏较平稳相似。第三句为转折和对比,第四句音区较高,形成歌曲的高潮,二部合唱中的和声均由三度或同度组成,显得平静、和谐而丰满。整首乐曲旋律婉转优美,爽朗而有生气,表现了对绿色的喜爱,对大自然的热爱之情。

【学情分析】

四年级的学生已经掌握了基本知识与基础技能,能够完整地演唱歌曲。但是在二声部的完整演唱、强弱记号对歌曲的表现上仍欠缺,需强化掌握。

【教学目标】

1. 情感目标:运用优美圆润的声音完整演唱歌曲,表现对大自然的喜爱之情。
2. 过程目标:通过聆听、对比、模仿、律动、合作等方法,感受三拍子韵律与歌曲风格。
3. 知识目标:体验歌曲强弱变化,感受二声部演唱的歌曲魅力。

【教学重难点】

1. 重点:能爽朗有生气地完整演唱歌曲,表现歌曲三拍子韵律。
2. 难点:二声部的合作演唱,处理歌曲的强弱变化。

【教具使用】　多媒体教室,钢琴,剪刀,卡纸

【教学过程】

教学步骤	教学内容	师生活动	设计意图
起始	发声练习 与 情境导入	1. 师剪纸"树叶",哼唱歌曲旋律 师:我想剪一个礼物送给大家,仔细看是什么?(绿叶) 绿叶预示着什么季节的到来?(春天) 2. 气息练习,用手当做树叶,轻轻吹气 师:把树叶吹到你们每个人的手中,像春天暖暖的风一样吹一吹,不发出声音 3. 发声练习 在吹树叶的基础上,唱"3/4 ♩. ‖" l	通过剪树叶,吸引孩子们的注意力,使其在剪的过程中,聆听旋律 发声练习是日常教学的基本流程,帮助学生们放松,调整呼吸,找到正确的发声状态
展开	聆听歌曲 与 分段演唱	1. 根据音阶唱二声部旋律 师:优美的歌声将树叶吹到了我们的音阶上,来看看小树叶唱了什么旋律? 3/4 ♩. ♩ ♩ ♩ ♩ ♩ ♩ ‖ 　　l　s　f　m　r　d 2. 出示"优雅的树叶"乐谱演唱熟练	根据音乐阶梯演唱旋律,使得字母谱与旋律走向更加形象清晰

(续表)

教学步骤	教学内容	师生活动	设计意图
展开	聆听歌曲 与 分段演唱	3. 师演唱,对比出"活泼的树叶",出示乐谱熟练演唱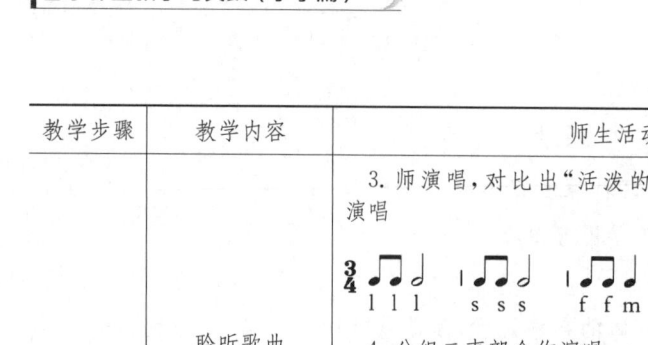 4. 分组二声部合作演唱 师:两片树叶相遇会发出怎么样的声音呢?我们来试一试 5. 画一画"树叶",边哼唱乐曲 6. 聆听完整乐曲 师:如此优美的歌声,树叶来自哪里呢?仔细听 7. 解读歌词,根据强弱有感情朗读歌词 8. 完整演唱歌曲	通过对比"优雅"与"活泼"感受两片树叶旋律 通过画树叶,感受歌曲旋律线,聆听熟悉乐曲 通过歌词解读来感受强弱更具体,让孩子们自主发现强弱变化
拓展	歌曲处理 与 音乐拓展	1. 解读歌词,感受强弱 2. 聆听钢琴曲《枯叶》 师:除了春天的绿叶,还有哪个季节的其他树叶吗?听一听《枯叶》	根据人文性、音乐性拓展歌曲
总结	作业布置 与 情感升华	1. 收集其他季节的树叶歌曲 2. "三度找朋友"游戏,寻找教材中的二声部 3. 选择"活泼的树叶"完整演唱歌曲	在音乐中结束本课。做到首尾呼应,情感升华

多声部案例二:

白兰鸽

南京晓庄学院音乐学院17级卓越班　　肖凯

【教学内容】苏少版　六年级下册　第六单元

【教材分析】

《白兰鸽》是由西班牙语"Paloma Blanca"翻译而来,意为"白鸽",也有西班牙语将曲名用作"Una Paloma Blanca",意为"一只白鸽"。

此曲在20世纪70年代获得格莱美最佳歌曲奖。1982年由我国著名歌唱家朱逢博演唱并编入专辑《中外民歌曲集》,受到国内音乐爱好者的广泛喜爱与经久传唱。

歌曲为D大调,速度是中速稍快,情绪轻松活跃。结构为主题和副歌的形式。主题旋律由两个乐句构成,前半句是在主和弦上的分解和弦,曲中切分节奏的运用,充满动感活力。在副歌部分,每句均为舒展的旋律和长音结尾,充分表现了白鸽无拘无束、自由翱翔的梦幻般场景。

【教学目标】

1. 情感目标:通过歌唱,感受轻摇滚音乐欢快愉悦的动感和充满活力的情绪与意境。
2. 过程目标:通过参与、体验听、唱、动以及各种学习手段带来的学习乐趣。
3. 知识目标:通过对比、发现与合作,掌握切分、休止以及副歌部分不规则句尾的长音时值。同时,在固定音型的伴唱运用中,提高与他人合作的意识以及参与音乐表现的能力。

【教学重难点】

1. 教学重点:感受轻摇滚音乐欢快愉悦的动感和充满活力的情绪与意境。

2. 教学难点:掌握八分休止符、四分休止符及副歌部分不规则句尾的时值长短与对比表达。

【教学过程】

一、热身导入

1. 师生问好

1) 用带有 s、m、d 音高的方式向学生问好。

2) 学生做模仿回应。

3) 设问:刚才师生问好的旋律用了哪三个音?

4) 得到:s、m、d 三个音。

2. 分组演唱

1) 将学生分成三组,分别进行 s、m、d 的和声演唱,并且用切分的节奏加入和声演唱中,从而形成一个切分节奏(♪♩♪)的固定音型。

2) 教师吉他弹唱,带学生在固定音型的伴奏中演唱。

演示:

$\frac{2}{4}$ ♪♩ ♪♩ | $\frac{2}{4}$ ♪♩ ♪♩ | $\frac{2}{4}$ ♪♩ ♪♩ |
　　d d d d …　　m m m m …　　s s s s

3. 揭示课题。

PPT 展示:《白兰鸽》

[设计意图]　从 d、m、s 三个音的提取入手,并运用切分节奏,引导学生在听、唱、动的活动中感受和体验歌曲的风格特征。

二、歌曲教学

1. 歌曲介绍

《白兰鸽》是由西班牙语" Paloma Blanca"翻译而来,意为"白鸽",也有西班牙语将曲名用作"Una Paloma Blanca",意为"一只白鸽"。

2. 主题旋律教学

1) ♩ ♪

2) ♩ ♫ 的教学,视唱骨干音和教师进行对答。

教师演示:

师:同学们,今天老师带来了三个吸铁石,它们代表 s、m、d 三个音,下面我们一起做一个接龙的游戏,我指哪里同学们唱哪里。(演示)

师:我们刚才演唱的这段旋律老师把它用五线谱记录下来了,同学们有没有发现,在我们刚才的演唱中,歌曲中有哪些特点?

师：有一种短的八分休止和一种长的四分休止。接下来呢，我们用打响指来表现八分休止，用拍腿的方式来表现四分休止。我们看着黑板上的五线谱再来做一次接龙的游戏。

[设计意图] 采用奥尔夫种子教学精神，从骨干音出发，不断丰富节奏，逐步熟悉旋律。通过声势教学中捻指和拍腿两种方法，对比理解强拍休止的两种节奏：𝄽 ♫、𝄾 ♫ 教学难点。

3. 歌词朗读

请同学们跟着老师用拍腿的方式朗读歌词。

4. A段处理

对A段旋律的处理要求：当曙光出来的时候，用微弱的声音表现。渐渐明朗的时候，做一个渐强的情感。下面，请同学们歌唱A段旋律部分。

5. 副歌教学

1) 律动与模唱

用律动＋模唱的方式学习。

师：我们今天的主角是白兰鸽，接下来我要用歌声把它请出来，请同学们仔细听白兰鸽会在什么位置飞出来，同时，请大家认真观察在它飞出来的时候煽动翅膀的次数是多少？

师：这位同学回答得非常好。白兰鸽是在每一句的句尾飞出来，依据副歌的乐句划分，它的翅膀扇动次数分别是3、2、3、4次。

2) 长音练习

在学生发现四个句尾的3、2、3、4的次数之后，教师会让学生跟着教师的歌声练习煽动翅膀。继而模唱副歌旋律，利用翅膀动作控制句尾长音时值。

3) 律动参与

在学生学会利用翅膀动作控制句尾长音时值的基础上，完成歌唱以及白兰鸽煽动翅膀的动作，进一步明确长音时值，实现教学难点的突破与解决。

[设计意图] 通过翅膀煽动的次数，有效化解句尾不规则长音的教学难点，引导学生在情境学习中掌握每一个乐句的长音时值。

6. B段处理

B段旋律的情感处理要求：

当白兰鸽在空中自由自在地飞翔时，我们用舒展的声音来表达；在最后一句时，我们用渐弱的声音表现白兰鸽飞走的意境。

7. 合唱体验

1) 感受合唱：用合唱的形式表现歌曲。

2) 分组练习：将学生分四组，第一组歌唱，其他三组同学在第一段做 s、m、d 切分固定音型伴唱，第二段加入齐唱。

[设计意图] 首尾呼应,将导入部分的骨干音伴唱再一次使用,引导学生在与同伴合作的过程中,体验合唱的美妙,提高学生多声部演唱的能力。

三、拓展欣赏

1. 歌曲听赏

欣赏西班牙情歌王子胡里奥演唱的《鸽子》,邀请学生在句尾用切分音型伴唱。在同学们欣赏之前,提出两个问题:

1)在刚刚学唱的歌曲中,鸽子象征着什么?(自由)

2)在西班牙人心中,鸽子又象征着什么呢?

2. 讨论交流

请同学们在听赏后分享答案。

[设计意图] 通过拓展欣赏胡里奥演唱版本的《鸽子》,进一步拓宽学生的音乐视野,从音乐与相关文化的角度加深学生对鸽子寓意的认知,感受生活的美好。

四、教学小结

1. 回顾与复习

今天我们学习和欣赏了两首以鸽子为主题的歌曲,感受了轻摇滚音乐欢快愉悦的动感和充满活力的情绪与意境,感受了不规则句尾的时值长短与对比表达。

2. 提炼与升华

相信大家都已发现,无论是贝克小组演唱的《白兰鸽》,还是胡里奥演唱版本的《鸽子》,他们都表现了鸽子在空中自由翱翔的美妙情景。希望同学们在未来的学习和生活中,能够像鸽子一样在知识的海洋中放飞自我,驰骋翱翔。

[设计意图] 通过教学小结,总结梳理教学内容与知识,利用鸽子的寓意,引导学生在对知识的掌握和学习中不断进步,放飞自我。

多声部案例三:

拉库卡拉查

南京晓庄学院音乐学院17级卓越班 周园钧

【教学内容】 苏少版 六年级下册 第五单元/人教版 六年级下册 第三单元

【教材分析】

此曲是一首具有墨西哥舞曲风格的民间歌曲,它起源于军队的"拉库卡拉查",在当地的语言中是"蟑螂"或"踩蟑螂"的意思,后被用做墨西哥民间舞蹈的名称。最初,歌曲未见固定的歌词,而是由不同的部队自行填词歌唱。久而久之传到民间,并在民间广泛流传。

歌曲为F大调,3/4拍,旋律进行波浪起伏,错落有致;节奏为连续的八分音符和二分音符相结合,疏密相间,性格鲜明。其结构为主题加副歌的形式。主题部分由重复的两个问答句构成,无论问句还是答句,上半句均采用分解和弦,下半句为级进旋律,节奏前紧后松。副歌部分的旋律采用弱起,增加了乐曲的推动感,渲染了舞蹈的热烈场景和气氛。

【教学目标】

1. 情感目标:通过歌唱,感受与表现墨西哥舞蹈音乐的热情与奔放。

2. 过程目标:通过舞蹈、律动、手势以及字母谱等形式,学习、了解歌曲的句法并感受舞曲的意境与特征。

3. 知识目标:通过参与、体验与合作等,学习固定音型的伴唱形式,把握弱起节奏、八分音符(密集咬字)以及节奏重音的准确演唱。

【教学重难点】

1. 教学重点:感受与表现墨西哥民间音乐的热情与奔放。

2. 教学难点:把握弱起节奏、八分音符(密集咬字)以及节奏重音的准确演唱。

【教学过程】

一、激趣导入

(一)问题交流

1. 出示"蟑螂"道具。

2. 师:同学们,你们瞧,这是什么?

(二)情景介绍

1. 蟑螂在墨西哥被称作"拉库卡拉查"。

2. "拉库卡拉查"舞蹈的形成。

介绍拉库卡拉查舞蹈是怎么形成的,在介绍的时候告诉他们这是人们在踩蟑螂时候伴随着有个性、有节奏的踏踩形成的一种舞蹈。

(三)舞蹈体验

1. 示范拉库卡拉查律动,并让学生参与声势伴奏(播放音乐)。

2. 师生舞蹈。

[设计意图] 从学生的生活经验入手引出蟑螂,从而进入课题。在三拍子的声势参与中聆听歌曲、欣赏舞蹈,打通听觉、动觉和视觉等多感官通道,激发学生对歌曲学习的期待和热情。

二、整体感受

(一)主题与动作

1. 第一段动作教学(边说边做);

2. 男女生配合;

3. 在音乐中做集体舞蹈互动。

(二)副歌与重音

1. 动作感受。带领学生感受踩蟑螂,如:

1)自由发挥;

2)学生感受;

3)教师示范;

4)发现重音与弱起。

2.师生演唱:用"啦啦啦"演唱并进行动作教学,播放音乐带学生跟随音乐舞蹈。

(三)歌唱与舞蹈

1.请大家围成圈。

2.在循环的舞蹈中,唱熟副歌部分,边唱边跳。

[设计意图] 通过领舞和群舞引导学生划分歌曲的段落。在男女对舞中感受乐句的问答形式。体验音乐与动作形成同形同构。在歌唱中练习踩踏动作,是为了帮助学生找到弱起旋律的重音,并有效解决难点。

三、分层体验

(一)音程练习

1.用柯尔文手势和字母谱,做音程练习:

1)s,- d - m - s;

2)s,- t,- r - f;

3)节奏加入;

4)主题游戏。

① 接龙游戏:师生接龙,生生接龙。

② 手偶游戏:用手偶做旋律问答练习。

[设计意图]教师带领学生玩接龙游戏,学生读上句,老师接下句。接着画旋律线条带领学生感知旋律的走向,另外教师的手上也会分别套有一个男孩和一个女孩的手偶,男孩代表问句,女孩代表答句,演示完后教师会让男女生分角色进行视唱,最后让他们自己伸出双手同时扮演两个角色。

(二)学习歌词

学生腿上拍恒拍,按节奏读词,教师用沙球伴奏。

(三)轻声歌唱

1.轻声唱词。

2.带入旋律;旋律与歌词都学会后,师生一起将前半部分歌词带入旋律中轻声演唱。

(四)歌曲处理

1.发现高潮,激情演唱。

(完整播放音乐)让学生找到歌曲高潮部分,并鼓励学生充满激情地演唱。

2.在同学们唱熟练后,教师作为二声部加入其中。

3.分组演唱,合作表演。

一起合作学习,将学生分两组,第一组唱"拉库卡拉查啦啦啦啦啦",循环演唱,第二组学生完整地演唱歌曲。

[设计意图] 采用柯尔文手势、字母谱以及手偶游戏将学生带入情境歌唱,理解问答句。通过固定音型的二声部以及打击乐器的加入,培养学生的合作力。

四、拓展延伸

（一）综合表现

1. 在同学们都熟练地演唱完后，教师进行歌曲的最后一个环节：综合表现。

2. 学生整体分两部分，一部分在一边围成圈唱歌跳舞，并将乐器给另一组学生；另一部分学生一边在旁用乐器伴奏，一边嘴里始终唱着拉库卡拉查得固定音型，形成一个多声部情境表演。

（二）拓展欣赏

1. 欣赏被誉为墨西哥第二国歌的《美丽的赛林托》。

2. 简要介绍墨西哥音乐的特点。

本首乐曲融入了印第安本土音乐、欧洲音乐与非洲音乐元素，形成了独特的拉丁美洲音乐，显得格外朝气蓬勃、富有活力。

3. 片段演唱与示范。

[设计意图]　通过拓展欣赏拓宽学生的音乐视野，使其更好地感受墨西哥民歌的热情与奔放。

五、总结升华

（一）教学小结

今天我们学习了《拉库卡拉查》和欣赏了《美丽的赛林托》这两首墨西哥民间舞曲，相信大家对墨西哥的音乐与音乐风格已经有了初步的了解与认识。

（二）情感升华

希望大家在未来的学习过程中，能够不断拓宽自己的知识视野，并在感受与体验更多世界民族音乐的过程中获得全方位、多方面的审美体验，从而逐渐完善与提升大家的知识视野。祝大家学习愉快！

[设计意图]　通过简单的总结提升，渗透课标"为学生提供审美体验，陶冶情操和启迪智慧"的价值理念。

多声部案例四：

月亮姐姐快下来

南京市芳草园小学　马园园

【教学内容】苏少版　四年级下册　第六单元/人音版　六年级上册　第3课

【教材分析】

《月亮姐姐快下来》是一首优美、抒情、充满期待的儿童歌曲，为四三拍。旋律简单，全曲由 do、mi、sol 三个音组成，旋律构思巧妙，不因只有三个音而单调，相反通过三度、四度、五度、六度音程的运用使得旋律婉转悠扬，极富彝族音乐的特点；四个乐句节奏相同，符合童谣这个音乐题材的气质：朗朗上口，通俗易懂，生动有趣，孩子们对此感兴趣。

【教学目标】

1. 通过演唱，能用优美期盼的声音演唱歌曲，表达对月亮姐姐的喜爱之情。

2. 通过拍、走、听、悟、合作等方法,学习二声部歌曲的演唱。

3. 通过合作,掌握歌曲轮唱的演唱形式,能够唱准三度、四度、五度、六度音程。

【教学重点】

二声部卡农。

【教学难点】

三度、四度、五度、六度音程的准确演唱。

【教学用具】

钢琴、手铃、黑板、歌谱。

【教学过程】

教学环节	教学内容	师生活动	设计意图
起始	热身 导入	1. 圆圈舞《bingo》进入课堂,四句过后唱三声部(C—G—C)F调两遍,G调一遍 2. 异曲同唱(三声部卡农)走回到座位 3. 问好(发声练习):大家好(啦啦啦)(三个音每个音结合不同动作)半音上行 4. 手铃加入,由开始的依次出现三个音变成三个音同时出现	合唱元素贯穿在热身、问好和复习等各个环节中
展开	新课 教学	1. 导入新课:老师唱一段旋律,请大家用每组的手铃的音高按 titi ta-的节奏回答(老师歌曲每句的前半句,学生用每组的固定音高回答) 2. 师:同学们,好听的歌声吸引来了一位朋友,大家听听是谁?(师唱歌曲) 3. 让学生明确这首歌主要由 do、mi、sol 三个音构成,并在黑板上出示四个低音 sol 4. 继续接龙唱,学生看黑板老师指唱后半句 5. 启发学生发现四句的节奏相同,并且拍出节奏,之后边拍边说出节奏名。要求:拍出长音的延展性 (1) 把节奏转换到脚上,要求走出刚才拍的节奏(走出节奏带来的空间和时间感) (2) 再走,要求在句尾停下拍 titi ta- (3) 第三次走要求把 titi ta-换成句尾的三个音唱出来(do sol mi,do sol mi、mi mi do 、sol mi do) 6. 完整演唱歌谱 7. 出示歌词并演唱	每个教学环节都在建构的基础上进行,努力做到有坡度的递进,让孩子学得轻松

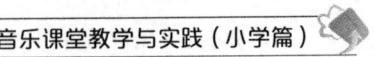

教学环节	教学内容	师生活动	设计意图
深入	歌曲处理	1. 月亮出来的时候是夜晚,这首歌适合用怎样的声音演唱?(呼吸要求:一句一换气) 2. 我们知道月亮有圆月和弯月(圆月使用饱满的声音,弯月用轻柔的声音),请大家思考圆月和弯月分别用在哪句合适 3. 学生可根据自己的理解提出方案,并说出理由 4. 试着用不同的方案演唱,最终确定最合理的演唱方案(第一句弱起宛如月儿慢慢升上天空,第二句弱起渐强,第三句中强、第四句回到渐弱) 5. 在此基础上推出力度记号并标注在曲谱上 6. 用连贯的声音、适当的力度完整地演唱歌曲(请孩子用手上动作帮助演唱,表现乐句中的小起伏和第三句的大起伏) 7. 第二段歌词出现直接演唱,结尾处有变化,进行单独练习 8. 树下两堆小朋友都希望月亮姐姐来到自己身边,看一看谁的歌声能吸引月亮姐姐的到来。进入卡农演唱(第一段齐唱,第二段卡农) 9. 卡农演唱如何结束?请同学自己给出方案,并且试唱每种方案,引导进入最佳和声效果的方案 10. 少数民族的大人孩子们在经过一天的学习劳动后会聚集在一起唱歌、跳舞、弹琴,那么我们给这首歌加一些变化(手铃在句尾添加和声声部 do—、sol—),把第一段的齐唱改变成合唱	1. 在教学中渗透通感教学的理念 2. 每一个教学步骤都给孩子自己发现和学习的空间 3. 坚持由感性到理性的教学原则 4. 合理扩充教材,有效丰满课堂内容
结束	完整呈现	1. 完整演唱歌曲(第一段合唱,第二段卡农) 2. 有很多音乐家用月亮这个题材写了大量的优秀音乐作品,在今后的音乐学习中我们还会欣赏到,这节音乐课就上到这,同学们再见!	

多声部案例五:

好月亮,你走得这样静悄悄

张家港市白鹿小学　钱亚萍

【**教学内容**】　苏少版　四年级下册　第六单元

【**教材分析**】

这是一首极为抒情、优美的奥地利民歌,歌词简洁、质朴,充满诗情画意,展示了一幅美丽的图画:一位充满母爱的妇女,俯视着在摇篮中的小宝宝,轻轻唱起了摇篮曲。歌曲为四四拍,四个乐句,整体结构较短,旋律以级进为主,节奏平稳而有规律。每一乐句都是弱起,其中第一、二、四乐句是完全重复,使歌曲前后呼应,自始至终处于安详柔美的意境合唱之中,编配的二声部合唱基本为平行三度进行,更使歌曲温馨而恬静。

【**教学目标**】

1. 学习用自然、柔美以及和谐的声音演唱二声部合唱歌曲,体会诗情画意的意境,展开丰富的想象,体验父母对孩子的爱。

2. 在玩球游戏、分角色演唱等音乐活动中体验和表现音乐;努力唱准并感受和谐的三度音程;自然地表现弱起;在师生合作、生生合作中感受合作带来的成功和喜悦。

3. 聆听其他关于月亮的音乐作品,感受音乐的魅力,体验人与自然的和谐。

【教学重点】 较好地体验歌曲创设的意境及所表达的情感。

【教学难点】 两声部合唱声音和谐。

【教学准备】 球、电钢琴、课件、音叉等。

【教学过程】

一、"快乐的球儿"——玩球游戏,练习发声及音程

1. 球儿滚起来

师:同学们好!上课之前,咱们先来玩个游戏吧。你瞧,老师带来了一个圆圆的球。

师:这个游戏呀名字叫"快乐传传传",把快乐和友谊传到四面八方。注意,传球的时候,要聆听音乐。老师先来传,接到球的同学像我一样传给小伙伴。请听音乐,仔细观察老师的动作哦!

师:球在地面上滚出了长长的线条。对,就跟我们唱歌时声音的线条一样,传向远方。

2. 球儿唱起来

(1) 长音:师用 LU 范唱长单音 sol、mi、do,学生跟着一起唱。

(2) 长、短音:线条呀有长有短,你听(举球,范唱第一行)跟我一起来唱。

指导:发声时想象嘴巴里面和腰里都像这个球一样,圆圆的、空空的,脸上要笑眯眯的。声音从头顶出来,再来一遍。

3. 球儿拍起来

师:球拍起来时能走出高高低低的路线,音也有高低变化,你瞧!(拍球,范唱第一行)那我们唱短音的时候,也唱出弹跳的感觉,行吗?我们用柯尔文手势一起来唱一唱。

4. 和声练一练

师:以某某同学为中线,请你们唱高声部,你们唱低声部,咱们来合作唱哦。请看谱,准备。高声部 m s m s | s —— 低声部 d m d m | m ——

[设计意图] 通过"玩球"游戏活动,创设学生所喜爱的轻松快乐的情境。在情境中进行发声练习、和声音程练习,为学习两声部合唱歌曲做好准备。

二、"可爱的月亮"——创设意境,学习相同乐句

1. 创设情境,导入主题

师:小伙伴们,看看这个圆圆的球像什么?那它到底是谁呢?咱们先来欣赏一组画面。你听到了什么?看到了什么?(夜空、星星)这是什么时候的场景?(夜晚)

这么美好的夜晚,还有谁偷偷躲起来了?(月亮)

2. 骨干音练习

师:月亮躲在了谁的后面?

师:月亮和云朵是好朋友,它们最喜欢一起唱起歌儿去旅行。请你唱月亮的歌,你们唱云朵的歌,咱们也来一次浪漫的旅行吧!

(1) 分声部。师:请看图谱。月亮们先来,注意,声音要像月亮一样圆圆的、空空的!

师:云朵们来唱,声音就像棉花一样软软的……l, t, d 要稳稳地托住,练习。

(2)合唱(第一遍)师：咱们一起走,请找准第一个音。

(3)分析三度音。师：请大家观察一下图谱上的第一个音,云朵和月亮的中间,隔了几个音呢? mi 是 sol 的下方三度音。这段旋律好多地方都用了三度音程,特别和谐,你们听……咱们再来一遍。

3. 加入经过音练习

(1)月亮

师：(拿球)这个月亮呀也忍不住要来唱一唱,请你听一听,她唱的和你们唱的一样吗? 请看好谱子,再听一遍。

师：这个月亮唱的,和你们刚才唱的,一样吗?(不一样)

师：那发生了什么变化?……

师：加了经过音,是不是更加有流动感,更好听了? 请高声部轻轻地试着唱一唱。

(2)云朵

师：月亮穿梭而行,云朵们也变得更加丰富而灵动了,请低声部在心里默唱一遍歌谱。请低声部来唱谱。

4. 合唱(2遍)

师：月亮在云朵中穿行,多么温馨和谐的画面呀,咱们试着合起来唱一唱!

有些同学找不到音,没关系,下面老师用音乐来带领你们,高声部耳朵追随伴奏音乐,低声部耳朵跟好老师的钢琴声。

5. 顽皮的月亮

师：刚才你们用连贯优美的歌声表现了夜晚的宁静。可有时月亮和云朵会特别调皮,他们开心地玩捉迷藏游戏,你觉得可以怎么唱?

像拍皮球一样唱。速度要变化吗? 情绪呢? 咱们来试试看吧。(钢琴)再来一遍。

[设计意图] 歌曲共有四个乐句,有三句是相同的。练习相同乐句,就能初步完成歌曲的四分之三的学习任务。通过月亮和云朵的形象比喻,帮助学生更好体验歌曲所表达的意境,形象地表现两声部合唱。并通过骨干音、加入经过音的循序渐进的学习过程,由浅入深地解决教学难点。

三、"月光下的歌"——学唱歌曲,表现美好意境

(一)欣赏歌曲

1. 一听范唱,感受歌曲意境

师：夜晚又恢复了宁静。在皎洁的月光下,妈妈看着摇篮里的小宝宝,轻轻唱起了摇篮曲,请你边听,边思考几个问题。

这是一首奥地利民歌,歌名叫《好月亮,你走得这样静悄悄》,是一首二声部合唱歌曲。

(1)师：你们觉得歌曲的速度是怎样的?(稍慢、安静的)

(2)问一个学生：你给歌曲的情绪选择了哪种颜色?(……)

(3)问一个学生：如果让你为歌曲的旋律线选择一条线条,你会选哪条?(……)

师：你们同意吗? 那咱们一起伸出右手,来画一画旋律线,用心感受音乐的起伏。

2. 复听范唱,找熟悉的旋律

师：有没有听到熟悉的旋律？那我们再来听一听,当你听到熟悉的旋律时,和老师一起画旋律线,好不好？熟悉的旋律出现了几次？（3次）第几乐句是不一样的？（第三乐句）

3. 欣赏片段：第三乐句

师：那咱们来感受一下第三乐句。

师：刚才老师画了一个什么？（爱心）

师：谁对谁的爱？（妈妈对宝宝的爱）

师：咱们一起来画一画,体会这份温馨的情感。

（二）有感情地朗读歌词

小宝宝在妈妈深情、柔和的歌声中,进入了甜甜的梦乡。多么温馨、宁静的画面呀！

师：下面咱们用柔和的声音,把歌词来读一读吧,读出安静和温馨。

（三）学唱歌曲

师：夜晚是那么安静温馨,圆圆的月亮在天空静悄悄地走着,就像歌曲的（高声部）,那低声部像什么？（月光下妈妈轻轻地唱着摇篮曲）一高一低,感觉多么温馨、美好呀。我们应该用怎样的声音来演唱？

还记得刚才我们玩"快乐传传传"的游戏吗？我们唱歌也要有传球的感觉。先轻轻地收,再带有力度地往前传递出去。咱们再来体验一下。（范唱 u）还要记得及时换气。

1. 复习相同乐句

同学们,这首歌曲有三个乐句是相同的,相同乐句我们刚才已经唱过了,咱们再来巩固一下吧！

（1）前奏的最后一个音落在 do 上,高声部找一找你们的第一个音。低声部一起来。

（2）咱们把这个乐句唱一唱,注意,开头要轻轻地进入,及时换气。

2. 练习第三乐句（难点）（注意点：唱歌的状态、音断气连）

下面,咱们来唱一唱第三乐句吧。请看谱。

月亮看着温馨的画面好感动啊！请高声部把美美的词填进去。

妈妈的眼里满满都是爱和呵护,请低声部来唱词。

咱们合起来啦！找一下第一个音。请低声部跟好老师的琴,高声部听好音乐。

怎样唱可以把妈妈对宝宝的爱推向高潮？你看到什么音乐记号可以帮助你吗？（渐强渐弱）咱们再来一遍。

3. 完整演唱

（1）请高声部完整连起来把谱子唱一下；

（2）请低声部把歌谱演唱一遍；

（3）请高声部用 u 来哼唱,低声部轻轻跟琴唱谱；

（4）请高声部美美地唱出歌词,低声部唱 u,稳稳地托住；

（5）皎洁的月光下,妈妈轻轻推起摇篮,唱起了摇篮曲,请低声部唱歌词；

（6）下面我们一起唱词来描绘夜晚安静、温馨的画面。请大家把声音集中到眉心,带着微笑轻柔地歌唱,两个声部实现声音和谐统一：

加尾声：小宝宝在妈妈温柔的歌声中,进入了甜甜的梦乡,u～～～一起来。

(7)圆圆月亮走得静悄悄(手势高声部起立),月光下,妈妈看着摇篮里的小宝宝,唱起深情的摇篮曲。让我们一起用饱含深情的、轻柔的歌声来描绘美好的夜晚吧!谁来扮演月亮?(学生中选一个)老师把这个月亮交给你,你可以随着歌声自由穿梭。我听说有位钢琴小能手,老师邀请你来弹奏低声部。

[设计意图] 本环节为本课时的重要内容。通过"找熟悉的旋律"等不同形式的听赏及有感情地朗读歌词等环节加深对歌曲的体验。之前的教学环节中已经学唱了相同乐句,所以本环节主要是学习第三乐句及完整的合唱练习,逐步解决二声部合唱歌曲教学的难点。

四、"美好的月亮"——拓展作品,了解月亮文化

师:同学们,你们的歌声真美,老师都陶醉了。刚才我们学习的这首二声部合唱歌曲是奥地利的民歌《好月亮,你走得这样静悄悄》,这是摇篮曲体裁的歌曲。美好的月亮是永恒的话题,古今中外许多艺术家都热衷于赞美她,不同体裁的作品带给我们不一样的感受,咱们来欣赏一首东北民歌《摇篮曲》的片段吧。

你能用一个词来形容作品带给你的感受吗?(梦幻的、遐想的、思念的……)

老师还带来了家乡小朋友唱的一首河阳山歌来送给大家,叫《亮亮高,板板桥》,亮亮高就是月亮的意思,让我们在美好的歌声中,结束今天的音乐课。

[设计意图] 带领学生欣赏关于月亮主题的民歌及本土山歌,进一步感受音乐的魅力,体验人与自然的和谐。

多声部案例六:

翅膀

南京市银城小学　沈润洁

【教学内容】 苏少版　四年级上册　第四单元

【教材分析】

《翅膀》是一首优美抒情的儿童歌曲,采用比喻的手法,多侧面地反映出少年儿童的精神风貌。全曲由两个乐段构成,第一乐段4个乐句为领唱或齐唱,第二乐段4个乐句为合唱,具有副歌的性质。歌曲旋律欢快活泼,衬词渲染了快乐的情绪,全曲洋溢着青春的热情。

【教学目标】

1. 在聆听、律动与演唱中,熟悉音乐旋律、感受作品欢快热烈的情绪。
2. 在优美抒情的歌声中,尝试有感情地歌唱并体验歌唱带来的愉悦与满足。
3. 在音高变化和飞翔动作中,学习二声部的演唱与表现,享受与同伴合作的乐趣,掌握八分休止符与十六分休止符以及延音线的时值。

【教学重难点】

1. 在骨干音学习的过程中,感受二声部的旋律表现以及与同伴合作的乐趣。
2. 在演唱的过程中,掌握八分休止符与十六分休止符以及延音线的时值。

【教学准备】钢琴、多媒体课件。

【教学过程】

一、起始：律动感受，铺垫二声部

1. 舒展翅膀，自由飞翔

师：今天的音乐课，老师带来了一双翅膀，生活中，小鸟有翅膀，雄鹰有翅膀，我们每位同学也有一双隐形的翅膀，那就是我们的双手。接下来，我想邀请你们一同在音乐中飞翔。

（出示翅膀图片，循环播放前四句伴奏音乐。）

第1遍：请学生自主设计翅膀飞翔的动作，跟随音乐展翅飞翔。

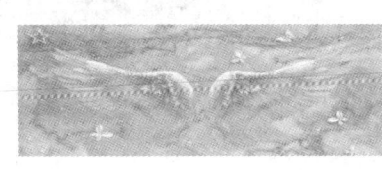

第2遍：请学生在音乐中寻找长音，听到长音时舒展双臂并定格飞翔姿态。

2. 学生合作，精彩展示

师：有的同学的飞翔姿态非常优美，如果我走到你的面前邀请你，请你起立展示一下，可以原地飞，也可以旋转飞。

第3遍：教师在音乐中邀请部分同学起立展示。

3. 统一要求，变换动作

（播放后四句伴奏音乐）

师：瞧，老师飞翔的动作要变化了，请和我一起飞。

(1) 老师带领学生一起做低、高交替的飞翔动作。

(2) 学生跟随后半段音乐自主练习低、高交替的飞翔动作，同时，老师加入范唱"飞吧"。

提出问题：

刚刚我们变化了怎样的动作飞翔？你听到了怎样的歌声？

飞翔的旋律重复了几次？

哪几次翅膀停在上方？哪一次翅膀停在下方？

引导发现：

(1) 后四句音乐中飞翔的翅膀低、高交替。

(2) 教师演唱歌词"飞吧"。

(3) "飞吧"的演唱重复了3句，第一、三句旋律停在上方，第二句旋律停在下方。

[设计意图] 引导学生在"翅膀飞翔"的音乐活动中，反复聆听音乐，熟悉前四句旋律；在新动作的变化中对比感受不同乐句的高低起伏。

二、展开：循环体验，练唱二声部

1. 练唱旋律，熟悉二声部

师：瞧，这就是三次"飞吧"的旋律，我们一起唱一唱吧！

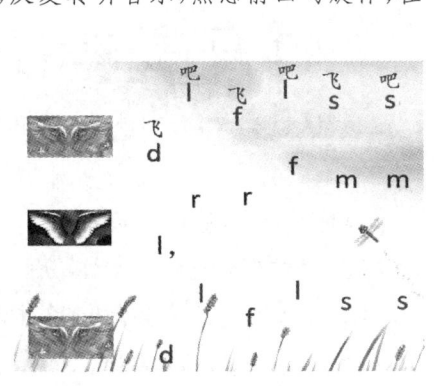

(1) 出示字母谱，跟钢琴伴奏唱准乐谱。

(2) 添加歌词，跟钢琴伴奏唱准3句"飞吧"歌词。

(3) 学唱第4句歌词"向着未来飞翔……"

出示歌词：

[设计意图] 引导学生在新的飞翔姿态中，学唱后四句内容，为二声部合唱学习进行有效铺垫。

2. 师生互动，合作二声部

(1) 播放第1段伴奏音乐，前四乐句学生自由飞翔，长音处舒展翅膀停下来，后四乐句加入"飞吧"演唱。

(2) 再次播放第1段伴奏音乐，重复(1)的活动，老师在后四句音乐中加入演唱"啦啦啦……"，与学生形成二声部歌唱合作。

(3) 听赏并发现从何处加入了新歌词？内容是什么？

(4) 请学生钢琴伴奏练习演唱二声部歌词。

(5) 对比演唱两个声部的旋律与歌词，并从中寻找规律与特点。

学生发现：两个声部的旋律很像，"飞吧……"的旋律音较少，"啦啦……"的旋律音更丰富。最后一句演唱相同的旋律与歌词。

教师总结："飞吧……"的旋律选自"啦啦……"骨干音。

常用的创编二声部旋律方法：提炼骨干音。

3. 练习指导，呈现二声部

(1) 将学生分成两个大组，分配演唱内容。

(2) 请学生跟随伴奏音乐，合作演唱二声部。

(3) 学生交换声部演唱。

(4) 教师指导。

① 演唱时两个声部的音量要如何分配？

建议：同学们演唱时要互相倾听，不同的声部之间保持音量平衡。

② "飞吧……"的乐句怎样唱会更好听？

建议：演唱时声音轻巧、有弹性，休止处要停顿相应的时值。

③ "啦啦……"演唱的时候有哪些点需要特别注意呢？

建议：演唱该句时整体保持优美连贯的旋律线条，十六分休止符处要停顿，长音处演唱的时值要饱满。

④ 建议每个声部加入动作辅助演唱。

(5) 学生加入动作再次跟伴奏音乐练习二声部演唱。

(6) 完整播放第1段伴奏音乐，重复(1)的活动，后半段分两大组进行二声部合唱。

[设计意图]引导学生在伴奏音乐中结合肢体动作与合唱的方式感受与表现音乐。

三、深入：全曲呈现，完整歌唱

1. 聆听范唱，记忆歌词

师：我们带着理想的翅膀向着未来飞翔，听一听，还有哪些事物也想插上翅膀，随乐飞翔。（播放第一段范唱，请学生仔细聆听。）

2. 复述歌词，教师范唱

师：谁来说一说，你都听到了哪些歌词？

（请学生回忆歌词，学生复述出一句歌词，教师出示一句歌词，并有感情地范唱。）

3. 学生练唱，教师指导

(1) 出示第一段完整歌词，教师中速弹奏钢琴伴奏，学生跟琴声练习唱词；

(2) 教师指导：3/8拍，八分休止符，十六分休止符，延音线处唱准确；

(3) 请学生跟伴奏音乐完整演唱第1段歌词；

(4) 出示第二段歌词，请学生跟随伴奏音乐完整练唱；

(5) 请学生注意第二段结尾旋律，向上飞翔；

(6) 教师讲解跳跃反复记号，请学生归纳全曲完整的演唱顺序；

(7) 学生跟随伴奏音乐，完整练习演唱两段歌词。

4. 分组合作，完整呈现

(1) 前半段4句歌词可以齐唱，也可以请同学领唱；

(2) 演唱前4句歌词时，身体可以跟随韵律自由晃动，也可以加入自由飞翔的动作；

(3) 演唱后4句时请同学加入低、高交替的动作配合二声部旋律演唱。

[设计意图]通过倾听、记忆、复述、示范的方式学习前4个乐句，将前后两个段落内容相结合，并融合双声部的歌唱内容和动作表演，完整呈现《翅膀》。

四、结束：课堂小结，情感升华

1. 拓展欣赏：(1)合唱表演《乘着歌声的翅膀》；(2)《自由飞翔》。

师：今天我们共同学习了歌曲《翅膀》，用自己的方式为歌曲编创二声部，挑战了双声部合作，感受了合唱的魅力。音乐世界里还有很多以"翅膀""飞翔"为主题的经典作品，接下来请大家一同欣赏合唱表演《乘着歌声的翅膀》与《自由飞翔》。

2. 总结提升。师：同学们，我们每个人都有一双隐形的翅膀，这双翅膀时而是我们的双手，能为他人带来快乐；时而是我们的心灵，不断引领着我们的成长。希望大家在今后的学习生活中不断乘着歌声的翅膀，在知识的天空里自由飞翔。

欣赏课案例一：

春节序曲

南京市第十四中学　张雪琪

【教学内容】　苏少版　五年级上册　第八单元

【教材分析】

《春节序曲》是李焕之先生创作的《春节组曲》中的第一乐章，作者以中国人民的传统节日"春节"为题，满怀激情地反映当年在延安过春节的深切感受，展现了一幅革命根据地人民在春节时敲锣打鼓、载歌载舞的热烈欢腾的场面。

乐曲为复三段式结构。从一个引子开始，以两个具有对比性质的音乐主题组成了序曲的引子，其强烈的节奏、力度的对比、旋律的起伏，提示了洋溢于全曲的欢快情绪。

第一部分的第一主题明快粗犷，节奏不断紧缩（C大调），表现了秧歌群舞的生动场面和热烈气氛；第二主题活泼流畅，由长笛吹奏主旋律，双簧管吹奏对位声部给予衬托，表现了人们难以抑制的喜悦和激动心情。

中部旋律十分抒情优美，节奏舒展，速度徐缓（F大调），与第一部分形成鲜明对比，表现了人们在节日中相互亲切地祝福和问候，也抒发了人们对幸福生活的赞美和对更美好明天的憧憬。在小号变奏这个抒情主题后，将音乐引入了再现部。

重复部分火热的旋律，跳荡的节奏音型，表明更热烈的群舞又开始了。引子和第一部分的主题音调在这里做部分重复和变化重复，并加入了民族打击乐器，将音乐逐步推向高潮，节日的欢腾景象和人们的喜庆心情被表现得淋漓尽致。

由于作品充满了浓郁的过年气氛，使其成为我国人民在春节联欢晚会上常奏不衰的开场音乐。

【教学目标】

1. 情感目标：通过听赏，感受作品热烈欢腾的节日气氛，以及新春时节的民俗风情。

2. 过程目标：通过参与、体验听、唱、奏、动等不同的表现形式，加深对作品内涵的理解与把握。

3. 知识目标：通过对比，了解陕北秧歌的地域风格，掌握作品的速度、力度与结构特征。

【教学重难点】

在听、唱、动、奏以及模仿互动和对联游戏等教学活动中，了解作品的地域风格与结构特征。

【教学用具】　春联、卡纸、扎红绳的鼓槌。

【教学过程】

教学环节	教学内容	师生活动	设计意图
起始	走进新春	一、导入欣赏 师：今天，我给大家带来了一首具有浓郁中国特色的音乐作品，它不仅被国内的人们所熟知，更为中外音乐家、音乐团体以及生活在世界各地的华人朋友所广泛传播与演奏。那么，它是什么作品呢？让我们一起聆听。 学生聆听并回忆。 二、师生交流 人们通常会在何时、何地或何种场合听到或演奏这一作品？（春节） 三、传递信息 师出示图片，介绍"春节"相关的风土人情； 师：南方人喜欢吃汤圆、年糕，这意味着团团圆圆，年年高升的意思，他们还喜欢看舞龙舞狮；北方人喜欢吃饺子、跳秧歌、踩高跷；不管哪里的人都要放鞭炮、贴窗花。 四、对联游戏 1. 游戏规则：师出上联，生对下联，并逐渐递减对联字数。 一帆风顺步步高　　万事如意年年好 一帆风顺步步高　　万事如意年年好 　　　步步高　　　　年年好 　　　步步高　　　　年年好 　　　　高　　　　　　好 　　　　高　　　　　　好 2. 师生交流：对联中字是越来越多还是越来越少？对对联时情绪是怎样的？（字越来越少、情绪越来越高） 3. 声势对联（方法：上联拍腿，下联拍手） 师生声势互答。 4. 音乐知识：螺蛳结顶 1）激趣：这样对对联的方式是否有趣？ 2）介绍"螺蛳结顶"并在对联的基础上划出图形，然后出示图片	1. 通过听赏、交流与对对联，感受作品热烈欢腾的节日气氛，以及新春时节的民俗风情 2. 通过不同的形式，了解螺丝结顶的结构特征
展开	舞动新春	一、欣赏引子部分 1. 激趣启发：学生自主寻找音乐中的对联 2. 师生互动：在音乐中，师生用声势配合 3. 生生互动：A组上联，B组下联 4. 高潮处理：尾句师生一起拍手（ti ti ta的节奏） 二、主题赏析 1. 全体坐下取出教具（扎着红绳的小鼓槌） 2. 请大家一起探索并发现教具的几种使用方法（如抖、挥、敲） 3. 师生合作 师舞动红绸 生敲击鼓槌呼应（节奏 ti ti ta） 4. 在主题音乐中配合 5. 交流：音乐中除了这两种动作以外还停顿了几次？	通过师生互动和生生互动等游戏形式，调动学生的学习兴趣，促进学生自觉了解学习的内容，以及对春节习俗等的深入探究

(续表)

教学环节	教学内容	师生活动	设计意图
展开	歌唱新春	6. 再复听 师启发：动作停顿时的音乐在音高和力度上有什么特点？ 7. 交流并板书 音高、力度↑ （乐谱：mf ... f ...） 8. 启发引导 用动作表达对音乐的感受和理解，再聆听 9. 师生合作完整表现主题 三、学唱歌曲 1. 欣赏B段 1) 欣赏B段 师：春节除了带给人们热闹、喜庆的感觉，还会带给你怎样的感受呢？ 2) 揭示曲名 师：刚刚大家听到的这段旋律是一首陕北民歌《新春秧歌闹起来》 **新春秧歌闹起来** 李焕之 曲 苏音 填词 抒情、优美地 （乐谱） 瑞雪 飘飘 灯结 彩，鞭炮 好像 红梅 开， 欢呼胜利 丰收 年，新春 秧歌 闹起 来。 2. 节奏特点 找出切分节奏 师：请大家听老师弹旋律，找找哪种节奏出现得最多？（学生找出后变换颜色） 师设问：你们觉得切分节奏有什么特点？ 师总结：春节不只是热闹的，也是温馨的、其乐融融的 3. 接龙演唱（出示课件） 学生唱红色部分，老师唱剩下的；然后交换 4. 完整演唱（加歌词）	
深入	体验新春	一、段落介绍 1. 完整欣赏，找出B段 1) 欣赏 师：我国著名作曲家李焕之先生，借用了这首陕北民歌的元素和北方秧歌的曲调，创作了一首《春节序曲》，让我们大家一起来欣赏欣赏 2) 提出问题 师：仔细听一听，刚刚我们唱的那段《新春秧歌闹起来》的旋律出现在乐曲的什么位置？	通过歌唱、欣赏和分析，引导学生了解作品的段落、结构，以及双簧管、大提琴和小提琴等乐器的演奏形式和音色，从而加深对作品的理解

(续表)

教学环节	教学内容	师生活动	设计意图
深入	体验新春	2. 分段介绍 　师：请看，中间这段旋律我们用黄色来表示，那么，前面第一段的旋律大家会用什么颜色表示呢(红色)？最后面呢，同样也是很热闹，但和开头略有不同，所以我们就用粉红色表示吧。一目了然，乐曲可以分成几个部分？(三个部分) 　师总结：如果我们用曲式分析的方式来表示就是A　B　A'。我们前面"螺蛳结顶"部分的那段旋律就称为乐曲的引子 二、欣赏B段 1. 乐曲听赏 　1) 第一遍 　师：刚刚大家得非常好，《新春秧歌闹起来》的旋律出现在了乐曲的中间，那你们听出旋律一共重复了几遍吗？(三遍) 　2) 第二遍 　师：非常好，重复了三遍，在乐曲中每一遍都由一种乐器担当了主角，你们认识这三种乐器吗？请大家给它们排排出场顺序，谁是第一个出场的……(放音乐) 2. 音色听辨：三种乐器的音色 　双簧管：柔和、甜美，善于演奏徐缓如歌的曲调，被誉为"抒情女高音" 　大提琴：浑厚、低沉，富有磁性 　小提琴：明亮、圆润 3. 演唱知识：介绍演唱形式并演唱 　师：虽然我们不能现场演奏这些乐器，可是我们每个人都有最天然的乐器，就是我们的嗓音。请大家开动脑筋想一想，我们能不能用不同的演唱形式来表现这三种乐器呢？(独唱、男生齐唱、女生齐唱) 4. 加入音乐唱一遍 三、动一动(A段再现部分) 　师：过年真的是非常喜庆和热闹！刚刚第一段还没能尽兴，现在让我们的身体随着音乐的起伏再次动起来吧	
结束	感悟新春	一、完整欣赏 完整表演 　师：同学们，春节是喜庆的、热闹的，又是那么温馨、祥和，我们不仅期盼着春节的到来，更愿意在这熟悉的《春节序曲》中开始观看春晚带给我们的特殊盛宴。让我们在《春节序曲》的旋律中敲起来、舞起来、唱起来吧 二、教学小结 　师：我们欣赏了李焕之的作品《春节序曲》，学习了螺蛳结顶的创作手法，还学唱了《新春秧歌闹起来》，这喜庆热闹的音乐带来了春节的气氛，让我们共同去体验、去感受，继承和发扬优秀的民族文化，让音乐之花越开越艳！	通过不同的形式参与，促进学生对节日文化的体验，使音乐作品在欢快、热烈的课堂气氛中融入学生的心中

欣赏课案例二：

瑶族舞曲

南京市科睿小学　刘尧伟

南京市凤游寺小学　孙妍

【教学内容】 苏少版　五年级上册　第三单元/人教版　五年级下册　第二单元

【教材分析】

《瑶族舞曲》先由刘铁山有感于粤北瑶族同胞载歌载舞欢庆节日的场面，以当地传统歌舞鼓乐为素材创作了《瑶族长鼓舞歌》，后由茅沅将该曲的部分主题改编为管弦乐，最终完成了这首中国管弦乐作品中的经典——《瑶族舞曲》。我们欣赏的这首民族管弦乐作品是由彭修文根据刘铁山和茅沅创作的同名管弦乐作品改编而成。作者充分发挥了民族管弦乐队特有的艺术魅力，生动地描绘了瑶族人民欢庆节日时的歌舞场面，表现了瑶族人民对幸福生活的热爱和对美好未来的憧憬。

民族管弦乐《瑶族舞曲》为单乐章复三段体结构（A→B→A）。从一个引子（行板、d 小调、2/4 拍）开始，以低音乐器（中阮、大阮、大胡、低胡）拨奏出舞蹈性节奏，犹如姑娘们敲起了心爱的长鼓，歌舞即将开始。乐曲模仿优雅的长鼓节奏轻轻奏响，描绘月光下瑶寨的男女老少从各自家中纷纷进入寨中的旷地的情景，逐渐带起第一部分。

第一部分（A 段、行板）由高胡奏出幽静委婉的主题，犹如一位窈窕少女翩翩起舞，然后用竹笛、笙和低音喉管吹奏主旋律，像姑娘们纷纷加入舞蹈的行列，情绪逐渐高涨。此处描写美丽的瑶族姑娘婀娜多姿的舞步。音乐非常柔美轻缓，人们仿佛看到节日之夜长鼓奏响和歌声轻起时，身着盛装的瑶家儿女聚集在银色的月光之下。乐队的弦乐器奏出幽静委婉的主题，宛如窈窕少女翩翩起舞，婀娜多姿，美轮美奂。随着主题的发展，越来越多的姑娘纷纷加入舞蹈行列。气氛逐渐热烈，管乐奏出活泼欢快的主题，恰似一群小伙子情不自禁地闯入姑娘们的行列，欢腾舞跃起来，尽情抒发了兴奋的心情。

第二部分（B 段、中板、转为 D 大调、3/4 拍）由笛子和笙奏出悠扬的旋律，恰似一对恋人正在边歌边舞，相互表达爱慕之情，共同品味着爱情的甜蜜，憧憬着美好的未来。旋律在安宁富有歌唱性中发展，时而又出现跳跃的节奏型。此处的深情委婉与瑶族特有的柔美舞姿结合起来，独具韵味。

第三部分（A 段再现、行板-热烈的快板）为再现部，浓缩第一段的内容，再现了第一段的主题，人们纷纷加入舞蹈的队伍中，欢快地跳跃着，旋转着，并为之舞之，蹈之，气氛热烈，感情奔放。乐曲酣畅地展示了瑶族男女热情奔放的精神面貌。随后，乐曲在强烈的节奏中推向高潮，在快速欢畅的情绪中结束。

【教学目标】

1. 情感目标：通过听赏，感受瑶族音乐的风土人情，体验不同音乐形象带来的欢乐气氛。

2. 过程目标：通过听、动、唱、奏等形式，熟悉作品的四个主题，听辨主要演奏乐器的不同音色。

3. 知识目标：通过对比、感受与发现，掌握乐曲的力度层次和结构特征（A—B—A）。

【教学重难点】

在听、动、唱、奏的过程中,感受瑶族音乐的风土人情与欢乐气氛,了解《瑶族舞曲》的主题旋律及结构特征。

【教学用具】 课件、音响片段、钢琴、低音木琴、长鼓、鼓槌、贴纸、信封等。

【教学过程】

教学环节	教学内容	师生活动	设计意图
起始	一、情景导入——了解长鼓与瑶族民族的相关背景与人文知识	1. 初识长鼓 1)师:今天,我给大家带来了一个神秘的小伙伴,你们看(出示长鼓) 2)师:这个鼓和大家平时见过的鼓有什么不一样的地方?(细、长) 3)师生交流与讨论…… 活动方案:全体围成圆形席地而坐 2. 介绍长鼓 你们看这个鼓,它的腰像人的腰一样细细的,所以我们可以叫它细腰鼓。它的造型又特别得长,所以我们也可以叫它长鼓 3. 交流信息 在图文介绍与教师讲解的过程中,介绍长鼓、瑶族、瑶寨,以及瑶族的服饰、舞蹈、鼓点的特征与打法等 1)图文如下: …… 2)人文介绍,依次为: ▲长鼓 ▲瑶族 ▲瑶寨 　　　　　　　　　　　▲服饰 ▲舞蹈 ▲鼓点 师:瑶族是我国最古老的民族之一。瑶族人民生活在我国的西南地区,瑶寨被风景秀丽的大山所包围。你们看,瑶族人民能歌善舞,每逢节日大家就齐聚一堂载歌载舞,这时,长鼓扮演着重要的角色,它不仅是伴奏乐器,也是舞蹈道具,更是瑶族的标志和象征。据说长鼓有36套打法,今天我就来给大家演示其中最简单的一套	在原方案基础上,以实物为导入,建立直观体验,以激发学生对本课教学内容的学习兴趣,为后续的课堂教学奠定相关的人文基础 通过打鼓的声势加入音乐的欣赏,打通了学生动觉与听觉的通道,更好地体验音乐的风格
展开	二、情景模拟——学习第一主题	1. 节奏模拟:长鼓演奏与身体乐器的模拟运用 1)师敲鼓,问大家:同学们,我敲了长鼓的哪几个部位? (生答:中、下、上……) 2)师:请同学们把自己的身体当成长鼓来拍一拍,试一试 　　　2/4　♩ ♫ ♫ ♩ ♫ 　　　　　腰 腿 腿 腰 肩 肩	通过观察与发现、声势与模仿,以及固定音型的演唱与合作,引导学生步步深入,打通多感官通道,从而调动学生参与学习的兴趣,实现师生间的二声部合作

265

(续表)

教学环节	教学内容	师生活动	设计意图
展开		3）大家一起随音乐律动…… 4）师：现在，我想请一位同学带领大家一起来敲击节奏…… 5）大家一起跟随学生演奏身体乐器，不间断…… 2. 音型模拟：在全体演奏身体乐器的同时，教师加入用木琴演奏固定低音并引出第一主题： 1）加入主题一：在学生加入演奏的过程中，教师用钢琴弹奏《瑶族舞曲》A段第一主题片段，并和学生一起演唱固定音型，全体同学随身体乐器的动作，边唱边动 2）揭示曲名：完整聆听主题一，并加入声势 板书： 《瑶族舞曲》 主题一 主题一　徐缓的行板　抒情地 律动方案： 高胡领奏：教师示范声势 弦乐：学生集体模仿声势 弦乐+竹笛：学生唱固定音型并围着圆圈边走边击鼓 3. 鼓乐模拟：欣赏第二主题，用鼓棒模拟鼓乐的演奏 1）鼓棒游戏： 师：月光下，长鼓被敲响，人们情不自禁地聚到了一起，看，篝火已经燃起了！在跳舞之前，请拿出你们身后的小鼓槌，我们用它做个小游戏来热身 请大家聆听音乐，音乐的速度、力度、情绪有什么变化？并观察，小鼓槌的动作和音乐有什么联系？（播放主题二） 主题二　不太快的快板　活泼地 主题二 活跃地 律动方案：教师用鼓棒示范 固定音型　2/4 （注：♩表示按四分音符对击鼓棒；♫表示按节奏用鼓棒敲击地板） 2）交流感受： 生：音乐越来越强，速度越来越快，气氛越来越热烈，鼓槌动作越来越大	采用情景教学模式，引导学生在篝火晚会的情境中身临其境地学习。首先是完整参与律动，帮助学生获得整体体验，找到音乐的乐感和律动性。接下来遵循了奥尔夫"种子精神"，把音乐节奏作为切入点，在多种互动式游戏中逐渐熟悉音乐的结构，获得情感的升华 在主题一的欣赏中，根据音乐的配器进行律动，在音响与身体之间，建立了同形同构的关系，使音响的层次视觉化，达到通感境界

(续表)

教学环节	教学内容	师生活动	设计意图
展开	三、情景转换——学习第二主题	师：小鼓槌又是如何表现这种变化的？ 生：小鼓槌敲击时用了三种不同的位置与力度，分别表现"p""mp""f" 师：除了敲打鼓槌以外，老师还做了什么动作？ 生：模仿火焰燃烧的动作 3) 模唱旋律： 师：火焰燃起的时候，是有旋律的，你们听 （乐谱：啰嘞 啰嘞 啰嘞 啰嘞） 4) 参与体验：复听主题二，加入鼓棒声势与歌唱 4. 篝火模拟：情景转入篝火晚会，在律动中感受并学习第二主题 1) 教师示范，学生用鼓棒律动伴奏 女生舞动，男生用鼓棒伴奏 律动方案： 1～8小节：面向圆心 （节奏：右左 右左右） 9～16小节：垫踏步前进、后退（缩圆阔圆） 2) 狂欢之夜：大家在音乐和舞步的加入中尽情狂欢…… 第一遍音乐：教师领奏 第二遍音乐：集体加入（舞蹈+鼓棒） 第三遍音乐：舞步变化（围圈跑动，推向高潮） 3) 揭示主题二： 师：同学们，刚才这段旋律相对于主题一，通过速度和力度的变化，将篝火晚会的气氛带入了高潮，这就是主题二 《瑶族舞曲》 主题二 5. 综合模拟：两种形式与两个主题的参与和欣赏 1) 回顾梳理： 师：我们用了两种方式体验了音乐，第一种是围着篝火跳舞，第二种是用小鼓槌为歌舞伴奏 2) 歌舞体验： 师：接下来用两种方式同时体验。请同学们围成两个圈，男生为一组，女生为一组，请女同学在内圈跳舞，男同学在外圈为女同学打鼓伴奏，歌唱时所有人一起唱。 方案：女生在内圈，载歌载舞； 　　　男生在外圈，声势参与	在感性的参与活动之后进行理性的回归、整理，获得音乐的审美体验 在第一部分（A）部分的教学小结中顺势导入第二部分（B）的第三主题

267

(续表)

教学环节	教学内容	师生活动	设计意图
展开	四、情景表演——完整表演第二主题	6. 完整体验： 师：同学们，刚才听的主题一和主题二都来自瑶族舞曲的A部分，下面让我们大家完整地聆听A部分，在听赏的过程中，请大家将刚才的所学运用到音乐中来（师生完整听赏A段并在听赏中完成综合模拟） 板书呈现： 《瑶族舞曲》 主题一 A 主题二 7. 回归整理：安静聆听A段，启发学生感受两个主题的情绪变化 8. 总结提炼： 师：大家共同学习了瑶族舞曲的A部分，熟悉了主题一，也掌握了主题二，同时，我们还认识了可爱的小伙伴——长鼓，更和一群活泼的小鼓槌们度过了一段热烈而欢快的美好时光	
深入	五、情景再现——第三主题聆听、完整欣赏作品以及结构认知	1. 乐器听辨： 激趣导入：接下来，让我们继续学习瑶族舞曲的第二部分，也就是B部分。首先，请大家共同聆听由笛子和笙奏出的优雅婉转的第三主题 在情景再现和第三主题的听赏中，认识笛、笙、二胡与琵琶等乐器 1）主题三与相关乐器： 师：同学们仔细听听音乐里还有哪些乐器？（播放第三主题，同时展示笛子和笙图片。） 主题三　中速　优美地 师：除了笛子和笙，你们还听出了什么乐器？（展示二胡和琵琶图片） 2）主题四与相关乐器： 师：刚才我们听了主题三，现在我们再来听听主题四。大家仔细听，看看还有没有别的乐器（播放第四主题，展示鼓和唢呐图片）	在情境中继续聆听音乐，情景的延续帮助学生获得体验的加深。乐器的出示不仅让学生对于作品的演奏形式有所了解，更能够生动地表现音乐中"姑娘"和"小伙"的对话，丰富学生的体验

(续表)

教学环节	教学内容	师生活动	设计意图
深入	五、情景再现——第三主题聆听、完整欣赏作品以及结构认知	主题四　中速　轻柔地  3）B部分与乐器梳理： 师：大部分的乐器同学们都听出来了，但这个曲子不止这么多乐器哦！让我们完整地听一遍B部分，看看谁还能听出不同的乐器。同时，我想请同学说一说主题三和主题四风格上有什么不同？（播放B部分。依次展示扬琴、中胡、云锣、柳琴和木鱼的图片并做简单的介绍）（主题三优美抒情，主题四活泼跳跃） 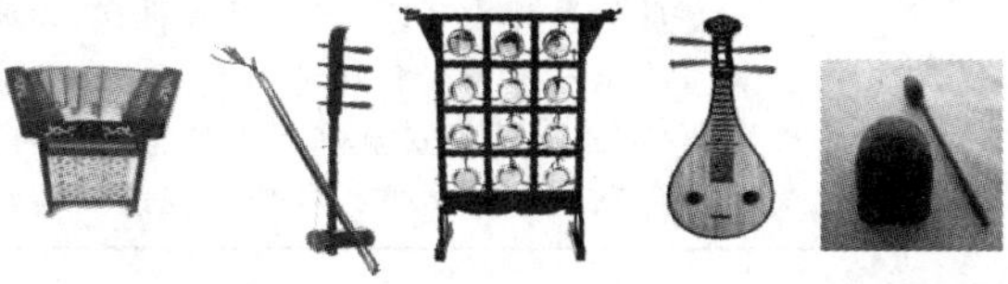 4）B部分小结： 刚才同学们总结得非常好，主题三就像在形容瑶族姑娘的婀娜多姿、优雅美丽。而主题四就像在描绘瑶族小伙子的热情欢乐、活泼开朗。下面我们将集体做一个邮件交换的游戏 2.曲式梳理：采用信封贴画的形式加深对曲式结构的认识 1）信封游戏： 师：我们已经听完《瑶族舞曲》的四个主题了。音乐到这里就结束了吗？让我们带着这个问题，完整地聆听这首乐曲。 在听音乐之前，为每人准备了一个信封，信封里有一些音乐场景。请大家根据音乐在信封上贴上相应的贴画，然后，把它交给你同桌的同学。（发信封） 听音乐，完成贴图，学生交换。如下图：  2）曲式小结： 师：同学们看信封上，长鼓和篝火是不是出现了二次？而且出现的顺序也是一样的？由此可见，第一段和第三段是重复的音乐，而第二段是变化和发展的，它旋律的进行与A的风格与特点形成了一个鲜明的对比。我们音乐上把这种写作方式即结构形态称作A—B—A的曲式结构	以一封信作为音乐完整聆听的辅助，不仅帮助学生回忆了音乐的各个场景，更清晰地展示了音乐的结构

教学环节	教学内容	师生活动	设计意图
结束	六、情景回顾	课堂结语： 1. 教学小结 　　今天我们听赏并学习了民族器乐曲《瑶族舞曲》。在学习的过程中，我们认识了瑶族最具特色的长鼓，尝试了长鼓演奏的基本节奏，感受了身体乐器和鼓槌进行伴奏的乐曲演奏；模拟了瑶族的"狂欢之夜"和"篝火晚会"，我们一起载歌载舞，参与并体验了瑶族人民的节日情景与音乐特色。我们还在信封贴画的场景中共同梳理了A-B-A曲式的结构特征及其呈现顺序。 2. 情感升华 　　实际上，人生就像我们所认识的曲式结构一样，是在变化与发展的过程中不断循环、反复再现，才使人们的生活充满了欢乐与情趣。但无论如何变化与发展，大家都要努力研修，保持我们民族文化的风格与特色，并将我们的民族特色在不断学习的过程中得以发扬与传承！	

欣赏课案例三：

新疆的春天
南京市科睿小学　刘尧伟

【**教学内容**】　花城版　五年级上册　第8课

【**教材分析**】

　　《青春舞曲》是一首新疆维吾尔族的民歌，由王洛宾改编，4/4拍，共五个乐句，歌曲通过明快的节奏以及轻快灵动的旋律表现了新疆音乐的热烈与欢快，更表现了新疆人民乐观积极的生活态度。《新疆之春》是一首小提琴独奏曲，全曲为A—B—A'的单乐章三段体曲式，乐曲奔放流畅，具有鲜明的维吾尔族音乐风格。第一主题运用了强劲有力的新疆风格旋律，结合了连续不断的保持音；第二主题引入切分节奏，运用拨弦、双音等技巧演奏出了舞蹈性节奏的旋律，表现了人们跳起欢乐的手鼓舞的情景。

【**教学目标**】

　　1. 通过对《青春舞曲》《新疆之春》的欣赏感受新疆的民族风情，体验新疆音乐的节奏和律动，调动学生想象力，提高学生的审美能力和综合修养。

　　2. 通过律动及声势动作帮助学生熟悉音乐的节奏与旋律，区分乐句及乐段，调动学生的积极性，从而使其能够更投入地参与到音乐活动之中。

　　3. 能够听辨并区分音乐的变化，正确掌握音乐中出现的节奏型。

【**教学重难点**】

　　1. 教学重点：通过歌唱与欣赏参与感受新疆音乐风格。

　　2. 教学难点：音乐旋律中变化的力度与速度，长音的听辨及切分音型的掌握。

【**教学准备**】　手鼓、磁贴（字母谱、节奏谱、段落等）、纸盒皮筋、钢琴。

【教学过程】

一、起始：声势导入，模仿与接龙感受节奏

1. "回声"游戏。

师拍节奏，生模仿节奏。

提出要求：先观察再模仿，注意老师示范的节奏及方向。

2. 师生接龙，完整声势节奏。

左右：a 请学生完成，b 由老师接 a-b-a

3. 生加上脚步完整地拍节奏，师钢琴伴奏，后加速。

师：同学们手上的节奏拍得如此热烈，我们的脚也闲不住啦，请同学们轻轻地起立，跟着节拍脚尖踮地。

4. 动作变化，完整律动。

师：注意老师的动作有什么变化？

(师在第三乐句处增加原地旋转的动作，把律动完整地交给学生，师伴奏)

[设计理念] 以"回声"游戏导入，在互动教学中帮助学生掌握歌曲节奏，为后面的歌唱教学做了铺垫。通过"小鸟"的意象引出歌曲后半段的内容，通过教唱教学训练学生的听觉与音准。

二、展开：完整欣赏，加入身体参与的艺术表现和人文介绍，情景转换

1. 问音乐情绪，引出课题。

热烈的、欢快的、活泼的……

《青春舞曲》新疆维吾尔族民歌

2. 完整聆听，师范唱，引出"小鸟"。

3. 介绍"别得那呦呦"含义，生跟唱。

4. 引导学生参与到音乐中去，结尾部分加入"别得那呦呦"一段唱。

5. 加入歌声的完整表演。

师：青春多么热烈奔放呀，就像新疆人的性格一样，就让我们一起在这青春的音乐中载歌载舞，一起感受新疆音乐的魅力吧！

6. 人文视频欣赏。

师：有道是"一方水土养一方人"，就让我们随着镜头一起去美丽的新疆看看吧！

介绍新疆人文。

师：新疆位于我国的西北地区，那里土地非常宽广，造就了各种壮丽的景色。那里不仅有着丰富的物产还有着多彩的少数民族。新疆被称为"民族大熔炉"还有"歌舞之乡"，因为那里的人们都热爱歌唱和舞蹈。大家经常聚在一起，打起手鼓，唱起歌，跳着舞，他们的音乐和舞蹈跟他们的性格一样，热情、热烈又奔放。

7. 聆听《新疆之春》A 段，提问：

① 表现了什么季节？（春天） ② 是什么乐器演奏的？（小提琴）

8. 出课题——《新疆之春》小提琴独奏。

师：作品里有很多长音（保持音），通过律动动作找出它们。

再聆听，加动作。（拍腿，长音处伸手向上）

9. 问长音的长短是否一样。

10. 引导学生通过动作自主聆听表现长音。

[设计理念] 人文欣赏起到了承上启下的过渡作用，为后半段的《新疆之春》欣赏教学作了人文内容的铺垫。在歌唱学唱的过程中关注歌曲中的内容，通过引导式的教学让学生能够加入艺术处理演唱歌曲。听辨长音，运用动作来体验和感受长音的延展性，在这里做到了听觉、动觉与视觉的"通感体验"，让孩子们在音乐活动中熟悉音乐，自主聆听并掌握音乐的特性。

三、深入：深入欣赏——手鼓、小提琴与节奏的对话

1. 拿出手鼓并介绍，和学生对话。

切分节奏，介绍新疆音型。

（1）师：这件乐器因为是拿在手里演奏的，所以叫"手鼓"，它被称为新疆音乐的"灵魂"。因为听到它的声音，人们会不由自主地用动作来回应它，和它对话。

（2）师：刚才手鼓和你们拍手的节奏"对话"了几次？（3次）

每次的节奏型都一样吗？（一样）

出示切分节奏，介绍"新疆音型"。

2. 在音乐中对话，提示学生关注师拍的动作。

用动作提示学生注意音乐强弱的变化。

3. 欣赏B段演奏视频，介绍拨弦。

师：在这段音乐中采用了一种特别的小提琴演奏技巧，请仔细观察并模仿演奏的动作！（引导学生发现拨弦）

4. 男生用拍手和鼓对话，女生拿纸盒皮筋和鼓对话。

完整体验B段。

[设计理念] "对话"式的互动教学不仅让孩子们在互动中掌握了节奏，更通过同样的方式掌握了音乐旋律强弱特点。利用自制乐器，一方面帮助学生感受到了乐器演奏的形态；另一方面更加贴近音乐中"拨弦"乐段的律动，多方位体验音乐带来的乐趣。

四、结束：完整欣赏作品，明晰音乐结构，总结课堂

1. 完整欣赏《新疆之春》，贴上第三段的A'。

师：音乐的最后，回到了第一段的欢快活泼，结尾处又加了一些尾声的处理，所以整首作品是：A-B-A'。

2. 小结，结束课堂。

师:今天我们一起去到了美丽的新疆,欣赏了《青春舞曲》《新疆之春》两首新疆风格浓郁的音乐作品,感受到了新疆音乐的热情、热烈与奔放。希望大家能够喜欢并热爱民族音乐文化,在春暖花开的日子到美丽的新疆去看一看!

[设计理念] 完整聆听音乐作品,完善对于音乐的感受与体验,总结整节课的同时点题,在新疆风味浓郁的音乐中收尾,为整节课画上圆满的句号。

欣赏课案例四:

京调

南京市科睿小学 刘尧伟

【教学内容】 苏少版 五年级下册 第三单元/人教版 四年级下册 第三单元

【教材分析】

《京调》是由顾冠仁先生根据京剧曲调中的西皮原版和西皮流水音调改编而成的民族管弦乐乐曲。这是一首由竹笛领奏,乐队伴奏的作品,曲调欢快喜悦,生动活泼。全曲结构为带再现的三部曲式(A—B—A—B—A)。第一段用竹笛的声音模拟人们耳熟能详的京剧唱段曲调,采用了《苏三起解》的旋律作为此段的主题,曲调轻快跳跃,灵动神气。第二段通过活泼的快板作为"过门"(间奏),然后继续由竹笛吹奏出一段新的主题,这段音乐曲调舒展,飘逸悠远。后面的旋律是前面两段的再现。每段之间都由锣鼓及管弦乐队演奏的过门连接在一起。全曲紧凑、轻快,情绪热烈。

【教学目标】

1. 通过笛子与乐队作品《京调》的聆听欣赏帮助学生走近民族吹管乐器竹笛,同时进一步感受京剧风格的音乐,传递出国粹京剧的韵味及魅力,从而建立起对于民族文化的热爱。

2. 通过模仿与声势动作结合的方式帮助学生感受音乐的节拍韵律,运用律动的方式帮助学生区分不同乐段带来的音乐感知,划分音乐结构,听辨乐段的组合及连接方式。

3. 能够尝试运用声音来模拟《京调》中的主题旋律,并正确把握乐曲中的装饰音韵味。

【教学重难点】

1. 教学重点:感受《京调》中京剧曲调的韵味,体验两个不同乐段的情绪,准确区分两个段落的交替结构。

2. 教学难点:通过声势、律动等参与欣赏,掌握旋律主题并能够正确哼唱。

【教学准备】 板鼓(也可用普通堂鼓代替)、响板、磁贴(字母谱、节奏谱、段落等)。

【教学过程】

一、起始:听辨竹笛,走近竹笛,引出课题

1. 听辨音乐,引出竹笛。

聆听教师竹笛吹奏示范,听辨乐器音色并引出"笛子"。

师:同学们,这节课的一开始,请大家听我演奏一段音乐,请大家猜猜这是什么乐器演奏的?

2. 走近竹笛,人文介绍。

师:没错,这件乐器就是我国民族吹管乐器的代表——笛子,你们认识笛子吗,了解笛子吗?接下来通过我简单地介绍,让我们一起走近笛子。(伴着竹笛音乐)

师:笛子是我国民族乐器中的经典、传统的吹管乐器,因为大多是竹子做的,所以又叫"竹笛",竹笛的历史悠久,广为流传。在南方,因为给昆曲伴奏,所以称为"曲笛",曲调流畅精致、婉转圆润;到了北方因为给梆子戏伴奏,声音就变得高亢明亮、气势豪放。竹笛的演奏方式分为气、指、唇、舌四大类,包含了很多演奏技巧,变化万千,音乐表现力丰富。(出示竹笛图片)

师:你们看,这就是一根竹笛,竹笛分为三个部分:笛头、笛身和笛尾。笛子有很多的开孔,依次分别为:吹孔、贴笛膜的笛膜孔、手指按孔、发音孔。竹笛是横着吹奏的。

3. 再听乐曲,引出课题。

再次听竹笛演奏《京调》主题一片段,引出京剧。

师:同学们,笛子演奏的这段音乐是一种戏曲(听辨之后)——京剧。

[设计理念] 竹笛演奏开门见山地吸引了学生的注意力,创设了本课民族音乐的欣赏情景,激发了学生的学习兴趣,为后面的欣赏教学做了铺垫。人文知识的引入让学生在欣赏之余对于竹笛的相关知识有了进一步了解,丰富了音乐文化视野。

二、展开:初听《京调》,声势唱动,丰富体验参与

1. 介绍乐曲,京剧人文。

师:京剧相信大家已经有了一定的了解,让我们跟着一段介绍再来回顾一下京剧的相关知识吧!(播放资料视频)

出示京剧的相关知识:(1)四大角色——生旦净丑;(2)两大场面——文场、武场;(3)两大唱腔——西皮、二黄;(4)四个基本功——唱、念、做、打。

2. 对比欣赏,演奏形式。

聆听笛子与乐队版本《京调》,听辨演奏形式——有无乐队的伴奏,感觉更加丰富和热闹。

3. 文场武场,板鼓模仿。

师:说到京剧就不得不提京剧中的乐队——"文场"与"武场"。在京剧乐队中弦管乐部分称为"文场",打击乐部分称为"武场"。文场为演唱进行伴奏、演奏场景音乐;武场配合身段动作、念白、武打。(出示文场和武场乐器图片)

师:文场三大件是三弦、月琴、胡琴;武场三大件是钹、锣、板鼓。

师端起一只手,用另外一只手模拟敲击板鼓动作声势参与第一主题的欣赏。

4. 模拟笛声,旋律哼唱。

引导学生用"dv"哼唱第一主题旋律,同时用手敲击恒拍模拟板鼓伴奏。

提醒注意:出示乐曲中的装饰音,提示曲调的韵味。

5. 第二主题,身段模仿。

聆听第二主题音乐,老师示范律动动作。

音乐感觉的变化——第一主题活泼跳跃,第二主题舒展放松。

律动方案:分角色——男生 按托掌,提跨步,有气势

女生 双环手,小碎步,有神韵

6. 一二主题,情境延续。

完整欣赏第一和第二主题,听辨两段主题的不同,运用动作加以区分。

第一主题:模拟板鼓伴奏,哼唱主旋律。

第二主题:男生女生分角色律动,模仿身段。

[设计理念] 竹笛—京剧—京调,循序渐进的教学过程能够促进学生在音乐场景中打通听觉、视觉及动觉等多重感官的通道,从而获得最大程度的丰富的音乐体验。哼唱主题旋律中,运用线条及符号来提示音乐感觉,把听觉视觉化,更为直接明了;运用不同的动作来参与感受以区分不同的乐段,更加直观立体,能够帮助学生明确不同的音乐感觉,正确掌握音乐情绪的变化。

三、深入: 完善结构辨析,完整欣赏

1. 听辨结构,明确段落。

师:第一主题和第二主题是怎么连接的呢?(通过乐队演奏间奏"过门")

播放音乐,听辨主题间的连接方式,并用字母加以记录:A—B—A—B……

2. 完整欣赏,丰富体验。

两段主题交替出现,每段主题都通过不同的方式参与欣赏,完整聆听、体验。

[设计理念] 在对比聆听之中明确乐段的组合结构,从而完整地聆听、欣赏整首乐曲,学生对于整个作品形成了更为全面的把握。声势—律动的组合也让学生对于整个作品的参与度有所提高,进而在连贯的音乐情境之中完善整个作品的欣赏。

四、结束: 拓展延伸,总结课堂

1.《苏三起解》,对比欣赏。

师:今天我们一起欣赏了《京调》,这首乐曲的曲调其实和下面我们要欣赏的这段京剧唱段有着相似之处。

欣赏《苏三起解》片段,对比欣赏。

师:第一主题的旋律其实就是以《苏三起解》为动机改编创作的。

2. 课堂小结,总结结束。

师:京剧的音乐具有独特的魅力,而用笛子演奏的京剧曲调更是别有一番风味,希望大家能够热爱民族音乐,更热爱我们的民族文化!

[设计理念] 完整欣赏后进行拓展延伸,一方面拓宽学生的音乐视野,丰富音乐体验,提升音乐素养及审美情趣;另一方面完善学生的音乐知识,掌握音乐曲调的来源,进而在完成教学中升华教学主题,让整节课在音乐声中结束。

欣赏课案例五：

回旋的钟声

南京市白云园小学　董平

【教学内容】苏少版　三年级下册　第四单元

【教材分析】

　　管弦乐《顽皮的小闹钟》由美国作曲家、指挥家安德森创作于1945年。乐曲为C大调，4/4，中庸的快板，采用回旋曲式写成。乐曲开始用木鱼声模仿钟摆的走动声，很有规律，带有装饰音的主题，这种偶尔出现的装饰音和切分节奏，在单调乏味的四分音符节奏中，增添了一种不安分的性格和幽默的情绪。主题之后，是第一插部，它转成了G大调，旋律以附点音符为特色。主题再现，接第二插部，乐曲进行中不时插入闹钟的铃声和不规则的走动声。当主题第三次出现时，加入有反复后接尾声，使得乐曲更添风趣。

【教学目标】

1. 通过两首作品的学习，唤起学生对钟表主题音乐的兴趣，并能体会到音乐所刻画的钟表形象。

2. 通过歌唱、律动、游戏、即兴创编等学习方式，熟悉《维也纳音乐时钟》《顽皮的小闹钟》主题旋律，感受作品愉悦诙谐的风格。

3. 理解乐曲结构，并能分组创编短小"插部"旋律，在合作中完成"钟的回旋曲"。

【教学重难点】

1. 通过不同的手段引导学生参与音乐，熟悉《顽皮的小闹钟》主题。

2. 运用通感教学，引导学生自主发现音乐要素对音乐形象塑造所起的作用。

【教学准备】

1. 多媒体课件；

2. 剪辑过的音乐片段；

3. 音块、按钟、音高铃铛一组（均为 m、s、d 三个音）；

4. "顽皮的小闹钟"钟盘字母谱。

【教学过程】

步骤	教学内容	师生活动	设计意图
起始	一、热身《维也纳音乐时钟》(10′)	1. 热身游戏（集体舞BINGO） 师弹钢琴伴奏，乐尾学生做双声部发声练习。 　　　♩　♩　♩　♩ 　　　s　s　s　d 　　　♩　♩　♩　♩ 　　　d　d　d　t,　d 2. 交流 师：你们分别结束在哪两个音上？（音块 d-s） 3. 听辨低音 s,m	以音乐的方式进入

(续表)

步骤	教学内容	师生活动	设计意图
起始	一、热身《维也纳音乐时钟》(10′)	4. 琴键的接龙游戏 师：我们三组小朋友分别代表钢琴键上的 m-d-s, 三个音，我手指到哪一组就请你们半蹲唱出这个音的旋律 d-s,-m,-s,-d, 5. 歌唱短小旋律 6. 加入声势练习 腿腿腿腿 手 捻 7. 范唱维也纳音乐时钟主题旋律 学生做固定音型+声势为老师伴奏。 8. 模唱旋律(加体态律动动作) 9. 完整歌唱主题 10. 播放音响(A主题) 师：刚才我们歌唱的旋律出自一位作曲家之手，他想用它描绘什么样的场景呢？让我们一起来听听！ 11. 揭题"维也纳音乐时钟"	由三音组游戏吸引孩子兴趣，同时培养互相倾听合作的习惯 将短小的动机作为固定音型，既是巩固，又能培养孩子多声部听觉
展开	二、欣赏《顽皮的小闹钟》(22′)	1. 出示钟表(图片) 2. 创设情境 师：钟是我们生活中朝夕相处的小伙伴，同时也是作曲家感兴趣的创作主题，如果你是一个小小作曲家，用音乐来描绘一只钟，你会抓住钟的哪些特点呢？(秒针、报时、钟摆等) 3. 模拟秒针(师弹"调皮的小闹钟"恒拍主题音乐伴奏) 4. 介绍作品 师：这段旋律来自美国作曲家安德森的一首描绘钟的旋律，让我们一起看一看他是如何运用音符编织旋律的(出示图谱) 5. 视唱主题 视唱调皮的小闹钟主题要求：用秒针的节奏演唱，并用手做指针。 6. 背唱主题 擦记法背唱。(连续唱4次，逐渐擦去旋律，直至背记) 7. 边走边唱 边唱旋律边走恒拍。 8. 寻找变化 师：安德森非常喜欢他的小闹钟，可是有一天他突然发现了小闹钟发出的声音和平时不太一样了，这引起了他的注意，我们一起来听一听，数一数，小闹钟的旋律出现了几次变化？	情境游戏围绕音乐层层展开教学 抓住钟表旋律恒拍特点，运用对比教学感受节奏变化，体验音乐要素对塑造"调皮的小闹钟"所起的作用

277

(续表)

步骤	教学内容	师生活动	设计意图
展开	二、欣赏《顽皮的小闹钟》(22′)	9. 对应图表 交流并对应变化的图示（⇨提前，⇦推迟，◯原地转圈） 10. 启发律动（用脚步走出变化的节奏） 11. 介绍作品 师：这只小闹钟反常的行为让主人安德森哭笑不得，作为作曲家他立即来了灵感，用乐谱记录下了这首《调皮的小闹钟》的旋律。 12. 完整聆听 完整聆听作品，寻找主题的规律 13. 交流结构 14. 聆听B—C两个插部，想象情境（钟摆，报时） 15. 完整表现 A 主题顺时针行进； B 原地表现自由的钟摆； C 原地表现个性的报时。 16. 音乐知识：回旋曲 师：刚才你们不仅表现了一只调皮可爱的小闹钟，更用自己的身体表现出了音乐的情境，在作品中◯旋律出现了3次，我们把这出现最多次数的旋律称作为主题，在主题与主题之间还会出现一些不同的旋律，像这样的音乐结构叫"回旋曲"。	运用体验—参与教学模式，按照歌唱—律动—聆听—律动，一步步打开学生听觉、动觉、触觉的多感官通道，帮助他们理解音乐，表达音乐。在充分的"动"之后安静地聆听、听辨，给孩子有自主想象的空间
深入	三、编创《维也纳音乐时钟》回旋(7′)	1. 引入 师：说到回旋曲，我的耳朵里还回旋着你们刚演唱的《维也纳音乐时钟》的旋律，能不能再唱给我听一听？ 2. 激趣 师：这么美的旋律这么短就结束了，太不尽兴，我甚至还没有听到维也纳音乐时钟的报时声。接下来，小作曲家们该出手了。 3. 编创 学生分四组即兴编创。 4. 展示 交流汇报"钟的回旋曲"，A 主题全班集体歌唱（带声势）《维也纳音乐时钟》主题，B、C、D、E 分别由四组同学分组展示	在学习回旋曲结构之后做创编，既是复习又是检测，将知识内化运用
结束	四、总结(1′)	总结： 师：今天我们聆听并歌唱了两首与钟有关的歌曲，还运用学到的回旋曲知识创编了一首属于我们自己的钟的回旋曲。 升华： 师：回旋曲，实际上就是变与不变的旋律组合，无论旋律怎样变化旋转，最终还要回到主题。其就像我们的生活，无论遇见怎样的插曲，都要坚持主题——做最快乐最善良的自己。	从音乐出发感悟人文，画龙点睛

欣赏课案例六：

钢琴五重奏《鳟鱼》

南京市白云园小学　董平

【教学内容】　苏少版　四年级上册　第五单元/湘艺版　四年级下册　第六课

【教材分析】

"歌曲之王"舒伯特在1817年创作了著名的艺术歌曲《鳟鱼》。他在以后创作的《A大调钢琴五重奏》的第四乐章即是根据歌曲《鳟鱼》写成的变奏曲，故又被称为《鳟鱼》五重奏。其为变奏曲式，小行板，D大调，主题与6段变奏。主题为歌曲《鳟鱼》，歌曲的音乐体裁分为AAB三大段；在五重奏的第四乐章里，歌曲中的A段就先以第一小提琴奏主题，弦乐陪衬。根据这个主题，后面共发展了五个变奏。第一变奏把旋律分配给钢琴，弦乐琶音为衬托。第二变奏中提琴主奏，小提琴在较高的音区演奏活跃的华丽乐句作为衬托。第三变奏旋律移到低音提琴，钢琴弹奏复杂的快速经过句，借大提琴和低音提琴演奏浑厚的主题，沉重的音乐似乎令人感到了渔夫的脚步声。在这三个变奏中，旋律都保持不变，接着的两个变奏是旋律在音区、力度、和声、旋律轮廓、节奏和伴奏形式等方面都有所变化。第四变奏转到d小调和三连音节奏综合了性格及音型上的变奏，调性上则穿插着大小调变化，引人入迷，强大的和弦和阵阵的哀伤，好像是渔夫投网和小鳟鱼的挣扎。第五变奏是个优美如歌的段落，改编自主题的旋律在此以不同的风貌呈现，它是以降B大调开始的，其间也有转调，大提琴奏出了同情和忧伤。在第六变奏和最后变奏中，舒伯特使用了原歌曲伴奏中钢琴的波浪音型，尾声中优美的主题再现，由小提琴与大提琴共同合作演奏完成，一齐诉说着自由欢乐的永恒和美好终将到来。

【教学目标】

1. 通过对比与发现，感受音色、旋律、节奏、速度等音乐要素带来的不同情绪与变化。
2. 通过聆听、感受和律动，熟悉《鳟鱼》的主题旋律，并能背唱主题旋律。
3. 通过听、唱、动、舞，以及旋律图示等，了解作品主题的不同呈现方式，熟悉弦乐家族乐器的音色与形制，感受钢琴五重奏的艺术魅力。

【教学重难点】

1. 通过多重参与，熟悉《鳟鱼》五重奏的主题旋律。
2. 通过对比欣赏，感受音色、旋律、节奏、速度等音乐要素带来的不同情绪与变化。

【教学准备】　多媒体课件、剪辑过的音乐片段、三条不同心情的鱼的贴图

【教学过程】

步骤	教学内容	师生活动	设计意图
起始	一、欣赏歌曲《鳟鱼》	1. 想象情境 师：人们说音乐是一种最美丽的语言，它可以描绘画面、表达情感，带给人们无尽的想象。闭上眼睛，听一听，这段旋律让你们想到了什么？ 2. 师弹奏《海涛》20秒片段(倾泻而下的水) 3. 师：同样是水，再听听这位作曲家是怎样描述的？(师弹奏《鳟鱼》前奏)	以音乐的方式进入课题 通过歌唱、体态律动等方式的参与，帮助学生熟悉主题

(续表)

步骤	教学内容	师生活动	设计意图
起始	一、欣赏歌曲《鳟鱼》	4. 师：这是奥地利作曲家舒伯特的一首歌曲的前奏，短短的引子为我们展现了缓缓流动小溪形象，接下来歌曲将为我们歌唱什么呢？听！ 5. 欣赏歌曲《鳟鱼》片段 师：这首歌里的表现小鳟鱼的旋律多么轻盈可爱啊。我们也来做一条快乐的鳟鱼吧！（贴快乐的鱼图片） 6. 体态律动 7. 视唱主题	通过欣赏、演唱歌曲片段为欣赏器乐作品、聆听主题做铺垫
展开	二、欣赏《鳟鱼》五重奏片段，聆听主题，了解主奏乐器	1. 介绍器乐作品背景 师：这首歌曲是舒伯特于1817年创作的，两年之后他应一位朋友之邀，以歌曲《鳟鱼》的旋律为主题，将其改编成为钢琴五重奏。 2. 简要介绍钢琴五重奏 3. 分别聆听弦乐家族各种提琴的音色 4. 欣赏：主题（小提琴演奏的主题） 设问：谁在歌唱小鳟鱼的旋律？表现的鳟鱼是怎样的心情？（悠闲） 5. 欣赏：变奏二（中提琴主奏） 1）初听 师：在钢琴的伴奏下，谁在歌唱小鳟鱼的旋律？ 2）复听 师：除了中提琴的声音，你还听到了什么声音？（小提琴） 3）再次聆听，关注两个声部 师：请你们边听音乐，边用手指尖追寻小提琴的踪迹。（划旋律线） 4）交流 师：中提琴与小提琴水乳交融的演奏使你联想到了什么？那是在表现一条孤独的鱼吗？（快乐嬉戏的鱼） 6. 欣赏：变奏四（大提琴与低音提琴主奏） 1）初听 师：请你们用动作模仿你听到的乐器。（模仿钢琴） 师：这段钢琴的演奏速度与力度如何？此时小鳟鱼还能快乐悠闲吗？ 2）复听，关注主题的音色 师：此时，小鳟鱼正悄悄地躲在钢琴强大的伴奏下，仔细用耳朵去听一听，是什么乐器在歌唱小鳟鱼的旋律？（大提琴与低音提琴） 3）再次聆听，歌唱参与 师：大提琴与低音提琴在断断续续地歌唱，表达了小鳟鱼怎样的心情？ 师：请你们用"嘣"的声音模仿大提琴帮助小鳟鱼一起歌唱	先熟悉各种弦乐的音色，不仅丰富了孩子的音乐视野，同时为孩子听辨主题主奏乐器做好铺垫 通过设问串联起学生对乐器音色的关注与鳟鱼形象的想象

(续表)

步骤	教学内容	师生活动	设计意图
深入	三、精彩片段赏析，感受情绪变化	1. 欣赏：变奏四片段 1) 师弹奏变奏五(贴惊恐的鱼)。 师：可能发生什么了？（渔夫、大鱼追赶——） 2) 交流鱼的反应，引出图谱 师：你若是小鳟鱼会怎么办？（逃窜、战栗） —— —— ○○○○ —— —— ○○○○ —— —— ○○○○ 3) 复听，师生随节奏画图谱 4) 学生根据图谱表演（逃窜、挣扎） —— 部分旋律学小鱼游动。 ○○○○ 部分旋律站住不动拍四次手。 5) 空间释放，带入情境，学生随音乐向各个角落逃窜 2. 引入变奏五 师：小鳟鱼的命运如何，听听音乐是如何诉说的？ 1) 初听变奏五 师：请跟着音乐的感觉走回自己的座位（舒缓，脚步沉重）。 2) 交流 师：刚才我看到大家步履沉重，你们从音乐中感受到了什么？（贴哭泣的鱼） 3) 出示歌词，解读作品 师：歌词中的我，指的就是舒伯特本人，舒伯特经常在维也纳看人钓鱼，他曾说过，"我对水里自由游动的鱼儿是多么羡慕，而当他们被钓起，我是多么伤感，我把所有的情感都倾注在这部作品中，以表达对生命的光辉祝福以及对死亡的哀悼"。 4) 律动 师：孩子们，让我们用身体表达对小鳟鱼的同情吧！ （上行旋律向上托举，下行旋律环抱双臂） 3. 对比分析 师：我们的心情一直在随着音乐跌宕起伏，让我们思考一下，与快乐的小鳟鱼音乐相比，作者表现惊恐的鱼、悲伤的鱼时，在音色、速度、力度、节奏四方面做了哪些改变？ 4. 填写表格。	通过孩子即兴生成的表达呈现预设的图谱，自然而别具匠心 此时歌词背景的呈现，更能点燃孩子的共鸣，升华情感

段落	主奏乐器	速度	力度	节奏
悠闲的鱼	小提琴	中速	mp	松弛
快乐的鱼	中提琴与小提琴的对话	稍快	mf	松弛
惊恐的鱼	钢琴	快速	f	密集
悲伤的鱼	大提琴	慢速	mp	松弛

(续表)

步骤	教学内容	师生活动	设计意图
结束	四、完整欣赏、升华情感	1. 过渡 师：刚才音乐为我们展示了各种心情的小鳟鱼，有快乐的、惊恐的、伤心的，接下来，请你们听四个片段，边听边用身体参与。 静听四段节选音乐，学生律动参与。 排序：  2. 作品结构介绍 师：鳟鱼钢琴五重奏第四乐章共有7个段落，刚才我们欣赏了其中的四段，接下来，我想把讲台让给5位大师级别的艺术家，他们将为我们演绎完整的第四乐章。 3. 视频欣赏 4. 师坐在孩子中间缓缓介绍相关知识与背景 5. 提出问题，追问音乐内涵 师：为什么小鳟鱼经历了这么多的磨难后，音乐却还结束在欢乐的情绪上？（孩子自由想象，教师给予点评：善良的愿望、美丽的童话、哲学的阐释……） 6. 总结：一切终将结束，善良将永存，这是音乐想告诉大家的。音乐真是一种最美丽的语言，音乐可以描绘画面、表达情感，带给人们无尽的想象。今天我们透过舒伯特的音乐看到了一个生动又富有哲理的世界，谢谢音乐！	在学生参与音乐、体验音乐要素的变化之后再理性回归，体味音乐语言，水到渠成 让孩子在安静的欣赏中，整理、回味、消化，感受钢琴五重奏的魅力 首尾呼应，心灵回归

欣赏课案例七

阿细跳月

南京市天正小学　桂晓庆

【教学内容】　苏少版　三年级下册　第三单元/人音版　六年级下册　第2课

【教材分析】

《阿细跳月》（民族管弦乐）是根据《跳月歌》改编而成的。全曲有三个部分，第一部分由《跳月歌》主题而来，热情活跃；第二部分速度变慢，幸福安宁；第三部分是第一部分的再现，开始再一轮欢腾歌舞，全曲在热烈的气氛中结束。

《跳月歌》是流行于彝族的一首歌舞音乐。每到节日盛事或农闲的月夜，彝族人便脚踏特别的舞步，尽情地欢歌与跳跃，这样的月光聚会就被称作"跳月"。聚会中，小伙子一般都会演奏乐器，有的吹芦笙，有的弹月琴或三弦。他们边演奏边舞蹈，其舞蹈动作简洁、明快。姑娘们则伴随着音乐拍手舞蹈。其曲调多由do、mi、sol三个音组成，采用五拍子。以第一小节为动机，每个乐句只有细小的变化。旋律活泼、跳跃、生动，富有鲜明的民族特色。

【教学目标】

1. 通过参与，感受乐曲不同情绪的变化，体验彝族人们跳月时的热烈气氛与愉悦心情。
2. 通过聆听、视唱与律动，熟悉乐曲各部分的主题与旋律，了解乐曲的基本结构与特征。

3. 通过对比与发现,了解彝族相关的民俗文化,体验集体舞表演的基本动作与表现手段。

【教学重难点】

1. 重点:感受五拍子、听辨乐曲基本结构。

2. 难点:学习并掌握跳月的基本舞步。

【教学准备】

一、激趣导入

1. 师生问好。

师:今天的音乐课老师带来了三个不同颜色的小铃铛,听,它们在和我们打招呼呢!我们一起和铃铛问好吧!

2. 音高听辨。

师:如果红色的铃铛是 s,蓝色的是 r,那么绿色的是什么音呢?(d)

3. 传递游戏。

示范拍手传递 s, r d。师:看会的同学我们一起来做。(学生拍手传递 s, r d)

4. 学习跳月。

教师示范律动动作,学生继续传递 s, r d。

师:你能和我一起来试一试吗?顺着一个方向,右脚先出发。(师唱2遍)

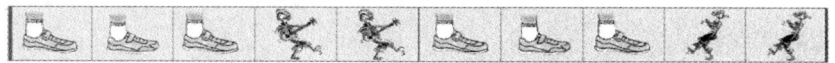

5. 尝试跳月。

让我们跟着音乐来试一试,感受乐曲的情绪。

二、主题—欣赏

(一)感知情绪与背景

1. 听赏交流。

师:跟着音乐一起跳月,你感受乐曲到了什么样的情绪?(欢快活泼、热情奔放)

2. 作品简介:阿细跳月的故事。

彝族有一个支系部落,叫阿细,他们最喜欢在皎洁的月光下、燃起篝火、快乐的舞蹈。故名"阿细跳月",刚才我们听到的就是他们跳月时的音乐。

(二)熟悉旋律与节拍

1. 听唱游戏:我来唱、你来和。

师:无论老师唱什么样的旋律,你们都用 s, 、r、d 来回应老师(接口唱)

2. 师生合作:请大家合作,听一听哪一句旋律起伏最大?

3. 交流讨论：老师唱的旋律主要由哪几个音组成？（d、m、s）

4. 旋律游戏：我来指，你来唱。

师：彝族特别喜欢用这三个音，加上低音 s，变着花样打破顺序演唱，形成了这个民族特有的音乐旋律。下面我们交换，你来唱，我来指。

5. 音高变化：哪一句有新的音符出现了，出现了什么音？（l,）

6. 看谱视唱：完整演唱旋律。（看谱唱 2 遍慢的 1 遍加速的）

（三）分辨乐句与主题

1. 句法听辨。

师：我们刚才唱的旋律被一位作曲家听到了，他非常喜欢这段音乐，用它创作了一首民族管弦乐，就叫《阿细跳月》。那我们来听一听这段旋律在主题一中出现了几次？（4 次）

2. 体态律动：

师：每一次出现是不是在同一个高度？再听一遍，边听边用动作表现。（腿、肚子、肩、左右摇摆、拍手、画线条）

3. 小结思考。

师：这段音乐很热烈，让我们有想要跳舞的冲动，为什么会有这样的动感呢？那么接下来音乐会怎么发展呢？是继续热烈奔放的情绪还是戛然而止呢？我们接着听。

三、主题二欣赏

1. 欣赏思考：音乐发生了什么样的变化？（加入了芦笙、大提琴、小提琴……）

2. 模仿游戏：我是小小音乐家

再次聆听，芦笙演奏的时候请男生们模仿吹芦笙的动作，大提琴演奏时男生女生一起互动，小提琴演奏时，女生们尽情地舞蹈。

3. 主题听辨：

师：我们一起模仿了乐器的演奏，是不是音乐就这么安静地结束呢？听一点结尾。

师：不是的，音乐又回到了主题一热情奔放的情绪中啦！

四、完整欣赏

1. 教学小结。

师：我们一起学习了彝族最经典的曲目《阿细跳月》，感受了作品独特的五拍子节奏，清楚了乐曲旋律特点，也学会了阿细人跳月时的基本舞步。课后我们可以与家人、朋友一起交流分享。

2. 情感升华。

师：半个多世纪以来，《阿细跳月》已经完全打破了民族和地域的界限，走出山村、走进县城、走上舞台、走向国际。它不仅成为大、中、小学进行音乐学习的艺术享受,更成为国内外华人朋友、专业院团以及我国各族人民音乐会中的保留曲目。希望同学们能够将这份芬芳永远的民族瑰宝留在心田并传递下去!

最后,让我们在完整聆听民族管弦乐《阿细跳月》的同时,跟着音乐唱起来、跳起来,并在美妙的音乐声中结束我们今天快乐的音乐之旅吧!

第二节　综合课

综合课案例一:

可爱的家

南京市白云园小学　董平

【教学内容】　人音版　五年级上册　第4课

【教材分析】

《可爱的家》选自歌剧《克拉丽》,也译作《甜蜜的家》,是一首家喻户晓的英国歌曲。歌曲表现了作者对家的怀念,对宁静的家庭生活的向往,旋律优美动人,情感朴实真挚,具有感人的魅力。歌曲由两个乐段及尾声(即最后乐句的重复)组成,第一乐段及第二乐段各包含两个平行的乐句,前乐段安详宁静,后乐段的乐句开始提高音区,情绪略显激动,抒发了强烈的思念之情,但后半句音调仍趋下落,表现了沉浸在温馨的回忆之中,然后通过4小节的感叹似的音调,再现了最后一个乐句,突出了对"家"的执着的爱恋。

【教学目标】

1. 情感目标:了解歌曲背景,理解音乐语言(旋律走向、叹息音型),感受《念故乡》《离别》中的思乡情感,引发学生情感共鸣。

2. 过程目标:通过聆听、模唱等方法学唱歌曲,唱准附点节奏、唱好弱起节拍,并能准确换气,有感情地演唱歌曲,表达意境。

3. 知识目标:能够在歌曲的高潮部分(第三乐句)加入OSTINATO(固定音型)伴奏,形成二声部享受和声的美感与合作带来的乐趣。

【教学重难点】

重点:通过聆听、模唱等方法,学会有感情地演唱歌曲,并表达意境。

难点:1. 弱起乐句的演唱与处理。

　　　2. 体会思乡作品的共同特征:句尾下行的叹息音型。

【教学准备】

音乐课件、德沃夏克《自新大陆交响曲》第二乐章主题音乐、肖邦《离别》音乐

【教学过程】

步骤	教学内容	师生活动	设计意图
导入	引入课题	1. 通过"家"字直入课题 师："家"是世界上最温暖的一个字眼,今天就让我们一起分享音乐中家的故事。 2. 聆听音乐,分享家的照片 师：这些家庭带给你们怎样的感受？请用一个词语来形容一下(板书"温馨、美丽、幸福、可爱……") 3. 发声练习 师：试着用 d、t、l、s 这四个音来表达。 4. 指挥用不同演唱法表达不同的情绪(可爱的、温馨的)	创设良好的教学氛围,通过照片提取学生的记忆表象,开门见山导入课题 这既是发声练习,也是合唱二声部的铺垫
展开	欣赏并教唱歌曲	1. 欣赏管弦乐版本《可爱的家》 1) 完整聆听。 师：每当看到这些温馨的画面,我的耳边总有音乐回荡。 2) 交流。 设问：这段音乐的情绪是怎样的？你听到哪些乐器在歌唱？ 3) 简要介绍管弦乐合奏。 小提琴是弦乐家族中最善于抒情的乐器,双簧管是管乐家族中音色最温暖的,二者水乳交融的演奏,带给我们缠绵的感觉。 4) 介绍作者毕肖恩。 2. 教唱歌曲 1) 视唱旋律骨干音。 　　　m f f s　s　　　f m f r　m 　　　m f f s　s　　　f m f r　d 2) 启发寻找规律,发现问答句结构。 3) 师生对唱问答。 4) 添加附点做问答句,体验附点节奏的推动感。 　　　m f f s　s　　　f m f r　m 5) 添加弱起旋律音做问答句,体验弱起旋律的含蓄质朴。 　　d r m f f s s　　m s f m f r m 6) 提示不完全小节特点,启发弱起旋律的演唱技巧。 7) 体态律动,完整视唱。 8) 范唱。 师：这段美妙的旋律吸引了很多人,她们忍不住填上词来歌唱。 9) 副歌部分视唱。 师：歌唱了主题之后,作者依然意犹未尽,他又对家发出了怎样的感慨呢？	歌唱教学前的完整聆听将作品的风貌呈现给学生,从而积淀更多的感性认识 带着问题欣赏,让学生有意识地关注音乐的情绪与演奏形式是培养良好欣赏习惯的开始 结合歌曲的问答句的特色,采用问答的教学方式不仅符合音乐学习最科学的途径——从感性到理性,而且从听觉上挖掘了孩子的音乐潜能 采用层层叠加的方法,完成《可爱的家》旋律演唱。将旋律简化,采用分步教学方式,有效消化难点

(续表)

步骤	教学内容	师生活动	设计意图
展开	欣赏并教唱歌曲	10）高潮处理。 师启发学生找到高潮乐句，并尝试用不同的力度演唱副歌。 11）合唱。 用 d—t,—l,s,作为OSTINATO,为歌曲伴唱	OSTINATO（固定音型）是一种简单的二声部合唱方法,学生可以在最短的时间内体验到合唱的乐趣
深入	歌唱原文感受思乡情怀	1. 出示培恩的诗《可爱的家》 师：不同的经历会让人对家的感受不同，一起读一读这首诗,感受这位诗人对家又是怎样的情怀？ 2. 介绍诗人培恩 3. 朗读培恩给哥哥的信 "离家在外面的日子越久,我对家的怀恋就越深。我真想听到亲人的声音,看到那使我们曾在一起度过快乐时光的老屋" 4. 历史重现 师：培恩最终死在他乡,身边没有半个亲人,留下的只有七百美金的债务,遗体十多年后才回家。当时的美国总统阿瑟主持了归骨安葬仪式。那一天,有二万五千人参加典礼。一千名儿童齐声演唱《可爱的家》,在场的许多人边听边落泪。 师：如果你现在也是一千名孩子中的一个,你又会怎样演唱？ 5. 演唱原词,体会情绪 6. 评价 师：你们的演唱让我真正感受到了"简单、朴素,没有一首歌谣能比得上她"（伦敦音乐季刊评论）	强调音乐文化背景,让学生真正理解音乐,正确地表达音乐
结束	拓展同主题作品赏析	1. 欣赏德沃夏克第九交响曲第二乐章 师：思乡是诗人与作曲家创作的永恒的主题,让我们共同感受德沃夏克是如何用音乐表达对家乡的思念。 2. 对比发现两首作品的共同的音乐语言（附点,乐尾下行的叹息音型） 3. 欣赏肖邦《离别》 师：家在作曲家肖邦的心中就是祖国波兰,听一听他又是如何表达对战火中的祖国命运的那份牵挂的呢？数一数,共有几次连续的叹息？ 4. 呼应主题,情感升华 师：无论我们在世界的哪个角落,孩子们,请不要忘记我们的家,我们的故乡,我们的祖国	让孩子在特定的情境下升腾情感,可以帮助学生更好地引发对作品的共鸣

综合课案例二：

铃儿响叮当

南京市科睿小学 刘尧伟

【教学内容】苏少版 四年级上册 第八单元/湘艺版 六年级上册 第十课

【教材分析】

《铃儿响叮当》是一首曲调流畅、情绪欢快的美国歌曲。生动的歌词描绘了一群孩子冒着大风雪、坐在马拉的雪橇上，他们的欢声笑语伴着清脆的马铃声回响在原野……表现了孩子们热情奔放的性格，抒发了热爱美好生活的真挚情感。歌曲为再现的二段体结构。第一乐段以 mi、fa 的同音反复为主，加上 "$\frac{2}{4}$ ♩♩ | ♩♩ | ♩♩ | ♩ |" 节奏的运用，塑造了马儿奔跑、铃儿叮当响的欢快的音乐形象。第二乐段从第一乐段的最后一小节后半拍开始，"$\frac{2}{4}$ ♪♩♩ |"的节奏从弱起进入，这一节奏的重复出现，加上曲调的逐步上移，给人以推动感，刻画了孩子们随着雪橇冲破风雪、飞奔向前的情景。歌曲的最后乐段的重复再现，并在结尾用一延长的、渐弱的高音 do′，结束了全曲，仿佛雪橇已渐渐远去，而那充满欢笑的歌声仍在风雪中回荡。

【教学目标】

1. 通过学唱歌曲，能用活泼、有弹性的声音表现歌曲中乘着雪橇轻松愉悦的情绪特点。
2. 通过唱、奏、舞等形式，熟悉音乐的旋律及韵律感，感知音乐的情绪的对比及变化。
3. 通过综合表现歌曲，掌握歌曲一字多音、一音多字的演唱，认识歌曲 A—B—A 的结构。

【教学重难点】

教学重点：能用活泼、有弹性的声音表现歌曲中乘着雪橇轻松愉悦的情绪特点。

教学难点：掌握一字多音、一音多字的歌唱特点，认识歌曲 A—B—A 的结构。

【教学过程】

教学环节	教学内容	师生活动	设计意图
一、导入	1. 情景导入 ——整体感受 律动参与	（1）情景激趣 出示圣诞树图片，师生交流。 设问：这是什么，什么时候会出现？ 师：每年国外的圣诞节都是一年之中最盛大的节日，人们竖起美丽的圣诞树，早上一醒来就去圣诞树下寻找礼物。 简单的圣诞节人文知识介绍。 （2）传递礼物 师：我从圣诞树下带来了一个礼物，我想邀请大家一起在音乐中来传递它，音乐结束时礼物落在谁的手里就请他拆开礼物，注意传递的方式可能会变，请大家及时调整。 播放《铃儿响叮当》伴奏，律动传递"礼物"，整体聆听感受音乐。	创设情境，激发学生的学习兴趣，通过圣诞节、圣诞树下礼物的形象帮助学生积极投入到音乐活动中来。传递礼物的律动在帮助学生感受音乐，熟悉音乐的同时更让学生对于音乐的结构有了较为清晰的认知。为后面的歌唱教学做了坚实的铺垫

(续表)

教学环节	教学内容	师生活动	设计意图
一、导入	1.情景导入——整体感受律动参与	律动方案： (3) 出示课题 拆开礼物，拿出课题，贴在黑板上——《铃儿响叮当》。 师：这首歌是美国家喻户晓的圣诞歌曲，请大家听我唱，思考歌曲中主人乘的是什么交通工具？是什么在响？ 老师范唱歌曲后，师生交流。 师：没错，我们在歌曲中乘着马儿拉着的雪橇，铃儿叮当响。 (4) 律动感受 律动方案： ① A段模仿马蹄声律动。 ② B段模仿挥鞭律动。 律动队形：　　　　律动动作：	
二、展开	2.情景延续——歌曲分层要素教学	(1) 旋律歌唱 又拆开一个礼物：两个奥尔夫摇铃：m和f 引导学生带着手势唱这两个音高。 节奏发生变化：由单音变成A段旋律前半句。 指挥学生关注节奏变化，带手势唱 ① ② (2) 师生接龙 生唱前半句，师唱后半句，后交换。 出示完整曲谱，提示学生用"铃铛"的音色带着手势唱旋律，提示同音反复的音色。 生完整歌唱A段旋律，用"dü"完整哼唱A段旋律。 (3) 声势念词 师：你们唱得很动听，我们一起来念一念铃铛的旋律在唱什么？ 出示歌词，师示范声势读词。 叮叮当，叮叮当，铃儿响叮当，	歌曲旋律与歌词教学环节根据学生身心发展的特点选用了律动、声势、模仿、科尔文手势等多种教学手段及方法，打通了学生听觉、动觉、视觉的感官通道，形成联觉，同时在音乐要素分层的作用下循序渐进，层层递进，获得了最丰富的音乐体验，更深入地感知了音乐的韵律

(续表)

教学环节	教学内容	师生活动	设计意图
二、展开	2. 情景延续——歌曲分层要素教学	(4) 加词歌唱 师引导学生带入动作和歌词唱 A 段。 聆听老师唱 B 段。 设问：歌曲中遇到了什么？在做什么？ 提示：乘雪橇遇到了风雪，翻山越岭。 (5) 画旋律线 跟着伴奏音乐画旋律线。 (6) 找句尾音 师：翻山越岭的这段旋律是有规律的，请大家找到句尾的音，带着手势唱出来。 (7) 律动哼唱 师：请大家注意我的动作，在这段翻山越岭的旋律中我每一次的动作是从第一个音开始的吗？ 发现弱起，用动作提示。 强拍处模仿挥鞭。 师：这翻山越岭的，马儿跑不动了，让我们挥起鞭子给马加把劲。 带学生加入律动动作，哼唱 B 段旋律。 (8) 律动加词 带着学生律动念词，注意一字多音，以及一音多字的歌词单独训练。 "我们"在弱拍上的连读训练。 (9) 完整歌唱 完整歌唱整首歌曲，提示学生反复记号与结尾处的长音节拍。 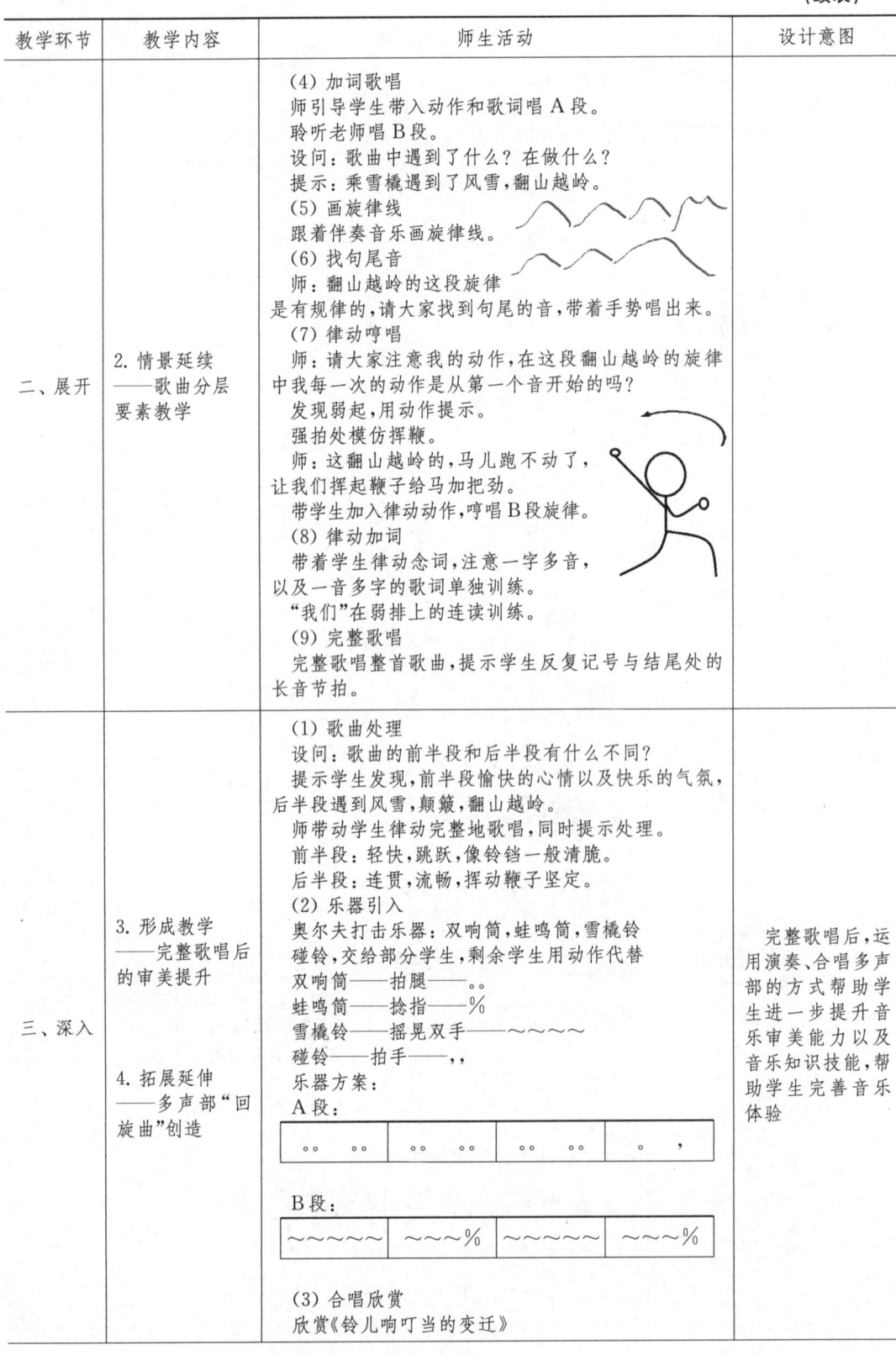	
三、深入	3. 形成教学——完整歌唱后的审美提升 4. 拓展延伸——多声部"回旋曲"创造	(1) 歌曲处理 设问：歌曲的前半段和后半段有什么不同？ 提示学生发现，前半段愉快的心情以及快乐的气氛，后半段遇到风雪，颠簸，翻山越岭。 师带动学生律动完整地歌唱，同时提示处理。 前半段：轻快，跳跃，像铃铛一般清脆。 后半段：连贯，流畅，挥动鞭子坚定。 (2) 乐器引入 奥尔夫打击乐器：双响筒，蛙鸣筒，雪橇铃碰铃，交给部分学生，剩余学生用动作代替 双响筒——拍腿——。。 蛙鸣筒——捻指——％ 雪橇铃——摇晃双手——～～～～ 碰铃——拍手——，， 乐器方案： A 段： | 。。	。。	。。	。 ， | B 段： | ～～～～	～～～％	～～～	～～～％ | (3) 合唱欣赏 欣赏《铃儿响叮当的变迁》	完整歌唱后，运用演奏、合唱多声部的方式帮助学生进一步提升音乐审美能力以及音乐知识技能，帮助学生完善音乐体验

(续表)

教学环节	教学内容	师生活动	设计意图
三、深入		设问：有哪些歌唱的方式： ① 三拍子变化　② 情绪的变化　③ 合唱多声部 （4）合唱创编 　A 段——B 段三拍子——A 段——B 段（转小调）——A 段——B 段轮唱 （5）回旋曲式 介绍：主题不断出现，插部反复变化。	
四、结束	5.总结课堂 ——梳理学习内容，完成教学	师：今天我们一起歌唱了一首充满了节日风格的圣诞歌曲《铃儿响叮当》，还欣赏了合唱的变奏版本，并一起创造了我们自己的"回旋曲"。在歌曲中的 B 段，遇到了风雪，翻山越岭，歌里的人们还是充满了喜悦。我们创作的《铃儿响叮当》回旋曲也一样，不管插曲怎么变化，主题不会变，最后还是回到最快乐的自己。其实就像是我们的生活，愿大家永远愉快，开心。	总结课堂，完善情感，深化主题

综合课案例三：

锣鼓歌

南京师范大学附属小学　孙孟秋

【教学内容】　苏少版　二年级下册　第七课

【教材分析】

《锣鼓歌》是一首河南泌阳的民歌，音乐欢快、表演活泼、气氛愉悦，从而深受当地群众喜爱。歌曲为四二拍，后十六分节奏和附点节奏的运用让歌曲更加具有推动力，锣鼓的拟声词穿插在歌曲中，仿佛让人感受到锣鼓的喧嚣，烘托了欢快、喜庆的气氛。

【学情分析】

二年级学生通过一年多的音乐学习，基本掌握了两拍子歌曲，学会了简单的节奏型，并能按照老师的要求用音乐表现自己的情绪。他们学习热情高，乐于游戏，能够在教师的引导下积极参加活动；学生模仿力强，善于形象思维，在学习使用乐曲时，能够用自己的小嘴巴形象模仿，并乐于这样表现。由于年龄小，他们注意力集中时间短，在旋律细微变化上容易混淆。此外，在小组合作中，他们容易激动，难以保持安静有序的状态。因此，怎样更好地开展低年级小组合作，还需要进一步探讨。

【教学方法】

游戏教学法：以游戏的形式贯穿教学环节，营造轻松的氛围，将教学与游戏巧妙结合在一起，启发学生采用嘴巴模拟乐器，成为乐器的好朋友，培养学生音乐综合素养。

【教学目标】

1.情感目标：感受与体验《锣鼓歌》的喜庆情绪，并能够用快乐而有弹性的歌声表现歌曲。

2.过程目标：能够认识鼓、大锣、小锣以及小钹这四件乐器，初步了解它们的演奏方式，尝试用声音模拟其音色,进行简单的锣鼓经念白。

3. 知识目标:小组合作编排《锣鼓经》,和同伴用嘴巴合作,加入《锣鼓经》完整表现《锣鼓歌》。

【教学重难点】

重点:使用嘴巴模拟鼓、大锣、小锣和小钹的声音以及《锣鼓经》念白;有弹性地演唱歌曲。

难点:十六分节奏和附点节奏,《锣鼓歌》与《锣鼓经》融合的综合表演。

【教学过程】

教学步骤	教师活动	学生活动	设计意图
(一) 对话锣鼓 渲染情绪	1. 请出音乐伙伴——鼓 2. 击打游戏:分别一击、二击、三击、四击 3. 变换击打的顺序并且进行节奏组合。引导出四击十三击的组合 4. 变换击打的乐器:加入新的乐器——小锣 5. 介绍小锣	1. 使用嘴巴与老师的鼓进行对话 2. 听口令,玩击鼓 3. 听辨节奏并参与自主创编:一位小鼓敲一敲,让其他小朋友猜一猜,他是怎么组合的? 4. 了解演奏的方法,听辨其音色,并用嘴巴模仿"噔" 5. 认识小锣,和鼓声连起来念一念:咚咚咚 咚 噔 噔噔	1. 拟人化的音乐形象激发情感。引入鼓和锣,让学生听辨其音色,并将鼓和锣拟人化,化身为孩子们的音乐小伙伴 2. 在教师的引导下,孩子们和音乐小伙伴亲密接触,和其激情对话,在有趣的游戏活动中不知不觉地解决了主要节奏的学习
(二) 歌唱锣鼓 突破难点	1. 教唱锣鼓旋律 2. 启发学生唱好连线 3. 锣鼓声,"变了花样打锣鼓,锣鼓声音要协和" 4. 交换鼓和锣的顺序演唱,再加入锣鼓声 5. 提出演唱要求:声音要像鼓声一样结实,像锣一样清脆!	1. 唱唱名,带入锣鼓声 2. 加入连音线再次歌唱 3. 完整的两句锣鼓声,注意有弹性地歌唱 4. 重点学唱附点节奏:加入拍手 5. 表现出锣鼓的音色特点	1.《锣鼓歌》的旋律比较简单,相同的旋律反复出现,在细微的不同处容易混淆,所以旋律的比较与听辨起到重要的作用 2. 动作辅助学习,轻而易举地解决学习难点。附点四分音符和没有附点音符的乐句,音高相同,而节奏不同,此处巧妙地加入一个拍手的动作,难点迎刃而解
(三) 演唱歌曲 焕发激情	1. 歌词学习:谁敲锣打鼓? 2. 示范念歌词 附点节奏加上了拍手,提醒学生,还有出现了哪些字,老师加入了拍手? 3. 情绪的渲染:用鼓来为大家伴奏 4. 介绍鼓的作用,引导学生有气势地念词 5. 教唱歌曲 6. 播放伴奏,老师用鼓鼓气,激发情绪的表达	1. 完整聆听《锣鼓歌》,听出敲锣打鼓的小主人 2. 寻找教师拍手的地方,找出附点节奏 找一找,念一念。解决所有的附点节奏型 3. 跟音乐完整念歌词 4. 了解有关鼓的文化,跟着音乐念歌词,表现出一鼓作气的气势与激情 5. 跟琴速度放慢演唱 6. 跟伴奏完整演唱,表达情感	1. 适当地铺垫,为歌曲学习打好基础,包括歌曲的相关节奏、部分歌词的融入以及学习难点的突破;学生再学习《锣鼓歌》时,相对比较容易 2. 完整地聆听与演唱,给学生完整的感受,其间鼓的作用的引入,激发学生一鼓作气,激起情感的共鸣,用激情、兴奋的歌声表现歌曲

(续表)

教学步骤	教师活动	学生活动	设计意图
（四）融入歌曲完整表现	1. 出示大锣和小钹 播放《锣鼓经》视频：你还认识哪些乐器？ 2. 小锣和大锣的比较：提示关注体积和音色 引出小钹 3. 启发学生用嘴巴表现大锣和小钹：一个是"仓"（嘴巴张大念），一个"才"（嘴巴小小念）。 4. "仓才"教与学 加入亮相的动作 5. 介绍《锣鼓经》 6. 指导"巧嘴巴乐队"，游戏合作	1. 认识大锣和小钹，观看视频，思考问题 2. 观察与听辨小锣和大锣模仿小钹 3. 用嘴巴表现大锣和小钹。学习完整的《锣鼓经》 4. 单独念"仓个令仓衣令仓"，加入拍手 5. 总结复习认识的四件乐器：音频——图片——乐器名称——巧嘴巴 6. 小组合作——巧嘴巴乐队小组讨论、展示与合作表现	1. 以游戏的方式指导学生编排《锣鼓经》，在小组合作中，进一步了解与体验锣鼓经所带来的乐趣，最后和歌曲融为一体，用巧嘴巴念一念，唱一唱，在自由自主的编创中，唱出自己的《锣鼓经》，收获编创的成果 2.《锣鼓经》融入《锣鼓歌》中，不仅丰富了歌曲表现形式，还激发学生的表现欲望，每个学生都能有机会参与到创编活动中，真正做学习的小主人
（五）总结提升	1. 带领学生完整演绎歌曲，充分表现喜庆欢乐的场面 2. 总结与点评	1. 完整表现歌曲，体验合作的成果与乐趣 2. 在音乐声中唱着锣鼓歌离开教室	在充分展示与交流中，给予学生肯定与鼓励，激发他们勇敢表现自我、收获成功的乐趣

综合课案例四：

斑鸠调

南京师范大学附属小学仙鹤门分校　张垚

【教学内容】　苏少版　五年级下册　第八单元/湘艺版　六年级下册　第一课

【教材分析】

《斑鸠调》是流行于江西安远地区的民间小调，歌曲为民族五声徵调式，旋律由三个排比的段落组成，节奏规整，音调欢快，具有一定的方整性和较鲜明的舞蹈风格；第一段与第二段旋律大致相同，只是在第二段结尾处增添了斑鸠鸣叫的旋律，使歌曲变得生动活泼，巧妙地起到了将二、三段予以过渡的作用；第三段的一、二小节是第一段一、三小节的加花变奏，改变原有的节奏，并将歌曲情绪逐渐推向高潮。歌词以五言为主体，兼用四言的多句体，"呀哈咳""里格""咿呀伊兹呦"等衬词、衬句，既增加了唱词节奏的变化，也突出了歌腔的地方特色。全曲贯穿使用具有赣南色彩特征的语汇，使整首乐曲荡漾着春天的勃勃生机，令人欢快喜悦。

【教学目标】

1. 通过学唱歌曲，感受江西民歌的风格，体验劳动人民采茶时的愉悦心情。

2. 通过律动、对比、合作、编创等方式，感受与体验不同音乐活动的乐趣。

3. 掌握下滑音的演唱，了解旋律变奏的创作手法，并尝试进行简单的旋律或歌词创编。

【教学重难点】

重点：感受江西采茶民歌的风格，体验劳动人民采茶时的愉悦心情。

难点：了解旋律变奏的创作手法，并尝试进行简单的旋律或歌词创编。

【教学准备】　课件、钢琴、字母谱、节奏谱、斑鸠卡片。

【教学过程】

一、感受与体验

1. 律动走进教室。(听《小杜鹃》律动)

师：同学们好！刚刚歌曲当中出现了谁的歌声？(小杜鹃)

谁能再来模仿一下吗？(咕咕)

模仿得很逼真呢！除了小杜鹃的歌声外，你们还会模仿什么鸟歌声吗？谁来试试……

2. 搜寻斑鸠歌声。(听《斑鸠调》范唱)

同学们模仿得真有意思，今天我也模仿了一只小鸟歌声，但我把它藏在了一首歌曲里，当你听到它的歌声时请你举手示意。我还想邀请大家拍腿拍手为我伴奏，可以吗？

3. 模仿斑鸠歌声。

师：我模仿的是谁的歌声呀？(斑鸠)

斑鸠是怎么样唱歌的？(叽里咕噜)

你们能学一学斑鸠的歌声吗？

[设计意图]　通过学生已有的经验激发学生学习的兴趣，在模仿鸟叫声的活动中解放学生的天性，快速将学生带入情境，引出新课教学的内容。

二、表现与探索

1. 创设采茶情境。

师：瞧！斑鸠用歌声将我们带到了它的家乡呢！你们知道它的家乡在哪里吗？

是的，它的家乡在绿油油的茶山上。那里的人民在做什么呢？(采茶)

2. 体验采茶农忙。

我们也赶快加入他们一起采茶吧！

(学生根据旋律做采茶动作，在句尾时做推茶篓的动作。伴奏音乐)

[设计意图]　通过律动带领学生整体感受乐曲，从歌曲情绪、乐句长短、曲式结构等感受歌曲的风格特征。

3. 学唱第一乐段。

师：采茶人民在采茶时都是怎么样的心情呢？(愉快地、开心地)

一起学一学他们采茶时娱乐的歌曲吧！(通过一领众和的方式模唱旋律)

4. 分析旋律规律。

跟着斑鸠飞行的路线，看看有什么特点。

(第一段与第二段变化重复，第一段与第三段加花变奏。)

[设计意图]　通过图谱将旋律的走向和异同清楚地呈现，在视听结合的活动中，螺旋式渗透识谱教学，提升学生的识谱能力，同时也为完整演唱歌曲做好铺垫。

5. 接唱歌曲旋律。

红绿鸟游戏,师生合作演唱歌曲旋律。

6. 发现斑鸠乐段。

听教师弹唱,发现斑鸠的歌声出现在第二条旋律。

7. 填词演唱歌曲。

解释"呀哈咳""里格""咿呀伊兹呦"等衬词的作用。

8. 处理歌曲演唱。

师:听老师的演唱有什么不一样?(加入了下滑音)

提示学生圆滑线以及一字多音演唱。

9. 交流演唱形式。

想一想:运用什么样的形式演唱歌曲劳动人民会更有干劲?(问答、对唱)

10. 尝试对唱歌曲。

[设计意图] 通过游戏巩固熟悉旋律,学生自主发现作品的演唱顺序和规律。解读歌词文本的内涵以及特点,丰富歌曲演唱形式,增强学生对歌曲的情感体验。

三、创造与实践

1. 歌词创编

师生合作,即兴地邀请同学,学生在歌声中编创歌词回应教师。

2. 旋律创编

采用加花重复的手法,用宫商角徵羽五个音为斑鸠的歌声加花创编旋律。

3. 拓展欣赏

今天我们学习的是一首采茶民歌,下面我们再一起来欣赏一首福建《采茶灯》。

[设计意图]　通过将民歌即兴编创的真实情景再现于课堂,体会创编的乐趣,在创编活动中培养学生的创造力。欣赏不同地区的采茶民歌,感知同类作品的风格特征,拓展学生的音乐知识面。

四、总结与提升

1. 情感升华

民歌是劳动人民汗水和智慧的结晶,表现了他们辛勤劳动时以及农忙之余的生活情趣。如今,我们的生活发生了翻天覆地的变化,但是我们的生活中依旧少不了民歌给大家带来的乐趣。我们每一个人都要做一个民族音乐的传承使者,一代又一代地将优秀的作品传承下去。

2. 课堂小结

今天我们一起学习了一首江西赣南采茶民歌,通过旋律、节奏、衬词以及创编感受了采茶民歌的欢快活泼风格特征。还欣赏了一首福建《采茶灯》,课后同学们还可以去了解云南采茶灯等,期待同学们下节课来分享!

[设计意图]　通过梳理与升华,提升学生文化自信,激发学生民族自豪感,将民歌的趣味性与人文性结合,让民族音乐文化在学生的心中发扬光大。

综合课案例五:

送别

南京市银城小学　沈润洁

【教学内容】　苏少版　四年级上册　第七单元

【教材分析】　歌曲《送别》是被誉为"中国近现代音乐先驱"的音乐家李叔同作于1915年的学堂乐歌作品。作品根据美国音乐家J.P.奥德威所作的歌曲《梦见家和母亲》的曲调改填歌词而成。歌曲为大调式,4/4拍,旋律流畅,音律婉约,4个下行的主题乐句表现出忧伤的情绪。歌词贴切自然,前半段写景,后半段抒情,勾起人们对往事的回忆,让人触景生情。

【教学目标】

1. 通过介绍与交流,了解《送别》的创作背景和时代特征,了解李叔同的主要贡献。

2. 通过学唱与欣赏,感受歌曲的内涵与情感,能够用适合的力度和柔美的声音演唱出歌曲旋律的高低起伏。

3. 通过尝试与改编,用不同的方式为歌曲编配二声部。

【教学重难点】

1. 用合适的歌声表现歌曲旋律的起伏与歌词的情绪,并熟知作者的主要贡献。

2. 用不同的方式为歌曲编配二声

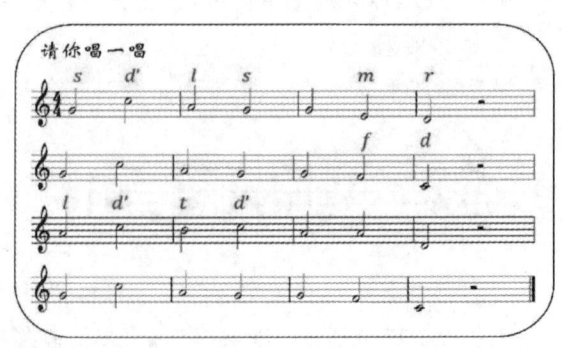

部,并以小组合的方式表演呈现。

【教学准备】 多媒体课件、钢琴以及竖笛、碰铃等课堂乐器。

【教学过程】

一、起始：回顾五线谱,渗透二声部

1. 出示谱例,识谱练唱

师：今天的音乐课老师带来了一段乐谱,请同学们仔细看、认真找,五线谱上有哪些熟悉的小音符？

(1) 邀请同学自主回答五线谱例中音符的唱名。

(学生回答错误或有困难的地方老师及时纠正并给予指导。)

(2) 请同学跟随钢琴伴奏练习演唱音高。

提示：演唱时声音柔和饱满,二分音符唱满两拍。

(3) 请同学跟随钢琴伴奏练唱音高,演唱时加入柯尔文手势。

要求：第1遍,用唱名演唱＋柯尔文手势练习。

第2遍,用"lu"模唱音高＋柯尔文手势练习。

第3遍,尝试背谱演唱＋柯尔文手势练习。

[设计意图] 让学生在不同形式的反复练习中熟练记忆不同音高在五线谱中的位置和相对应的柯尔文手势,加深音高概念,熟练演唱谱例中的旋律,为二声部教学做伏笔。

2. 熟练指法,演奏竖笛

师：你能将这段旋律用竖笛吹奏出来吗？

(1) 带领同学复习竖笛音阶 d—d' 的指法。

(2) 带领同学复习吹奏音阶。

提示：吹奏竖笛时口腔发"tu"音,每吹奏一个音都需要运舌,每一个音吹满两拍。

吹奏声音轻、柔。

(3) 老师示范吹奏谱例中的旋律,请同学练习指法。

要求：第1遍,老师慢速范奏,学生仔细听笛声并跟随旋律认真练习指法,不吹奏。

第2遍,学生跟随旋律练习指法并用"tu"音模唱音高,不吹奏。

第3遍,老师跟随伴奏音乐示范演奏,学生跟随旋律练习指法并用"tu"音模唱音高,不吹奏。

(4) 请同学跟随伴奏音乐,练习吹奏竖笛。

要求：第1遍,请学生仔细听伴奏音乐,感受音乐的速度情绪,根据老师指挥的音高同时做出正确的指法。

第2遍,请学生根据老师的指挥提示用正确的速度、正确的指法、优美的声音吹奏旋律。

第3遍,请学生自主感受音乐的速度与情绪,有感情地练习演奏旋律两遍。

[设计意图] 在聆听、练习、吹奏的过程中,运用竖笛有感情地演奏《送别》旋律的骨干

音,为二声部合作做铺垫。

二、展开：追溯音乐源,教唱传经典

1. 故事导入,背景介绍

师：同学们,刚才为竖笛伴奏的音乐你们熟悉吗?老师听见有的同学第1遍倾听时就跟着音乐轻声哼唱。谁来和我们分享你对这首歌曲的了解有哪些?

(学生自主回答：曲名《送别》、作者是李叔同、电影《城南旧事》插曲……)

师：你们的音乐知识真丰富!然而,你们了解的只是有关《送别》的一部分,其实《送别》的来历还有这样一段故事。

(出示文字介绍,教师以故事的方式讲述音乐背景。)

2. 用心感受,用情歌唱

师：同学们,让我们带着与李叔同先生相同的心情一起走进歌曲。

(循环播放伴奏音乐)

(1) 第1遍,出示背景图与第一段歌词。请学生在音乐中有感情地朗诵歌词,自主表达音乐的情绪与歌词的情境。

(2) 第2遍,出示两段词谱。

请学生在伴奏音乐中按节奏有感情地朗诵歌词。

提示：在舒缓的表达中伴随着深刻的伤感与凄凉。

注意读准附点、连线、长音处的歌词节奏。

(3) 第3遍,请学生倾听音乐,感受旋律的优美与忧伤,在心中哼唱旋律。

(4) 第4遍,请学生用"lu"音轻声模唱歌曲旋律,并随着旋律的起伏画出旋律线。

(5) 第5遍,仔细倾听两段歌词的范唱,请学生在心中默唱。

(6) 第6遍,用轻柔的声音有感情地演唱两段歌词。

3. 细节指导,经典重现

(1) 对比乐句异同,唱准不同之处。

以第一、第二乐句的1、2小节为例。

师：听一听老师演唱的这两处歌词,有什么异同之处?

提示：这是两个相似乐句，第一句要注意一字双音，第二句要唱出附点的节奏感。

师：听一听老师演奏的是哪一处歌词的旋律，将你听到的旋律加入歌词演唱。

提示：请学生先听旋律再唱歌词，通过听辨旋律的方式练习演唱，先唱准相似乐句的不同之处，再完整演唱全曲。

师：接下来，让我们一同跟着伴奏音乐有感情地演唱歌曲。

(2) 挖掘歌曲内涵，深入情感推动。

师：同学们，这首歌曲优美亦有忧伤，情深亦有悲痛。你觉得将情绪推向高潮的是哪一句？其他的乐句又该用怎样的歌声表达呢？

(学生自主表达想法并加入歌声展示歌唱。)

教师建议：演唱时歌声跟随旋律起伏唱出强弱对比，可以将第三句推选为情绪高潮句，由渐强开始，减弱结束，第四句结尾可以适当渐慢、减弱，赋予终止感。

(3) 学生深情练唱，分小组自主展示。

[设计意图]　以了解歌曲创作背景为先，在情境与情感中展开歌唱教学，让学生先对歌曲有整体感知，再对细节之处精心处理，让学生在深刻的感受中唱出歌曲的意境与情感，感受经典音乐的魅力。

三、融合：单一变多声，思维碰火花

1. 加入新声，合作二声部

师：《送别》作为新式学堂中教授的学堂乐歌，广为传唱，深受大众的喜爱。今天让我们用另一层旋律为这首经典的歌曲增添色彩。瞧，我是如何与音乐合作的？

(1) 教师示范。

播放第一段范唱，老师用"lu"音演唱，为歌曲配唱二声部。

播放第二段范唱，老师用竖笛演奏，为歌曲加入二声部演奏。

(2) 学生练习。

师：请你们也用 a 与 b 的方式为《送别》配上动听的二声部旋律。

2. 集思广益，创新二声部

师：你还能设计出怎样的方式为歌曲增加新的声部？

提示：运用二声部卡农的方式，第一声部先演唱，第二声部延迟两拍加入轮唱。

运用二声部卡农的方式，第一声部先演唱，第二声部延迟两拍开始按节奏朗诵歌词。

选择适合的打击乐器在每小节的第一拍为歌曲伴奏，如碰铃、三角铁……

3. 组合叠加，呈现多声部

(1) 人员分配：将全班同学分为原唱组、二声部演唱组、二声部歌词朗诵组、竖笛演奏组、打击乐器伴奏组。

(2) 多声部组合形式：

原唱组＋二声部演唱组(a)

原唱组＋竖笛演奏组(b)

原唱组＋二声部演唱组(a)＋竖笛演奏组(b)

原唱组＋二声部演唱组(a)＋打击乐器伴奏组(e)

原唱组＋二声部演唱组(a＋c)

原唱组＋二声部演唱组(a＋d)

原唱组＋二声部演唱组(a＋c＋d)

……

[设计意图] 将课程开始的二声部铺垫教学内容融入最后的作品呈现中，激发学生自主创编二声部的兴趣与动力，由一变多，将单声部歌曲编成、变成多声部音乐，尝试用自己的方式融入经典音乐，碰撞音乐的火花。

四、结束：音乐常在心，经典永流传

1. 拓展欣赏：合唱表演《送别》、组合演唱《梦见家和母亲》＋《旅愁》＋《送别》

师：同学们，《送别》的曲调源自美国歌曲《梦见家和母亲》，这首音乐深受世界人民的喜爱，很多音乐大师都曾为之填词，接下来让我们一同欣赏美、日、中三个不同歌词版本的经典呈现。

2. 总结提升。师：同学们，今天我们共同学习了一首既有民族性又有世界性的歌曲《送别》，李叔同先生用这样一首歌曲完成了西方音乐启蒙者的历史任务。希望大家今后在关注民族音乐的同时，也要热爱世界音乐，传承经典音乐也要勇于尝试创新音乐，让经典的作品传遍世界的每一个角落。

综合课案例六：

我的祖家是歌乡

南京市火瓦巷小学　董思彤

南京晓庄学院音乐学院17卓越毕业生

【教学内容】苏少版　四年级上册　第一单元

【教材分析】

《我的祖家是歌乡》是流传于台湾高雄一带的民歌，通过赞美祖祖辈辈喜爱唱歌的风俗习惯来表现高山族人民对美好生活的向往之情。歌曲为一段体，共3个乐句，a羽五声调式，四二拍，中速稍快，句末为带连线的长音。歌曲旋律连绵起伏，音程以级进为主、跳进为辅。歌曲运用鱼咬尾的创作结构，环环相扣。歌曲描绘了高山族人民的日常风俗生活，表达了高山族人民对生活的无限热爱之情。

【教学目标】

1. 通过听赏与演唱歌曲，感受高山族人民的风土民情以及对生活的热爱之情。

2. 通过声势律动、集体舞的参与,感受歌舞类音乐活动的风格特征。
3. 通过对比合作,体验二声部,感受一字多音,掌握鱼咬尾和跨小节连线的相关知识。

【教学重难点】
1. 重点:通过听赏与演唱歌曲,感受高山族人民对生活的热爱之情。
2. 难点:①多声部之间的合作②一字多音的演唱③跨小节连线的演唱。

【教学过程】

教学步骤	教学内容	师生活动	设计意图
起始	激趣导入与集体舞蹈	一、激趣导入,创设情境 1. 师生交流,出示图片 师:我们中国有多少个民族呀?(生:56个)每一个民族都有不同的人文风情,看他们每个民族的服饰与乐器,构成了多彩民族风 2. 师唱民歌,聆听感受 师:今天,有一位少数民族的小朋友想召唤我们去玩耍,下面我们边拍腿边竖起小耳朵听一听,他是来自哪个民族的?(高山长青……)(生:高山族) 二、整体聆听,声势体验 1. 师:下面,我们再聆听另一首歌曲,在音乐中做拍腿的动作。在每一句句末的地方换方向。思考一共换了几次方向?句末有什么特点?(生:共换了3次方向,句末都有长音) 2. 师:接下来,我们根据PPT上给出的节奏型,进行一个2小节的节奏创编游戏。用杵击拍节奏,进行接龙 三、集体舞蹈,再次体验 师:夜幕将至,高山族的人民邀请我们赶快加入他们的舞蹈,我们一起来吧! 队形:圆形 [1~4小节]:拉手向右,句末长音处拍手 [5~9小节]:拉手向左,句末长音处拍手 [10~18小节]:拍手前进,举至头顶;拍手后退,手放下。句末自转一圈。 四、介绍音乐,出示课题 师:今天我们就一起来学习这首活泼欢快、带有舞蹈性的歌曲——《我的祖家是歌乡》	创设情境教学,学生融入音乐体验之中,体验音乐内容 在集体舞中反复聆听音乐,熟悉旋律
展开	新歌教学与分段学唱	一、分层要素——旋律学习 1. 聆听旋律,手划旋律线 师:让我们仔细聆听,听哪一个乐句旋律是最长的?边聆听边画出旋律线!(生:最后一个乐句) 2. 哼唱旋律,填充小音符(第3句) 1)击拍节奏,注意大附点节奏型的准确击拍 2)完整哼唱旋律。注意换气口的演唱 3)师生旋律接龙。师:第1、第2句。生:第3乐句	通过旋律或感知旋律的起伏走向,更为直观形象

(续表)

教学步骤	教学内容	师生活动	设计意图
展开	新歌教学与分段学唱	二、分层要素——节奏学习 出示节奏，击拍接龙  1）师：你们仔细观察两条小鱼身上的节奏，有何联系？（生：节奏型基本相同） 2）生边拍边说出每条小鱼第1、第2小节的节奏唱名，其余师来击拍朗读 3）完整击拍接龙 4）加入音符，哼唱旋律 5）引出连音记号，加入演唱 6）观察老师手势变化，发现小鱼之间联系 7）揭示鱼咬尾创作手法，生分3组演唱接龙 三、分层要素——歌词学习 1. 朗读歌词，品味内容 2. 完整演唱，钢琴伴奏 3. 难点解决：在一字多音处运用归音练习法唱准 四、分层要素——歌曲处理 1. 通过歌词的意境，启发学生富有强弱对比地演唱歌曲 2. 通过不同的速度演唱歌曲，感受情绪的变化	节奏型是歌曲的骨干，应着重从节奏入手 运用联觉是多感官学习音乐的好方法
深入	分组合作与杆舞欣赏	一、趣味歌唱，多声部合作 1. 分组合作，二声部合唱 2. 鱼咬尾旋律创编 师：今天我们这首歌曲中没有出现哪两个音符呀？（生：4、7）接下来，分小组来给它的音符中创编你自己的旋律 二、歌曲拓展，杆舞欣赏 1. 再次聆听感受《阿里山的姑娘》歌曲旋律 2. 欣赏高山族杆舞视频	让同学们参与合作，增强其合作能力的培养 拓展欣赏，拓宽同学们的音乐视野
结束	综合回顾与情感升华	一、复习回顾 本节课我们学习了高山族民歌《我的祖家是歌乡》，认识了带有长音和连线的音符和乐句，体验了律动、创编和小组合作等参与形式，掌握了歌曲鱼咬尾的结构与特征。在教学拓展中，我们还欣赏了《阿里山的姑娘》和高山族杆舞，进一步熟悉了不同民族的地域风情和文化氛围，感受了高山族人民的热情与歌曲的魅力。 二、情感升华 在未来的学习生活中，我们不仅要善于用耳朵去聆听和感受不同民族的优秀歌曲，更要在演唱和学习中感受不同民族的风土民情。相信大家定能在后续的音乐学习中不断学民歌、唱民歌，并在逐渐学习民歌演唱的过程中能够真正热爱民歌、传唱民歌，为弘扬中国优秀的民族音乐不断进步与提高！	通过回顾与复习，以便加深学生对课堂教学内容的记忆，从而提高学生对民歌学习的认识与情感，增强学生对民歌学习的

教学做合一

1. 设计一节单一的歌唱课教案。
2. 设计一节单一的欣赏课教案。
3. 设计一节单一的多声部教案。
4. 设计一节综合课教案。

探究与交流

1. 什么是单一课？什么是综合课？
2. 如何设计综合课？

参考答案

略

后 记

经过近两年的斟酌、思考与努力笔耕,本教材终于成稿付印。

本教材在起草过程中曾几易其稿,经过反复调整与删减,最终确定将写作思路定位在:以音乐学科教育的基本理论和教学方法为依据,以义务教育《义务教育音乐课程标准》为指导,在总结、继承我国音乐教育成功经验,学习和借鉴国内外音乐教学法优秀教材和案例的基础上,研究、实践音乐教育课程与教学的一般规律。选择从音乐教育实习为切入点,对课堂、课堂教学以及音乐课堂教学中常见的听课、看课和评课的思维等进行梳理。同时,对教学中常用的教学设计、教学实施以及教学评价的手段和方法进行总结、提炼与内化。

为了使本教材提供的教学思路、教学手段、教学方法和教学案例能够有效地满足音乐教育专业学生、教研人员以及一线音乐教师进行有效的实践与操作,本教材调动了一线音乐名师和对教学研究具有浓厚兴趣的优秀青年教师参与教学设计、教学案例以及各章节重要内容的写作,意在体现"学生中心、产出导向、持续改进"的教育理念,从而将OBE理念贯穿在教育实习与教学实践的过程之中,为卓越音乐教师的学习与成长提供行之有效的帮助与指导。

参加本教材编著工作的团队由各个不同年代的热爱音乐教学和教学研究的成员组成。其中,既有长期工作在音乐教育一线且经验丰富的音乐教材教法教授,也有一线学校音乐教学的教学名师和音乐教育专业教学实践课程的兼职教师,还有一线音乐教学的市学科带头人,市、区优秀青年教师,以及在教学实践中始终关注本学科前沿动态和教学发展的名校名师和优秀青年教师等,更有一些在省、市、区获得音乐教师技能大赛和教学大赛的一等奖获得者等。

在编写前,本团队的教师经历了多次研究、认真思考,使得本教材的目标定位、指导思想和写作方法等得以优化。经过反复推敲、讨论与修改,形成了既有相似的理论框架,又有独特的教法和思维的整体结构。对于此项写作而言,本团队成员虽在教学上有多年的积累与沉淀,但最终成书毕竟是初次,加上各位工作繁忙、编著时间和精力有限,不妥之处在所难免。我们恳请业界同仁,尤其是使用本教材的师范生和一线教师们提出宝贵意见,以便再版时予以修订和调整。

本教材在编写中引用了诸多相关研究者、机构、网络的论文、成果和著作,在此一并致以衷心的感谢!同时,还要向为此书提供教案、视频和修改意见的同行和老师们,表示真诚的谢意!

编者

2021年07月